Tafel, Griffel, Rutenstock
150 Jahre Eifeler Volksschulleben

Herausgeber und Verlag danken dem Kultusminister des Landes Nordrhein-Westfalen, Herrn Hans Schwier, dem Kultusminister des Landes Rheinland-Pfalz, Herrn Dr. Georg Gölter, sowie dem Minister für Unterricht, Ausbildung, Kulturelle Animation und Medien der Deutschsprachigen Gemeinschaft Belgiens, Herrn Bruno Fagnoul, für ihre Unterstützung beim Zustandekommen dieses Buches.

Besonderen Dank schuldet der Arbeitskreis Eifeler Museen dem Kreis Euskirchen für die Übernahme der organisatorischen Durchführung dieser Ausstellung und zahlreiche Dienste bei der Vorbereitung des Projekts. Insbesondere gilt dies für die Kreisbildstelle, die durch ihre fachgerechte Arbeit entscheidend zum Gelingen beigetragen hat.

Ein ebenso herzlicher Dank gilt den Autoren dieses Buches, die ihre Beiträge unentgeltlich zur Verfügung gestellt haben, sowie den zahlreichen Leihgebern, die am Beginn des Katalogteils namentlich aufgeführt sind. Ohne ihre großzügige Unterstützung wäre diese Ausstellung nie zustandegekommen. Letztlich gilt dies auch für die vielen Ungenannten, die mit ihrem Wissen und ihren Unterlagen wesentliche inhaltliche Hinweise gegeben haben. Auch ihnen sei an dieser Stelle gedankt.

Herausgeber:
Arbeitskreis Eifeler Museen (AEM)

Konzept und wissenschaftliche Bearbeitung:
Margitta Breuel, Kreismuseum Blankenheim

Redaktion:
Klaus Ring, Kreismuseum Blankenheim

unter Mitarbeit von:
Markus Berberich, Volkskunde- und Freilichtmuseum Roscheider Hof, Konz
Franz Josef Faas, Museum Prüm
Franz Josef Ferber, Kreisverwaltung Daun
Dr. Burchard Sielmann, Töpfereimusem Langerwehe

Reproduktion und fotografische Arbeiten:
Dagmar Berens, Bildstelle des Kreises Euskirchen, Kall

Ausstellungs-Layout:
Sabine Passauer, Mechernich-Katzvey

Grafik:
Rosemarie Breuer, Töpfereimuseum Langerwehe

Technische Realisierung:
Manfred van der Locht, Kreismuseum Blankenheim
Hans-Hubert Knips, Kreismuseum Blankenheim

Gesamtherstellung:
WARLICH DRUCK- und Verlagsges. mbH, 5309 Meckenheim,
Industriepark Kottenforst, Am Hambuch 5, Tel. (0 22 25) 40 55

Meckenheim 1989   1. Auflage

Inhaltsverzeichnis

Die Geschichte der Eifeler Volksschule vermag darüber hinaus die politischen Verhältnisse der Vergangenheit und die Geistesgeschichte widerzuspiegeln. Sie zeigt das Leben
in den Städten und im ländlichen, dörflichen Bereich.

Ich begrüße deshalb, daß eine Ausstellung sich allein mit der Entwicklung des Volks-
schullebens einer speziellen Region, der Eifel, befaßt und wünsche der Ausstellung viel
Beachtung und Erfolg.

Dr. Georg Gölter
Kultusminister Rheinland-Pfalz

Der Katalog, welcher die 3. Wanderausstellung des Arbeitskreises zum Thema „Tafel,
Griffel, Rutenstock. 150 Jahre Eifeler Volksschulleben" begleitet, bietet uns einen rei-
chen Schatz heimatlichen Erbgutes. Die ländliche Volksschule hat viel zu erzählen. Sie
hat im Wandel der Zeit manche Veränderungen erfahren. Die Schule des Dorfes ist jene
Stätte, wo junge Menschen, wo Kinder aus der Tradition der Vergangenheit heraus die
ersten Schritte in die neue Zukunft wagen. Sie ist das Spiegelbild jener damaligen und
heutigen Erziehung.

Und somit spiegelt diese Ausstellung ein breitgefächertes Bild der Volksschule im Wandel der Zeit. Sie zeigt, gerade in der Blütezeit der europäischen Pädagogikreform, wie
nahe die Volksschule dem Kinde und dem Menschen des Dorfes stand und steht. Für
die Schule wurde gekämpft, in ihr wurden die Grundlagen des Lebens geschaffen, die
Werte aufgebaut, die wir in unseren zeitgenössischen Schulen wieder suchen. Die Schule
war neben der Kirche der Mittelpunkt ländlicher Erziehung. Einfache Schulgebäude,
der Dorfschulmeister an der Schieferwandtafel, die Schulkinder in ihren hölzernen
Schulbänken...; viele markante Eigenheiten jener Epoche werden mit ihrer Entwick-
lungsgeschichte konfrontiert. Und heute erscheint diese Lebensgemeinschaft Schule uns
wieder so nahe.

Auch für unseren deutschsprachigen Raum weist diese Geschichte viele Gemeinsamkei-
ten auf. Unsere heutigen Schulen zeigen eindeutig auf, inwieweit die geschichtliche Entwicklung zu ihren Veränderungen beigetragen hat. Diese Tatsache macht auch für uns
diese Ausstellung interessant und einfühlsam.

Als Minister für Unterricht der Deutschsprachigen Gemeinschaft Belgiens beglückwün-
sche ich die Initiatoren zu dieser Ausstellung. Grenzüberschreitende und völkerverbin-
dende Zusammenarbeit sind Zeugen unserer Gegenwart und werden immer meine
Unterstützung und meinen Dank finden.

Bruno Fagnoul
Minister für Unterricht, Ausbildung, kulturelle Animation und Medien
der Deutschsprachigen Gemeinschaft Belgiens

8

Einführung
Klaus Ring

„Tafel, Griffel, Rutenstock — 150 Jahre Eifeler Volksschulleben", so haben die Initiatoren der gleichnamigen Wanderausstellung des ‚Arbeitskreises Eifeler Museen' dieses Buch betitelt. Drei Begriffe, die jedem Leser sofort die Institution ‚Schule' assoziieren, stehen am Anfang: die Tafel, als Wandtafel wichtigster Bestandteil jedes Klassenzimmers und bis heute das am häufigsten eingesetzte pädagogische Vermittlungsinstrument; der Griffel, das bis in die 60er Jahre unseres Jahrhunderts erste Schreibutensil aller Schüler; schließlich der Rutenstock, ein ebenfalls erst nach der Jahrhundertmitte endgültig außer Betrieb gekommenes ‚Lehrmittel', mit dem viele ältere Semester noch schmerzhafte Bekanntschaft machen mußten.

Der Untertitel „150 Jahre Eifeler Volksschulleben" erläutert den regionalen und zeitlichen Rahmen des vorliegenden Bandes. Behandelt wird der Eifelraum, im Osten durch den Rhein, im Süden durch die Mosel von anderen rheinischen Landschaften abgegrenzt. Im Norden wird auch noch das Eifelvorland mit Euskirchen, Zülpich und Düren miterfaßt. Ein Artikel des Buches beschäftigt sich speziell mit der Geschichte des Volksschulwesens im deutschsprachigen Ostbelgien und macht dadurch auch den grenzüberschreitenden Charakter der vorliegenden Veröffentlichung deutlich. Zeitlich behandelt werden die eineinhalb Jahrhunderte, die zwischen der Übernahme des rheinischen Raumes durch den preußischen Staat 1815 und dem Beginn des ‚Volksschulsterbens' ab 1965 liegen. Die Vorgeschichte des Eifeler Schulwesens bis zum Beginn des 19. Jahrhunderts und die Auswirkungen der Schulreform ab Mitte der 1960er Jahre werden überblicksweise einbezogen.

Das Buch will zugleich Handbuch, Materialsammlung und Ausstellungsbegleiter sein. Der erste, umfangreichere Teil enthält 11 Einzelaufsätze zu den wesentlichen, auch in der Ausstellung behandelten Themen. Die Autoren — Museumsleute, Pädagogen, Historiker, Kunsthistoriker und Kulturwissenschaftler — haben ihre Beiträge bewußt auf die Bedürfnisse des Nicht-Fachwissenden abgestellt. Der — natürlich auch vorhandene — wissenschaftliche Anmerkungsapparat befindet sich der besseren Lesbarkeit des Haupttextes wegen im Anhang. Dort findet der speziell interessierte Leser auch ein ausführliches Literaturverzeichnis, das eine ziemlich vollständige Bibliographie zur Geschichte des Eifeler Volksschulwesens

Abb. 1 Fürstin Margaretha von Aremberg (1527—1596). Zeitgenössisches Ölporträt. Sie führte den Pflichtunterricht in ihrer Herrschaft ein.

Im 16. Jahrhundert führte Margaretha von Aremberg (1544—1596) in ihrem Herrschaftsbereich den Pflichtunterricht ein. Anlaß zu dieser Initiative war die Vertiefung der Glaubenswahrheiten, um nach Erlernen des geschriebenen Wortes Unglauben, Aberglauben und Mißtrauen zu Gottes Barmherzigkeit entgegenzuwirken.[5]

In Nideggen, Kreis Düren, unterhielt die Stadt in der zweiten Hälfte des 16. Jahrhunderts einen Schulmeister (ludi magister), der nicht nur den gewöhnlichen Elementarunterricht besorgte, sondern auch Latein dozierte.[6] Aus dieser Einrichtung entwickelte sich die spätere Stadtschule, die Ende des 17. Jahrhunderts dreiklassig war.

Die erste öffentliche Schule Euskirchens war die Kirchschule St. Martin, die vermutlich in der ersten Hälfte des 16. Jahrhunderts eingerichtet wurde. Allerdings mußte für dieses Schulangebot ein Beitrag entrichtet werden, so daß nicht alle Bürgerkinder die Ausbildungsstätte besuchen konnten.[7] 1536 heißt es zur Person des Lehrers in Euskirchen: *„Ist ein Junggeselle Schulmeister, ist mit Küster."* Er sei aber *„geschickt genug"*.

Weiter sind die Nachrichten über das Eifeler Schul- und Bildungswesen im 17. Jahrhundert recht dürftig. Wir erwähnten bereits die Schulen von Ahrweiler und Nideggen; ähnliche Einrichtungen dürfte es in den größeren Siedlungsplätzen gegeben haben. 1639 erfahren wir, daß sich zwei Jesuitenpatres in der Stadt Monschau darüber beklagen, sie seien nicht hinreichend für ihren Kirchen- und Schuldienst entlohnt worden.[8]

Abb. 2 Die Knabenschule von Euskirchen, 1770 errichtet, stand bis um 1870 neben der Martinskirche und ging auf die schon im 16. Jahrhundert für Euskirchen genannte Kirchschule zurück.

Die erste Schulgründung in Mechernich, Kreis Euskirchen, ging 1663 auf eine Initiative des örtlichen Pfarrers Hochgürtel zurück, der einen Kaplan zum Schulmeisterdienst verpflichtete und auch entlohnte. In seinem Testament verfügte Pfarrer Hochgürtel, *„daß der Vikar die Jugend darin instruire und darin täglich mit derselben ein pater noster und ein Ave zum Trost seiner Seele bete".* [9]

Das Provinzial-Konzil der Erzdiözese Köln enthält zum Jahre 1662 eine „schulpolitische Ausrichtung", die auch in den Eifelpfarreien, wenngleich mit einiger Verspätung, Anwendung fand. Da heißt es: *„Der Unterricht der Jugend ist von solcher Bedeutung, daß davon beinahe das ganze Wohl des Staates und der Kirche abhängig ist. Daher sollen die Pastoren und Vize-Pastoren dafür sorgen, daß so bald als möglich, deutsche und lateinische Schulen für beide Geschlechter in den einzelnen Städten, Flecken und Dörfern unserer Diözese, wenigstens in den größeren, errichtet, oder die etwa durch Ungunst der Zeiten zu Grunde gegangenen wieder errichtet werden: sie sollen sich mit der weltlichen Obrigkeit benehmen, daß an einem passenden und nahe bei der Kirche gelegenen Orte Schulen gebaut werden, und daß für das Gehalt des Lehrers gesorgt wird. Fehlen aber die Mittel, um den Lehrer zu unterhalten, dann sollen die Pfarrer und Vize-Pfarrer, oder ihre Kapläne und Vikare die Kinder selbst unterrichten . . .*" [10]

Im Sinne dieser Grundsätze errichtete der Weihbischof und Generalvikar des Erzbistums Köln in Blankenheim, Kreis Euskirchen, ein Schul-Benefizium und übertrug die Besetzung desselben dem jeweiligen Pfarrer.

13

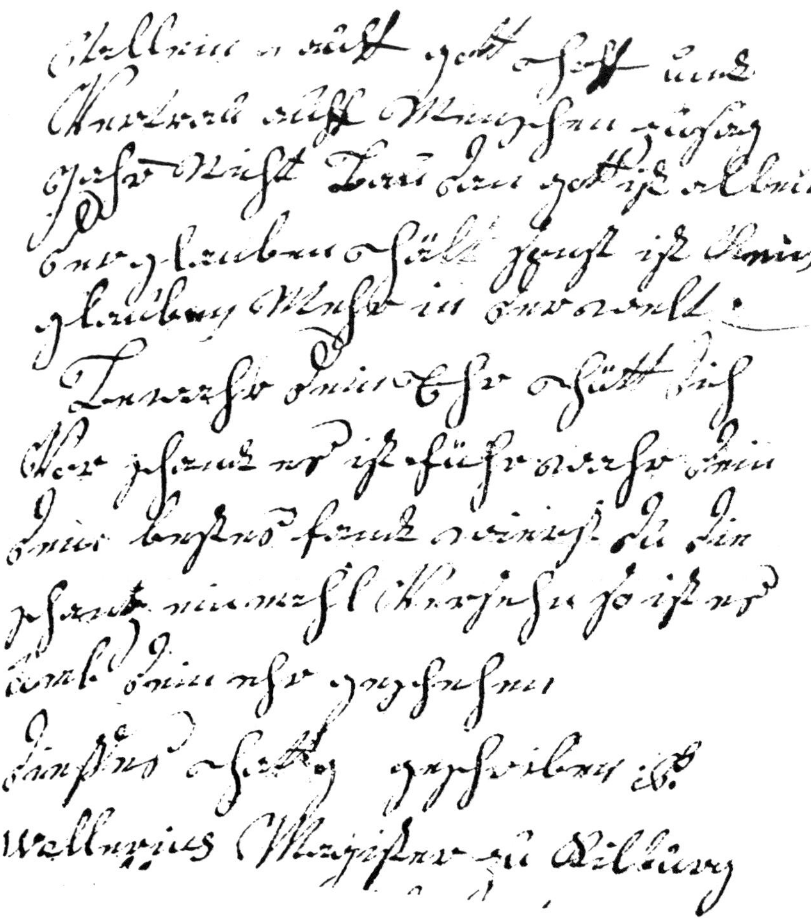

Abb. 4 Frühester Beleg einer Schule in Kyllburg, Kreis Bitburg-Prüm, um 1725: „Dießes hatt geschriben Wallerius Magister zu Killburg."

Initiativen zur Einführung der Schulpflicht

Bemerkenswert sind die Versuche zur Hebung der Volksbildung im 18. Jahrhundert. So bemühte sich vor allem der trierische Kurfürst und Erzbischof Clemens Wenzeslaus darum, eine zweckmäßige Methode für die Erteilung des Unterrichts an den Volksschulen einzuführen, die Schulhäuser, falls sie bestanden, in gehörigen Stand zu setzen und für eine angemessene Besoldung und Ausbildung der Lehrer zu sorgen. 1779 setzte er eine eigene Kommission ein, die durch örtliche Untersuchungen und Ermittlungen die wirklichen Schulzustände prüfen und Verbesserungen anstreben sollte. So entstanden die Schulvisitatoren, die späteren Schulräte. Aber alle diese Anstrengungen wurden bald durch den Zusammenbruch des Kurstaates 1794 im Keime erstickt.

Ähnliche Initiativen zur Hebung der Volksbildung sind im Kurstaat Köln zu verzeichnen.

Im Herzogtum Aremberg bemühte sich Ludwig Engelbert, der letzte regierende Fürst, dem Beispiel anderer Herrschaften zu folgen und ein geordnetes Schulwesen einzuführen. Um den Untertanen den Schulbesuch attraktiv zu machen, ordnete er 1778 an, daß die Schulbücher auf dem Deckel das goldgeprägte herzogliche Wappen tragen sollten.

1771 beschloß der luxemburgische Provinzialrat die Einführung der Schulpflicht für die Winterzeit vom 8. Lebensjahr bis zum Empfang der Kommunion, meist im 12. Lebensjahr. Dem Ortsgeistlichen wurde zur Aufgabe gemacht, die Lehrer zu prüfen und zu beaufsichtigen. Doch blieb allgemein das Bevölkerungsinteresse am Schulwesen gering. Maßgebend blieb trotz der Versuche der Obrigkeit die Position der Kirche und ihrer Pfarrer.

Frühmesserschulen und Wanderlehrer

Die ersten Dorfschulen der Eifel wurden in den Pfarrorten und größeren Kapellengemeinden eingerichtet; die Frühmesser übernahmen in den meisten Fällen die Aufgabe, die Jugend im Lesen, Schreiben, Rechnen und in der Religionslehre zu unterweisen. Die Frühmesserstellen entstanden als fromme Stiftungen der Bevöl-

Abb. 5 Clemens Wenzeslaus, Kurfürst und Erzbischof von Trier 1768–1802. Zeitgenössisches Ölporträt. Er setzte 1779 die Schulvisitatoren ein, die die Unterrichtsgebäude und den Bildungsstand untersuchen sollten.

kerung, die sich somit einen geregelten Gottesdienst, vielfach wegen der weiten Entfernung zum Pfarrdorf, sichern wollte. Immer wieder wird in den Stiftungen auf die Notwendigkeit einer Frühmesse am Filialort für die ‚Haus- und Viehhirten‘ hingewiesen. Hinzu kam später der Wunsch nach Unterweisung der Jugend. So verwaltete der Frühmesser gleichzeitig mehrere Ämter: Gottesdienst, Schule und zuweilen auch Küsterdienst. Die Besoldung des Frühmessers war unterschiedlich. Sie entsprach meistens nicht den Ansprüchen, die sich mit dem geistlichen Amt verbanden. Daher blieben die Frühmesser auch nie lange an ihrer Stelle. Sie verschwanden, wenn sich ihnen die Möglichkeit bot, als Pfarrer approbiert zu werden. Somit war das Schulangebot auch von unterschiedlicher Qualität. Es wurde in den besser dotierten Pfarreien auch vom Küster wahrgenommen, insofern er des Lesens und Schreibens kundig war. Den Religionsunterricht (Christenlehre) übernahm jedenfalls der Frühmesser oder Hilfsgeistliche.

Freilich gab es bei dem mangelnden Schulzwang keine solide Unterrichtsbasis. Teilweise ruhte der Schulbetrieb von Ostern bis Allerheiligen. Dann mußten die schulfähigen Kinder in Haus, Hof oder Feld in der Land- und Viehwirtschaft mitarbeiten. In dieser Zeit fand eine notdürftige Unterweisung sonntags vor dem Hochamt und nachmittags nach der Andacht (Sonntagsschule) statt. Auch gab es in einigen Orten sogenannte ‚Hüteschulen‘, in denen der Unterricht in der Zeit abgehalten wurde, wo die Hut auf den dem Dorfe nahen Weiden unterbrochen wurde und das Vieh in die Ställe zurückkehrte. Das war in der Zeit von 10 bis 12 und von 1 bis 3 Uhr der Fall. Diese Hüteschulen gab es auch noch bis weit ins 19. Jahrhundert hinein.

Durch die Visitationsberichte des 18. Jahrhunderts sind wir über die Beschaffenheit der Frühmesser-Schulen relativ gut unterrichtet. So besaßen von 44 Orten des Prümer Landes 31 eine Schule.[16]

Abb. 6 Lehrer- und Küsteramt waren fast immer gekoppelt. Darstellung von 1843.

Die Besoldung des Frühmesser-Lehrers geschah durch die Entrichtung eines Schulgeldes durch die Eltern; verständlicherweise hielt dies manche ab, ihre Kinder zur Schule zu schicken. In einigen Pfarrorten wurde der Frühmesser durch einen Fruchtzehnt entlohnt, der jährlich im Herbst erhoben wurde. So lieferte die Einwohnerschaft der Pfarreien Auw, Kreis Bitburg-Prüm, und Manderfeld/Belgien im kurtrierischen Amt Schönberg, jährlich einen halben Sester Korn pro Haus und einen Sester Hafer pro Haushalt. Die eingesammelte Korn- und Hafermasse wurde sodann nach vorheriger Verkündigung in den beiden Pfarren Manderfeld und Auw meistbietend versteigert.[17]

Eigene Schulgebäude gab es selten. Die Unterweisung geschah entweder in den Vikarien der Filialorte oder reihum in den Häusern des Dorfes. Wo ein geeigneter Raum fehlte, wurde der Heuschober oder die Tenne zum Unterrichtsort umfunktioniert. In seltenen Fällen griffen die Bewohner zur Selbsthilfe: So baute die Einwohnerschaft von Wallenborn, Kreis Daun, 1777 eine Schule in der Nähe der Kirche. Das Gebäude wurde erst in den Jahren 1947–48 abgerissen, um dem Kirchenerweiterungsbau Platz zu machen.[18] Die Wallenborner Schule dürfte wahrscheinlich das älteste Gebäude einer Eifeler Dorfschule gewesen sein. 1730 ist uns auch ein Schulbauprojekt in Wintersdorf, Kreis Trier-Saarburg, bekannt, das 8 Jahre später realisiert war.[19]

Unter großen finanziellen Opfern baute die aus nur 19 Haushalten bestehende Kapellengemeinde Krewinkel/Belgien 1746 ein Gebäude, das für den Frühmesser bestimmt war und auch einen Platz vorsah, wo die Kinder Unterricht erhalten konnten.[20] Über den Schulunterricht in Dahlem, Kreis Euskirchen, sind wir in zwei Visitationsberichten informiert, die hier als Beispiele angeführt seien.[21] 1716 heißt es: *„Das Amt des Schullehrers besorgt der Pfarrer selbst, wie es ihm bei Einweisung in seine Einkünfte vorgeschrieben wurde. Katholische und approbierte Schulbücher werden gebraucht und der Unterricht wird regelmäßig erteilt.“* 1737 meldet der Visitationsbericht: *„Eine Schule oder Stiftung zum Unterhalte einer solchen existiert nicht; in einem gemietheten Hause wird Unterricht erteilt“.*

An den Orten, wo keine Frühmesserstiftung bestand und auch keine weitere materielle Grundlage zur Anstellung eines Geistlichen vorhanden war, wurde irgendein Mann aus dem Volke, der in Singen, Beten, Lesen, Schreiben und Rechnen etwas bewandert war, mit der Unterweisung der Jugendlichen betraut. Er tat dies gegen eine ganz geringe Vergütung an Naturfrüchten, Geld und gegen den freien Wandertisch. In mehreren Orten der Eifel wirkten solche Wanderlehrer. Aus Neidenbach, Kreis Bitburg-Prüm, berichtet die Visitationsniederschrift des Jahres 1757, ein Raum für die Schule sei gemietet worden, *„der Lehrer wurde jedesmal so wohlfeil wie möglich ‚gedungen‘“.*[22]

Die Anstellung erfolgte nach abgelegter Prüfung des Kandidaten. Bekannt ist im heimatgeschichtlichen Schrifttum der Bericht über die Prüfung und Anstellung eines Schulmeisters in einem nicht näher genannten Eifeldorf aus dem Jahre 1729. Er gibt uns Aufschluß über den Bildungsgrad der damaligen Lehrer und über die zu erwartenden Leistungen.

Abb. 7 Darstellung einer Dorfschule, um 1855. Die karikaturhaft verzeichneten Zustände lassen sich für die Jahrhunderte davor allerdings als recht realistisch annehmen.

Der Prüfungsbericht lautet:[23]

„Nachdem auff geschehenes tödtliches Abeleben des bisherigen Schulmeisters sich nur 5 Liebhaber gemeldet, so wurde zu vörderst vom H. pastor in einer die Gemeine zu herzlicher Erbittungh göttlicher Gnade zu diesem wichtigen Geschäft erinnert, sodann in der Kirch vor Augen undt Ohren der gantzen Gemeine die Singprobe mit denen Bewerbern fürgenommen undt nach deren Endigungh dieselben im Pfahrhauß noch weiter traktiret.

1. Martin Ott, Schuster, 30 Jahre des Lebens alt, hat gesungen: Christ lag in Todesbanden, Jesus meine Zuversicht, Sieh, hier bin ich, Ehrenkönig. Hat noch viel Melodie zu lernen, auch könnte seine Stimme besser sein. Gelesen hat er Genesis 10, 26 bis aus, buchstabirte Vers 26—29. Das Lesen war ahngehend, im Buchstabiren 2 Fehler. Dreierlei Schriften hat er gelesen — mittelmäßig; drey Fragen aus dem Verstand beantwortet — recht; aus dem Katechismo vom letzten Abendmahl und die 54. Frage recitiret — ohne Fehler; drey Reihen tictando geschrieben — 4 Fehler; des Rechnens ist er durchaus unerfahren.

2. Jacob Maehl, Weber, hat die 50 Jahre hinter sich, hat gesungen: O Mensch beweine. Zeuch ein zu deinen Toren. Wer nur den lieben Gott läßt walten, — Melodie ging ab in viele andere Lieder, Stimme sollte stärker sein, quieckte mehrmahlen, so doch nit sein muß. Gelesen Josua 18, 26—29 ohne Fehler. Dreierlei Handschriften gelesen, schwach und mit Stocken. Drey Fragen aus dem Verstand. Hierin gab er Genugthuungh. Aus dem Katechismo die 10 Gebote undt die 41. Frage auffgesaget, ohne Fehler, dictando drey Reihen geschrieben — 5 Fehler; des Rechnens ist er nit kundig.

3. Philipp Hopp, Schneider, schon ein alter gebrechlicher Mann mit 60 Lebensjahren, sollte lieber zu Hause geblieben sein, als sich dies zu vermessen. Hat 2 Lieder gesungen, Stimme wie ein blöckend Kalb, auch oft in unrechte Lieder verfallen. Gelesen Joh. 19, 7—10, jämmerlich; buchstabirte Joh. 18, 22—23, mit vielen Anstoßen; das große T ein Stein des Anlaufens, kam endlich drüber. Drey Fragen aus dem Verstand, blieb fast sitzen. Dreierlei Handschriften gelesen, sagte schon anfangs, daß er nit erfahren sey, 3 Wörter geschrieben, mit Mühe zu lesen. Rechnen ganz unbekannt, zählte an den Fingern, wie ein klein Kind. Wurde ihm fürgehalten, daß es thöricht gewesen sich zu melden, was er auch mit Thränen undt Seufzen bekennet.

4. Johann Schütt, Kesselflicker, 50 Jahre, hat 3 Lieder gesungen mit ziemlich Beifall. Gelesen und buchstabiret Genesis 13—18, auch nit uneben. Beim Katechismo bemerkt man, daß er in sothanen Stücken noch nit geübet sey; dictando 3 Reihen geschrieben, ging an; was Buchstabiren betrifft, doch 10 Fehler, des Rechnens im Addiren erfahren.

5. Friedrich Loth, ein Unteroffizier, so im hochedlen Grumkow'schen Regiment den Feldzug gegen die Schweden durchgemachet undt alldorten ein Bein verloren, 45 Jahre; hat gesungen: Mein Gott in der Höh sey Ehr — gut, starke Stimme, doch fehlt die Melodie im Ganzen, fiel einmal in ein ander Lied. Dreierlei Handschriften fertig gelesen. Gelesen und buchstabiret Genesis 10, 13—18, ging ziemlich; hat den Katechismus wohl inne; 4 Fragen aus dem Verstand ziemlich; dictando 3 Reihen, jedoch mit 8 Fehlern. Rechnen: Addiren und ein bischen Subtrahiren inne.

Es wurde nun einstimmig davon gehalten, daß Jacob Maehl wohl der capabelste, wogegen den anderen, namentlich dem Kesselflicker nit zu trauen seye, sintemalen er viel durch die Lande streiche, dagegen der Kriegsknecht wohl die Fuchtel gegent die armen Kindlein zu stark zu gebrauchen in Verdacht stehe. Der Pastor ließ nun abstimmen, undt es wurde Jacob Maehl einstimmig gewählt. Nach abgelegten Stimmen wurde solchem der Entschluß nebst erforderlicher Erinnerung und Verhalten eröffnet undt angezeigt, daß er fluggs zuziehen solle. Hierauf wurde bei herzlichem Segenswunsche des pastors mit dessen undt der gantzen Gemeine Befriedigung auff beiderseitiger Einigkeit solcher Bericht verfasset undt underschrieben."

Dieser Prüfungsbericht läßt die Bedeutung erkennen, die den Kirchenliedern und der hl. Schrift beigemessen wurde. Im Vergleich zu den durchaus ungenügenden Leistungen im Rechnen, Lesen und Schreiben waren die Religionskenntnisse relativ gut.

Das Eifeler Schulwesen in der Franzosenzeit

Nach dem Einmarsch der französischen Revolutionsheere 1794 änderten sich die schulischen Verhältnisse grundlegend. Wenn man Thomassin Glauben schenken kann,[24)] fanden die Franzosen bei ihrem Einzug das Unterrichts- und Bildungswesen im Ourthedepartement, zu dem auch ein Teil der Eifel gehörte, in einem

Abb. 8 Ein Nebenerwerb des Lehrers war auch in der ersten Hälfte des 19. Jahrhunderts noch üblich. Die Ausübung des Schneiderhandwerks eignete sich besonders gut. Holzschnitt des 19. Jahrhunderts.

desolaten Zustande. Thomassin klagt darüber, *„daß kaum 1/7 der Bevölkerung lesen und schreiben kann, und daß angenommen werden darf, daß von diesen kaum die Hälfte mehr als ihren Namen zu schreiben versteht".* Besonders sei die Unwissenheit in den ländlichen Gemeinden sehr groß, so daß die Obrigkeit jede Mühe habe, um eine genügende Zahl von Leuten zu finden, die die Geschäfte des Bürgermeisters, der Beigeordneten und der Gemeinderatsmitglieder wahrnehmen können. *„Diese Unwissenheit"*, so bemerkt Thomassin, *„ist aber nicht etwa eine Folge ungenügender Intelligenz, im Gegenteil: es fehle den Bewohnern nicht an Begabung."*

Die Schule wurde durch einen Erlaß des Regierungskommissars für die rheinischen Départements Rudler am 9. Floréal des Jahres VI der Republik (28. April 1798) zu einer Anstalt des Staates erklärt. Die Knaben mußten von 7 bis 14, die Mädchen von 7 bis 12 die Primär- und Elementarschulen besuchen. Die Primärschulen für Knaben zerfielen in zwei Abteilungen (Klassen). In der Unterklasse sollte im Lesen und Schreiben, in den Anfangsgründen der französischen und deutschen Sprache, der Dezimalrechnung und der bürgerlich-republikanischen Morallehre unterrichtet werden. In der Oberklasse standen die Regeln der französischen Grammatik, die Anfangsgründe des Latein sowie Geographie, Völker- und Naturgeschichte auf dem Programm.

Laut Rudlers Erlaß sollten auch die Mädchenschulen zwei Klassen umfassen. Lesen, Schreiben, die Rechenkunst, Französisch und Deutsch sowie die Anfangsbegriffe des Dezimalsystems, Gewichte und Maße waren die Hauptunterrichtsfächer. Jeder Religionsunterricht oder die Vermittlung von Glaubenssätzen irgend eines Kultus waren unter Strafe verboten. Da kaum ein Lehrer mit Französischkenntnissen zur Verfügung stand, mußten sich die französischen Behörden auch ohne diesen Sprachunterricht zufrieden geben. Die Geistlichen verweigerten den Unterricht in den Primär- oder Elementarschulen.

Die Munizipalverwaltung (Gemeinde) übte die Aufsicht über das Schulwesen aus. Sie zahlte auch das Gehalt des Lehrers. Je nach Vermögen mußten aber die Eltern der schulpflichtigen Kinder zum Unterhalt der Lehrpersonen beisteuern. Nach dem Konkordat von 1802 wurde der Religionsunterricht freilich nach dem Napoleonischen Katechismus wieder in das Schulprogramm eingeführt.

Trotz (oder wegen?) ihrer Reglementierungen haben die französischen Verwalter die Schulzustände in der Eifel nur unwesentlich gebessert.

Auf dem Wege zu einem geregelten Schulwesen

Preußen war sicherlich der erste Staat, der ein geregeltes Schulwesen einführte. In den altpreußischen Provinzen war die gesetzliche Schulpflicht bereits durch das ,Allgemeine Landrecht' 1794 eingeführt worden. Leider wurde das ,Allgemeine Landrecht' bei der förmlichen Besitzergreifung der Rheinprovinz am 5. April 1815 nicht auf diese neuen preußischen Gebiete ausgedehnt, so daß das Schulwesen in der Rheinprovinz noch auf Jahre hinaus ohne feste gesetzliche Grundlage

Abb. 9   Eines der wenigen noch erhaltenen Gebäude einer Frühmesserschule des 18. Jahrhunderts befindet sich in Oberhersdorf, Kreis Bitburg-Prüm.

blieb und der Schulbesuch dem Gutdünken der Eltern überlassen war. Dennoch ließ sich der rheinische Generalgouverneur von Sack bereits 1815 über die Lage der Unterrichtsverhältnisse genau informieren. Er berief zu seiner Beratung für das Gebiet des Niederrheins den bisherigen Gymnasiallehrer Grashof von Prenzlau und für den Mittelrhein den in Koblenz tätigen Gelehrten Dr. Joseph Görres.

Als durch eine Kabinettsorder vom 14. Mai 1825 die allgemeine Schulpflicht auch in der Rheinprovinz eingeführt wurde, bildete die Eifel kulturell und wirtschaftlich das Schlußlicht unter den deutschen Landschaften. Öffentliche Schulen waren eine Seltenheit; die meisten Landschullehrer hatten nicht die erforderliche Qualifikation, um die Jugend zu unterrichten. Nur 30—60% der schulfähigen Kinder besuchten überhaupt eine Schule.[25]

Hinzu kam die schlechte Besoldung der Lehrer, die bis zu 200 Schüler in ungeeigneten Gebäuden unterrichten mußten. Ein zeitgenössischer Bericht aus dem Kreise Schleiden beschreibt die desolate Lage folgendermaßen:

„Manche Kinder blieben dem Unterricht fern, weil ihnen die entsprechenden Kleidungsstücke fehlten. Nicht selten war es der Küster oder ein kluger Bauer, der an den langen Winterabenden einen mehr als spärlichen Elementarunterricht abhielt, der mit dem Wandeltisch abgegolten wurde. Kreisbote, Gendarm und Gerichtsschreiber erhielten 1837 im Kreise Schleiden ein höheres Gehalt als ein Lehrer, der mit 150 Talern im Jahr zufrieden sein mußte.“[26]

Giebel, Gauben, Klassenzimmer
Epochen Eifeler Schulhausarchitektur
Elisabeth Benning

Frühe Schulhäuser in der Eifel

Bis zum Ende des 18. Jahrhunderts lag das Schulwesen in den Territorien der Eifel allein in den Händen der Kirche und der Gemeinden. Infolgedessen waren in vielen Gemeinden keine Schulen vorhanden oder die Verhältnisse völlig unzureichend. Verbindliche Regeln zur Errichtung und Gestaltung von Schulräumen lagen nicht vor. Einige von den allgemeinen Zuständen abweichende Einzelfälle aus der Eifel, die hier beispielhaft erläutert werden, belegen die schwierige Situation der Schule vor der preußischen Zeit.

In Oberkail, Kreis Bitburg-Prüm, wird bereits 1687 im Visitationsprotokoll erwähnt, man werde ein Schulhaus und einen Lehrer für den Unterricht der Jugend erhalten. Einige Zeit später wurde ein Schulhaus gebaut, das bis 1757 dem Lehrer Wohnraum bot und dessen Stube zugleich Schulzimmer war[1].

In Lommersum, Kreis Euskirchen, erfolgte die Unterweisung der Jugend in der Wohnung des Küsters, bis man sich 1737 zum Bau eines zweistöckigen Schulhauses in Fachwerk entschied. Aus der Gründungsurkunde geht hervor, daß *„Anno 1737 und 1738... eine neue Schull gegen des Herrn Pastors Garten mit neuen Scheuren und Ställe aufgebaut... Die Platz, worauf die Schull in Ställe stehet und das Gärtgen liegen, ist der Gemeinde zu, welche den Bau zugelassen.“* [2]

In der kleinen Gemeinde Polch, Kreis Mayen-Koblenz, gab es bis zum Ende des 18. Jahrhunderts weder ein besonderes Schulhaus noch ein gemeindeeigenes Schullokal. Der Unterricht wurde in gemieteten Räumen abgehalten, die in der Regel *„zu klein und zu feucht“* waren.[3]

1773 setzten sich die Pfarrer Carman und Kayser beim Euskirchener Magistrat für den Bau einer neuen Schule ein und legten einen Bauplan für Klassen und Wohnräume des Schulmeisters vor. Für den eingeschossigen Fachwerkbau der ‚Turmschule‘, angelehnt an den Dicken Turm und die Stadtmauer, wurden 4512 Reichstaler aufgebracht.[4]

1763 entstand in Löhndorf, Kreis Ahrweiler, ein Haus, in dessen gemauertem Untergeschoß das Gemeindebackhaus und im Fachwerkobergeschoß das Schul-

Abb. 10 Kombinierte Schule mit Dorfbackhaus, errichtet 1763 in Löhndorf, Kreis Ahrweiler. Das Gebäude wurde 1971 abgebrochen und im Rheinischen Freilichtmuseum Kommern wieder errichtet.

zimmer eingerichtet wurde. Die seit 1870 von dem Lehrer Radermacher angelegte Schulchronik überliefert folgendes: *„Die Schule war auf dem Backhaus in dem heutigen Gemeindezimmer. Das einzige jetzt noch vorhandene Zimmer war die Wohnung für den Lehrer... Die Kinder saßen an langen Tischen auf Bänken ohne Lehne. Im Winter brachten die Kinder das nötige Holz von Haus mit, jeder trug seine Scheite auf der Schulter, so daß es an Brand nie fehlte."* [5] 1971 wurde das Gebäude abgebrochen und im Freilichtmuseum Kommern wieder errichtet. Die typische und weiterverbreitete Einrichtung ehemaliger Eifeldorfschulen des 19. Jahrhunderts mit Bänken, Lehrerpult, Harmonium, einem großen Ofen, Tafel und Karten wird hier dokumentiert.

Selbst im ausgehenden 18. Jahrhundert, als man überall unter dem Einfluß der Aufklärung um die Verbesserung des Schulwesens bemüht war, kam in der Eifel bei weitem nicht jedes Kind in den Genuß einer elementaren Schuleinrichtung. Dies bestätigt ein Vermerk von 1782 in der Chronik der Stadt Münstereifel, Kreis Euskirchen: *„Da über die Zustände in der Knabenschule, besonders wegen der Bänke, Klage geführt wird, stellt man bei einer Besichtigung fest, daß keine einzige Bank vorhanden ist, und man die Kinder liegend und sitzend angetroffen hat."* [6]

Schulhäuser auf staatlichem Verordnungsweg

Um den Mißständen und Unregelmäßigkeiten im Schulwesen entgegenzuwirken und den Unterricht staatlich kontrollieren zu können, war bereits 1784 im ‚Allgemeinen Landrecht' Preußens die Schulpflicht verfügt worden. Im preußisch gewordenen Rheinland ließen die Gouverneure und Schuldirektoren sofort Befragungen in den Gemeinden über den Stand des Schulwesens durchführen. Die Auswertung ergab ein allgemein ungünstiges Bild: Nur 30-60% der schulfähigen Kinder besuchten die Schule. Schulgebäude und Lehrerwohnung, sofern überhaupt vorhanden, waren in schlechtem baulichen Zustand, die Schulräume zu klein. Folglich wurden im sogenannten ‚Aachener Protokoll' vom Dezember 1814 Grundsätze für die Neuordnung des Elementarschulwesens zusammengestellt, die unter anderem die *„Ortsverhältnisse der Schulen"* festschrieben: *„Vorgesehen sind für bestehende Schulräume 8 Fuß, für neue 11 Fuß Höhe, jedes Kind benötigt 5 Quadratfuß Raum. Das Schulhaus soll auf freien und stillen Plätzen gebaut werden, einschließlich die Lehrerwohnung mit Obst- und Gemüsegarten."*[7]

Etwa zehn Jahre später folgte die *„Kabinettsordre, betr. die Schulzucht in den Provinzen, wo das Allgemeine Landrecht noch nicht eingeführt ist, vom 25. Mai*

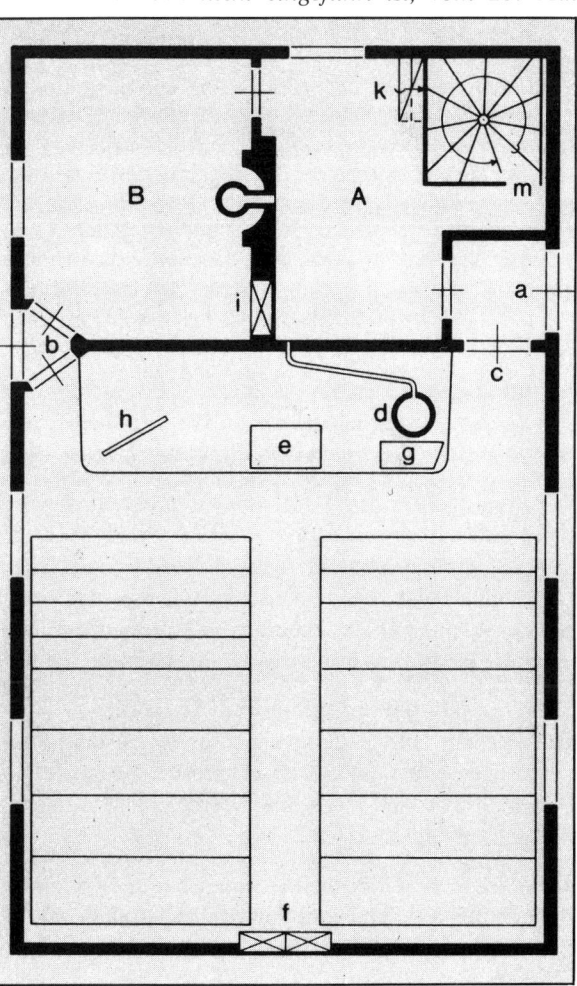

Abb. 11 ‚Normalplan' für den Grundriß einer einklassigen Volksschule mit Lehrerwohnraum, um 1806−09.
A = Küche
B = Stube
a = Haustür, 3$\frac{1}{2}$ Fuß breit, 6$\frac{1}{2}$ Fuß hoch
b = Türen nach der Hofseite, 2$\frac{1}{2}$ Fuß breit, 6$\frac{1}{2}$ Fuß hoch
c = Eingang zum Unterrichtsraum, 3 Fuß breit, 6$\frac{1}{2}$ Fuß hoch
d = Ofen
e = Sitz des Lehrers
f = ‚Bücherkasten', z.T. in die Wand eingebaut, 1 Fuß tief, 4 Fuß breit, 6 Fuß hoch
g = in das Podium eingelassener und verschließbarer Behälter für das Brennmaterial
h = Tafel
i = Schrank
k = Kellereingang
m = Wendeltreppe

Abb. 12 Einklassige Schule von Hoven, Kreis Euskirchen, erbaut 1855, errichtet auf der Basis des ‚Normalplans'.

1825", eine Verordnung, die nicht aus Menschenfreundlichkeit erfolgte, sondern die Konsequenz einer statistischen Erhebung im Preußen des frühen 19. Jahrhunderts war: Die Analphabetenquote lag bei 75% der Bevölkerung, die Masse der rekrutierten Soldaten konnte nicht lesen, nicht schreiben. Städte und Gemeinden waren also seit spätestens dieser Verordnung gezwungen, Volksschulen zu bauen oder bestehende Schulen den Vorschriften anzupassen.

Die Regierung schrieb für den Schulbau feuerfestes Material vor, duldete nur dann einen Fachwerkbau, wenn Eichenholz verwendet wurde. Meist entschieden sich die Gemeinden für ortsübliche Baumaterialien wie Bruchstein, Sandstein, Backstein, Feldbrandstein, Schiefer, einerseits aus Kostengründen, andererseits zwecks Anpassung der Schularchitektur an die örtliche Umgebung.

Die Gemeinden waren ebenso bemüht, den Platz für das Schulgebäude so zu wählen, daß die erforderlichen Gebäude — Schulhaus, Toiletten, Stall und Scheune mit Hof — in angemessenem Abstand voneinander und von den Nachbargrenzen lagen. Zum Schulgrundstück gehörte ein Lehrergarten. Die Lage des Schulhauses sollte so gewählt werden, daß Sonnenlicht ins Schulzimmer und in die Lehrerwohnung kam.

Viele ländliche Gemeinden kamen bei aller Sparsamkeit ihrer Pflicht nach, ohne dabei völlig auf den repräsentativen Charakter des Schulhauses zu verzichten. Um die Baukosten möglichst niedrig zu halten, bildeten sich sogenannte ‚Normalpläne' heraus, die den Gemeinden als Muster vorgelegt wurden.[8]

28

Die einklassige Schule in Hoven bei Zülpich, Kreis Euskirchen, erbaut 1855, steht beispielhaft für den einfachsten, also einklassigen Schulhaustyp, wie er bis ins 20. Jahrhundert in kleinen Dörfern üblich war. Der schmucklose eingeschossige Backsteinbau wird lediglich durch regelmäßig große Fenster gegliedert.[9] Eine weitere Variation des Normalplanes wurde 1861 an der vierklassigen Schule in Kommern, Kreis Euskirchen, verwirklicht. Am zweigeschossigen Bau mit sieben Achsen werden die mittleren drei Achsen der Fassade durch einen Risalit[10] vorgezogen und von einem Dreiecksgiebel bekrönt. Dadurch wurde der Eingang zur vierklassigen Volksschule betont. Spätere beidseitige Anbauten verwischen — aus heutiger Sicht — den ursprünglichen Zustand der repräsentativen Schule, zeigen aber auch, daß man bei der Planung die Erweiterungsfähigkeit des Schulhauses bedacht hatte.

In der Regel waren die ländlichen Schulhäuser des 19. Jahrhunderts in ihrer Gesamterscheinung sehr schlicht und im Grundriß einfach strukturiert. Schulzimmer und Lehrerwohnung waren im allgemeinen in einem Gebäude untergebracht. Für ein- und zweiklassige Schulen errichtete man eingeschossige Gebäude, ein zweigeschossiger Bau kam nur dann in Betracht, wenn das Schulgelände klein ausgelegt war. Ein Schulzimmer — im Durchschnitt für 60 bis 80 Kinder — durfte höchstens 9,70 m lang und 6,50 m tief sein. Die Fußböden waren im Idealfall mit dicht schließenden, gehobelten Brettern belegt und wurden regelmäßig geölt. Die Holzbänke waren immer so angeordnet, daß dem Lehrer Kontrollgänge mindestens durch einen Mittelgang möglich waren. An der den Fenstern gegenüberliegenden Wand stand der Kanonenofen, neben dem erhöht stehenden Lehrerpult

Abb. 13 Typus der vierklassigen Volksschule in zweigeschossiger Bauweise: Volksschule Kommern, Kreis Euskirchen, erbaut 1861, mit späteren Anbauten.

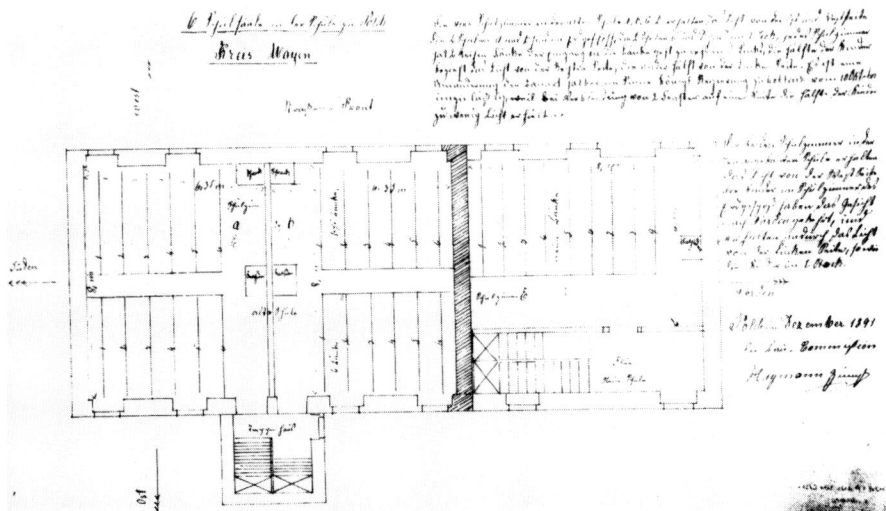

Abb. 14 Grundrißplan der Volksschule von Polch, Kreis Mayen-Koblenz, von 1891. An den älteren, zwei Klassenräume umfassenden linken Teil sollte eine dritte Klasse angebaut werden.

die Tafel. Ein Schrank für Karten und Kreide und ein kleines Waschbecken waren nicht in jedem Schulzimmer selbstverständlich.

Abseits vom Hauptgebäude richtete man die Toiletten (Plumpsklos) in einem separaten Häuschen, häufig auch im Stall ein. Ob Wirtschaftsgebäude auf dem

Abb. 15 Der Schulofen hatte oft einen zentralen Platz im Klassenraum. Schule Mülheim bei Blankenheim, Kreis Euskirchen, 1935.

Abb. 16 Schon recht komfortabel, aber vom Schulhauptgebäude räumlich getrennt: Schüler- und Lehrertoiletten in Waxweiler, Kreis Bitburg-Prüm, 20er Jahre.

Schulgelände errichtet wurden, hing wesentlich davon ab, in welchem Maße die Lehrerstelle, zur finanziellen Entlastung der Gemeinde, mit einem kleinen landwirtschaftlichen Betrieb verbunden war. Den meisten Dorfschulen genügte schon ein kleines Stallgebäude, in dem einige Tiere standen und Futter lagerte. Zwi-

Abb. 17 Die Nebengebäude der alten Volksschule in Kempenich, Kreis Ahrweiler: Toiletten, Ziegenstall und Scheune.

Abb. 18 Die erste Schule in Kall, Kreis Euskirchen, war die Stube hinter den beiden Fenstern unten rechts in einem Wohnhaus.

Abb. 19 Ebenfalls ganz in Fachwerk errichtet: die erste Schule in Lammersdorf, Kreis Aachen, 1856 fertiggestellt.

32

schen dem Schulhaus und der benachbarten Kirche lag bei günstigen Ortsverhältnissen ein Garten, aus dem sich der Lehrer versorgte und der im Idealfall lehrreichen Zwecken diente. In möglichst einfacher Weise, den ortsüblichen Verhältnissen entsprechend, waren Schulgebäude und Lehrergarten von einem Lattenzaun umgeben.

Die Schulchronik von Dollendorf, Kreis Euskirchen, überliefert nähere Angaben zum Schulhausbau im Jahre 1838. Probleme der Beschaffung von Bauland, Finanzierung und Anlage der Schule stehen hier exemplarisch für die Anforderungen an viele Gemeinden nach der Schulpflichtverordnung von 1825: *„... Zu dem Bauplatz wurde noch ein Stück Privat-Eigentum des Carl Philipp Gottlieb angekauft. Der Bau wurde von den Maurermeistern aus Dollendorf in Bruchstein aufgeführt und mit Schiefern gedeckt. Im Souterrain eine Spritzen-Remise und 2 Keller. Im Erdgeschoß rechts der Schulsaal, links eine Küche mit Nebenzimmer und ein Reserve-Schulsaal. Im Obergeschoß in der Mitte ein Gang, rechts von demselben fünf und auch links fünf Zimmer, welche letztere noch nicht ausgebaut sind. Das ganze hatte eine Summe von 2 446 Talern und 14 Silbergroschen gekostet. Dieser Beitrag erhöhte sich auf 3 041 Taler, 3 Silbergroschen, als 1843 die im Jahre 1838 nicht ausgeführten Arbeiten vollzogen wurden.“* [11] Die Finanzierung des Schulhauses war bereits 1835 gesichert, als die Gemeinde mehrere Parzellen Land im Wert von 732 Talern und dem Herzog von Arenberg zwei große Waldstücke verkaufte.

Erwähnenswert erscheint die Leistung der kleinen Ortschaft Atzerath/Belgien, die bereits 1818 durch Hand- und Spanndienste der Eingesessenen für 205 Taler ein eigenes Schulgebäude erbaute.[12]

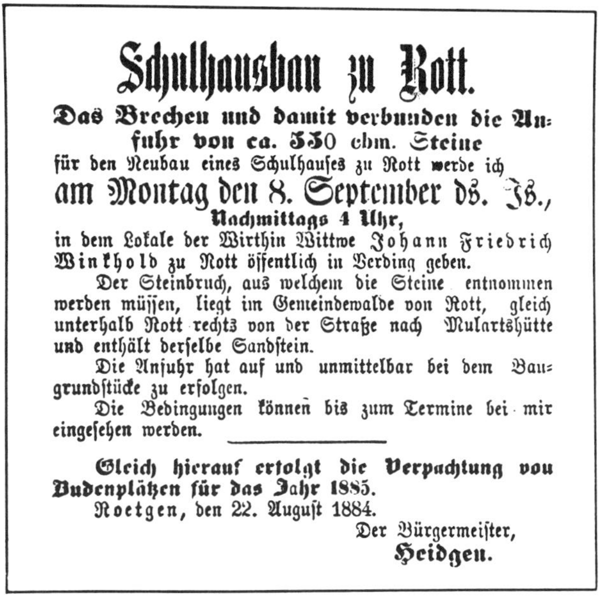

Schulhausbau zu Rott.

Das Brechen und damit verbunden die Anfuhr von ca. 530 cbm. Steine
für den Neubau eines Schulhauses zu Rott werde ich
am Montag den 8. September ds. Js.,
Nachmittags 4 Uhr,
in dem Lokale der Wirthin Wittwe Johann Friedrich Winkhold zu Rott öffentlich in Verding geben.

Der Steinbruch, aus welchem die Steine entnommen werden müssen, liegt im Gemeindewalde von Rott, gleich unterhalb Rott rechts von der Straße nach Mulartshütte und enthält derselbe Sandstein.

Die Anfuhr hat auf und unmittelbar bei dem Baugrundstücke zu erfolgen.

Die Bedingungen können bis zum Termine bei mir eingesehen werden.

Gleich hierauf erfolgt die Verpachtung von Budenplätzen für das Jahr 1885.

Roetgen, den 22. August 1884.

Der Bürgermeister,
Heidgen.

Abb. 20 Zeitungsanzeige zur Vergabe des Steinbrechens und Anlieferung für den Schulhausneubau in Rott, Kreis Aachen, aus dem „Stadt und Landbote“, Monschau, 27. August 1884.

Bekanntmachung,
Mittwoch den 30. Dezember 1874
Vormittags 10 Uhr,
wird auf dem Bürgermeister-Amt hierselbst
der Neubau eines Schulhauses
zu Feusdorf, veranschlagt zu 4868 Thaler,
öffentlich versteigert.
Plan und Kostenanschlag liegen zur Einsicht bei mir offen.
Hillesheim, den 7 Dezember 1874.
Der Bürgermeister,
Krämer.

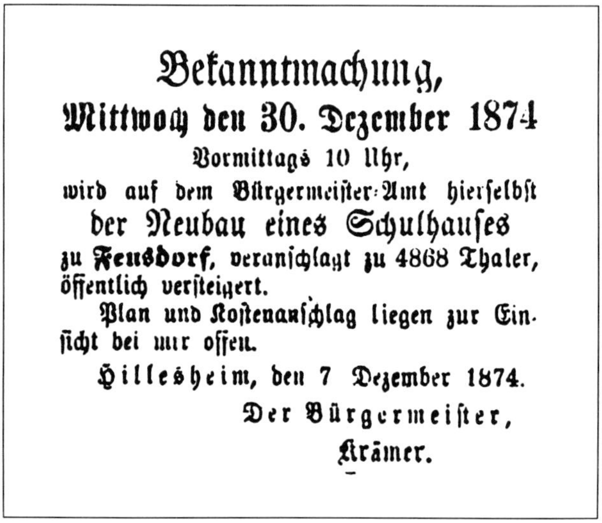

Abb. 21 Öffentliche Vergabe der Arbeiten am Schulhausneubau in Feusdorf, Kreis Daun, vom Dezember 1874.

In Zweifall, Kreis Aachen, errichtete der Bauunternehmer Pesch nach Plänen des Kommunalbaumeisters Habes ein zweigeschossiges unverputztes Bruchsteinschulhaus mit Werksteineinfassungen; die Gesamtkosten einschließlich Gebühren betrugen rund 1800 Taler. Mit Stolz berichtet 1836 der Chronist, Zweifall habe *„die schönste Schule im ganzen Kreise, aus- und inwendig prachtvoll“.*[13)]

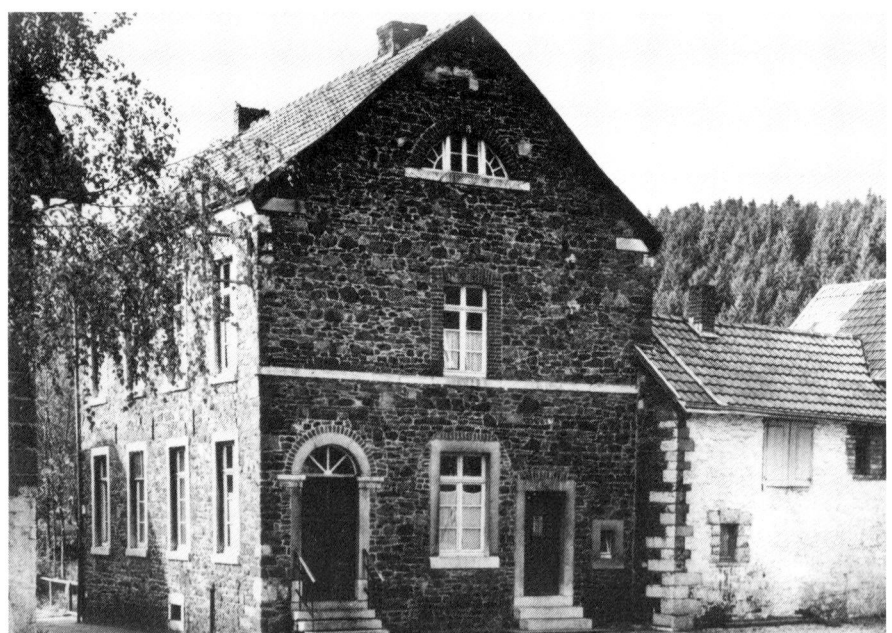

Abb. 22 Beispiel für einen Schulhausbau ganz aus einheimischen Bruchstein: alte Schule von Zweifall, Kreis Aachen, erbaut 1836.

Die Schulneubauten der wilhelminischen Zeit

Zu einem Boom im Volksschulbauwesen kam es gegen Ende des 19. Jahrhunderts, nachdem am 14. Mai 1885 per Gesetz die Schulpflicht bestätigt und der kostenlose Elementarunterricht Wirklichkeit wurde. Die Städte waren besonderen Anforderungen ausgesetzt: Rasch anwachsende Industriebetriebe bewegten die ländliche Bevölkerung zum Umzug in die städtischen Gebiete. So dachte man beispielsweise in Euskirchen an eine Erweiterung der seit 1870 (bis 1944) bestehenden Ostschule, entschied sich aber doch für einen zweigeschossigen Neubau mit zwölf Klassenzimmern im Westen der Stadt. Die 1884 erbaute Westschule vertritt als städtisches Gebäude in Kooperation und Raumangebot einen der Zeit entsprechenden aufwendigen Schulhaustyp, der sich neugotisch gibt und dem Schulhaus in Mechernich, Kreis Euskirchen, stilistisch gleicht. Dieses Schulhaus für vier Klassenräume wurde 1891 errichtet und entsprach vollkommen den preußischen Forderungen nach einem schlichten Schulbau, *„der bei aller Einfachkeit der Formen aber doch den öffentlichen Zweck des Volksunterrichts in angemessener Weise erkennen läßt".*[14] Es ist ein zweigeschossiger Backsteinbau von neun Achsen, die Mittelachse ist risalitartig vorgezogen und von einem Dreiecksgiebel überfangen. Klötzchenfries und Sohlbänke sind die wenigen dekorativen Elemente des streng gegliederten Schulhauses.

Daß sich die Städte endgültig vom Baustil ihrer Umgebung absetzten, zeigt die ehemalige Südschule in Düren. Als Volksschule 1895 errichtet, stand sie in Stil

Abb. 23 Prachtentfaltung an städtischen Schulen der wilhelminischen Zeit: Südschule Düren, Volksschule für Mädchen, erbaut 1895.

Abb. 24 Schulbauten, die an Burgen erinnern, fanden sich um die Jahrhundertwende auch in kleineren Gemeinwesen: Volksschule Traben, Kreis Bernkastel-Wittlich.

und Aufwand auf der Höhe der Gründerzeit. Die außergewöhnlich phantasie- und qualitätvolle Gestaltung des Schulhauses präsentierte Finanzkraft und Wohlstand der Stadt. Mit dem Bau der dritten Volksschule im Jahre 1906 dokumentierte auch Euskirchen die besondere Entwicklung zur betuchten Kreisstadt. Die Nordschule bot Raum für zwölf Klassenzimmer, Musik- und Zeichensäle, Lehrerzimmer, Hausmeister- und Lehrerwohnungen. Es handelt sich um einen zweckmäßig organisierten Nutzbau, wenn auch die Fassade dem Repräsentationsbedürfnis einer historischen Architektur Rechnung trug.

Während es um die Jahrhundertwende in der städtischen Schularchitektur zu wesentlichen, der allgemeinen Bauaufgabe entsprechenden Neuerungen kam, blieben die ländlichen Volksschulneubauten in Umgebung und Gestalt ihrem dörflichen Milieu treu, tendierten sogar, wie das Beispiel Holzheim, Kreis Euskirchen, zeigt, zu romantisierenden Formen. Sie waren in der Regel auf winkelförmigem Grundriß $1\frac{1}{2}$ geschossig mit tief heruntergezogenem Dach und ornamentiertem Sparrenwerk angelegt. Das Grundstück umfaßte im allgemeinen Stall oder Schuppen, separate Toilettenanlagen und einen unbefestigten Turn- und Spielplatz. Aus dem naheliegenden Garten, zu Lehrzwecken angelegt, bezog der Lehrer seine Naturalien. Diese Schulanlagen, an denen in bestimmter Weise ortsübliche Baustoffe verarbeitet wurden, heben sich deutlich von der streng preußischen Landschularchitektur des 19. Jahrhunderts ab.

Auch wenn es um die Jahrhundertwende zu stilistischen Unterschieden zwischen Stadt- und Dorfschularchitektur gekommen ist, so waren doch die Verordnungen von 1895 für jeden Schulneubau verbindlich.[15] Man hatte im Laufe der Zeit die

Abb. 25 Schule als städtischer Repräsentationsbau: Nordschule Euskirchen, errichtet 1909.

Abb. 26 Der Hang zu romantisierenden Formen zeigte sich auch in kleinen Dorfschulen der Zeit: Volksschule Holzheim, Kreis Euskirchen, erbaut 1903.

Erfahrung gemacht, daß das regelmäßige Zusammentreffen vieler Kinder auf engem Raum zu epidemischen Krankheiten führte, die aufgrund der allgemein unzureichenden hygienischen Bedingungen nur schwer zu kontrollieren waren. So entwickelten bereits 1876 die Professoren Baginski und Virchow Grundlagen einer Schulhygiene[16] und beeinflußten wesentlich die Bestimmungen von 1895 über Lage und Größe des Schulgebäudes, der Schulzimmer, die Anzahl von Aborten. Man wünschte sich unter anderem für jedes Klassenzimmer ein Waschbecken und die Einrichtung von Duschen und Bädern im Schulhaus. Die neuen Bestimmungen konnten nur an Schulneubauten ideal verwirklicht werden. Kleine und wenig finanzkräftige Gemeinden waren selten in der Lage, den Vorschriften Folge zu leisten und Neubauten oder aufwendige Umbauten in Angriff zu nehmen.

Zwar konnten die Gemeinden in der Regel ihre Schulhäuser unterhalten, aber die Finanzierung von Neubauten war ohne staatliche Hilfe nicht möglich. Folgende Beispiele illustrieren die Verhältnisse:

Die Baukosten für die Schule in Kallmuth, Kreis Euskirchen, 1887 mit Schulsaal, Lehrerdienstwohnung, Nebengebäude und Brunnen fertiggestellt, betrugen 14 000 Mark; davon übernahm die Staatskasse 9 800 Mark. Für die Beschaffung neuer Schulmöbel zahlte die Gemeinde 540 Mark und erhielt einen Zuschuß von 500 Mark.[17] Für Lehrmittel und den Unterhalt ihres Schulhauses registrierte die Gemeinde Daun 1894/95 einen Gesamtbetrag von 776 Mark. Für das Lackieren

38

der Schultafeln bezahlte man 20,50 Mark; fünf neue Bänke kosteten 75 Mark; für 21 Mark war der Schulsaal frisch gestrichen worden.[18]

Wie zu Beginn des 20. Jahrhunderts ein Schulzimmer eingerichtet war, beschreibt F. W. am Beispiel der einklassigen Volksschule in Abenden, Kreis Düren:

„Rechts von der Tür stand das Lehrerpult. Gegenüber dem Pult hatte der riesige Eisenofen seinen Platz, der oft rotglühend geheizt war... Das Ofenrohr verlief durch das ganze Klassenzimmer... Im Klassenzimmer standen zwei Tafeln auf einem Gestell. Sie waren lose, damit man sie umdrehen konnte. Auf der einen Seite hatten die Tafeln Linien, auf der anderen Rechenkaros. Über der Eingangstür hing ein Kreuz, vor welchem zu Unterrichtsbeginn und -ende gebetet wurde. Hinter dem Lehrerpult hing ein großes coloriertes Bild des Kaisers und seiner Frau, der König in Luise. An einem Kartenständer war eine Karte des Deutschen Reiches aufgehängt. Weitere Karten standen in einer Ecke... Die Kinder saßen zu zweit in Holzbänken, bei denen die Sitzbank und der Tisch zusammengeschraubt waren."[19]

Reformpädagogik und neue Architektur der Weimarer Republik

Für Gemeinden, die unmittelbar vor dem ersten Weltkrieg einen Schulneubau planten, war die Lage insofern schwierig, als die Regierung den Antrag häufig nicht mehr genehmigte. Man mußte sich also mit den beengten Verhältnissen arrangieren. Abgesehen von einem Mangel an Schulraum, herrschte nach 1918 eine enorme Wohnungsnot. Die Schulaufsichtsbehörde stellte immer wieder fest, daß in Schulhäusern Privatpersonen provisorisch untergebracht waren. *„Im gesundheitlichen und schultechnischen Interesse"* mußten die Notwohnungen geräumt und Unterkünfte außerhalb des Schulgebäudes geschaffen werden.[20]

Abb. 27 Bauarbeiter bei der Errichtung der Volksschule von Ramscheid, Kreis Euskirchen, im Jahre 1929.

Abb. 28 Die Schulbauten der frühen 20er Jahre waren durch ihre bescheidene äußere Form gekennzeichnet; Funktion ging über Repräsentation. Volksschule von Dottel, Kreis Euskirchen, fertiggestellt 1921.

Bei der angespannten Finanzlage des Staates wurden nach 1918 Verfügungen herausgegeben, die zur größten Sparsamkeit anhielten. In der äußeren Gestaltung der öffentlichen Bauten habe man die einfachste Lösung anzustreben und in der Wahl der Baustoffe die Kostenfrage in erster Linie zu berücksichtigen. Man wies die Architekten und Bauräte an, *„auf künstlerischen Schmuck durch architektonische Zierteile"* weitgehend zu verzichten und die Räume bescheiden auszustatten.[21)] Mit Rücksicht auf die Maßregeln der Regierung und die Finanzlage der Gemeinden wurden in der Schulhausarchitektur die Vorstellungen von zeitgenössischem Bauen der 20er Jahre nur zögernd verwirklicht. Die einklassige Volksschule in Dottel, Kreis Euskirchen, erbaut 1921, vertritt tendenziell den einfachsten Typ der 20er Jahre: Es ist ein breitgelagerter eingeschossiger Bau mit werksteingefaßten Fenstern und starken Eckverklammerungen. Die Schulen in Blankenheimerdorf, Hollerath und Sötenich, alle Kreis Euskirchen, die für je drei Klassen zwischen 1926 und 1929 errichtet wurden, lassen den Anspruch erkennen, stilistisch zeitgemäße Schulen in den ortsüblichen und kostengünstigen Materialien Bruchstein und Schiefer zu bauen. Alle neuen Schulen sollten im Raumprogramm großzügig angelegt sein. So wurde zum Beispiel aus der kleinen Gemeinde Losheim, Kreis Euskirchen, bekannt, der 1928 fertiggestellte Schulneubau sei mit zwei Klassenzimmern, einer Lehrküche, Badeeinrichtungen mit Duschen und Wannenbädern im Keller, Lehrer- und Hausmeisterwohnungen im

Abb. 29 Der Baustil der 20er Jahre war schlicht und wurde von der Verwendung heimischer Baustoffe geprägt. Volksschule Sötenich, Kreis Euskirchen, errichtet 1926.

Obergeschoß, gut ausgestattet. Auf Wunsch des damaligen Lehrers sei ein kleiner Stall zur Viehhaltung angebaut worden. Das alte einklassige Schulhaus riß man ab und gestaltete an der Stelle einen großen Schulhof.[22]

Schulbauten der nationalsozialistischen Zeit

Während in der Weimarer Republik das Schulwesen Sache der Länder war, ging die Schulhoheit nach 1933 auf das Reich über. Der Staat als Schulaufsichtsbe-

Abb. 30 Die neue Schule von Losheim, Kreis Euskirchen, aus dem Jahre 1928 mit zwei Klassenräumen, Lehrküche, Duschen und Wannenbädern im Keller sowie Lehrer- und Hausmeisterwohnungen im Obergeschoß.

hörde entwickelte Normen für den Schulbau und nahm als Geldgeber die Prüfung und Genehmigung für sich in Anspruch. In der kleinen Landgemeinde Wintersdorf, Kreis Trier-Saarburg, war es während der 20er Jahre aus finanziellen Gründen nicht zum dringend notwendigen Erweiterungsbau mit Lehrerwohnung gekommen. Erst 1936 begann man mit den Bauarbeiten für zwei Klassenzimmer. Das bisherige Schulzimmer im benachbarten Altbau wurde zur einen Hälfte Bastel-, Karten- und Schulküchenraum, zur anderen der Lehrerwohnung zugeteilt. Der neuen Zeitströmung entsprechend gestaltete der Kunstmaler Paul Magar aus Konz die Flure und das Treppenhaus. *„Pflügende, säende und erntende Bauern, Hügelgräber der Vorzeit, das Grabmal eines einheimischen Bauern um 300 n. Chr. sowie die alte Schule mit Kirche und Turm"* waren die Gegenstände der bildlichen Darstellungen.[23)]

Aus Schleiden, Kreis Euskirchen, ist bekannt, daß die alte Volksschule, erbaut etwa zwischen 1830 und 1840, den Anforderungen einfach nicht mehr entsprach. Eine Modernisierung der schlecht belichteten Schulzimmer und völlig unzureichenden Toilettenanlagen hätte nicht ausgereicht. So begannen 1937 die Arbeiten auf dem Bauplatz am Ruppenberg; am 20. April 1938 wurde die Schule *„im glückhaften Zeichen des Führers"* eingeweiht. Die Gesamtkosten beliefen sich auf 11 776,92 RM.[24)]

1938/39 errichtete die Gemeinde Nachtsheim, Kreis Mayen-Koblenz, ein neues Schulhaus mit zwei Klassenzimmern, einem Berufsschulsaal und ein separat gelegenes Haus mit zwei Lehrerwohnungen. Die Baukosten beliefen sich auf etwa

Abb. 31   Die Volksschule von Wintersdorf, Kreis Trier-Saarburg, um 1935. Das im Jahre 1900 errichtete Gebäude wurde 1938 Lehrerwohnung; an den Giebel wurde ein Erweiterungsbau angesetzt.

Abb. 32 Beispiel für den Schulbau der 30er Jahre: Die 1938 fertiggestellte Volksschule in Schleiden, Kreis Euskirchen, mit vier Klassen; rechts ein Anbau der Jahre 1954/55.

83 000 RM. Die Ausgaben für die Inneneinrichtung betrugen — inklusive das in jedem Klassenzimmer obligatorische Hitlerbild — 6 900 Reichsmark.[25]

Die kleine Gemeinde Arft, Kreis Mayen-Koblenz, begann 1939 mit dem dringend erforderlichen Schulneubau, der aber sehr bald nach Kriegsbeginn aus Mangel an Arbeitskräften und der Knappheit von Baumaterial unterbrochen werden mußte.[26]

Wenn auch während der Kriegsjahre bis auf die Monate ab Herbst 1944 das Schulwesen in halbwegs geordneten Bahnen verlief, so kam es 1945 zu einem völligen Zusammenbruch. Der Bericht des Regierungs- und Schulrates Hans Hilger verdeutlicht das Ausmaß der Zerstörung im Kreis Düren und die Leistungen im Wiederaufbau des Volksschulwesens in den ersten Nachkriegsjahren: Im Kreis Düren waren 45 von 89 Volksschulen schwer beschädigt, 32 hatten leichtere Schäden, 4 galten als fast unbeschädigt. Bis September 1945 waren nur wenige Schulen notdürftig in Ordnung gebracht. Klöster, Kindergärten, Amtsgebäude, Pfarrhäuser, vor allem Gastwirtschaften dienten als Behelfsschulzimmer.[27]

Die Neubauwelle der 50er und 60er Jahre

Aufgrund der außergewöhnlichen Schulnot waren Städte und Gemeinden vor neue und zukünftige Bauaufgaben gestellt. In der vom Kultusminister des Landes Nordrhein-Westfalen nach Fredeburg einberufenen Tagung im Juni 1949 erarbei-

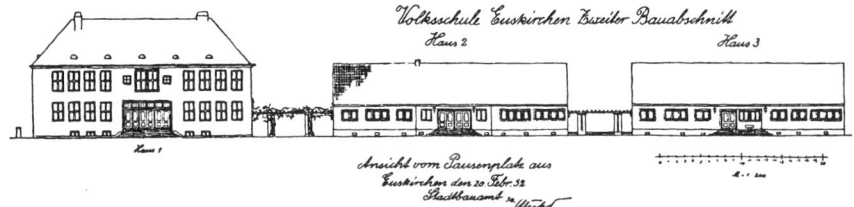

Abb. 33 Nach reformpädagogischen Überlegungen wurden 1952 Teile der Südschule Euskirchen in Pavillonform errichtet.

teten Lehrer, Architekten und Vertreter der Verwaltungen die Grundlagen für eine neue Schularchitektur. So sollten die Schulen leicht erreichbar sein und abseits störender Anlagen möglichst im Grünen errichtet werden. Man wünschte sich zu jeder Schule über den bebauten Raum hinaus ein großes Gelände für Spielwiese, Sportplatz und Schulgarten. Das Freigelände sollte so angelegt werden, daß für seine Ausgestaltung und Pflege die Schüler verantwortlich sein konnten. Statt der Zusammenballung zahlreicher Klassen empfahl die Kommission eine aufgelockerte, eingeschossige Bauweise. Begründend wies man darauf hin, daß eine Flachbauweise die Erweiterungsfähigkeit einer Schule begünstige. Man empfahl, selbst die kleinste Schule mit Fach- und Gemeinschaftsräumen auszustatten. Mit den Vorschlägen zur Errichtung der Klassenzimmer wurden die

Abb. 34 Flachbauten prägten das Erscheinungsbild auch kleiner Volksschulneubauten der 50er Jahre: Remigiusschule Pronsfeld, Kreis Bitburg-Prüm, 1957 errichtet.

Abb. 35 Flachbau mit überdachter Pausenhalle: Die 1957/58 fertiggestellte Volksschule von Eckfeld, Kreis Bernkastel-Wittlich.

Bänke und Tische mit versenkbarem Tintenfäßchen aus dem Schulhaus verbannt: *„Nur loses Gestühl sichert die Erfüllung der vielseitigen unterrichtlichen und erzieherischen Aufgaben.“* [28]

Abb. 36 Ein Beispiel für die Verwendung einheimischer Materialien beim Schulneubau der 50er Jahre: Volksschule Dollendorf, Kreis Euskirchen, errichtet 1955.

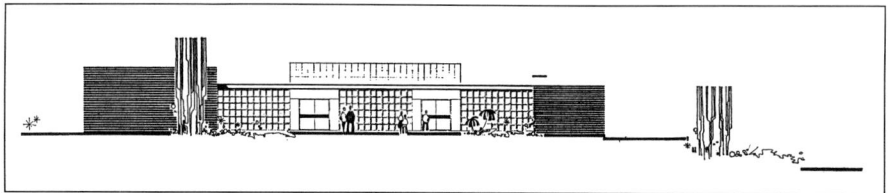

Abb. 37 Die Architekten der 60er Jahre ließen sich vom international geltenden Material-
standard leiten. Plan zur Errichtung einer dreiklassigen Volksschule in Ülpenich, Kreis Euskirchen, 1963.

Auf der Grundlage der Fredeburger Empfehlungen erlebte die Schularchitektur
der 50er Jahre eine rasante Entwicklung. Beispielhaft für den weitverbreiteten
frühesten Schulhaustyp steht die Südschule in Euskirchen. Um den Schulraum-
mangel nach völliger Zerstörung der Ostschule im Jahre 1944 zu beheben, wurde
im ersten Bauabschnitt (1951) ein vierklassiges Gebäude mit zwei Vollgeschossen
errichtet. Neben den Klassenzimmern lagen die Gruppen- und Nebenräume, im
Obergeschoß ein Lehrerzimmer und im Sockelgeschoß Hausmeisterwohnung und
Brauseanlage, Untersuchungszimmer für den Arzt, Heizung und Kohlenraum.
Die Klassen bekamen einen hellen, freundlichen Anstrich. Auch die Außenflä-
chen des Schulhauses wurden verputzt und hell gestrichen.[29]

Die zweiklassige Volksschule in Kalenberg, Kreis Euskirchen, vertritt in Fassaden-
gliederung und Raumprogramm den lichtdurchfluteten Schulhaustyp der späten
50er Jahre. Der heimische Bruchstein, in den Schulbauten von Schmidtheim
1953/54, Dollendorf 1955 und Frauenkron 1956, alle Kreis Euskirchen, noch
sichtbar gemacht, wird in Kalenberg zugunsten verputzter Ausfachungen vollkommen zurückgedrängt.

Wegen der rapide anwachsenden Schülerzahlen und veränderten pädagogischen
Konzeption war man in den 60er Jahren gezwungen, den Schulneubau zu forcie-
ren. Konfektionierte, erweiterungsfähige Pavillonbauten, meistens aus vorgeferti-
ten Elementen, drängten die alte Dorfschule endgültig in den Hintergrund. Ihren
Zweck als Volksschulen im traditionellen Sinne erfüllten die modernen Bauten
nur wenige Jahre, bis die Schulreform der späten 60er einen neuen Abschnitt in
der Schularchitektur einleitete.

Hungerleider, Bildungsträger, Respektspersonen
Stationen der Entwicklung des Lehrerstandes
Franz Josef Faas

„Höck weeß ich, dat äe newwe däe kleene Scholl noch en jrueß Scholl hat, et janze Dörf. Nur hät datt keene jemerk." („Heute weiß ich, daß er neben der kleinen Schule noch eine große Schule hatte, das ganze Dorf. Nur hat das keiner gemerkt.") So erinnerte sich eine ehemalige Schülerin im Jahre 1984.[1]

F. wurde 1890 an der Saar geboren, besuchte nach der Volksschule Präparandie und Lehrerseminar in Merzig und wurde 1914 als Einjähriger eingezogen. Im Argonner Wald wurde er 1915 verwundet, 1916 wurde er entlassen und erhielt die erste Lehrerstelle in einem Amtsort in der Westeifel. 1918 wurde er dort Hauptlehrer.

An erster Stelle stand für ihn natürlich seine Schule, zum Unterricht in den Klassen 3.–8. Schuljahr kam im Winter der freiwillige Unterricht in der Fortbildungsschule.

Abb. 38 Volksschule Waxweiler, Kreis Bitburg-Prüm, erbaut 1910, der Wirkungsort von Lehrer F. 1916–1935.

Das Schulhaus aus dem Jahre 1910 war noch in mancher Hinsicht recht unfertig, aus der unwirschen Umgebung machte er einen sehenswerten Park nebst ertragreichem Garten. Für Schulraum und Unterricht konnte er durch Sonderaktionen Verbesserungen einführen und neue, bisher unbekannte Geräte.

Vielseitig aber war auch seine Arbeit neben der Schule: 1916 beauftragte man ihn mit der Ausbildung der Jugendwehr, gleichzeitig übernahm er für längere Zeit den Organisten- und Chorleiterdienst und wurde auch als Krippenbauer bekannt. In den 20er Jahren war unter seiner Regie ein Jugendheim entstanden mit einer für die damalige Zeit vorbildlichen Bühne. Hier spielte er fast jeden Winter mit seinen Schülern, aber auch mit Vereinsgruppen Theater, dessen Erlös caritativen Zwecken oder dem Ausbau der Schule zugute kam.

Mehrere Jahre leitete er die Ortsgruppe des Eifelvereins, unter seiner Leitung wurde das Wegenetz beachtlich erweitert, Schutzhütten, Brunnen und zahlreiche Ruhebänke angelegt. Eine Denkmalpflege im Kleinen war die Restaurierung von Kapellen, Wegekreuzen, Gedenksteinen u.a. Schriftstellerisch war er tätig im Bereich der Landesgeschichte und Naturkunde, wovon noch heute zahlreiche Aufsätze in Jahrbüchern und Zeitschriften künden.

Mehrere Jahre leitete er zusammen mit dem Ortspfarrer die DJK (Deutsche Jugendkraft) und war gerade dabei, zusammen mit der Zivil- und Pfarrgemeinde ein Sportzentrum aufzubauen, als der ,Umbruch' von 1933 diese Arbeit zunichte machte.

1935 wurde er wegen seiner Arbeit in der Pfarrei und der DJK sowie seiner politischen Einstellung strafversetzt.[2]

Abb. 39   Schulmusikkapelle der Volksschule Waxweiler unter Lehrer F. im Jahre 1934.

Abb. 40 Viktor Joseph Dewora (1774—1837), Begründer des ersten Eifeler Lehrerseminars 1810 in Trier.

Ein Lehrerbild, das zur Aussage von 1984 passen könnte. Es steht nicht vereinzelt, wir finden es in den Orts- und Schulchroniken vielfach bestätigt.

Dieses Kurzporträt enthält, wenn auch nicht alle, so doch viele Angaben, die zum Leben eines Lehrers in der Eifel gehörten: Seine Ausbildung, sein Einsatz in der Schule, sein Verhältnis zur Dorfgemeinschaft, seine Aktivitäten über die Schule hinaus und manches andere. Diesen Dingen gilt es im folgenden nachzugehen.

Die Vor- und Ausbildung

Eine feste Ausbildungsordnung hat sich erst langsam im Laufe der Zeit herausgebildet. Bis zum Beginn des 19. Jahrhunderts gab es, so kann man ruhig sagen, überhaupt keine Ausbildung für einen jungen Menschen, der sich zum Lehrer berufen fühlte. Das Schulehalten, das sich auf Lesen- und Schreibenlehren beschränkte, war sowieso nur eine Nebenbeschäftigung für manchen anderen Beruf. Schon sehr früh wird von Schulpflicht gesprochen, nicht aber von einer entsprechenden Lehrerausbildung. Wohl gab es die Frühmesser im 18. Jahrhundert, Geistliche ohne Pfarrstelle, die von den Filialdörfern unterhalten wurden und nebenbei die Dorfkinder unterrichteten. Daneben standen dann die Handwerkerlehrer aller Schattierungen, die den Kindern zwar Schreiben und Lesen beibringen sollten, von den Eltern und Gemeinden jedoch so gut wie gar nicht unterstützt wurden. Der Koblenzer Journalist Joseph Görres warf den Landleuten vor, sie behandelten die Lehrer wie Leibeigene und verwehrten ihnen die notwendige Achtung und Belohnung. *„In der Regel ist der Schweinehirt eine weit geehr-*

tere Person im Dorf als der Lehrer, und er wird für glücklich gehalten, wenn er beide Stellen miteinander vereinigen kann." [3)]

Gegen das mangelnde Bildungsinteresse suchte die Regierung nach 1815 anzugehen. Der Grund für die Gleichgültigkeit der Bewohner war vor allem in der wirtschaftlichen Notlage der Eifel zu suchen. Was nützten da gute Schulen? Sie hätten die Armut nicht lindern können und waren zudem für viele Dörfer unerschwinglich. Trotzdem drängten die Behörden auf eine Verbesserung der Lage; man forderte eine ordentliche Ausbildung der Lehrer und eine Um- oder Nachschulung der aus der Franzosenzeit übernommenen Kräfte.[4)]

Schon 1810 hatte der Trierer Domvikar Dewora im ehemaligen Kloster St. Matthias eine Bildungsanstalt für die trierische Eifel gegründet, die 1816 zum ‚Königlich-Preußischen Lehrerseminar' erhoben wurde. 1814 folgten solche Anstalten für die Bezirke Aachen und Köln in Burtscheid und Brühl.[5)]

Wie notwendig solche Seminare waren, zeigt unter anderem eine Aufzeichnung Deworas, in der es heißt, 40 Kursteilnehmer hätten nicht lesen, 100 nicht schreiben und 300 weder einen Brief noch eine Quittung ausfüllen können.

Nach den Kurzkursen der Frühzeit ordnete Preußen 1823 einen dreijährigen Ausbildungskurs für alle Volksschullehrer an. Internate und Übungsschulen richtete man 1824 in Brühl und später auch in Kempen ein. 28 Seminare bestanden 1825 in Preußen, darunter die für die Eifel zuständigen in Trier und Brühl sowie das evangelische Seminar in Neuwied, gegründet 1818/19. Eine einheitliche Seminarordnung gab es allerdings noch nicht; die Provinzen, ja sogar die Regierungsbezirke gingen ihren eigenen Weg. Wohl fand man 1826 eine einheitliche Ordnung für die 1. Lehrerprüfung.

Abb. 41 Das letzte der in der Eifel gegründeten Lehrerseminare war das von Euskirchen im Jahre 1909. Schon 1926 wurde es wieder geschlossen.

Abb. 42   Die Teilnehmer des Lehrer-Seminarkursus in Prüm 1904−07.

Die Voraussetzungen für den Besuch der Seminare waren: Alter 16 Jahre, Pocken gehabt oder geimpft, gesunder Körper, gesunde Seele, verständliche deutsche Sprache, natürlich guter Menschenverstand, richtige Beurteilungskraft, haltbares Gedächtnis, fester Wille, sich dem Vaterland nützlich zu machen. Der Schüler sollte ferner Proben einer ungeheuchelten Gottesfurcht und Genossenschaftigkeit abgelegt, zum Schulamt unentbehrliche Geduld, Sanftmut und Liebe zu Kindern gezeigt haben.

Die Seminare sollten Keimzellen für die Erneuerung des Elementarschulwesens werden, hieß es damals. Die Vorbildung erfolgte in der Frühzeit durch ‚Einzelerzieher‘, gemeint sind Lehrer oder Geistliche. Einen Lehrplan gab es allerdings auch hierfür nicht. Zugelassen zum Seminar wurden auch höhere Schüler und solche, die ihre Vorbildung in Präparandien, Seminarvorbereitungsstätten, erhalten hatten.

Nachdem man in den 30er Jahren die Zahl der Seminare reduziert hatte, stieg sie wieder in den 50er Jahren; die Eifel erhielt jedoch noch immer keinen Seminarstandort.

Die Seminare fanden nicht das Gefallen des Königs, es war Friedrich Wilhelm IV., der sich, wie schon sein Vater 1816, recht negativ über die Seminare äußerte. Er mißtraute allen Neuerern: Die Lehrerschaft sei durch die Erhebung der Pädagogik zur Wissenschaft hochmütig geworden und habe das Volk durch zerset-

Abb. 43 Musiksaal des Lehrerseminars Prüm mit Blick auf die Hausorgel, frühe 20er Jahre.

zende Ideen zu sehr aufgeklärt. 1849 soll er sogar die Schuld an der Revolution der Scheinbildung, die an den Seminaren verbreitet werde, gegeben haben.

In den 70er Jahren ist ein großer Lehrermangel festzustellen, der teilweise darauf beruhte, daß mancher Lehrer vom Land in die besseren Stadtstellen abgewandert war, teilweise aber auch auf den veränderten Wehrdienstzeiten. Zunächst hatte der Lehrer 6 Wochen zu dienen, dann 10, später wurde der Wehrdienst auf ein Jahr erhöht. 1873 waren 12,5% der Stellen in der Rheinprovinz unbesetzt. Das hatte neben den genannten Gründen auch mit dem Ausschluß geistlicher Orden vom Schuldienst durch den Kulturkampf zu tun.[6]

Mit allen Mitteln versuchte man die Lage der Schule zu verbessern. 1873 wurden die Dienstalterszulagen festgelegt, 1885 erschien das Lehrerpensionsgesetz. Hinzu kam die Gründung von vier neuen Seminaren für den Bereich der Eifel, und zwar 1876 in Wittlich, Münstermaifeld, Kreis Mayen-Koblenz, Cornelimünster, Stadt Aachen, sowie 1885 in Prüm. Ein weiterer Zubringer für die Eifel war das 1868 gegründete Seminar in Boppard, Rhein-Hunsrück-Kreis.

Auffallend ist, daß der Kreis Prüm nur wenige Seminaristen stellte. Der größte Teil kam aus dem Saarland, während die Kandidaten aus dem Kreis Bitburg nach Wittlich gingen.[7]

Zur gleichen Zeit wurde auch endlich die Ausbildung von Lehrerinnen geregelt: 1876 gründete man in Saarburg, Kreis Trier-Saarburg, das erste Lehrerinnenseminar der Rheinprovinz; ihm folgten 1879 Trier und 1903 Koblenz. Daneben gab es

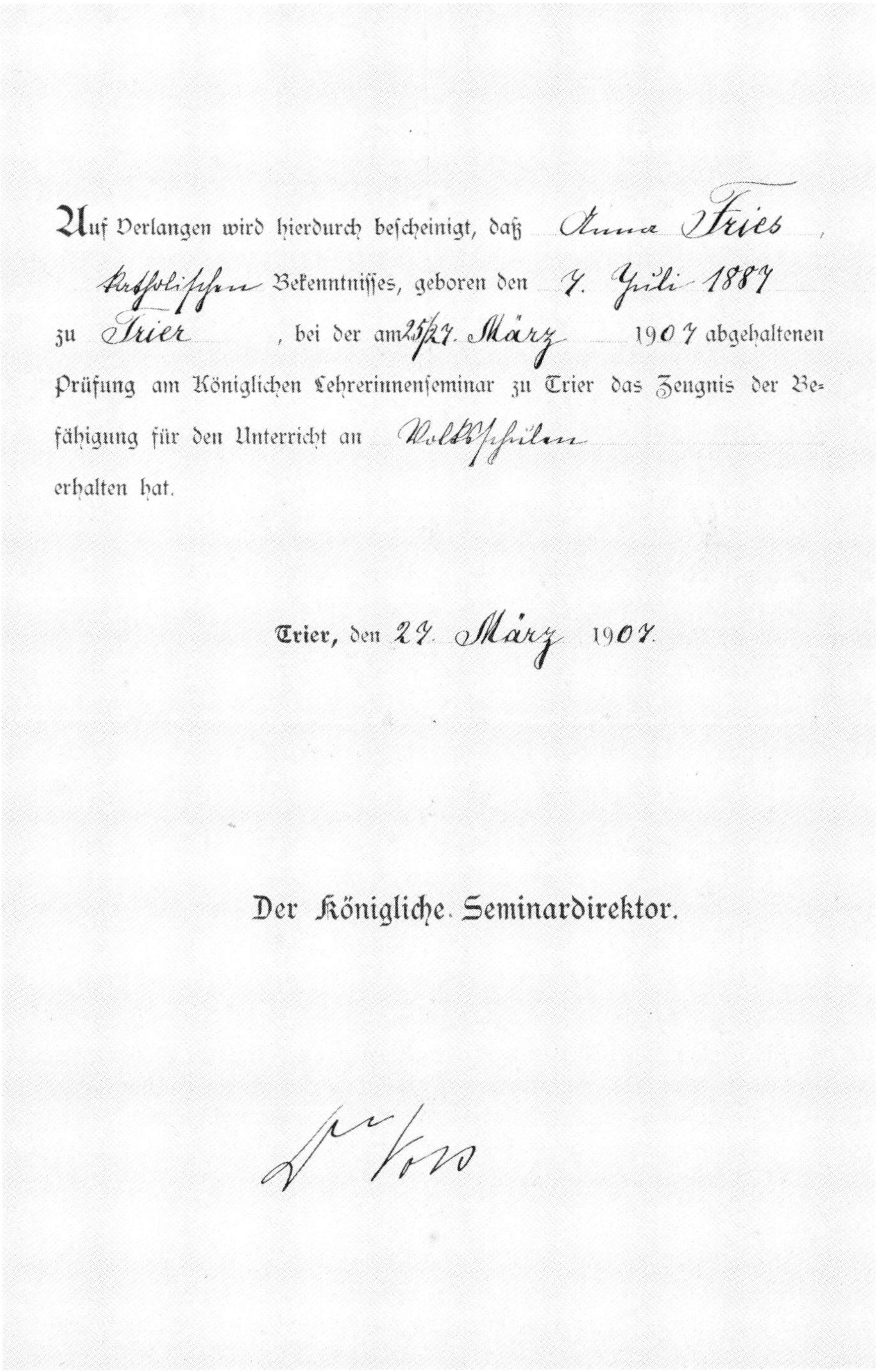

Auf Verlangen wird hierdurch bescheinigt, daß *Anna Fries*,

katholischen Bekenntnisses, geboren den *7. Juli 1887*

zu *Trier*, bei der am 25./27. *März* 1907 abgehaltenen

Prüfung am Königlichen Lehrerinnenseminar zu Trier das Zeugnis der Be-

fähigung für den Unterricht an *Volksschulen*

erhalten hat.

Trier, den 27. *März* 1907.

Der Königliche Seminardirektor.

Dr. Voss

Abb. 44 Bescheinigung des Trierer Lehrerinnen-Seminars aus dem Jahre 1907 für die Volksschullehrerin Anna Fries aus Trier.

aber schon länger die private Ausbildung bei den Ursulinen in Trier und Koblenz sowie bei den Franziskanerinnen.[8])

Bis zu den ‚Allgemeinen Bestimmungen‘ vom Jahre 1872 war es den Lehreranwärtern selbst überlassen, wie sie sich für das Seminar vorbereiteten. Ab 1872 war die Präparandieausbildung die Regel.[9]) In den 50er und 60er Jahren hatte man vorwiegend in kleineren Landgemeinden solche Präparandien eingerichtet, um die Zöglinge nicht den Gefährdungen des städtischen Lebens auszusetzen und sie in ländlicher Umgebung auf ihren späteren Wirkungskreis vorzubereiten. 1863 ging man von diesem Prinzip ab und bevorzugte jetzt Orte mit höheren Schulen. So richtete 1895 der Kreisschulinspektor in Prüm eine private Präparandie ein, die wie alle privaten Präparandien 1903 dem Seminar angeschlossen wurde.[10])

Nach der Jahrhundertwende nahm der Lehrermangel wieder zu infolge der einjährigen Dienstpflicht; man gründete daher neue Seminare, und zwar für die Eifel in Düren 1905, Jülich 1907 und Euskirchen 1909.

Die Weimarer Verfassung bestimmte, daß die Lehrerbildung nach den Grundsätzen, die für höhere Bildung allgemein galten, für das Reich einheitlich zu regeln sei. Das bedeutete das Ende der Lehrerseminare. Nach langen Verhandlungen — die Universitätsausbildung lehnte man ab, die Versorgung der Landschulen sei wegen ‚Überbildung‘ der Lehrer gefährdet — blieb die ‚Pädagogische Akademie‘. 1924 wurde die Auflösung der Seminare verfügt; die letzten schlossen 1926 ihre Pforten. Die Präparandien waren schon 1922 aufgehoben worden.

Die Seminarlehrer kamen zum Teil in den höheren Schulen unter, die Seminargebäude wurden von diesen oder den an Stelle der Seminare gegründeten Aufbauschulen übernommen. Der Prümer Seminardirektor schrieb 1922 vergeblich an das Provinzialschulkollegium, das Prümer Seminar müsse erhalten bleiben im Interesse des Deutschtums an der äußersten Grenze gegen Neubelgien. *„Wir müssen einen bodenständigen Lehrerstand haben, der Eifeler ist schwer zu behandeln.“[11])* Für das Rheinland wurde in Bonn eine Pädagogische Akademie gegründet, die als Voraussetzung das Abitur forderte.

Die Nationalsozialisten führten dann die ‚Hochschulen für Lehrerbildung‘ ein, die der NS-Ideologie unterstellt wurden. Bereits 1940 wurden diese wieder aufgelöst, an ihre Stelle trat eine fünfjährige Ausbildung an ‚Lehrerbildungsanstalten‘ (LBA), die eher einer Mittelschule als einer höheren Schule glichen. Sie bauten auf der Volksschule auf, ihre Ausbilder waren Volksschullehrer, die als Gruppenführer in Uniform auftraten.[12])

1945 fehlten überall Lehrer, einmal durch Kriegsausfall (Gefallene und Gefangene), dann aber auch durch die Entnazifizierung. In Kurzlehrgängen bildete man Abiturienten und LBA-Absolventen zu sogenannten Schulhelfern aus. 1946 richtete man dann ‚Pädagogien‘ ein, in denen die Ausbildung für Nichtabiturienten vier Jahre dauern sollte; Abiturienten wurden in zweijährigen Pädagogischen Akademien ausgebildet. In Rheinland-Pfalz wurden die Pädagogien 1950 aufgelöst, an ihre Stellen traten die Akademien Trier und Koblenz sowie die evangelische Akademie in Worms. 1969 schließlich wurden die Akademien zu drei ‚Erziehungswissenschaftlichen Hochschulen' in Koblenz, Worms und Landau zusammengefaßt.[13] In Nordrhein-Westfalen wurden die parallel entstandenen ‚Pädagogischen Hochschulen' 1977 mit den Universitäten zwangsvereinigt.

Die Lehrerwohnung

Hatte der Junglehrer seine Vorbereitungen hinter sich, kam er in den meisten Fällen in eine einklassige Volksschule aufs Land. Hier hatte er acht Schuljahre bei Klassenstärken von 10 und weniger bis 100 und mehr Kindern zu unterrichten und hatte auch, das sei nicht verschwiegen, mit recht vielen Schwierigkeiten zu kämpfen, ehe es ihm, vielleicht nach vielen Jahren, vergönnt war, in einen größeren Ort oder gar in die Stadt versetzt zu werden.

Ein wichtiges Problem war die Wohnfrage. Nur wenige Orte hatten in der Frühzeit überhaupt eine Schule oder gar eine Lehrerwohnung. Von seiten der Provinzialverwaltung wurden zwar Vorschläge gemacht, man solle Gemeinde- und Pfarrhäuser für Schulzwecke benutzen, Schulräume anmieten, und die Gemeinden sollten verpflichtet werden, dem Lehrer als Teil seines Gehalts eine Wohnung zur Verfügung zu stellen. Zuschüsse für Neubauten oder Renovierungen gab es jedoch nicht. Die Gemeinden hatten die Kosten zu tragen, doch waren viele, wenn nicht die meisten, dazu nicht in der Lage. Auch war bei dem bildungsfeindlichen Verhalten der Bevölkerung und der Gemeinden der rechte Wille zur Verbesserung erst gar nicht vorhanden.

Abb. 45 Einklassige Volksschule in Luchem, Kreis Düren, 1909 erbaut. Im Obergeschoß befand sich die Lehrerwohnung.

Abb. 46 Einklassige Volksschule in Aremberg, Kreis Ahrweiler, errichtet 1912. Das Fachwerk-Ober- und Dachgeschoß beherbergte die Lehrerwohnung.

In den kleinen Gemeinden gab es noch bis in unser Jahrhundert hinein keine Lehrerwohnungen, und der Junglehrer mußte sich ein Quartier suchen, was nicht ganz einfach war. Und was dabei herauskam, war oft wenig erfreulich, wie die Chroniken berichten. Hinzu kam der ,Umgang' oder ,Wandertisch', was bedeutet, der Lehrer wurde abwechselnd von den Eltern seiner Schüler beköstigt, bei mehreren Kindern mehrmals im selben Haus. Ein Lehrer berichtete, es habe für ihn kein eigenes Schulzimmer und kein ständiges Kosthaus gegeben, nur sein Schlafzimmer habe er nicht wechseln müssen. Ein anderer meinte, er habe sich bei einer Wirtin in die Flucht kochen lassen.[14]

1848 endlich traf man Bestimmungen über den Bau von Lehrerwohnungen: Es sollten massive Wohnungen mit drei Zimmern gebaut werden, möglichst mit Stallungen, da neben dem Schulamt viele Lehrer noch Landwirtschaft betrieben, deren Ertrag auf das Gehalt angerechnet wurde, wenn die Gemeinde Land oder Futter zur Verfügung stellte. Was Reparaturen anging, waren die Gemeinden sehr zurückhaltend. Als in der Nordeifel ein Lehrer um die Wiederherstellung des steinernen Backofens und der Wasserleitung bat, antwortete ihm die Gemeinde und das Landratsamt, diese Dinge seien für das Lehrerhaus höchst überflüssig.

Besser wurden die Verhältnisse mit den ‚Allgemeinen Bestimmungen' von 1872; neue Schulen wurden gebaut, Lehrerwohnungen vergrößert und weitere Wirtschaftsgebäude errichtet. Das Lehrer-WC war jedoch vorerst noch über den Hof zu erreichen, wie das ja auch bei den Bauernhäusern der Fall war. An ein Bad war noch gar nicht zu denken.

Moderne, der Zeit angepaßte Lehrerwohnungen entstanden mit den neuen Schulhäusern in den 20er Jahren auch in kleineren Gemeinden, vor allem aber nach dem zweiten Weltkrieg; sie gingen bei der Auflösung der Zwergschulen nach 1965 in private Hand über.

Besser gestellt als in den kleinen Orten waren die Lehrer an mehrklassigen Systemen in größeren Orten, in denen seit dem letzten Viertel des 19. Jahrhunderts die Schulgebäude wenigstens zwei Lehrerwohnungen aufwiesen.

Die Besoldung

Schon die Wohnungsfrage, die sich von Ort zu Ort anders stellte, zeigt die Schwierigkeiten, mit denen der Lehrer in den einzelnen Gemeinden zu kämpfen hatte. Ähnlich schwierig stand es mit der Besoldung.

Bereits in kurfürstlicher Zeit waren die Gemeinden aufgefordert worden, als Lehrergehalt mindestens 300 Taler jährlich festzusetzen. Das war um das Jahr 1790. Noch um die Mitte des 19. Jahrhunderts war diese Forderung nicht zur Hälfte erfüllt.[15] Träger der Schulen waren die Gemeinden: ob groß oder klein, da gab es keinen Unterschied. Sie hatten für das Gehalt zu sorgen; doch ist allzu häufig zu lesen von der Saumseligkeit der Gemeinden, ja zuweilen ist davon die Rede, daß der Lehrer Nahrungssorgen habe und sein Eifer erlahme.

Von dem geringen Verständnis der Eltern und auch der Gemeinde für die Bedeutung des Schulwesens war mehrmals schon die Rede. 1783 erhielt der Kuhhirt 121 Gulden, der Schäfer 126, der Lehrer aber nur 38. Solche Vergleiche sind auch für das 19. Jahrhundert möglich. 1820 zahlte man im Durchschnitt in den Regierungsbezirken

Aachen	61 Taler	16 Silbergroschen,	
Koblenz	77 Taler	16 Silbergroschen,	
Köln	52 Taler	16 Silbergroschen,	
Trier	65 Taler	11 Silbergroschen	pro Jahr.

Abb. 47 Eine der ganz seltenen Innenaufnahmen der Lehrerwohnung: Eifeler Lehrer, frühe 20er Jahre.

Die Eltern hatten pro Kind 3 Stüber zu zahlen, die Gemeinde legte, sofern sie dazu in der Lage war, den Rest dazu. Arme Kinder brauchten nicht zu zahlen. In vielen Orten mußte der Lehrer das Geld selbst einkassieren.[16)]

1845 betrug in Kommern, Kreis Euskirchen, das Gehalt eines Lehrers 275 Taler jährlich, davon stammten

96 aus der Schulgeldzahlung,
50 aus der Zahlung der Gemeinde und
130 aus dem Küster- und Organistendienst.

Die Lehrerin erhielt 140 Taler; sie versuchte, durch Handarbeiten ihren Lohn aufzubessern.[17]

Da die Mieten sehr hoch waren, blieb auch bei ‚wanderndem‘ Mittagstisch nur wenig übrig. Daher war man zu einem Nebenverdienst gezwungen. In den Pfarrorten bot sich der Küster- und Organistendienst an, ja, vielfach sah man das Lehramt als ein Nebenamt für den Küster und Organisten an. Als die Lehrer noch aus dem Handwerkerstand kamen, übten sie vielfach ihren ursprünglichen Beruf nebenbei, vielfach auch in der Schulstube, aus.

Bis 1830, so kann man sagen, war das Lehrergehalt unterschiedlich groß, je nachdem, wie man sich mit der Gemeinde geeinigt hatte. 1830 bis 1860 erhielt der Lehrer im Schnitt 30 bis 60 Taler. 1856 festigte sich die Lage, man zahlte jetzt plus/minus 200 Taler für den Lehrer, 160 für die Lehrerin und 40 für den Hilfslehrer. In den 70er Jahren wurden die Gehälter angehoben, im Kreis Bitburg sollten 1881 fest 187 Taler gezahlt werden, im Kreis Trier-Land 221. Da jedoch das Schulgeld erst 1888 abgeschafft wurde, blieben diese Zahlen Theorie.[18]

Von der Mitte des Jahrhunderts an hatte sich das Verhältnis der Bevölkerung zur Schule zwar gebessert, da man die Bildung jetzt unter dem Aspekt des wirtschaftlichen Nutzens sah, doch immer noch gab es viele, die die Aufgaben der Elementarschule weit unter die Pflege eines herrschaftlichen Hundes setzten, meinte der bekannte Trierer Pädagoge Lorenz Kellner.[19]

Nach 1888 besserte sich dann die Lage doch. Bei provisorischer Anstellung erhielt der Lehrer jährlich 900 Mark,
bei endgültiger Anstellung 1000 Mark,
nach 10 Jahren 1100 Mark und
nach 20 Jahren 1200 Mark.
Hinzu kamen, allerdings nicht in allen Orten, freie Wohnung und Holz zum Heizen sowie ein Garten.[20]

Als Lehrer Kroefges 1853 in Prüm um eine Gehaltsaufbesserung wegen der gestiegenen Lebenshaltungskosten bat, rechnete man ihm vor, er beziehe 150 Taler Gehalt, dazu 15 Taler für Gesangunterricht am Gymnasium plus 5 Taler Gratifikation, das ergebe zusammen 173 Taler. Er besitze zudem eine Privatwohnung und sei nicht auf die Dienstbezüge angewiesen. Prüm habe kein Vermögen, Gehälter müßten zur Hälfte aus der Gemeindekasse bezahlt werden. Man versprach für 1854 Gratifikationen von 10 Talern. Falls das nicht genüge, solle Kroefges sich eine andere Stelle suchen.[21]

Abb. 48 Dr. Lorenz Kellner, Regierungs- und Schulrat in Trier. Er gehörte zu den bedeutendsten Förderern des Volksschulwesens in der Eifel und wirkte auch als Schulbuchautor.

Als 1887 im Kreis Malmedy neue Sätze aufgestellt wurden, zahlten von 43 Gemeinden 10; 6 erklärten sich bereit, 27 aber lehnten ab, sie seien zu klein und nicht in der Lage, die Beträge aufzubringen.[22]

1890 wurden die Alterszulagen festgelegt:

nach 10 Jahren   100 Mark,
nach 15 Jahren   200 Mark,
nach 20 Jahren   300 Mark,
nach 25 Jahren   400 Mark,
nach 30 Jahren   500 Mark jeweils jährlich.

1909 betrug
das Grundgehalt   1400 Mark,
die Alterszulage   1900 Mark,
die Amtszulage   100 Mark,
zusammen 3400 Mark, das waren monatlich 283,33 Mark.

1927, nach Inflation und Währungsneuordnung, betrug
das jährliche Grundgehalt   2800 Mark,
das Endgehalt   5000 Mark.

Infolge der Notverordnungen wurden die Gehälter prozentual gesenkt, noch 1938 wurden 21% in Abzug gebracht.[23]

Eine besondere Gruppe bildeten in der Weimarer Zeit die ‚Hilfslehrer‘, es waren Schulamtsbewerber mit Examen und Anrecht auf Anstellung, aber durch die Not der Zeit noch nicht fest übernommen. Sie waren zu 20 Wochenstunden verpflichtet und erhielten 1927 eine Monatsvergütung von 120 Mark von der Regierung, bildeten also für die Gemeinden als Schulträger keine Belastung.[24]

Die Schulaufsicht

Die untere Verwaltungseinheit des Elementarschulwesens bildete im preußischen Staat der Regierungsbezirk. Hier fungierten sogenannte Kirchen- und Schulkommissionen, die bis in die Mitte des 19. Jahrhunderts fast ausschließlich aus Geistlichen bestanden. Sie waren die ersten Schulräte. Die niedere Schulaufsicht nahmen die Schulinspektoren wahr, die von der Regierung bis zum Ausbruch des Kulturkampfes 1872 aus der Geistlichkeit ausgewählt wurden. Einem Schulinspektor unterstand eine sogenannte Beringinspektion, das war die Aufsicht über 10 bis 20 Volksschulen eines Kreises. Um die Osterzeit hatte er die Entlassungsprüfungen der Schüler vorzunehmen und ‚revidierte‘ meist gleichzeitig die einzelnen ihm unterstellten Schulen und Lehrer.

Die Kreise zählten unterschiedlich viele Beringinspektionen, so der Kreis Prüm 7, der Kreis Daun 4 und der Kreis Bitburg 7.[25]

Auf der örtlichen Ebene stand dem Geistlichen das Recht und die Pflicht der

Abb. 49 Die Aufsicht der Pfarrer als Lokalschulinspektoren über die Lehrer zeigt sich in zahlreichen Klassenfotos mit Lehrer und Pastor gemeinsam. Hier ein Beispiel aus Sistig, Kreis Euskirchen, 1900.

Lokalschulinspektion zu. Da den Pfarrern vielfach jedoch Ausbildung und Interesse an schulischen Fragen völlig fehlten, verkam die örtliche Schulaufsicht zu einem reinen Kontrollorgan für den Lehrer[26] und lenkte ihr Augenmerk hauptsächlich auf dessen äußeres Auftreten, wie eine Regierungsverordnung von 1827 verdeutlicht, in der es heißt:

„Am sichersten wird eine gute Schulzucht begründet durch das eigene würdige Benehmen des Lehrers in und außer der Schule, worüber von dem Schulvorstande und zunächst von dem betreffenden Pfarrer besonders zu wachen ist... Es gehört dahin auch die äußere anständige Haltung des Lehrers in der Schulstube vor seinen Schülern, vor denen er namentlich in Schlafmütze und Pantoffeln oder sonst nachlässiger Kleidung mit der Tabakspfeife usw. nicht erscheinen darf."[27]

Eine grundlegende Veränderung erfuhr das preußische Schulaufsichtssystem in den Jahren des Bismarck'schen Kulturkampfes. Am 11. März 1872 wurde ein neues Schulaufsichtsgesetz verabschiedet, das der Kirche das Mitaufsichtsrecht entzog. An die Stelle der Beringinspektoren traten 1875 die Kreisschulinspektoren, die den Landräten beigeordnet waren und nun erstmals selbst Lehrer sein mußten. Die bei den Bezirksregierungen ansässigen ‚Regierungs- und Schulräte‘ waren nun ebenfalls Staatsbeamte und keine Geistlichen mehr.

Die Lokalschulinspektion verblieb in der Eifel bis 1919 größtenteils bei den örtlichen Geistlichen, die jedoch nun allein vom Staat ernannt wurden und nicht mehr aus ihrem geistlichen Amte her das Aufsichtsrecht über die Schule herleiteten. Gelegentlich wurden auch weltliche Würdenträger, der Ortsbürgermeister, ein Rektor oder auch der Kreisschulinspektor selbst, mit der Lokalschulinspektion betraut. Ein Überblick über die zum Regierungsbezirk Trier gehörenden Eifelkreise[28] zeigt jedoch, daß dies eine Ausnahme war.

Kreis	Ortsgeistl.	Kreisschulinsp.	Sonstige
Bernkastel	47	3	—
Bitburg	58	—	3
Neuerburg[29]	42	15	—
Prüm	70	—	—
Trier-Land	80	4	—
Wittlich	68	6	1

Die Lehrer standen dem neuen Schulaufsichtsgesetz meist sehr positiv gegenüber, denn schon nach 1848 hatten sie eine fachliche Aufsicht gefordert. Die Geistlichen brächten nicht die nötigen Voraussetzungen mit, ganz abgesehen von der Zwietracht, die zwischen Lehrern und Geistlichen auftreten könnte.[30]

1920 hoben die Besatzungsmächte die Ortsschulinspektionen auf; die Aufsicht wurde jetzt hauptamtlichen, fachmännisch-pädagogischen Schulleuten übertragen. Die untere Schulaufsicht fand nur noch auf Kreisebene statt, aus der Kreisschulinspektion wurde der Kreisschulrat. Gegen diese Neuerung wandten sich die Geistlichkeit, viele Eltern und, wie es in einem Brief von damals nachzulesen ist, die ‚Jungfrauen von Olmscheid, Jucken und Kickeshausen‘, Kreis Bitburg-Prüm.[31]

1933 ergaben sich für die Schulräte erhebliche Schwierigkeiten durch den Rechts-anspruch der nationalsozialistischen Partei und der Hitlerjugend. *„Im neuen Staat haben neben Elternhaus und Schule die Bünde, in erster Linie die Hitlerjugend, die bedeutsame Aufgabe, die deutsche Jugend zu vollbewußten Gliedern des national-sozialistischen Staates zu erziehen"*, heißt es in einer Anordnung des Ministers für Wissenschaft, Kunst und Volksbildung vom 26. 8. 1933. Bei überzeugten NS-Leu-ten war eine Aufsicht kaum noch möglich, selbst wenn die Schulräte der Partei angehörten. 1939 wurden aus den Kreisschulräten Schulräte, doch änderte sich nichts an ihrer schwierigen Lage.[32]

Nach 1945 behielten sich die Besatzungsmächte in der französischen Zone die Schulüberwachung vor; für jeden Kreis ernannten sie einen Schuloffizier. Der Schulrat kam aus der Gruppe der Leute, die sich der NS-Ideologie entgegenge-stellt hatten. Die Schuloffiziere verschwanden bald wieder, es blieben die Schul-räte auf Kreisebene.[33]

In der britischen Besatzungszone wurde im Sommer 1945 die Bildung eines Erziehungsbeirates angeordnet, die Stellung der berufenen ersten Schulräte war lange zwischen den britischen Militärbehörden und dem deutschen Oberpräsiden-ten der Nord-Rheinprovinz umstritten. So war der Dürener Schulrat Hans Hilger vom 1. 7. 1945 bis 5. 4. 1946 als staatlicher Schulrat der Regierung Aachen unter-stellt, dann bis 31. 10. 1946 kommunaler Schulrat des Dürener Kreisrates, ab 1. 11. 1946 wieder staatlicher Schulrat, als der er dann am 22. 11. 1946 vom neuen Kultusminister des Landes Nordrhein-Westfalen bestätigt wurde.[34]

Abb. 50 In der dörflichen Gemeinschaft waren Pfarrer und Lehrer uneingeschränkte Autoritäten: Pastor Zilligen mit den beiden Lehrern Blens und Moitzheim in Scheven, Kreis Euskirchen, um 1925.

Abb. 51 Eine beliebte Nebenbeschäftigung von Lehrern war die Bienenzucht. Die Lehrer Mohr und Brandenburg aus Bleibuir, Kreis Euskirchen, mit einem weiteren Imker am Bienenstand, frühe 20er Jahre.

Der Lehrer in der Dorfgemeinschaft

Die meisten Lehrer der Eifel kamen im 19. Jahrhundert und auch noch später aus Landgemeinden, Kreis- oder Kleinstädten. Wie bereits erwähnt, hatte man bei der Ausbildung darauf geachtet, sie nicht aus dem heimischen Milieu herauszureißen. Trotzdem war es, zumindest im 19. Jahrhundert, als die Verkehrsmittel noch sehr beschränkt waren, für den Junglehrer recht schwer, in den kleinen Orten Fuß zu fassen. Einfacher war es schon in Orten mit zwei und mehr Klassen; da gab es wenigstens einen Kollegen, mit dem man eventuell, wenn auch vielleicht nicht immer, reden konnte.

Von den Wohnungsschwierigkeiten und vom ‚Wandertisch‘ war bereits die Rede. Hilfe von außen war nicht zu erwarten. Man sorgte sich in gewisser Weise schon, so verbot man die Teilnahme an der Jagd und erlaubte den Besuch von Musikfesten nur dann, wenn die Aufführungen kirchlichen oder ernsten Charakter trugen. Festliche Zusammenkünfte waren an vielen Orten für Lehrer verboten.[35]

Wenn allerdings ein Lehrer eine Antenne für das Dorf und auch für Kultur hatte, dann hatte er auch in kleinen Schulorten keine Schwierigkeiten. Wer es auch noch verstand, die Jugend oder gar die ganze Gemeinde mitzureißen, eine nicht immer leichte Aufgabe, von dem konnte später der Chronist schreiben: Er gab dem Dorf ein bestimmtes Gepräge, er gewann die Achtung der Dorfbewohner, er hat die Schüler nicht nur ‚verständigt‘, sondern auch zu rechtschaffenen Menschen gebildet, welche — das ist der Ton der damaligen Zeit — treue Anhänger des Landesherren und des Staates sowie gehorsame Befolger seiner Gesetze und Anordnungen werden sollten.[36]

Abb. 52 Der Lehrer als moralische Autorität im Dorf: Familie des Lehrers Josef Gentz aus Keldenich, Kreis Euskirchen, um 1910.

Der Lehrer galt in den meisten Orten schon bald als Respektsperson neben dem Pfarrer, und er trat bei vielen Anlässen als Helfer und Berater auf, nicht nur bei Volks- und anderen Zählungen, bei Rechtsfragen, als Mitstreiter bei Behördengängen, er war auch bei der Dorfverschönerung dabei, bei der Gestaltung von Festen und Jubiläen, bei der Förderung des Fremdenverkehrs und vielem anderen. Die meisten Orte haben es sehr bedauert, als ,ihre' Schule bei der Reform der 60er Jahre geschlossen wurde.[37]

Musik und Theater gehörten in vielen Orten zum ‚Pflichtbereich' des Lehrers, in der Schule und in Vereinen; auch der Sport rechnete mit dem Lehrer. Für die Denkmalpflege sollte er ebenfalls zuständig sein, der Lehrer war auch in Zeiten ohne Telefon laufend gefragt.

Es gehörte durchaus Geschick und Einfühlungsvermögen dazu, die Sympathien zu gewinnen. Nicht jeder hatte Erfolg, trotz guten Willens. So wird von einer älteren Lehrerin berichtet, sie habe sich bemüht, über die Handarbeit an ihre Schülerinnen zu kommen. Man warf ihr vor, ihr Unterricht sei für das platte Land unpassend, ja schädlich, könne zur Putzsucht führen und die Mädchen der ländlichen Arbeit entfremden. Während die Lehrerin als Landfremde — 1918 waren viele Lehrer aus dem Bereich Posen/Westpreußen in die Eifel gekommen — ins Dorf gekommen war, hat es der Lehrer, der aus dem Nachbarkreis stammte, entschieden leichter gehabt.[38]

Als man sich schon früh im 19. Jahrhundert für die Geschichte zu interessieren begann, waren als erste die Lehrer mit dabei. Die Akten der großen Museen berichten von ihrer Sammeltätigkeit und ihren schriftlichen Arbeiten, die zum Teil noch heute Neuauflagen erleben. Auch manches kleinere Museum verdankt seine Gründung einem Lehrer. Die schriftstellerische Tätigkeit reicht bis in die Gegenwart. Eifellehrer waren bahnbrechend in der regionalgeschichtlichen Forschung oder als Naturwissenschaftler bis hin zu den praktischen Dingen wie Imkerei, Sei-

Abb. 53 Neben dem Organistendienst in der Kirche betätigten sich viele Lehrer auch als Dirigenten von Chören oder Orchestern. Musikvereinigung Erp, Erftkreis, unter Hauptlehrer Peter Graf, um 1900.

Abb. 54 Lehrerinnen standen neben dem Unterricht nur wenige Betätigungsfelder im dörflichen Leben offen, meist im kirchlichen und caritativen Dienst. Lehrerin Anna Martin aus Kenn, Kreis Trier-Saarburg, mit den Mitgliedern der Jungfrauenkongregation, Anfang 30er Jahre.

denraupenzucht, Verbesserungen in der Landwirtschaft, im Obst- und Weinbau und vielen anderen Dingen.

An dieser Stelle ist auch die Schulchronik zu nennen, heute unersetzliche Quelle für Orts- und Landesgeschichte. Die ersten stammen aus der Zeit um 1870, obligatorisch wurden sie 1873, doch dauerte es noch bis 1875, bis man mit der Niederschrift begann. Der Lehrer hatte wichtige Ereignisse zur Schul- und Ortsgeschichte festzuhalten, dazu gehörten auch Statistiken, Wahlergebnisse, Vereinstätigkeit und vieles andere. Die Ausführungen sind natürlich oft recht unterschiedlich, so daß die Kritik der Schulaufsicht nicht ausbleiben konnte. Trotzdem sind sie unersetzlich. Leider sind viele Chroniken verloren gegangen, als man 1965 die kleinen Schulen auflöste.

Es gab auch Lehrer, die politisch tätig wurden, in der Demokratie und auch in der Diktatur. Mancher stieg auf, mancher wurde zurückgesetzt. Wie in allen Berufen gab es Parteigänger, Opportunisten, aber auch viele, die sich gegen das Unrecht wehrten und auch die Folgen trugen. Lehrer F. mußte dem Ortsgruppenleiter weichen.

Mancher Lehrer galt als unanfechtbar, verfolgte modische Erscheinungen mit Mißtrauen, war gegen das Rauchen, gegen neue Frisuren, gegen Lässigkeit usw.,

Abb. 55   Der Lehrer als Vorreiter für Neuerungen im Dorf: Lehrer Hermann Josef Manderscheid und seine Frau mit ihrem Motorrad, 20er Jahre, in Bongard, Kreis Daun.

gegen ihn ‚war einfach nicht anzukommen‘. Sein Verhalten war nicht jedermanns
Sache. Doch heißt es im Nachhinein, er sei zu einer markanten Persönlichkeit
geworden, er sei gebührend streng gewesen, sei aber dann immer milder und
väterlicher geworden.[39)]

Die „Amtslehrerschaft"

*„Man kann nicht leugnen, daß vielen das Land und die Einsamkeit bitter auf der
Seele lag"*, heißt es in den Erinnerungen eines Landlehrers, *„daß sie sich von der
Welt abgeschnitten vorkamen. Die Umstellung von dem kulturellen Leben der Stadt
und ihrem vielfältigen Angebot — und wenn es auch nur eine Kleinstadt oder ein
Amtsort war — kam für manchen zu plötzlich... Und mit viel Liebe und Einfüh-
rungsvermögen wurde die Zusammengehörigkeit der Landschullehrer gepflegt.
Geburtstag, Namenstag — oder auch das Treffen beim Abholen des Gehalts auf der
Kreis- oder Amtskasse waren immer wieder beliebte Treffpunkte. Meist waren es
die Lehrer der Amtsbürgermeistereien, die sich besser kannten und häufig trafen.
Auch außerhalb der festlichen Zusammenkünfte standen die Lehrerwohnungen
gastfrei offen."* [40)]

Ein besonderer Anlaß für das Treffen der Lehrer eines Bezirkes waren Jubiläen
von Kollegen, die mit Gesangsdarbietungen, Gedicht- und Redevorträgen einzelner umrahmt wurden. So schreibt die Lokalzeitung über das silberne Lehrerjubi-
läum des Heimbacher Hauptlehrers Joseph Gentz am 30. Oktober 1904: *„Herr*

Abb. 56 Gedrucktes Gedicht zur Hochzeit des Lehrers Theodor Schlösser, Keldenich, Kreis Euskirchen, 1862.

Abb. 57 Zeitungsanzeige zu einem Festessen anläßlich der Pensionierung des Lehrers Hupperts aus Kall, Kreis Euskirchen, 1882.

Unserm
Herrn Lehrer Schlösser
gewidmet!

Der gestrige Tag, war freudenreich!
Für Dich, und uns nicht minder,
Wo Gottes Segen, Lieb' und Gnad'
Sich reich an Dir erwiesen.
Er gab Dir eine Gattin hold,
Gleich Dir voll Herzensgüte,
Die offenbar, sich schön und klar,
In Liebesart erwiesen.
Drum empfang' von jedes Kindeshand,
Was gestern unvermögend stand,
In Dank sich zu ergießen,
Herzlich Dank für Deine Lieb' und Güte.
O möge stets der liebe Gott,
Ein heit'res, langes Leben,
In Lieb' und Fried' stets sonnenklar
Diesem ed'len Brautpaar geben.

Dies wünschen von Herzen mit mir, meine werthen Mitschüler.
Mich. Joseph Bausch.

Keldenich, 27. Februar 1862.

Am Sonntag den 1. October,
Abends 7½ Uhr,
findet zu Ehren unseres Lehrers
W. C. Hupperts, welcher nach
53jähriger Thätigkeit sein Amt
niedergelegt hat, ein

Festessen

im Hotel Nesgen hierselbst
(Couvert à M. 2, ohne Wein)
statt, wozu alle Freunde und Collegen
desselben hiermit bestens eingeladen
werden, mit dem Bemerken, daß
die Einzeichnungsliste in genanntem
Hotel offen liegt.
Call, im September 1882.
Der Schulvorstand
der evang. Schule.

Lehrer Joussen brachte den Dank der hiesigen Kollegen für geschätzte Ratschläge und Hülfe ihres Hauptlehrers mit poetischer Würze zum Ausdruck… Dem auf herzlicher Freundschaft und Liebe fußenden anregenden Verkehr, den Herr Gentz stets mit den Kollegen der Nachbarorte gepflogen, widmete Herr Lehrer Nospers aus Vlatten anknüpfend an das Dichterwort ‚Eine schöne Menschenseele finden ist Gewinn‘ eine gediegene schwungvolle Rede.“ [41]

Das Vereinsleben

In diesem Zusammenhang sind auch die Lehrervereine zu nennen. Bereits 1846 entstand im Trierer Land und damit in der trierischen Eifel aus zwanglosen

Abb. 58   25jähriges Dienstjubiläum des Lehrers Weller in Bad Neuenahr, Kreis Ahrweiler, im Jahre 1865. Gleichzeitig dürfte es sich hier um eines der ältesten Fotos aus der Eifel handeln.

Abb. 59   25jähriges Dienstjubiläum eines Lehrers aus dem Kreis Bitburg-Prüm im Jahre 1938.

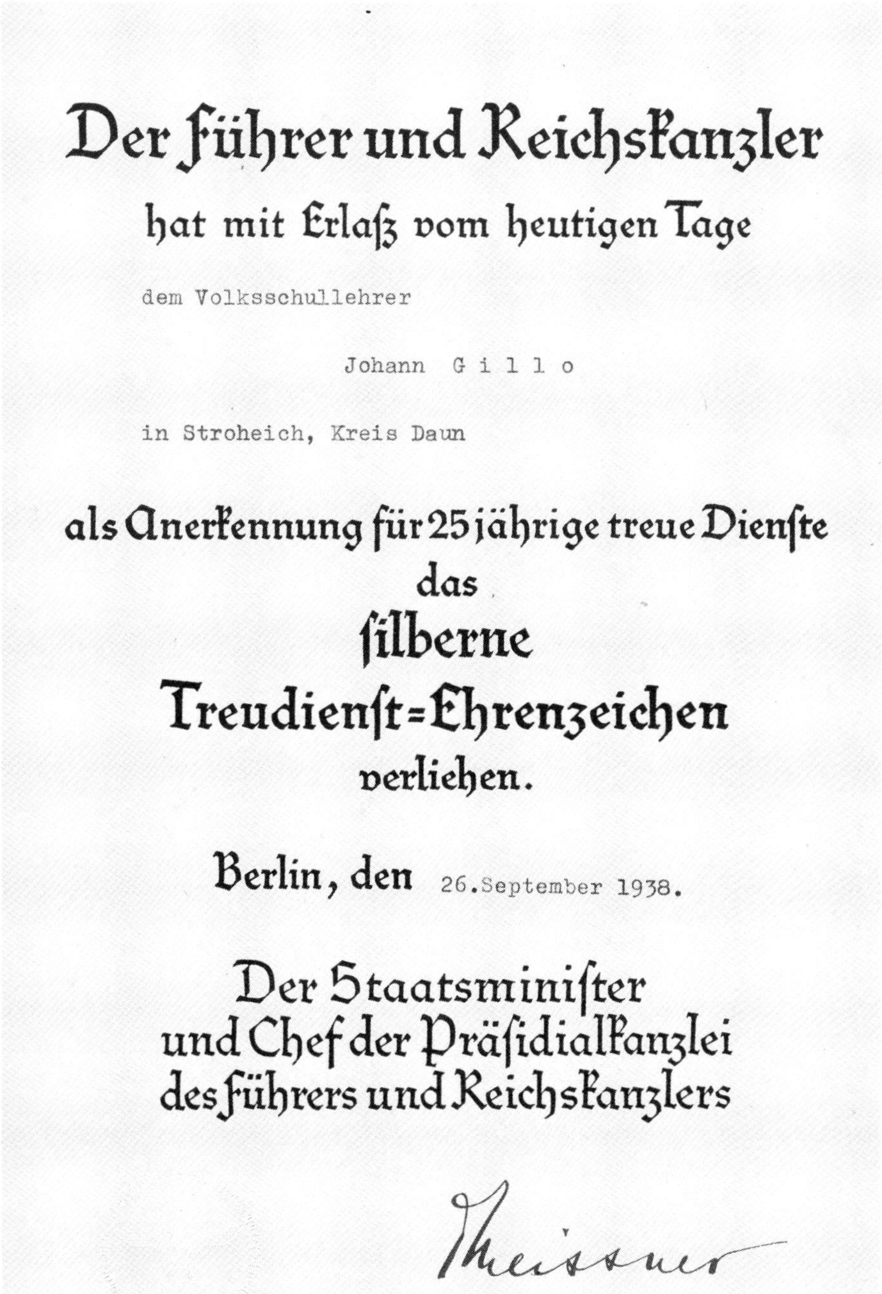

Der führer und Reichskanzler

hat mit Erlaß vom heutigen Tage

dem Volksschullehrer

Johann G i l l o

in Stroheich, Kreis Daun

als Anerkennung für 25 jährige treue Dienste
das
silberne
Treudienst=Ehrenzeichen
verliehen.

Berlin, den 26.September 1938.

Der Staatsminister
und Chef der Präsidialkanzlei
des führers und Reichskanzlers

Meissner

Abb. 60 Urkunde zur Verleihung des silbernen Treudienst-Ehrenzeichens für den Lehrer Johann Gillo aus Stroheich, Kreis Daun.

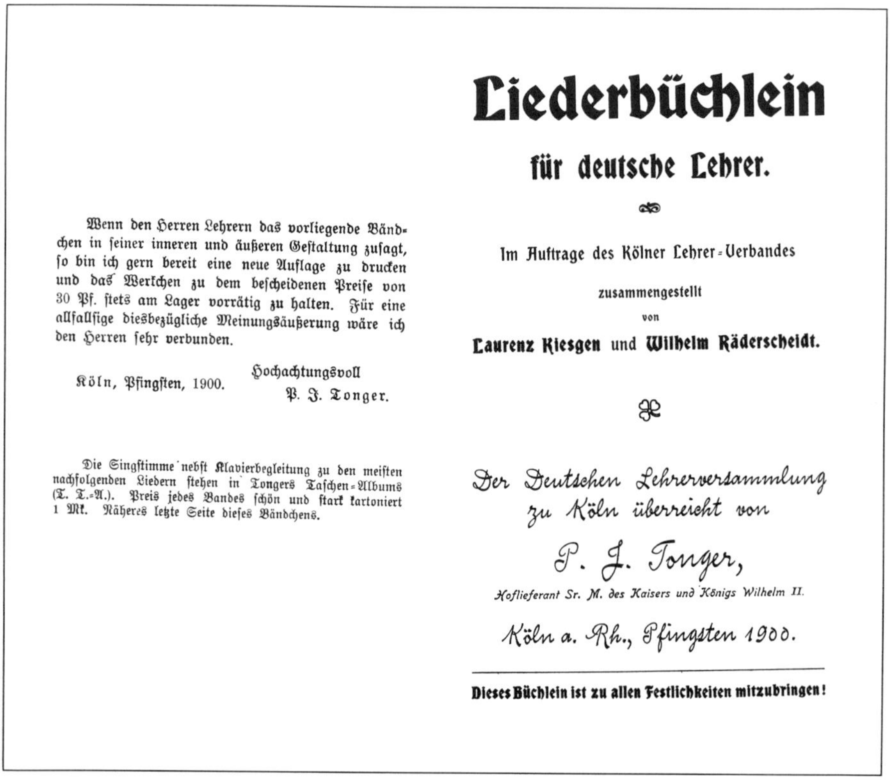

Liederbüchlein
für deutsche Lehrer.

Wenn den Herren Lehrern das vorliegende Bänd-
chen in seiner inneren und äußeren Gestaltung zusagt,
so bin ich gern bereit eine neue Auflage zu drucken
und das Werkchen zu dem bescheidenen Preise von
30 Pf. stets am Lager vorrätig zu halten. Für eine
allfällige diesbezügliche Meinungsäußerung wäre ich
den Herren sehr verbunden.

Köln, Pfingsten, 1900.

Hochachtungsvoll
P. J. Tonger.

Die Singstimme nebst Klavierbegleitung zu den meisten
nachfolgenden Liedern stehen in Tongers Taschen-Albums
(T. T.-A.). Preis jedes Bandes schön und stark kartoniert
1 Mk. Näheres letzte Seite dieses Bändchens.

Im Auftrage des Kölner Lehrer-Verbandes

zusammengestellt

von

Laurenz Kiesgen und Wilhelm Räderscheidt.

Der Deutschen Lehrerversammlung
zu Köln überreicht von

P. J. Tonger,

Hoflieferant Sr. M. des Kaisers und Königs Wilhelm II.

Köln a. Rh., Pfingsten 1900.

Dieses Büchlein ist zu allen Festlichkeiten mitzubringen!

Abb. 61   Das 1900 vom Kölner Lehrerverband zusammengestellte „Liederbüchlein für
deutsche Lehrer" bringt eine Auswahl von Liedern zu geselligen Anlässen von Lehrertreffen.

Zusammenkünften der ‚Trierer Lehrerverein', dem viele Vereine in den Kreisstäd-
ten folgten, die sich aber nicht zusammenschließen durften. Die Vereine sahen
ihre Aufgabe darin, das Schulwesen allseitig zu heben und allem, was nachteilig
auf die Schule wirken könne, entgegenzutreten. Man traf sich aber auch aus
Gründen der Geselligkeit. Die staatlichen Stellen waren allerdings nach 1848
mißtrauisch, sie verboten sogar das 6. Lehrergesangfest und untersagten die Teilnahme an ‚Allgemeinen deutschen Lehrerversammlungen'. Doch war dies nicht
das Ende der Vereinstätigkeit, ja man sagt, diese Tätigkeit habe entscheidend zur
Verselbständigung des Lehrerstandes beigetragen.[42)]

Im Zuge der Gleichschaltung von 1933 sollten die Lehrer aller Schularten im
Nationalsozialistischen Lehrerbund (NSLB) zusammengeschlossen werden. Dieser war 1928 von Hans Schemm gegründet worden als Kampforganisation mit
dem Ziel der *„Beschlagnahmung der Jugend für den Nationalsozialismus und
seine Ziele".*[43)]

Nach Kriegsende verzögerten die Besatzungsmächte zunächst die Neugründung
von Vereinen und Verbänden. 1949 konnte dann endlich der ‚Katholische Lehrer-

72

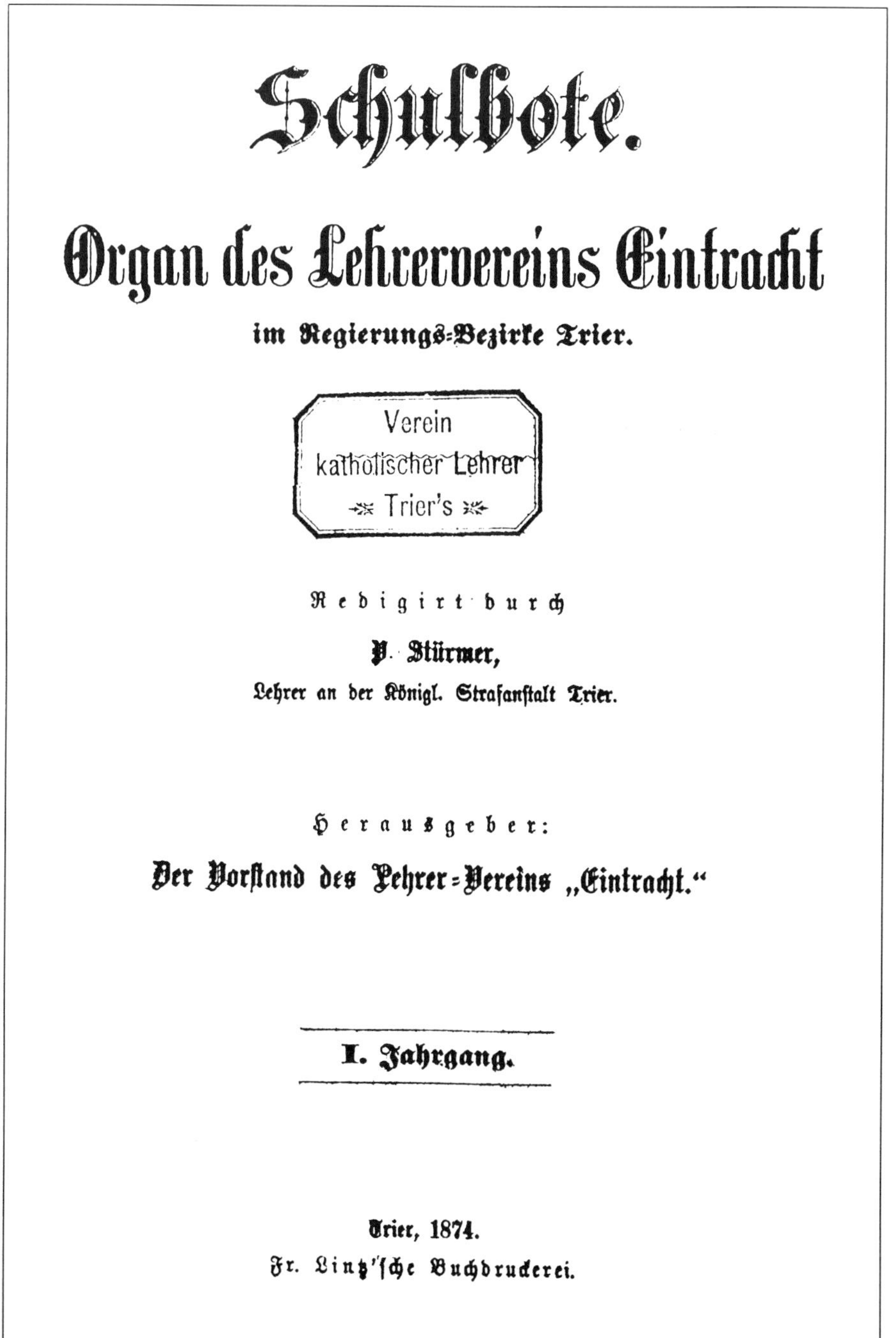

Schulbote.

Organ des Lehrervereins Eintracht

im Regierungs-Bezirke Trier.

Verein
katholischer Lehrer
Trier's

Redigirt durch

P. Stürmer,

Lehrer an der Königl. Strafanstalt Trier.

Herausgeber:

Der Vorstand des Lehrer-Vereins „Eintracht."

I. Jahrgang.

Trier, 1874.
Fr. Linz'sche Buchdruckerei.

Abb. 62 Als „Organ des Lehrervereins Eintracht im Regierungs-Bezirke Trier" diente die Zeitschrift „Schulbote", die neben Mitteilungen des Vereins hauptsächlich aktuelle pädagogische Probleme aufgriff.

verband' ohne Bindung an irgendeine Partei gegründet werden. Auch der ‚Katholische Lehrerinnenverein' konnte seine Arbeit wieder aufnehmen. 1950 folgte der ‚Deutsche Lehrerverein', der sich als ‚Gewerkschaft Erziehung und Wissenschaft' (GEW) dem Deutschen Gewerkschaftsbund anschloß, für den Abbau der Zwerg- und Konfessionsschulen eintrat und größere Schulsysteme forderte.

Die Fortbildung

Die Lehrervereine hatten nichts mit den ‚Lehrerkonferenzen' zu tun. Schon früh fühlte sich der Staat verpflichtet, sich um die Fortbildung der Lehrer zu kümmern. Infolge der schlechten Besoldung sahen sich viele Lehrer nicht in der Lage, sich selbst Material zur Fortbildung zu beschaffen. Dennoch wünschte man eine berufliche Weiterbildung und gründete die sogenannten Lehrer-Konferenzgesellschaften und Lesezirkel.

Bei diesen Zusammenkünften wurden Vorträge gehalten, Berichte über örtliche Schulverhältnisse gegeben und praktische Erfahrungen ausgetauscht. Man traf sich alle 14 Tage am Wohnsitz des Schulinpektors.

An die Stelle der Lehrerkonferenzen traten nach 1918 die Arbeitsgemeinschaften, die jeweils einen Kreis umfaßten. Während der Weimarer Zeit entwickelte die Lehrerschaft eine rege Verbandstätigkeit, die vor allem der Fortbildung diente.[44]

Das Lehrerfoto

Zum Schluß betrachten wir noch den Lehrer auf Fotos, die im Bereich der Eifel wohl kaum vor die 80er Jahre des 19. Jahrhunderts zurückgehen dürften. Damals zogen die Fotografen über Land; Gruppen waren ihre Hauptmotive, an erster Stelle standen Schulklassen. Die Bilder gleichen sich alle, die Klasse, meist im Sonntagsgewand, wozu auch Nagelschuhe gehörten, in der Mitte oder an der Seite der Lehrer oder die Lehrerin, vor der Schul- oder der Kirchentüre.

Und da spiegeln sich nicht nur, wie in allen Fotos, die unterschiedlichsten Typen und Charaktere der Menschen, sondern auch und vor allem die Lehrerrollen durch die Jahrzehnte. Lehrerinnen und Lehrer sollten Vorbilder sein für ihre Schüler, und sie gaben sich folglich in Haltung und Kleidung so, wie die Zeitströmung es verlangte: In der Kaiserzeit die Herren mit wilhelminischen Bärten, in Frack und majestätischer Haltung, die Damen mit hochgeschlossenem dunkelfarbenen Kleid, Ansteckbrosche und Silberkreuz; in der Weimarer Zeit die Herren mit Strohhüten und helleren Anzügen, ein kesses Chaplin-Bärtchen auf der Oberlippe, die Damen mit Rettichkopffrisuren und knapp knielangen hellen Kleidern; in der ‚braunen' Ära die Herren mit Straßenanzug und SA-Haarschnitt, die Damen mit Lockenfrisur und glockigen Baumwollkleidern; nach 1945 schließlich die Generation der Junglehrerinnen und Junglehrer in den Moden ihrer Tage, vielleicht erstmals weniger Vorbild denn Partner ihrer Schuljugend... Lehrerfotos sagen vieles aus, was man sonst nur mühsam erschließen könnte.

Joppe, Schürze, Nagelschuhe
Das Erscheinungsbild des Volksschülers in der Eifel
Margitta Breuel

Das heutige Erscheinungsbild des Volksschülers macht deutlich, wie stark Aussehen und Ausstattung Veränderungen unterworfen sind: der Ranzen ist ‚out‘, der Aktenkoffer mit Sicherheitsschloß gar keine Seltenheit mehr, Griffel und Tafel haben wir ade gesagt. Der heutige Schüler operiert mit Notebook, Füller und Tintenkiller. Die stramme Haltung vor dem Lehrer soll der Vergangenheit angehören, statt dessen trägt man lässige Kleidung und die entsprechende Haltung zur Schau.

Die Schülerkleidung, um die es hier vorrangig gehen soll, erweist sich nicht als reiner Schutz vor den Unbilden der Natur; sie verrät auch einiges über den Träger und die Zeit, in der sie getragen wurde. Zwar machten sich modische Trends in der angesprochenen Zeit auf dem Lande nicht so stark bemerkbar wie im städtischen Raum, doch zeigt sich im Gebiet der Eifel deutlich, daß Kleidung religiöse und politische Einstellungen spiegeln kann und durch wirtschaftliche und soziale Veränderungen beeinflußt wird. Die Kleidung läßt auch Vermutungen zu über die individuellen Wünsche des Trägers und die Zwänge, denen er unterworfen ist.

Das Kind in der Eifel zwischen Arbeit und Schule

Von einer Kindheit, wie wir sie heute verstehen, also mit viel Zeit zum Spielen, kann man bis in unser Jahrhundert hinein nicht sprechen. Im ärmlichen Gebiet der Eifel mußten auch kleine Kinder schon Pflichten auf dem Hof erfüllen. Für Schulkinder war es selbstverständlich, daß sie bei der Ernte halfen und das Hüten oder Füttern des Viehs übernahmen, denn die Schule galt als eine Nebensächlichkeit.

Auf die harte Arbeit und das rauhe Klima in der Eifel war die Kleidung der Schüler abgestimmt: Warm, haltbar und praktisch sollte sie sein. Da Geld knapp war, hatte sich die Kleidung der bäuerlichen Bevölkerung noch nicht an die rascher wechselnde städtische Mode angepaßt. Vielmehr griff man auf Materialien zurück, die selbst hergestellt werden konnten und daher kostengünstig waren.

Fast in jedem größeren Bauernhaus gab es im 19. Jahrhundert einen Webstuhl, auf dem die Stoffe für die Erwachsenen- und Kinderbekleidung hergestellt wurden. Häufig lernte ein Sohn oder eine Tochter des Bauern neben dem Spinnen

Abb. 63 Eine Rekonstruktion der Kinderkleidung des 19. Jahrhunderts erlaubt dieses Foto, das in den 30er Jahren für eine Lichtbildserie über die Eifel zum Unterrichtsgebrauch aufgenommen wurde.

auch das Weben und stellte dann sämtliche Stoffe selbst her.[1] Leinen verarbeitete die Bäuerin nicht nur zu Bettzeug, sondern sie nähte auch Hemden und Blusen daraus. Oft wählte sie für die Hemdenkragen ein feineres Leinen, da diese unter Kleidern und Jacken hervorlugen durften. Als charakteristischer Stoff für die bäuerliche Kleidung in der Eifel galt aber der ‚Tirtei‘ oder ‚Tirtich‘, der wegen seiner Strapazierfähigkeit auch der ‚isere Stoff‘, also eiserner Stoff, genannt wurde und aus Schafwolle und Leinen gewebt war.

Wie waren nun Mädchen und Jungen gekleidet? Knaben wie Männer trugen einfarbige, dunkle Hosen, die die Frauen aus Tirtich und auch aus Leinen nähten.[2] Zu den Hosen gehörte ein einfacher Kittel oder eine kurze Jacke, und Kinder setzten bei Kälte dazu eine warme schwarze Zipfelmütze auf. Mädchen zogen entsprechend zur Frauenkleidung Röcke an, im Winter aus Tirtich gefertigt, im Sommer aus Leinen. Die Mädchen bevorzugten farbenfrohe, oft mehrfarbig gestreifte Tirtichstoffe, deren Muster immer wieder variiert und von Dorf zu Dorf weitergereicht wurden. Bei kaltem Wetter konnten sie mehrere Röcke übereinanderziehen, da der Schnitt recht weit war. Ein weiterer Vorteil bestand darin, daß der Rock mit der Trägerin ‚mitwuchs‘. Die Röcke verkürzte man um den Saum herum durch Abnäher, die bei Bedarf wieder herausgelassen werden konnten. War das Mädchen dann tatsächlich aus dem Kleidungsstück herausgewachsen, dann reichte sie den Rock kurzerhand an die kleinere Schwester weiter. Kleidung war zu der Zeit so wertvoll, daß Eltern zum Teil aus Mangel daran ihre Kinder nicht zur Schule schicken konnten.[3] Zu dem Rock wurde gern eine Bluse aus Leinen und ein blaubedrucktes Leibchen getragen. Kunstvoll bedruckte man Nesselstoff mit immer neuen Mustern, die leinenfarbig auf blauem Grund zu Vorschein kamen.

76

Diesen Stoff verarbeitete man auch zu Frauen- und Mädchenkleidung, dem sogenannten „Jedröks‘.[4] Um die Mitte des 19. Jahrhunderts gewannen Kleider aus
Blaudruck-Stoffen, hergestellt in mechanischen Webereien, immer mehr an
Beliebtheit. Allerdings hatten sie den Nachteil, daß die Muster in den Webereien
nicht so häufig wechselten wie bei den handgefertigten Stoffen.[5]

Die Röcke der Mädchen, besonders der Tirtichrock, der leicht verfilzte, sollten
vor Schmutz geschützt werden. Dazu diente als unvermeidliches Kleidungsstück
eine Schürze aus hellerem, leicht waschbarem Stoff. Als Kopfbedeckung trugen
Frauen und größere Mädchen Hauben, die in der Eifel besonders vielgestaltig
waren, aber nicht immer auf Gegenliebe stießen, wie ein Lehrer aus Masthorn,
Kreis Bitburg-Prüm, bekundete. *„Die meisten Kinder waren größere Mädchen. Sie
saßen in den hinteren Bänken der Klasse. Noch sehe ich sie mit ihren leidigen
gesteppten schwarzen Hauben wie Bauernweiber vor mir sitzen.“*[6]

Bei der Ausstattung der Schulkinder mußte ebenso wie bei der Kleidung gespart
werden. Bibel, Tafel und Griffel wurden wohl von den meisten Kindern einfach in
die Hand genommen. Nur die wenigsten verfügten über einen geschnitzten Griffelkasten und einen hölzernen Schulkasten, der als Schultasche diente und wie
der Griffelkasten durch einen verschiebbaren Deckel verschlossen werden konnte.

Abb. 64 Die Grundausstattung von Eifeler Volksschülern um die Jahrhundertwende
bestand aus nur wenigen Teilen. Sie wurden meist mit einem Riemen umschlungen und in
der Hand zur Schule mitgenommen.

Repräsentieren fürs Foto und den Kaiser

Die ersten Klassenfotos aus der Eifel um 1877 zeigen ein gewandeltes Bild bei der Schülerkleidung. Von Tirtich und Jedröks ist keine Spur mehr zu sehen. Zumindest bei der Festtagskleidung, die die Kinder wohl für den damals seltenen Anlaß eines Fotos angezogen haben, sind diese Stoffe nicht mehr üblich.

Wolle und feine Leinenstoffe wurden durch die Produktion in Fabriken mittlerweile auch für die Landbevölkerung erschwinglich und waren begehrter als selbsthergestellte Stoffe. Im alltäglichen Leben tauchten die traditionellen Kleidungsstücke jedoch noch bis zur Jahrhundertwende auf.

Trotz der maschinellen Produktion besaßen die ‚neuen‘ Textilien ebenso wie die selbst gefertigten einen immens höheren Wert als heutige Kleidung. Sie mußten jahrzehntelang halten und wurden von einem Kind an das nächste weitergereicht. Schonung hieß das oberste Gebot.

„Einer meiner Vettern hatte ein Paar neue handgestrickte Strümpfe an und schlug sich beim Kleinmachen von Reisern mit der Höpp, dem länglichen, etwas gekrümmten Beil, in das Schienbein. Da hat er gesagt, die Wunde sei ja nicht so schlimm, schade sei es nur um die guten neuen Strümpfe.“ [7]

Da die gekauften Wollstoffe sehr empfindlich waren und die Waschmethoden noch recht rauh, wusch man diese Kleidungsstücke selten, sondern lüftete sie lieber und behandelte Flecken mit erprobten Hausmittelchen. Sicherheitshalber hielt man die Stoffe überwiegend dunkel, so daß sie nicht so schnell schmutzig aussahen. [8] Auch bei der Frage der Unterwäsche wußte man sich zu helfen. Bis um die Jahrhundertwende gab es keine Unterwäsche, wie wir sie heutzutage kennen, statt dessen dienten Blusen oder Hemden, meist weit geschnitten und bis zum Knie reichend, als Unterzeug und zusätzlich nachts als Nachtgewand.

Bei diesem Thema drängt sich unwillkürlich die Frage auf, wie es denn um die Sauberkeit der Träger dieser Kleidungsstücke bestellt war. Lehrer Keutzen aus Nitz, Kreis Mayen-Koblenz, hatte gegen Ende des 19. Jahrhunderts einen schweren Stand. *„Trotz meiner Ermahnungen, sich in den Ferien gründlich zu säubern, kamen 6 Knaben mit schmutzigen Fingern zur Schule. Nur die Hälfte hatte ihre Füße gewaschen, die andere Hälfte hatte dieses Geschäft zum letzten Mal im Winter, zum Teil sogar im vorigen Sommer gemacht.“* [9]

Neben der Geruchsbelästigung im Klassenzimmer galt die Sorge des Pädagogen vermutlich auch der Gesundheit seiner Schüler. Typhus und Cholera verbreiteten sich auch aufgrund der unhygienischen Lebensumstände um die Jahrhundertwende stark. [10]

Wie in der ersten Hälfte des 19. Jahrhunderts orientierten sich auch um 1880 die Schülerkleidung und das Verhalten der Schüler an den Belangen der Erwachsenenwelt. Die Mädchen steckten in einer repräsentativen Frauenkleidung, die von der zweiten Hälfte des 19. Jahrhunderts bis zum ersten Weltkrieg, trotz wechselnder Linie, als modisch galt. Dunkle und vereinzelt auch karierte Stoffe verarbei-

Abb. 65–66 Typische Mädchen- und Jungenkleidung um 1880–1900. Gey, Kreis Düren, 1883 und Alendorf, Kreis Euskirchen, 1909.

tete man zu Kleidern, deren Schnitt an Gouvernanten denken läßt: gerade geschnitten, knöchellang und hochgeschlossen, vorne mit einer Knopfleiste und zum Teil mit einem Stehkragen versehen. Nur wenig aufgelockert wurde der strenge Eindruck durch die weißen Blusenkragen, die unter den Kleidern hervorblitzen durften, und durch die breiten Ziernähte und Rüschen um den Saum herum. Bei diesem Einheitsschnitt verblüfft, daß kein Kleid aussah wie ein anderes. Schleifen, Besatz, Rüschen, Knöpfe und Ziernähte erzielten immer wieder kleine Variationen. Auch Ende des 19. Jahrhunderts war es für Mädchen üblich, Schürzen zu tragen. Passend zu den Kleidern fielen sie ebenfalls gerade und lang geschnitten aus. Den Rücken schloß eine Knopfreihe. Den Mädchen ließ diese Kleidung und das damalige Rollenverständnis nicht viel ‚Spielraum'; sie saßen fürs Foto sittsam aufgereiht, in steifer Haltung, die Hände brav in den Schoß gelegt, eine wie die andere.

Unterstrichen wird dieser Eindruck noch durch die Haartracht. Damit die Haare glatt am Kopf anlagen, wurden sie naß zurückgekämmt, anschließend am Hinterkopf zusammengefaßt und zum Zopf geflochten, der auf den Rücken hing oder

wie ein Heiligenschein um den Kopf lag. Als Schmuck und Zeichen tiefer Religiösität banden einige ein kleines, goldenes Kreuz um den Hals, häufig ein Geschenk von Pate oder Patin zur ersten heiligen Kommunion.

Lange, dunkle Hosen, dazu ebenfalls dunkle Tuchjacken, besonders eindrucksvoll zum Teil doppelreihig geknöpft, lassen bei den größeren Jungen eher an kleine Bauern oder Miniaturnachbildungen ihres Lehrers denken und nicht an Schüler. Viele trugen sogar schon einen gestärkten hohen Kragen, den sogenannten ‚Vatermörder‘, mit einem dunklen Binder, der Erwachsenen wie Kindern eine unnatürlich hochgereckte Kopfhaltung abverlangte. Als Jungen mußten sie auch durch ihre Haltung zeigen, daß sie wer waren. So verschränkten sie die Arme für die Fotos ineinander und versuchten sich in die Brust zu werfen. Diese Haltung nahmen sie sicherlich nicht nur wegen der damals langen Belichtungszeit ein; vielmehr wollten die Kinder damit dem Bild vom gehorsamen, loyalen und frommen Untertanen entsprechen, das charakteristisch für die Kaiserzeit war.

Als Garant für die obrigkeitstreue Haltung diente der Lehrer, dem während seiner Seminarausbildung die Rolle des Staatsdieners anerzogen wurde. *„Es bedarf keiner Erwähnung, daß die Lehrperson, soll sie ihrem Berufe genügen und den Einfluß ihrer Stellung auf das Wohl der Kinder nicht vereiteln, in der Schule immer in angemessenem Anzuge und würdiger Haltung aufzu-*

Abb. 67 Lehrer der wilhelminischen Zeit; in Kleidung und Haltung Vorbild seiner Schüler. Ramscheid, Kreis Euskirchen, 1894/95.

treten und den Zöglingen, fern von jeder pflichtwidriger Nebenbeschäftigung, als Muster ungeheuchelter Frömmigkeit, ungeschwächter Ordnungsliebe und unverdrossener Pflichttreue vorzuleuchten hat.“[11]) Quasi als beständige Gedächtnisstütze für diese Erwartungen fungierte das Kaiserbild im Klassenzimmer; im Rükken der Schüler angebracht, war es dem Lehrer allzeit vor Augen.

Doch will die gewünschte Pose bei Jungen und Mädchen nicht recht überzeugen. Die Gesichter der Kinder bringen deutlich zum Ausdruck, welche Lasten sie bereits tragen mußten. Zu der harten Arbeit, dem beängstigenden Drill mit dem Rohrstock in der Schule, kam noch die einseitige Ernährung, die sich in den aufgedunsenen Gesichtern zeigt. Der Speiseplan einer kinderreichen Familie hatte im Winter nicht viel zu bieten, wie ein Mann aus seiner Kindheit um 1892 in Monschau berichtete.

„Sonndachs jov et e Stöckche Fleesch, miestens Renkfleesch. Mondachs jov et Kappes, denstachs ejemaate Bonne, mettwochs Kappes met Bönncher. Donneschdags koocht de Vrau werem Bonne oder Röbbe, friedags Äezezupp on vör jedderenne e Vierdel Panne-koch, samsdags Kappes oder Bonne. Mer konnt jo nüß jelde, on Büchse jov et noch net. Mer krooche, wat mer em Hervst en Stange ejemaat hotte, on dat worre Kappes on Bonne. Ovends kroo-che mehr Brootäeppel on Kieß. " [12)

Modische Trends
um die Jahrhundertwende

Um die Jahrhundertwende setzte sich der Trend zum Repräsentieren fort: Die Mädchenkleidung zeigte sich recht aufwendig und vielgestaltig; Mangel an Stoff scheint es nach den Fotos nicht gegeben zu haben. Die Kleider reichten immer noch bis zum Boden, doch setzten sich jetzt als Neuerung auch hellere und gemu-sterte Stoffe durch; vor allem Karos, Punkte und Streifen erfreuten sich all-gemeiner Beliebtheit. Taillierte Klei-der mit angekraustem Rock, der den Mädchen mehr Bewegungsfreiheit

Abb. 68 Lehrerin der wilhelminischen Zeit. Auch hier ist das Vorbild in Kleidung und Haltung der Schülerinnen wiederzuerkennen. Gemünd, Kreis Euskirchen, 1906.

gab, dazu passend ein Stoffgürtel, bestimmten die Mädchenkleidung.

Die Gestaltung der Oberteile zeigte viel Raffinesse: es gab angekrauste Ärmel, Ärmel, die am Oberarm bauschig und am Unterarm anliegend waren, gefältete und gesmokte Oberteile und die unterschiedlichsten Kragenformen. Häufig bedeckten Rüschen und Volants die Schultern, aufwendige Spitzenkragen unter-schiedlichster Form belebten dunkle Kleider, die zum Teil auch durch helle Pas-pelierungen aufgelockert wurden. Nicht nur modische, sondern auch praktische Gründe hatten die Abnäher am Kleidersaum, denn nach wie vor besaßen die Kinder nur wenige Kleidungsstücke, die mitwachsen mußten. Passend zu den Kleidern versah man auch die Schürzen mit großen Volantkragen oder mit soge-nannten ‚Flügeln' an den Schultern.

Bei kleinen Kindern, sowohl Jungen als auch Mädchen, legte man nicht so viel Wert auf das Äußere. Häufig hatten die Mädchen nur ein schlichtes Kleidchen

Abb. 69 Die Kleidung der jüngsten Schülerinnen war weniger aufwendig. Kinder aus Spessart, Kreis Ahrweiler, 1897.

und eine schon recht abgetragene Schürze an. Neue Kleidung bekamen die Kinder in der Regel nur zu besonderen Anlässen wie beispielsweise zur Erstkommunion.[13] Wie die Kleidung dann ausfiel, ob modisch an neuen Trends orientiert oder mehr dem Traditionellen verhaftet, hing stark von der Näherin im Dorf ab. Häufig wechselte die Mode von Dorf zu Dorf.

Zur Erstkommunion gab es auch die ersten neuen Schuhe, ansonsten trugen die Kinder die Schuhe von Geschwistern und Verwandten auf.[14] Waren sie zu groß, stopfte man sie einfach vorne aus. Die Kommunionschuhe entsprachen jedoch nicht der Eleganz der städtischen Mode, sondern waren auf das Leben in der Eifel abgestimmt: kräftige Schnürstiefel mit dicken Sohlen, die nach der Ersten Kommunion, zur Verlängerung der Lebensdauer, mit Nägeln und Eisen beschlagen wurden. Ob das der Grund dafür ist, daß alle Mädchen auf dem Foto sittsam ihre Füße unter den Kleidern verbergen?

Auf einem Klassenfoto des Jahres 1906 aus Gemünd, Kreis Euskirchen, kann man auch gut erkennen, daß sich die Mädchenkleidung parallel zur Damenmode entwickelte. So fallen bei der Kleidung der Lehrerin modische Details wie der Schnitt der Ärmel, die betonte Taille und die aufwendige Gestaltung des Oberteils zum Beispiel durch Paspelierung ins Auge. Wie bei den Schülerinnen fand auch bei dieser Lehrerin in der Eifel das um die Jahrhundertwende propagierte ,Reformkleid' keinen Anklang. Das Reformkleid war weit, ohne Taillierung geschnitten, schwang locker um den Körper und wurde allgemein abgelehnt; stattdessen eiferte die Frauenmode lieber der ,Sans-Ventre' (Linie ohne Bauch) nach, die eine schmale Bauch- und Hüftpartie vorschrieb, den Oberkörper durch ein lockeres Kleidoberteil oder ein Bolero betonte und zusätzlich durch ein starres Korsett den Oberkörper nach vorn drückte.[15] Allerdings konnte sich kaum eine Lehrerin, geschweige denn eine Schülerin, nach dieser Mode kleiden. Die Besoldung der Lehrerinnen erlaubte keine großen Sprünge, und es hagelte Proteste in der Gemeinde gegen eine so modische Erscheinung. Man befürchtete als Folgeerscheinung Putzsucht bei den Schülerinnen und eine Entwicklung zur Verschwendung.

So vielfältig die Bekleidung für Mädchen um diese Zeit sein mochte, für Jungen änderte sich an der einfachen Ausstattung mit Hose, Hemd, Weste und Jacke nicht viel, allenfalls die ‚Accessoires‘. Insbesondere kleinere Jungen ließen über der Jacke einen weißen, abgerundeten Hemdkragen sehen, der dem gewohnten Anzug etwas von seiner Eintönigkeit nahm. Um 1900 kamen für Jungen auch Halstücher in Mode, gemustert oder aus hellem Stoff, die unter den Jackenkragen gelegt und vor dem Hals zu einer großen Schleife gebunden wurden. Allerdings finden sich Beispiele dafür hauptsächlich im städtischen Raum; auf dem Lande zeigen nur einzelne Schüler auf Klassenfotos diese Modeerscheinungen, und es bleibt der Phantasie überlassen, wie Mitschüler wohl auf diese ‚Extravaganzen‘ reagierten.

Reaktionen der Mode auf den ersten Weltkrieg

In der Zeit vor und während des ersten Weltkrieges gab es bei der Jungenbekleidung deutliche Veränderungen. Vermutlich wirkten sich politische Entwicklungen wie die zur Kaiserzeit hervorgehobene Bedeutung Deutschlands als Seemacht und die damit verbundenen imperialistischen Bestrebungen auch auf modische Vorstellungen aus. Aus Jungen wurden kleine Matrosen, und an Sonn- und Feiertagen war der Matrosenanzug die bevorzugte Bekleidung.

Abb. 70 Schulausflug der Jungenklasse Waxweiler, Kreis Bitburg-Prüm, im Jahre 1914.

Die Oberteile der Anzüge hatten einen großzügigen Schnitt, einen V-Ausschnitt und einen großen rechteckigen Kragen, der locker auf den Schultern lag. Kragen und Manschetten waren häufig in Weiß gehalten, abknöpfbar und konnten getrennt vom marineblauen Anzug gewaschen werden. Die Hosen reichten vielfach nur noch bis zur Wadenmitte. Zum Anzug gehörte natürlich die entsprechende Matrosenmütze. Obwohl mit dem Matrosenanzug ein Schritt zu einer kindgemäßeren Kleidung getan war, gehörte eine Kopfbedeckung, ein typisches Requisit der zeitgenössischen Männerbekleidung, ganz selbstverständlich zu jedem Knabenanzug. Als Neuerung trat bei den Jacken neben das herkömmliche Jackett die Windjacke: blusig geschnitten und am Armgelenk und an der Hüfte mit engen Bündchen versehen.

Die während und nach dem ersten Weltkrieg recht häufigen Bürstenschnitte und Glatzköpfe der Jungen sind keine Willkür der Mode, sondern haben ganz praktische Gründe. Gegen den Läusebefall halfen diese Radikalkuren noch am besten.

Das Äußere der Mädchen erfuhr bis zum ersten Weltkrieg keine großen Veränderungen. Parallel zur Jungenmode gab es bei den Mädchen Matrosenkleider, die wie die Jungenhosen bis zur Wadenmitte reichten. Passend zur aufgelockerten Kleidung veränderten sich auch die Frisuren. Entweder fielen die Haare offen auf die Schultern oder man band sie am Hinterkopf oder über den Ohren mit großen Schleifen zusammen.

Mit dem Ausbruch des ersten Weltkriegs gab es in vielen Bereichen eine drastische Verknappung von Rohstoffen. *„Die gesamte Lederfabrikation war für den Heeresbedarf der kämpfenden Truppen beschlagnahmt. Schuhe gab es nur auf Bezugsschein, und das nur sehr wenig. Sie waren für uns meistens aus Ersatzmate-*

Abb. 71 Matrosenkleider für Mädchen und Matrosenanzüge für Jungen kamen ab der Jahrhundertwende auf. Schulkinder der Volksschule Fritzdorf, Rhein-Sieg-Kreis, im Jahre 1912.

Abb. 72   Probates Mittel gegen Kopfläuse war das Kahlscheren der Köpfe. Jungengruppe der Volksschule Rohr, Kreis Euskirchen, im Jahre 1919 mit unterschiedlichem Haar-‚Nachwuchs'.

rial hergestellt: Segeltuch statt Oberleder, Holz und Preßkarton für die Sohlen. Für Ledersohlen gab es auch noch ‚Sohlenschoner' aus kleinen Lederabfällen — sieben Stück auf der Sohle — Eisenspitzen und Hacken für die Absätze. "[16)]

Mangel herrschte während und nach dem Weltkrieg aber auch an Kleidung und Lebensmitteln, *„so daß wir besonders nachmittags oft um eine halbe, eine halbe-halbe Schnitte Brot gebettelt haben. Aber es gab nichts mehr, sonst wäre für den nächsten Tag nichts mehr dagewesen. Dann gab es damals das sogenannte Dörrgemüse (‚gekochter Stacheldraht') und ab und zu ein Stück Stockfisch, der so hart war, daß er mit dem Beil geteilt werden mußte, beim Kochen entsetzlich stank, aber gegessen wurde. Dann gab es das gelbliche Maisbrot, das auch alles andere als eine wohlschmeckende Nahrung gewesen ist. "[17)]*

Nicht nur die knappen Materialien sorgten allerdings dafür, daß die Kinderkleidung, insbesondere die Mädchenkleidung mit weniger Stoff auskam, schlichter und zweckmäßiger ausfiel. Die Mädchenkleidung folgte damit auch den Entwicklungen in der Damenmode. Die Kriegsjahre brachten einschneidende Veränderungen im Leben vieler Frauen. Sie mußten während des Krieges Männer in vielen Berufsbereichen vertreten, zusätzlich waren sie nun allein für die Belange der Familie zuständig.[18)] Auf die neuen Anforderungen reagierte die Mode, indem sie Frauenkleider und ebenso Mädchenkleider einfacher, kürzer und damit praktischer gestaltete.

Schlichte Kleidung in den ‚Goldenen' Zwanzigern

Der Zusatz ‚Goldene' Zwanziger, der dieser Zeitspanne nur allzu gerne beigegeben wird, verblaßt angesichts von Arbeitslosigkeit, Inflation und politischen

Abb. 73 Typische Mädchenkleidung der frühen 20er Jahre. Mädchen der Volksschule Scheven, Kreis Euskirchen, 1917, schon recht fortschrittlich.

Unruhen, die die Menschen in der Eifel zur Zeit der Weimarer Republik weitaus mehr beschäftigten.

Frauen mußten weiterhin ‚ihren Mann stehen', und dementsprechend bevorzugten sie praktische Kleidung. Der Trend zur Vereinfachung setzte sich somit fort. Die Kleider hatten einen geraden Schnitt mit losem Oberteil, tiefliegender, meist nur angedeuteter Taille und, was das Besondere ausmachte, der Saum bedeckte nur noch das Knie. Seine markanteste Ausprägung fand der Schnitt im Charleston-Kleid.[19] Der Trend zur Kürze schloß auch die Haare mit ein; die Zöpfe mußten fallen, und statt dessen trug man eine kesse Kurzhaarfrisur, den Bubikopf, der in seiner Bezeichnung schon die Anlehnung der Frisur an die Männerwelt offenlegt.

Auch bei der Mädchenkleidung in der Eifel machten sich die beschriebenen Tendenzen bemerkbar. Leichte Baumwollstoffe in gedämpften Farben, meist einfarbig oder allenfalls mit graphischen Mustern, verkauften sich besonders gut für Sommerkleider. Neben den typischen Frisuren wie Bubi- und Pagenkopf fallen modische Details wie Bubikragen und Schleifen an den Mädchenkleidern auf. Zu den üblichen, derben Schnürstiefeln haben sich moderne, ausgeschnittene Halbschuhe gesellt, denen ein Riemchen quer über dem Fuß Halt

86

Abb. 74 Für die Jungen war bis in die 30er Jahre der Matrosenanzug weiterhin die bevorzugte Sonntagskleidung. Auch zur Kommunionfeier wurde er getragen. Die Kommunionkinder von Feusdorf, Kreis Daun, im Jahre 1933.

Abb. 75 Noch bis in die 30er Jahre waren mit Eisennägeln beschlagene Schuhe für Jungen wie Mädchen in den Dörfern die Regel. Kinderschuhe aus Ramersbach, Kreis Ahrweiler.

Abb. 76 Die Kinderkleidung der 30er Jahre ist geprägt durch selbstgestrickte Pullover, Jacken und Mützen. Schulkinder aus Mannebach, Kreis Daun, im Jahre 1936.

gab. Einige Jungen hatten schon ganz fortschrittlich den Hemdkragen geöffnet. Wie die Kleidung ist auch die Haltung der Kinder lockerer und natürlicher geworden.

Uniform und Selbstgestricktes im Nationalsozialismus

Nach Hitlers Machtübernahme begannen die Anhänger des Nationalsozialismus auf viele Lebensbereiche direkten Einfluß auszuüben; die Bekleidung blieb jedoch, abgesehen von der Uniformierung, weitgehend verschont. Indirekt prägten aber Begriffe wie ‚Natürlichkeit‘ und ‚Sportlichkeit‘ auch modische Entwicklungen.

Als ‚natürlich‘ betrachtete man für Frauen und Mädchen die traditionelle Rolle am heimischen Herd und nicht das Berufsleben wie in den 20er Jahren. Als äußeres Zeichen ihrer Weiblichkeit trugen die Mädchen die Haare wieder lang und zu Zöpfen geflochten; manche drehten die Zöpfe zu Ohrschnecken oder banden sie zu Affenschaukeln! Neben den jetzt kniekurzen Kleidchen und Schürzen gab es als große Neuerung den Rock, häufig den Faltenrock und dazu Bluse oder Sweater. Sommerkleider aus Baumwolle wurden farbenfroher; Karos, Pünktchenstoffe und Blümchendruck wirkten kindgerechter als die traditionellen gedeckten Farben.

Obwohl die Konfektionsware immer mehr Verbreitung fand, wurde vor allem in kinderreichen Familien viel genäht und gestrickt. Es setzte ein regelrechter Strick-Boom ein mit handgestrickten sportlichen Sweatern, Jacken, Mützen und langen Strümpfen. Ein besonders typisches Kleidungsstück der damaligen Zeit waren diese langen Strümpfe, die auch im Winter zur Kleidung gehörten, gerne rutschten und nicht sehr warm waren.

„Als Kommunionkinder mußten wir von Waldkönigen nach Neunkirchen eine dreiviertel Stunde zur Pfarrkirche laufen, bei Wind und Wetter, da gab es kein Pardon. Und wenn es geschneit hatte, dann wurden die Strümpfe auf dem Weg ganz naß. In der ungeheizten Kirche froren die Strümpfe ganz steif, und dann mußten wir den Weg ja auch wieder zurücklaufen.“[20]

Für viele Kinder stellte sich zusätzlich zum Kirchgang auch das Problem des Schulwegs. So romantisch Dorfschulen auf den heutigen Betrachter wirken mögen, für viele Schüler bedeuteten sie einen weiten Fußweg, manchmal bis zu einer Stunde, denn längst nicht jedes Dorf hatte eine eigene Schule. Im Winter sorgten Schnee und Regen für unpassierbare Wege, so daß die Schüler an manchen Tagen nicht zur Schule kommen konnten. Bei schlechtem Wetter war es auch recht schwierig, Bücher und Schreibutensilien wohlbehalten zur Schule zu transportieren.

„Die Jungen hatten einen Ranzen, den sie auf dem Rücken trugen. Dieser war häufig das Oster- oder Weihnachtsgeschenk gewesen. Teilweise war er aus Leder gefertigt und teilweise aus hartem Pappdeckel. Das hatte zur Folge, daß er zu quillen begann, wenn er naß wurde. In einem Holzkasten im Ranzen befanden sich die

Abb. 77 In den 30er Jahren waren Schulranzen überall gebräuchlich geworden. Die Zahl der Schulbücher hatte sich gegenüber der Jahrhundertwende beträchtlich vermehrt.

Schreibutensilien. Für die Größeren war das Feder, Federhalter und Beistift, für die Kleineren der Schiefergriffel. Buntstifte hatten nur ganz wenige Kinder. Diese hölzerne Dose diente gleichzeitig als Lineal. Viele Kinder hatten aber weder einen Ranzen noch eine Tasche. Sie banden die Bücher und die Griffeldose mit einem Riemen oder einem Gürtel zusammen. "[21]

Die Jungen trugen auch in den 30er Jahren noch den Matrosenanzug, allerdings war er mehr den Sonn- und Feiertagen vorbehalten. Alltags sah die Kleidung einfacher aus.

„Die Jungen trugen dicke lange Wollstrümpfe. Diese waren braun und wurden an einem Leibchen mit einem Knopf festgemacht. Die Hosen reichten über das Knie und ließen sich oberhalb der Hosentasche aufknöpfen. Das nannte man Schlaader und war ganz praktisch beim Verrichten des ‚großen Geschäftes‘. Dann trugen sie noch Hemden und Pullover, Sweater genannt, die auf der Schulter zugeknöpft wurden". [22]

Im Winter gehörte eine lange Jacke, die bis übers Gesäß reichte, zur Ausstattung; einen Mantel besaßen die wenigsten. Die Hüte der 20er Jahre wurden von Pudelmützen abgelöst, und als Alternative setzten einige Jungen auch Schirmmützen auf. Von den Nationalsozialisten übernommen, boten sie den Vorteil der Ohrenschützer, die im Bedarfsfall heruntergeklappt werden konnten.

90

Für die Mitglieder des Jungvolks war eine Uniform, die von den Eltern bezahlt werden mußte, Pflicht. *„Die Uniform zog man nur selten zur Schule an, sie mußte am Nachmittag beim Treffen des Jungvolks piekfein sein, sonst gab es einen schweren Rüffel".* [23] Entsprechend ordentlich hatte auch die Frisur zu sein. *„Alle drei Wochen nahm uns der Vater der Reihe nach durch, das heißt, bei jedem Jungen wurden die Haare auf Streichholzlänge gekürzt, das war besonders wichtig, die Streichholzlänge".* [24]

Ab 1939, also mit Beginn des Krieges, wurde Kleidung knapper. Stoffrationierungen zwangen die Mütter dazu, auf Verschlissenes und Ausgedientes zurückzugreifen. Getreu den Ratschlägen der Illustrierten *„Aus Alt mach Neu"* und *„Aus eins mach zwei"* ersetzten sie schadhafte Stellen in der Kleidung durch einen anderen Stoff. [25] Aus der Not machte man eine Tugend und versuchte die Kombination zweier Stoffe als gewollt hinzustellen.

Aufschwung in der Bekleidung nach dem zweiten Weltkrieg

Auch nach dem Krieg bis zum Anfang der 50er Jahre mangelte es an Kleidungsstücken. Man behalf sich, so gut es ging und funktionierte um; Armeejacken taten zum Beispiel als Schülerjacken noch gute Dienste. *„Die Kleidung der meisten Kinder war recht dürftig. Größtenteils aus Ami-Klamotten, und lange Hosen kannten sie kaum. Die Schuhe bestanden aus umgearbeiteten amerikanischen Militärschuhen, die oft auch noch zu groß waren und deren Sohlen, die immer wieder abgingen, oft aus Autoreifengummi bestand."* [26]

Abb. 78 In den Notjahren nach dem zweiten Weltkrieg trugen Kinder mit Papier ausgestopfte Erwachsenenstiefel sowie Schuhe aus den unterschiedlichsten Ersatzstoffen wie Autogummi, Tornisterfell oder blechbeschlagenem Holz.

Abb. 79 Die Not der Nachkriegszeit spiegelt sich auch in der Kleidung: Schulklasse Bernkastel im Jahre 1948.

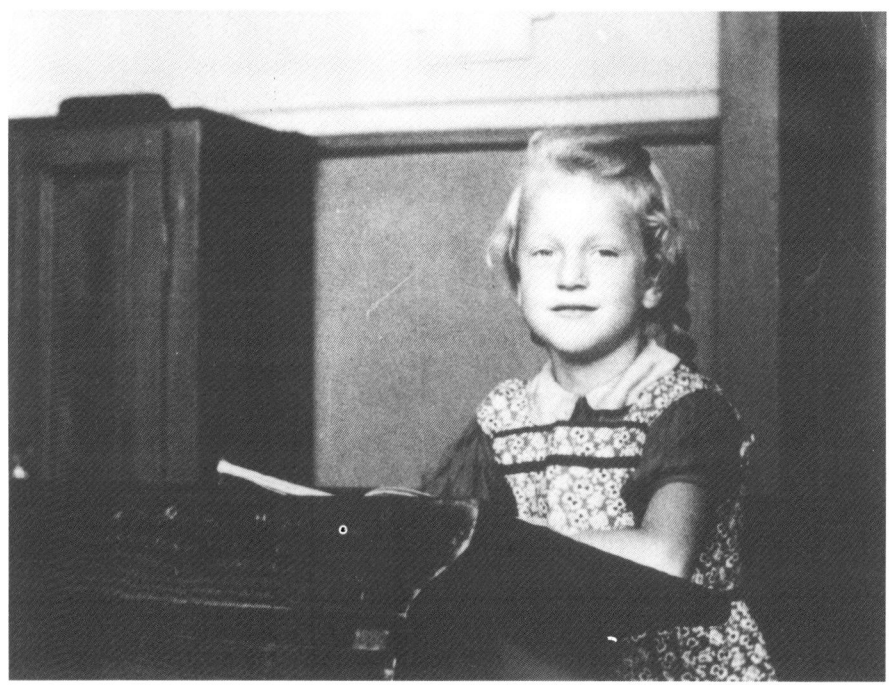

Abb. 80 Schülerin der Volksschule Ulmen, Kreis Cochem-Zell, Anfang der 50er Jahre.

Trotz der Mangelsituation versuchten auch Schüler und Schülerinnen modisch zu erscheinen. Ende der 40er Jahre zierte den Mädchenkopf eine Tolle, aber nur wenige Jahre später kehrten die Mädchen zur praktischen Kurzhaarfrisur zurück. Gleichzeitig verschwand ein Kleidungsstück, das Schülerinnen fast während der gesamten Dauer der Volksschule begleitet hatte, die Schürze, die sicherlich von vielen mit gemischten Gefühlen getragen wurde. Kleider, meist tailliert, (Träger-) Röcke und Blusen, dazu Strickjacken als typische Kleidung der Mädchen, waren Ende der 50er Jahre, bedingt durch die Konfektionsware und die Einführung der synthetischen Stoffe, in ausreichender Zahl vorhanden und brauchten nicht mehr in dem Maße geschützt zu werden wie bisher. Zusätzlich erleichterte eine Waschmaschine in vielen Haushalten das Säubern der Kleidung und machte die Schürze überflüssig.

In der Nachkriegszeit durften die Jungen ihre Haare voll tragen, die Kleidung blieb sportlich wie in den 30er Jahren mit Hose und Pullover. Statt der langen Strümpfe zogen Jungen nun aber lange Hosen und Socken an, und die ehemals einfarbigen Pullover erhielten Muster. Der bis zur Einführung der Matrosenanzüge obligatorische steife Anzug blieb festlichen Anlässen, wie der Erstkommunion, vorbehalten.

Anfang der 60er Jahre eroberten die Mädchen ein Kleidungsstück für sich, das bisher den Jungen vorbehalten war, die Hose. Als feiner Unterschied war bei den Mädchenhosen der Reißverschluß zunächst an der Seite eingenäht. Sowohl Jun-

Abb. 81 Typische Schülerkleidung der 50er Jahre: Schulklasse aus Hürtgen, Kreis Düren, um 1955.

gen als auch Mädchen trugen im Winter zur langen Hose den Anorak mit Reißverschluß, und mancher Erwachsener stand wohl ab und an vor dem Rätsel, wen er da vor sich hatte, einen Jungen oder ein Mädchen. Es war nicht mehr so wichtig, mittels Kleidung und Haltung die jeweilige Geschlechtszugehörigkeit zu dokumentieren. So wie sich die festgefügte Rollenverteilung bei Jungen und Mädchen lockerte, veränderte sich auch die Beziehung zwischen Lehrern und Schülern. Der Lehrer war zwar nach wie vor Respektsperson, doch mit der lässigen und burschikosen Kleidung bahnte sich auch in der Schule eine neue Umgangsweise zwischen Lehrern und Schülern an.

Abb. 82 Typische Bekleidungsstücke der 60er Jahre: Anoracks und Strumpfhosen. Schulneulinge aus Hecken, Kreis Euskirchen, im Jahre 1964.

Fächer, Pausen, Stundenpläne
Vom Schulalltag in der alten Eifeler Volksschule
Franz Josef Ferber

„Also lautet ein Beschluß: Daß der Mensch was lernen muß". Diesen Reim hat sich der Maler und Dichter Wilhelm Busch gemacht, um uns seinen Lehrer Lämpel vorzustellen. Wie wahr der Vers ist, das haben wir schon im frühen Kindesalter erfahren müssen, damals, als wir in die Volksschule aufgenommen wurden. Schule und Unterricht waren ein unauslöschlicher Bestandteil unserer Kindheit. Eine Fülle von Erinnerungen, schöne und böse, verbindet uns mit diesem wichtigen Lebensabschnitt. Von der Notwendigkeit des Lernenmüssens waren wir Kinder nicht immer überzeugt. Unseren Ahnen schien die Schule gar überflüssig. In früheren Zeiten hatte alles andere Vorrang vor einer ordentlichen schulischen Bildung. Und der Staat machte auch nicht zu allen Zeiten ernsthafte Anstalten, seinen jungen Untertanen ein breitgefächertes Wissen zu vermitteln.

Im folgenden wird bewußt versucht, schwerpunktmäßig die Schulpraxis, das Erlebte also, zu schildern. Deswegen habe ich auch Teile meiner persönlichen Erinnerungen einfließen lassen. Sie betreffen meine Schulzeit in der einklassigen Katholischen Volksschule in Katzwinkel, Kreis Daun, das mit den beiden Nachbardörfern Gefell und Hörschhausen einen Schulverband bildete. Und was die Zeit angeht, so sind die 1940er Jahre gemeint. Diese alte Schule, sie existiert schon lange nicht mehr. Sie ist, wie viele andere ihresgleichen, in den 1960er Jahren dem ganz und gar überzogenen Eifer der Schulreformer zum Opfer gefallen. Immerhin, das Schulgebäude blieb Gott sei Dank erhalten. Die neuen Eigentümer ästimieren es in geradezu vorbildlicher Weise, und die Denkmalschutzbehörde hütet es als Kulturdenkmal.

Allgemeine Bildungsziele im Schulalltag des 19. Jahrhunderts

In meiner Einleitung deutete ich bereits die Schwierigkeiten an, die einer Verbesserung der schulischen Verhältnisse im Wege standen. Es waren dies in der Hauptsache die weit verbreitete Bildungsunfreundlichkeit der Bevölkerung, der Mangel an fachlich vorgebildeten Lehrern, die hohen Klassenfrequenzen und die Zurückhaltung der Regierung. Gewiß, die Preußenregierung hat sich seit dem Beginn ihrer Herrschaft im Rheinland um die Schule bemüht, jedoch wurden der Volksschulbildung bewußt Grenzen gesetzt. Im Jahre 1882 noch teilte Kultusminister von Altenstein den Bezirksregierungen mit, der König wünsche, daß das

95

Abb. 83 Volksschule Katzwinkel, Kreis Daun, erbaut 1895/96, Schauplatz vieler der in diesem Artikel geschilderten Erlebnisse.

Elementarschulwesen in Grenzen gehalten würde.[1] Und im gleichen Jahr forderte das Innenministerium zur Mäßigung der Volksbildung auf. Für den niederen Stand genüge es, wenn er zur christlichen Frömmigkeit und Demut erzogen würde. In einem Musterlehrplan war von verderblicher Überbildung die Rede.[2] Aus Angst vor der Macht des Wissens fühlte man sich gezwungen, die geistige Armut zu vertiefen und Sorge zu tragen, daß die Bevölkerung ‚untertan' blieb. Für die Dorfschule und den ländlichen Lebenskreis, so hieß es, genügten einfache Kenntnisse, denn eine Bildung, die den Rahmen des einfachen Standes übersteige, bringe Überheblichkeit und sei für Lehrer und Kinder schädlich.[3]

Schon in den Anfangsjahren der preußischen Herrschaft hat man versucht, den Schulkindern nicht nur Wissen zu vermitteln, sondern ihnen auch Anstand beizubringen. Damals ist in Koblenz eine Schrift ‚Versuch einer Anstandslehre für Volksschulen' erschienen, die *„mit Genehmigung der hohen Behörden"* der Königlich-Preußische Kreisschulinspektor und Pfarrer Hugo Friedrich Schwickerath in Waxweiler den *„Herren Schullehrern seines Beringes"* als Leitfaden gewidmet hat. Er enthält zahlreiche Verhaltensregeln, wovon hier nur einige wenige zitiert sein sollen:

„Das Essen schickt sich nicht auf der Straße und noch weniger in der Schule.

Ehe du in die Schule hineingehst, sollst du deine Schuhe, wenn sie kothig sind, am Streicheisen reinigen...

Was die übrigen Bedürfnisse betrifft, so gehe bei Seite, daß dich Niemand sieht. Seine heimlichen Bedürfnisse auf offener Straße oder in Gegenwart Anderer befriedigen, ist schamlos und höchst schändlich.

96

Erwachsene Personen sollst du nach ihrem Stande grüßen; sind es aber Herren, namentlich Beamte oder Damen, so ziehe, statt des Grußes, deinen Hut oder Mütze ab, mache eine Verbeugung und bleibe stehen, bis sie vorüber sind.

Pfeifen und Singen ist eine elende Art, sich wichtig zu machen. Lache niemals überlaut, sperre auch deinen Mund nicht auf, es verräth große Beschränktheit. "[4]

Unterrichtsfächer in der schulischen Realität

Die preußischen Schulreformer erstrebten eine Schule für das gesamte Volk. Dieses neue Bildungsideal erforderte eine Erweiterung der Lehrfächer. Zu der Religion, dem Lesen und Rechnen — viel mehr war in der Schulwirklichkeit nicht erreicht worden — sollten die Realien treten: Erdkunde, Geschichte und Naturkunde sowie Turnen, Handarbeit und Zeichnen wurden 1872 zum ersten Male obligatorisch im Volksschulunterricht eingeführt.[5] In den Trierer Schulblättern wurde zum Inhalt einzelner Fächer erklärt: Die Geographie bewege sich vom Wohnort ausgehend über die Bürgermeistereien, den Kreis, den Regierungsbezirk, die Provinz, das Königreich Preußen über Deutschland, Europa und die Erdteile. Der Naturkundeunterricht umfasse die Erdbeschreibung und die Naturgeschichte mit Tieren, Pflanzen und Mineralien. Der Hauptzweck läge in der Erkenntnis dessen, wie der allmächtige Gott uns durch die sichtbare Welt fort und fort seine Allmacht, Weisheit und Güte offenbare.[6]

Abb. 84 Sportunterricht für Mädchen gehörte bis zur nationalsozialistischen Zeit zu den Seltenheiten. Wettlaufen von Schülerinnen in normaler Kleidung auf einer Dorfstraße, frühe 30er Jahre.

Abb. 85 Schulsportveranstaltung in Waxweiler, Kreis Bitburg-Prüm, im Jahre 1933.

Für die erste Hälfte des 19. Jahrhunderts kann von einem Sportunterricht nicht gesprochen werden. Im Jahre 1819 hatte die preußische Regierung das Turnen in den Schulen sogar verboten. Der Grund: Die Turnerbewegung war mit demokratischen Bestrebungen verbunden.

Erst um die Mitte des Jahrhunderts förderte die Regierung den Sport. Es war allerdings nicht die Sorge um das gesundheitliche Wohlergehen der Kinder, sondern es waren militärische Gründe, die die Preußenregierung ihr Augenmerk auf dieses Fach richten ließ. Dennoch ist die Eingliederung des Sports als pädagogische Disziplin bis in die neuere Zeit hinein nicht gelungen. Dies lag vor allen Dingen am Mangel fachlich vorgebildeter Lehrkräfte. Lehrpersonen, so wurde gerügt, gäben zudem durch ihr Auftreten in Jacke, langer Hose, Straßenschuhen, weißem Stehkragenhemd mit Krawatte und Hut eine schlechte Figur beim Turnen ab. 1913 wurde durch den Einfluß der Sportbewegung in Deutschland eine Systematik für das Schulturnen als amtliche Vorschrift eingeführt. Der gesamte Lehrstoff wurde abgegrenzt in Ordnungs-, Frei- und Handgeräteübungen (Keulen, Reifen, Gymnastikstäbe, Seile und Medizinbälle), Geräteübungen (Reck, Barren, Klettergerüst und Kokosmatten), Gang-, Lauf- und Hüpfübungen (Schnellaufübungen, Pendelstaffel), Volkstümliche Übungen (Leichtathletische Übungen wie Weitsprung, Schlagballweitwurf, Schleuderballwurf und Stabhochsprung mit einer Höhe von 1,70 m), Spiele (Schlag- und Faustballspiel) und Wanderungen.[7]

In der Zeit des Nationalsozialismus wurde der Sport, ‚Leibesübung‘ genannt, das zweitwichtigste Lehrfach. Er sollte Freude wecken durch Beherrschung des ‚schönen gesunden Körpers‘ und zudem die Vorstufe der Wehrertüchtigung bilden. Nach 1945 hieß das Schulfach in den Zeugnisvordrucken wieder einfach ‚Turnen‘.

In unserer einklassigen Schule hat sich allerdings auch in den Jahren der braunen ‚Leibesübung‘ so gut wie nichts abgespielt. Das habe ich nicht bedauert. Denn das bißchen Turnen war mir schon viel zu viel. Es beschränkte sich im wesentlichen auf Übungen an der Turnstange, die auf dem Schulhof in die zwei einzementierten Eisenpfosten eingelegt wurde. Alles fing ganz harmlos an. Zuerst kam die schwere Eisenstange in eine Art Grundstellung, also sehr tief zu liegen. Dies war für mich genau die richtige Höhe. Wurde die Stange aber weiter nach oben ver-

Abb. 86 Jungen einer Volksschulklasse aus Satzvey, Kreis Euskirchen, beim Geräteturnen auf dem Schulhof, 1937.

Abb. 87 Jungen der Volksschule Stadtkyll, Kreis Daun, 1934 beim Tauziehen auf dem Schulhof.

schoben, so war ich schnell überfordert. Aus Leibeskräften bemühte ich mich, mich an ihr hochzuziehen. Selten schaffte ich es. Und wenn ich mal mit Hängen und Würgen oben ankam, dann fiel ich an der anderen Seite hinunter wie ein nasser Sack. Auf diese Weise habe ich ungewollt zur Volksbelustigung beigetragen. Ab und zu spielten wir auf der Wiese, auf der anderen Seite des Baches, Schlagball. Es fiel mir verdammt schwer, den Ball zu treffen; meistens sauste der Schlagknüppel durch die Luft, während dessen der Ball bereits am Boden lag. Ich habe mich heimlich gefreut, als die Bälle eines Tages aus dem Schulschrank gestohlen wurden und zugleich bedauert, daß die Spitzbuben die Turnstange liegen ließen.

Einen Aufschwung nahm der Sportunterricht erst nach meiner Schulzeit, als in den 50er und 60er Jahren in größerem Umfang Turnhallen errichtet wurden. An vielen, vor allem kleineren Dorfschulen, änderte sich jedoch bis zu ihrer Auflösung nach der Mitte der 60er Jahre ziemlich wenig an der oben aus eigenem Erleben geschilderten Unterrichtspraxis im Fach Sport.

Für die Mädchen ist schon verhältnismäßig früh Handarbeitsunterricht angeboten worden. Mit ihm sollten sie auf ihre künftige Rolle als Hausfrauen vorbereitet werden. Wenngleich bestimmte Anforderungen an die Qualität der Arbeiten gestellt wurden, so haben sich diese offenbar auf die notwendigen Dinge des täglichen Lebens beschränkt. Das ist einem *„Verzeichniß der während des Jahres 1839 an der Elementar-Mädchenschule zu Commern gefertigten Handarbeiten"* unschwer zu entnehmen, worin als wesentliche Arbeiten aufgeführt sind: Strümpfe, Socken, Handschuhe, Hosenträger, Geldbeutel, Pantoffel gestrickt, Hemden, Halstücher, Hauben, Leintücher, Taschen genäht. Zierarbeiten wie Stick-

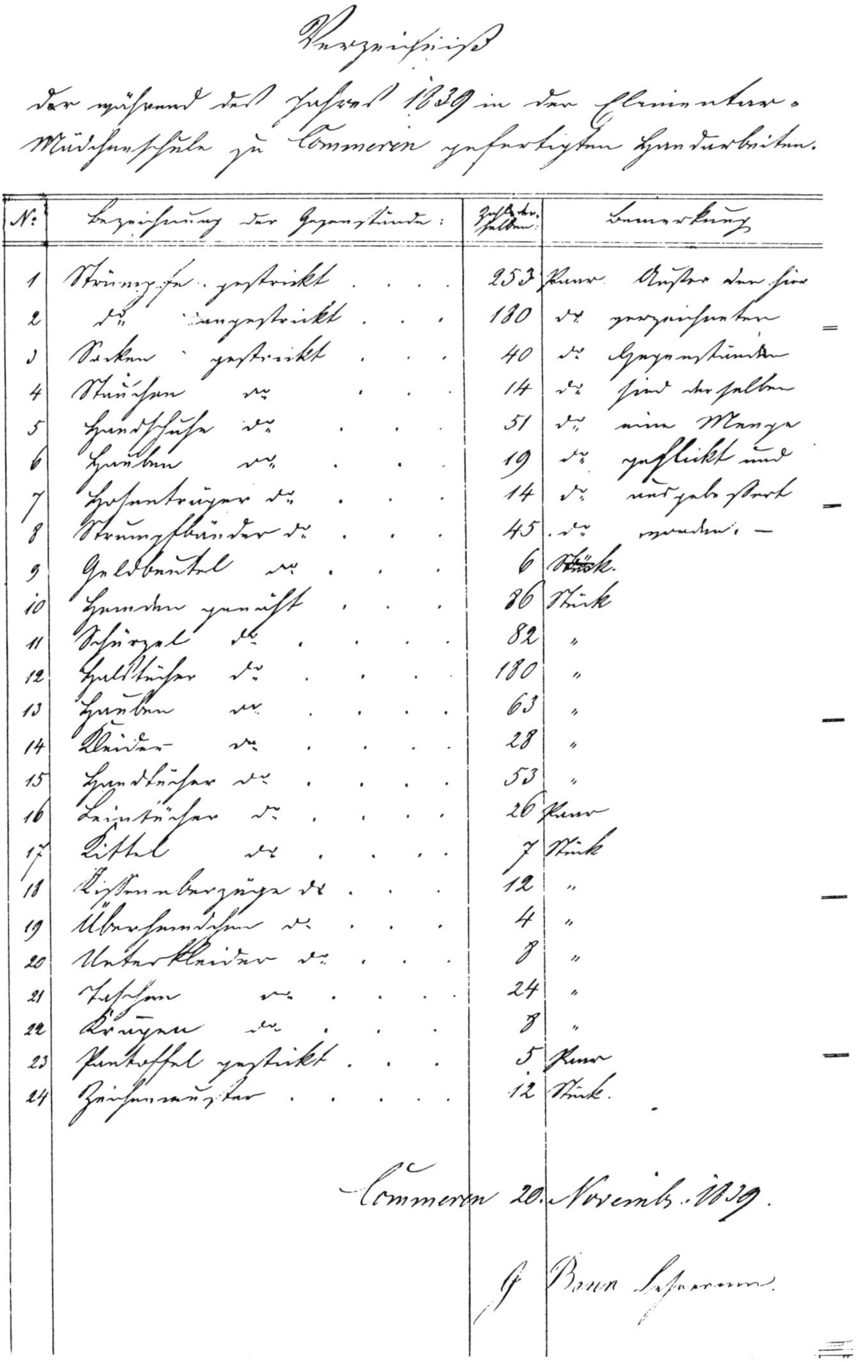

Verzeichniß

der während des Jahres 1839 in der Elementar-Mädchenschule zu Commeren gefertigten Handarbeiten.

N:	Bezeichnung der Gegenstände:	Zahl der selben		Bemerkung
1	Strümpfe gestrickt	253	Paar	Außer den hier
2	do angestrickt . . .	180	do	verzeichneten
3	Socken gestrickt . . .	40	do	Gegenständen
4	Stäuchen do . . .	14	do	sind derselben
5	Handschuhe do . . .	51	do	eine Menge
6	Hauben do . . .	19	do	geflickt und
7	Hosenträger do . . .	14	do	ausgebessert
8	Strumpfbänder do . . .	45	do	worden. –
9	Geldbeutel do	6	~~Stück~~	
10	Hemden genäht . . .	86	Stück	
11	Schürzen do	82	"	
12	Halstücher do	180	"	
13	Hauben do	63	"	
14	Kleider do	28	"	
15	Handtücher do	53	"	
16	Leintücher do	26	Paar	
17	Kittel do	7	Stück	
18	Kissenüberzüge do	12	"	
19	Überhemdchen do	4	"	
20	Unterkleider do	8	"	
21	Taschen do	24	"	
22	Kragen do	8	"	
23	Pantoffel gestrickt . . .	5	Paar	
24	Zeichenmuster	12	Stück.	

Commeren 20. Novemb. 1839.

J. Bonn Lehrerin.

Abb. 88 Verzeichnis der in der Mädchenschule von Kommern, Kreis Euskirchen, im Jahre 1839 gefertigten Handarbeiten. Die Zahl der gestrickten und angestrickten Strümpfe zeigt die praktische Ausrichtung des Handarbeitsunterrichtes.

ken und Perlenstricken, so heißt es, wurden beschränkt, weil die Behörden fanden, daß solche Arbeiten den Lebensverhältnissen der Mehrheit der Bevölkerung nicht angemessen und geeignet seien, bei den Mädchen die ‚Putzsucht‘ und Unzufriedenheit zu wecken.[8]

Zum Tätigkeitsfeld der Eifellehrer gehörten auch die Baumschulen, die bereits in französischer Zeit angeordnet wurden. Erneut gefordert wurden sie durch eine Verfügung vom 15. 6. 1818. In den Baumschulen sollten die Schüler, die ja fast alle aus dem landwirtschaftlichen Bereich kamen, alles Wissenswerte über Anbau, Pflege und Veredelung vor allem von Obstbäumen lernen. Woher der Lehrer das Wissen nahm, ist nirgends verzeichnet. Der Baumbestand war Eigentum der Gemeinde. Im Laufe der Zeit verwahrlosten viele Baumschulen, bis dann um die Jahrhundertwende wieder von Landräten und Bürgermeistern auf die Bedeutung der Schulen hingewiesen wurde.

In Euskirchen zum Beispiel wurde der Obstbaumpflege besondere Aufmerksamkeit gewidmet; im Schulgarten lernten die Schüler, wie man Bäume versetzt, schneidet oder pfropft.[9] Anderenorts war es ähnlich, so in Prüm, Nemmenich und Kommern, Kreis Euskirchen, um nur einige Beispiele zu nennen.

In Katzwinkel wurden wir nach dem zweiten Weltkrieg vom Lehrer Willi Steffens in ‚Obstbaumzucht und -pflege‘ unterrichtet. Er war ein Meister seines Faches. Die Teilnahme am Unterricht war jedem Jungen freigestellt.

Was wir aber zu allererst in der Schule lernten, war — für uns — eine Fremdsprache: Deutsch. Kein einziges Kind sprach zu Hause Hochdeutsch. Von wem hätte

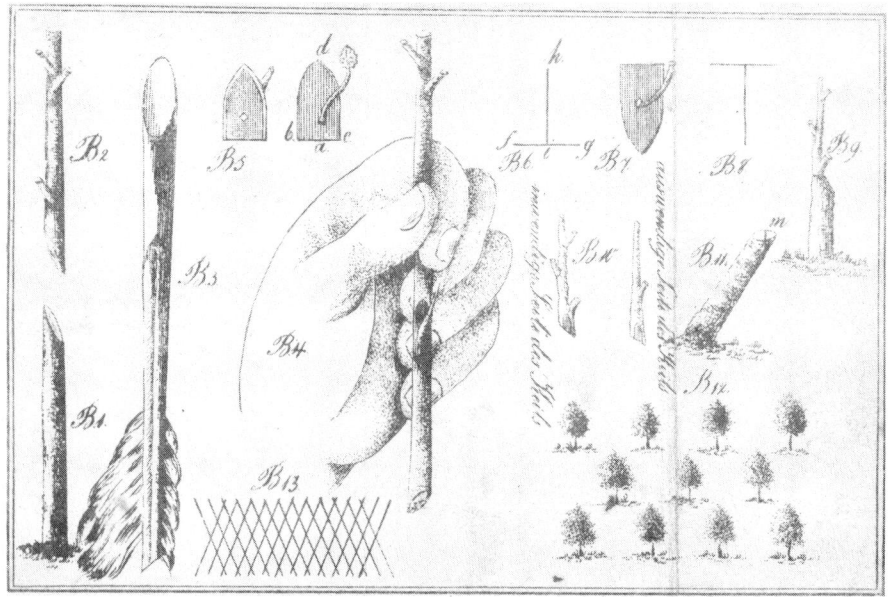

Abb. 89 Illustration aus einem Lehrerhandbuch zur Obstbaumzucht von 1829 über die Technik des Pfropfens und Okulierens.

Abb. 91 Schüler der Volksschule Kallmuth, Kreis Euskirchen, in ihrem Schulgarten, 50er
Jahre.

Abb. 92 Schüler der Volksschule Kallmuth, Kreis Euskirchen, bei einer Waldpflanzaktion in den 50er Jahren.

es auch gelehrt werden sollen? Unsere Eltern waren der hochdeutschen Sprache selbst nicht mächtig. Alle sprachen die Mundart ihres Dorfes, diese allerdings perfekt. Das hatte für uns Kinder einen enormen Vorteil: Der sprachliche Bildungsstand war bei allen gleich. Nach und nach gewöhnten sich die meisten von uns an die neue Sprache im Schulunterricht. Außerhalb des Unterrichts — in den Pausen und vor allen Dingen daheim — wurde untereinander nach wie vor kein einziges hochdeutsches Wort, sondern nur platt gesprochen. Und so gingen die acht Jahre Volksschulzeit vorbei, ohne daß am Ende die Kinder fließend Hochdeutsch zu sprechen vermochten.

Unter uns gab es Kinder, die sich mit der neuen, vornehmen Sprache besonders schwer taten. Dabei denke ich zum Beispiel an den kleinen Albert, der weinend in die Schule kam und dem Herrn Lehrer den Grund seines Kummers kurz und bündig erklärte: *„Däh Guhsep hott mia däh Griffel zabruchen"* (Guhsep = Josef, noch nicht schulpflichtiger Bruder). Und ich vergesse auch nicht den kleinen schwarzhaarigen Jungen mit den vielen Sommersprossen im Gesicht. Er wußte sich partout nicht auszudrücken, als er während des Unterrichts ein kleines menschliches Bedürfnis verspürte. Und so klang seine Bitte an den gutmütigen Lehrer Willi, den Schönbacher Lehrer, der in Katzwinkel lange vertretungsweise unterrichtete, recht drastisch: *„Häa Lehra, ech moß eeß seeche!"*

Zu meiner Zeit wurde auf das ‚Schönschreiben‘ noch der allergrößte Wert gelegt. Wir übten es stets und ständig, nicht nur auf der Schiefertafel, sondern mit Federhalter und Tinte schrieben wir ins ‚Schönschreibheft‘. Die Schrift wurde in den

Zeugnissen eigens bewertet. Es war die lateinische Schrift. Die altdeutsche Schrift und die Sütterlinschrift waren in der Schule bereits abgeschafft. Ich war so vernarrt in sie, daß ich sie im Eigenstudium erlernte. Überhaupt, schöne, gestochene Handschriften hatten es mir von je her angetan. Mein unbändiger Schreibdrang brachte es mit sich, daß ich überall etwas hinschrieb, wo immer sich ein Platz zum Schreiben bot: die Backhaustür, Scheunenpforten, Telegrafenmasten. Sogar die zementierten Fugen der wuchtigen Basaltpfeiler unserer Pfarrkirche, so eng sie auch waren, mußten herhalten. Da braucht es niemanden zu wundern, daß man mich den ‚Schreywa' nannte, und daß ich später beruflich nichts anderes anstrebte, als ‚Schreywa bei der Landratur' zu werden. So hat sich also die Weissagung meines Lehrers Jakob, daß aus mir nicht viel werde, allenfalls ein ‚nachlässiger Bauer' oder ein ‚phlegmatischer Handwerker', nicht erfüllt.

Die Musik hatte in unserer Schule eine untergeordnete Bedeutung. Außer ein paar Volksliedern haben wir nichts gelernt. Am Ende meiner Schulzeit konnte ich keine einzige Note lesen; davon war nie die Rede gewesen.

Mein letzter Lehrer — er war einer unter vielen — Pitt, mit dem ich später bis zu seinem Tode befreundet war, hatte in meinem Schulentlassungszeugnis vom 30. 8. 1949 folgende Fächer zu bewerten: Religion (Katechismus, Bibl. Geschichte), Deutsch (Lesen, Rechtschreiben, Aufsatz, Handschrift), Rechnen, Raumlehre, Heimatkunde, Geschichte, Erdkunde, Naturkunde, Musik, Zeichnen, Turnen.

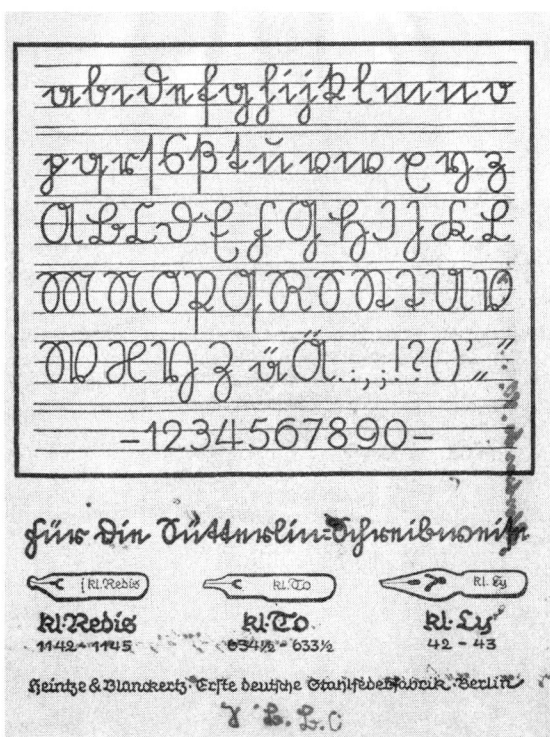

Abb. 93 Löschblatt mit einer Musterbuchstabentabelle für die in den 30er Jahren übliche Sütterlinschrift.

Religionsunterricht, Schulgottesdienst und Konfessionsproblematik

Wie an anderer Stelle erwähnt, hatte die Religion im Alltag der Schule einen hohen Stellenwert. Erkennbar war dies schon daran, daß jeder Schultag — wie es die Schulbücher lehrten — mit ,Gott angefangen' wurde, das heißt, mit dem Besuch des Gottesdienstes am Morgen. Je nach Jahreszeit begann die heilige Messe um 7.00 oder 7.30 Uhr. Die Schulkinder und ihre Lehrpersonen versammelten sich in der Kirche. Hernach ging es dann geschlossen zur Schule. Den Lehrerinnen und Lehrern war ausdrücklich aufgegeben, die Kinder während der Meßfeier zu beaufsichtigen. Diese Verpflichtung bezog sich in der Regel auch auf die Sonntagsgottesdienste.

Das schulische Miteinanderleben von Kindern verschiedener Religionen — der evangelischen und katholischen Christen sowie der Juden — scheint sich zu preußischer Zeit im allgemeinen recht harmonisch vollzogen zu haben. Aus Zweifall, Kreis Aachen, ist bekannt, daß man im Jahre 1821 die katholischen Schüler in der evangelischen Schule unterrichten ließ, weil aus der katholischen Schule der Lehrer versetzt worden war.[10] Umgekehrt besuchten zahlreiche evangelische Kinder aus verschiedenen Orten des Landkreises Düren katholische Schulen.[11] Im Jahre 1842 berichtete der Landrat von Rheinbach, daß in seinem Landkreis die Judenkinder *„mit großem Erfolg"* christliche Schulen besuchen, beklagt aber zugleich, daß *„der Genuß des christlichen Elementarunterrichtes seit mehr als 20 Jahren... keinen merklichen Anschluß von christlicher Bildung bewirkt"* habe. *„Sie sammelten sich darin Kenntnisse für den Handel, nicht für den Wandel",* so fährt er fort. Für den Religionsunterricht allerdings sei — so der Landrat — *„schlecht gesorgt".* Hierin liege *„vielleicht hauptsächlich mit ein Grund für die moralische Verderbtheit der Juden und eine der Hauptursachen, warum die jüdische Bevölkerung der christlichen in sittlicher Hinsicht so weit nachsteht."*[12] Die Gemeinde Münstereifel, Kreis Euskirchen, einigte sich 1913 sogar mit den Juden aus Flamersheim auf einen gemeinsamen Religionslehrer.[13]

Dennoch gab es in Preußen Religionsprobleme, so vor allem während der Zeit des Kulturkampfes von 1872 bis 1887, in den auch die Schulen einbezogen wurden.

In den acht Jahrgängen, die ich in meiner Schulzeit kennenlernte, waren fast alle Kinder katholisch. Hin und wieder kam ein evangelisches Kind dazu; es waren zumeist Kinder von Flüchtlingen, Heimatvertriebenen und Evakuierten. Das gab im allgemeinen keine Probleme. Etwas anstößig fanden wir nur, daß diese Kinder nicht zur Kirche gingen. Das verleitete uns gelegentlich dazu, sie ,Judde' (Juden) zu nennen. Überhaupt verbanden wir damals mit diesem Begriff ,Heiden'. Aber auch Erwachsene bezeichneten wir so, wenn sie sonntags dem Gottesdienst fernblieben. Dabei machten wir keinen Unterschied zwischen evangelischen und katholischen Christen. Diejenigen, die den Sonntag nicht mit dem Kirchgang anfingen, konnte man allerdings an fünf Fingern abzählen. Nun, den Grad der Religiosität eines Menschen maß man dazumal weitgehend an der Intensität des Kirchganges. Christen, die, wie man sagte, ,die Kommunionbank umrannten', galten als besonders fromm.

Abb. 94 Nach Beginn der nationalsozialistischen Herrschaft mußte in jedem
Klassenraum ein Bild des ‚Führers‘
hängen. Volksschule Waldorf,
Kreis Euskirchen, 1939.

Die Schule der nationalsozialistischen Herrschaftszeit war gekennzeichnet durch
die Errichtung der Gemeinschaftsschulen und die Verdrängung der Religion aus
der Schule.

In den ersten vier meiner Schuljahre war dem lieben Gott der ‚Zutritt zur Schule‘
verwehrt. Der ‚Herr Hitler‘ schien seinen Platz eingenommen zu haben, sein Bild
hing an der Stelle, wo vordem das Kruzifix gehangen hatte. Das Abbild des
Schöpfers aller Dinge hatte man von der Wand genommen und in eine dunkle
Ecke des Schulspeichers achtlos hingelegt. Wir kannten den Herrgott nur, weil
unsere Eltern und der Herr Pastor uns mit ihm bekannt gemacht hatten. Regelmäßig besuchten wir die Gottesdienste und die Religionsstunden, die der Pfarrer
im Pfarrsaal abhielt. Der Schulunterricht begann stets mit dem ‚Hitlergruß‘. An
Beten war in der Schule nicht zu denken. In dieser unglücklichen Zeit wagte es
der Lehrer Hans Treinen eines guten Tages, mit uns Kindern zu beten. Ich war
hiervon derart beeindruckt, daß ich es daheim am Mittagstisch erzählte. Dort tat
man sich jedoch schwer, es mir zu glauben.

Nach dem Krieg war im Schulleben der Herrgott wieder mit von der Partie. Er
hatte die ‚braune Bagage‘ überlebt; sie mußte sich dorthin scheren, wo sie hinge-
hörte: zum Teufel. Nun war die Zeit gekommen, die altvertraute Ecker-Bibel mit
dem grünen Leineneinband aus den Schubladen hervorzuholen. Geistliche durften wieder in den Schulen unterrichten, und Schulgottesdienste fanden erneut
statt. Die Schulreformen waren von einer Rückbesinnung auf die Bekenntnisschule geprägt.

Leider wurde uns der Herrgott, insbesondere vom Herrn Pastor, stets und ständig als ein strafender Gott vorgestellt. Für mich drückte sich dies besonders drastisch in dem ‚Gebet für die Feldfrüchte‘ aus. Es stand im alten Gebetbuch auf Seite 208. Seine wesentlichen Passagen, die ich bis heute noch ohne Mühe auswendig zitieren kann, lauteten:

„Großer Gott, allmächtiger Vater, alles ist deiner Macht unterworfen; du herrschest im Himmel und auf Erden; alle Geschöpfe und alle Kräfte müssen dir gehorchen; Feuer, Wasser, Hagel und Sturmwinde vollziehen dein Wort. Deine Gewitter steigen auf und lassen sich nieder, wo du willst. Blitz und Donner nehmen die Wege, die du ihnen zeigst. Du führest die Wolken und gießest den Regen aus; du gibst ihn dem einen Orte, und dem andern versagst du ihn. Wenn du die Sünder strafen willst, so ist alles wider sie bereit...“

Ich finde dieses Gebet heute noch großartig, sein letzter Satz jedoch kam mir immer so vor, als wollte man uns hiermit ins Bockshorn jagen.

Schulordnungen

Kein vernünftiger Mensch wird bestreiten, daß ein Gemeinschaftsleben, so auch das Alltagsleben in der Schule, ohne Ordnung nicht denkbar ist. Zu allen Zeiten haben Schulen sich ihre Ordnungen — geschriebene und ungeschriebene — gegeben. Was in den Jahren der Preußenherrschaft im einzelnen geregelt wurde, ist einer ‚Allgemeinen Schulordnung‘ um 1880 aus Keldenich, Kreis Euskirchen, zu entnehmen:

„1. Der Schulsaal wird morgens geöffnet, sobald es zur hl. Messe läutet. Die Kinder legen daselbst ihre Schulsachen nieder und begeben sich sofort zur Kirche.

2. Nach Beendigung der hl. Messe führt der Herr Lehrer die Kinder, zwei und zwei, erst die Knaben und dann die Mädchen, sofort zur Schule. In der Schule sitzen die Knaben rechts, die Mädchen links.

3. In der Kirche ist den Kindern, jedem derselben, eine bestimmte Bank, aber kein bestimmter Platz in der Bank anzuweisen.

4. Der Schulknabe, welcher den Ofen in der Schule anzumachen hat, darf während der hl. Messe... auf der Orgelbühne Platz nehmen, damit er zeitig den Ofen wieder besorgen kann.

5. Die Kinder stehen in der Kirche a. in Hochämter: Gloria, Evangelium, Credo, Praefation. b. in Nachmittagsandachten bei den Gesängen der 1., 3., 5. Strophen.

6. Kinder der ersten Abtheilg. besorgen das Läuten...“ [14]

Auffallend ist, daß es sich dem Inhalt nach eher um eine ‚Kirchenordnung‘ handeln könnte. Es erklärt, wie eng der Gottesdienst mit dem Schulunterricht verwoben war.

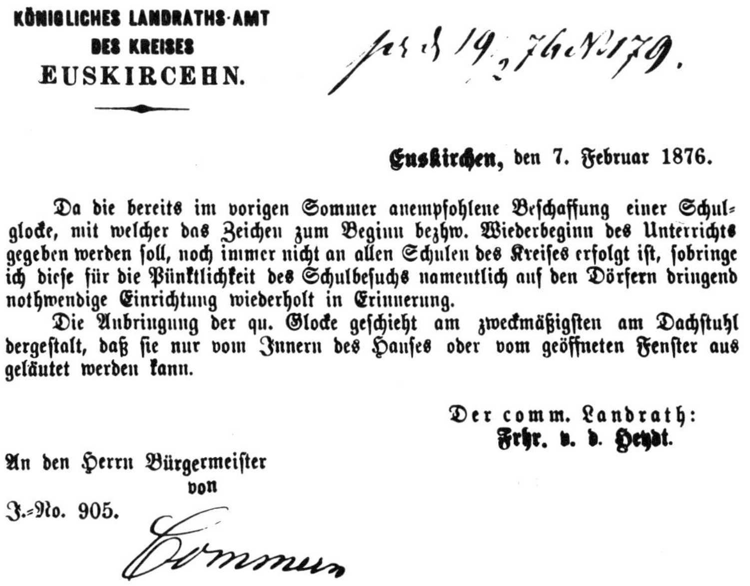

per 19., 76 No 179.

Euskirchen, ben 7. Februar 1876.

Da die bereits im vorigen Sommer anempfohlene Beschaffung einer Schul=
glocke, mit welcher das Zeichen zum Beginn bezhw. Wiederbeginn des Unterrichts
gegeben werden soll, noch immer nicht an allen Schulen des Kreises erfolgt ist, so bringe
ich diese für die Pünktlichkeit des Schulbesuchs namentlich auf den Dörfern bringend
nothwendige Einrichtung wiederholt in Erinnerung.

Die Anbringung der qu. Glocke geschieht am zweckmäßigsten am Dachstuhl
dergestalt, daß sie nur vom Innern des Hauses oder vom geöffneten Fenster aus
geläutet werden kann.

Der comm. Landrath:
Frhr. v. d. Heydt.

An den Herrn Bürgermeister
von
J.=No. 905.

Abb. 95   Die Schulglocke als Ordnungsinstrument für den Ablauf des Unterrichtes: Verfügung des Euskirchener Landrates von 1876 zur Anschaffung von Schulglocken.

Die Lehrerkonferenz der Kath. Volksschule der Stadt Euskirchen beschloß am 8.
Januar 1907 *„entsprechend einer 1906 von der Königlichen Regierung herausgege-
benen Verfügung"* eine Ordnung, die das Verhalten der Schulkinder im Katastro-
phenfall — gedacht war in erster Linie an einen Brand — regelte.[15]

Bei der vielgerühmten preußischen Gründlichkeit ist es nicht weiter verwunderlich, daß auch die Regierung den einzelnen Schulen Verhaltensvorschriften gab;
sie betrafen nicht immer die Schüler, sondern zuweilen auch die Lehrer. So rügte,
um ein Beispiel zu nennen, die Königliche Regierung Aachen in einer sogenannten Circular-Verfügung vom 14. März 1857, daß die Schulzeiten nicht ordnungs-
gemäß eingehalten würden und die *„nöthige Aufsicht"* vermißt werde.[16]

Es gab auch ungeschriebene Ordnungen; sie basierten auf langjähriger Übung, so
zum Beispiel in Meisburg, Kreis Daun, wo der Schulbeginn durch das Läuten
einer Glocke verkündet wurde. Plötzlich funktionierte dies nicht mehr. Deswegen
erschien am 13. September 1875 der Sauhirt Johann Peter Weber auf dem Landratsamt in Daun und ließ protokollieren, daß *„die Kinder nicht pünktlich zur
Schule geschickt werden könnten, weil die Uhren teils ungleichmäßig oder unregel-
mäßig, teils gar nicht"* gingen.[17]

Teile der Schulordnung, wie sie aus Keldenich überliefert sind, waren zu meiner
Schulzeit noch gültig, zum Beispiel die Sitzordnung. Die Mädchen haben — vom
Lehrer aus gesehen — stets links und die Jungen rechts des Ganges gesessen. In
puncto ‚Ofenstochen' hatten wir ebenfalls ‚Keldenicher Verhältnisse'. Es wurde,

wie auch das Holztragen, zumeist von den Jungen besorgt. Zum Heizen wurden die Schüler bevorzugt, die im großen und ganzen dem Unterricht nicht zu folgen imstande waren. Sie hätten in eine Hilfsschule — damals im Volksmund diskriminierend ‚Dummenschule‘ genannt — hineingehört, aber solche Schulen gab es leider keine auf dem Lande. Beliebtes Heizmaterial waren im Herbst die reifen Kastanien. Sie erzeugten nicht nur Ofenglut, sondern auch, wegen ihres Knallens, gehörige Portionen Weißglut, diese allerdings nur bei den Lehrern.

Schülerzahlen

Jahrzehntelang wurde der Schulunterricht außerordentlich erschwert durch die viel zu hohen Schülerzahlen der einzelnen Klassen bzw. der gesamten Schule. Deswegen konnte oftmals, vor allem in den ersten Jahrzehnten des letzten Jahrhunderts, von einem ordentlichen Schulunterricht nicht die Rede sein.

In einem Bericht des Schulinspektors Joseph Görres über seine Rundreise durch das Gebiet ‚links der Mosel‘ vom 27. September 1814 ist zu lesen: *„Tritt man in einen solchen Lehrstall hinein, dann findet man in der Regel 50, 60, 80 Kinder beiderlei Geschlechts untereinander gemischt, die nach Vermögen sich die Zeit vertreiben, und mitten unter ihnen den Schulmeister, Besen bindend, womit er von Zeit zu Zeit dreinschlägt, wenn der Lärm zu groß wird.*"[18]

Nun, was die Ordnung im Schulsaal angeht, hatte sich im Laufe der Jahre vieles gebessert, die Klassenfrequenzen jedoch sind in den Jahrzehnten der Preußenherrschaft in unzähligen Schulen im wesentlichen unverändert geblieben; in zahlreichen Fällen lagen sie über 100. Einige wenige Beispiele aus verschiedenen Gegenden der Eifel werden dies verdeutlichen.

In der Geschichte von Polch, Kreis Mayen-Koblenz, ist von geradezu katastrophalen Schulverhältnissen zu lesen: *„Für das Jahr 1826 sind 260 Schüler verzeichnet, die nach wie vor von nur einem Lehrer unterrichtet wurden... Unmittelbar vor Eintritt des zweiten Lehrers... hatte der damalige Lehrer Müller 300 Kinder zu unterrichten. Folge dieser Situation war, daß 1829 kein Kind aus der Schule entlassen wurde, weil man die Schüler unter den gegebenen Umständen nicht als zur Entlassung reif erachtete.*" Nach der Einrichtung einer dritten Lehrerstelle um 1838 hatte jeder Lehrer 165 Kinder zu unterrichten.[19]

Die einklassige Dorfschule in Kall, Kreis Euskirchen, wurde im April 1875 von 102 Kindern besucht; im Oktober desselben Jahres waren es 110 Schüler. Der Chronist bemerkt hierzu: *„Daß der Lehrer bei einer solchen Klassenfrequenz einen äußerst schweren Stand hatte und keine großen Erfolge erzielen konnte, liegt auf der Hand.*"[20]

Dagegen nehmen sich die Zahlen recht harmlos aus, die einer Schulstatistik (Klassenfrequenzen) aus dem Regierungsbezirk Trier von 1865/67 zu entnehmen sind:[21]

Kreis	evangelisch	katholisch	jüdisch
Bernkastel	62	75	134
Bitburg	–	72	–
Daun	–	77	–
Prüm	–	78	–
Trier-Land	52	91	–
Wittlich	–	67	–

Man sollte sich jedoch nicht täuschen. Es sind Durchschnittszahlen; sie lassen in ihrer Höhe erkennen, daß es Klassen mit weitaus mehr Kindern gab.

Noch in den 1870er Jahren betrug die Klassenmeßzahl 80. Dagegen wandte sich der Trierer Regierungs- und Schulrat Lorenz Kellner, ein hochangesehener Schulfachmann, auf einer Landesschulkonferenz, zu der er am 23. Mai 1872 vom preußischen Kultusminister nach Berlin eingeladen worden war. Kellner fand jedoch kein Verständnis für seinen pädagogisch fundierten Vortrag. Man gab ihm zur Antwort: *„Die normale Zahl ist 80 und schließt nicht aus, daß ein Lehrer auch mehr Schüler unterrichten kann und muß, weil es nicht wohl angeht, unter allen Umständen bei mehr als 80 Schülern einen zweiten Lehrer einzustellen. In einzelnen Landesteilen ist sogar die Zahl von Schulkindern, welche ein Lehrer zu unterrichten hat, gesetzlich auf 100 und selbst auf 120 festgesetzt, und thatsächlich werden in allen Landesteilen häufig 100 und mehr Schüler mit Erfolg unterrichtet."*[22]

Schulversäumnisse

Nicht immer und nicht überall gab es überfüllte Schulen. Hier und da wurden auch Beschwerden laut, daß Eltern ihre Kinder der Schule fernhielten. So wie der versäumte Schulunterricht den Kindern schadete, so schadeten im vergangenen Jahrhundert geringe Schülerzahlen dem Lehrer. Dessen Einkommen nämlich wurde hierdurch ermittelt, was sich existenzbedrohend auswirken konnte. Das veranschaulicht der folgende Brief, den Lehrer Harvas aus Prüm 1866 an die Schulbehörde richtete:

„Wohlgestrenger Herr Amtmann!

Ew. Wohlgeboren geruhen mir nicht zu verübeln, daß ich dieselbe mit diesem billigen Anliegen malestiere und mich beklagen muß, daß die Leute gar keine Kinder in die Schule gehen lassen, obschon jetzt keine Feldarbeit ist. Meine Besoldung trägt wenig ein, so daß ich mich mit Weib und Kind kümmerlich durchschlagen muß. Der Urben Belling läßt einen gehen, das wäre einer; Math. Hut läßt auch einen gehen, das sind zwei; der Kirchvetter läßt auch einen gehen, das sind drei; Heinrich Schneider hat einen großen gehen lassen, der Fischer ebenfalls, das sind fünf; der Fischer hat außerdem noch einen, den er könnte gehen lassen und tut es nicht. Der Martin Schuk läßt einen gehen, aber nicht immer, das wären endlich sechs. Der Hans Krebs hat drei und läßt keinen gehen. Der Nachbar Seppel hält sich am besten; der läßt drei auf einmal gehen, das sind endlich neun. Die Michel

*Seppel Muhme läßt einen kleinen gehen, das sind zehn. Sie wollte auch einen gro-
ßen gehen lassen, aber das war ihr nicht möglich. Ich habe den Michel Seppl untertänigst angeredet, warum er nicht einen großen gehen läßt, er gab mir zur Antwort,
weil es ihm nicht allemal möglich sei. Einen möchte er überhaupt bei sich behalten,
wenn er mal in Verlegenheit wär. Der Puhl ließ gern einen gehen, aber er ist zu
krank und zu schwach, dann geht es nicht. Er hätte ihn vielleicht schon gehen lassen, aber seine Mutter hat ihm abgeredet. Ich meine aber, wer einen hat, soll ihn
auch gehen lassen, denn zu Hause sind die Schelme doch nichts nutz. Wenn also
heute einer einen gehen läßt, der andere morgen, was kommt denn da heraus.
Daher bitte ich Ew. Wohlgeboren gestrengen Herrn Amtmann ganz untertänigst,
sich meiner zu erbarmen und zu befehlen, daß wer einen hat, auch einen gehen
läßt. Ich bitte also und hoffe, daß Ew. Wohlgeboren das Beste tun und einen schar-
fen Befehl werden ergehen lassen.*

Achtungsvoll
Ew. Gnaden untertänigster
Harvas, Lehrer. "[23]

Bis in die 60er Jahre des 19. Jahrhunderts muß vor allem von einem weit verbreiteten mangelnden Bewußtsein für den Wert einer soliden Schulbildung ausgegangen werden. Besonders Mädchen wurden vielfach nicht zur Schule geschickt.
Zitat aus der Chronik der Gemeinde Oberzier, Kreis Düren: *„Die Eltern hatten
nicht die Einsicht, daß die Schule auch für die Mädchen von großem Nutzen sein
würde. Anfangs kamen über die Hälfte mehr Jungen als Mädchen zur Schule".* [24]

Abb. 96 Schule Ramscheid, Kreis Euskirchen, 1926. Rechts ist die Handarbeitslehrerin
Maria Wawer zu sehen. In der Hand hält sie ein Flicktuch, an dem die Mädchen verschiedene Handarbeitstechniken üben mußten.

Die Eifel war im vergangenen Jahrhundert und auch in den folgenden Jahrzehnten zum größten Teil landwirtschaftlich strukturiert, wobei das Kleinbauerntum vorherrschte. Bei der weit verbreiteten Armut ist es verständlich, daß die Kinder in der Landwirtschaft mitarbeiten mußten. Folglich war die Kinderarbeit mit Abstand die Hauptursache der Schulversäumnisse. Dabei dominierte das Viehhüten. Beispielsweise berichtete die Trierer Kirchen- und Schulabteilung der Bezirksregierung im Jahre 1824 dem Kultusministerium, daß die Schulversäumnisse zunähmen. Immer noch schicke die Landbevölkerung ihre Kinder lieber zur Arbeit auf die Felder und zum Viehhüten auf die Weiden als in die Schule. In vielen Orten könne der Lehrer keinen Unterricht halten, weil die Kinder fehlten.[25]

Welche Bedeutung das Viehhüten damals hatte, zeigt die Tatsache, daß man mancherorts ‚Hüteschulen‘ einrichtete. Aus dem Kreis Malmedy wird hierzu berichtet:

„Von altersher bestand diese Sonderregelung mit Rücksicht auf den Weidegang des Rindviehes, das von (meist schulpflichtigen) *Kindern tagsüber gehütet wurde... Durch eine Regierungsverfügung vom 29. 3. 1854 war dann eine Regelung dahin erfolgt, daß die Kinder, die zur Viehhut benötigt wurden, einer Dispensation* (Befreiung) *vom regelmäßigen Unterricht bedurften und nur wenige Stunden Halbtagsunterricht in der sog. Hüteschule zu besuchen hatten..."*[26]

Erst 1920, nämlich durch ein Dekret des belgischen Gouverneurs Baltiva, wurde die ‚Hüteschule‘ im Kreis Malmedy abgeschafft. Der Gouverneur entschuldigte sich dabei mit dem Hinweis, daß die preußische Regierung — der Kreis Malmedy

Abb. 97 Die häufigste Hilfe von Schulkindern im landwirtschaftlichen Haushalt war das Viehhüten, vor allem das Hüten ‚am Strick‘ an Weg- und Feldrändern. Schülerinnen aus Pesch, Kreis Euskirchen, im Jahre 1932.

gehörte bis dahin zum Deutschen Reich — für das Jahr 1920 die Beseitigung der Hüteschule bereits beschlossen gehabt habe.

In der Literatur ist vielfach von ‚Hütejungen‘ die Rede. Es waren aber nicht nur Jungen, die Vieh hüten mußten. Auch Mädchen wurden von dieser Kinderarbeit nicht verschont, sie waren gleichberechtigt, besser gesagt, gleichverpflichtet. Sie mußten das eigene Vieh hüten, und sie wurden verdungen, um anderer Leute Vieh zu hüten. Zu meiner Schulzeit waren etliche ‚Hütemädchen‘ in unserer Schule, einige von ihnen stammten aus Dörfern unseres Kirchspiels (Pfarrgemeinde). Da war beispielsweise die kleine Änni, ein Kind mit pechschwarzen, geflochtenen Haaren, fast kreisrundem Gesicht, aus dem schwarz-funkelnde Augen hervorlugten. Sie hütete das Vieh bei der Familie Mayer. Ihre Kusine, das ‚Luischen‘, aus kleinbäuerlichen Verhältnissen stammend, hütete die drei Kühe von ‚Kletsche Mättes‘. Die ‚Hedi‘, mit ihrer Mutter dem Bombenterror in Trier entflohen, wohnte bei ‚Schlümpens Öddem‘ und hütete dessen Kühe. Ich erinnere mich noch gut an die Maria, ein Waisenkind, das fleißige Hütemädchen bei ‚Krisante Mechel‘. Sie war mit mir gleich alt, weil sie aus Mayen kam, nannten wir sie, wenn wir sie ärgern wollten, ‚Mayena Staanklöppa‘. Darüber brach Maria in bittere Tränen aus. Sie berührten mich arg, so daß ich mir heimlich schwor, das arme Mädchen nie mehr zu kränken. Nach unserer Schulentlassung ist die Maria weggegangen, ich habe sie nie mehr wiedergesehen. Und nicht zu vergessen: die Gerda! Sie war noch ein kleines Kind, als ihre Mutter starb, sie hatte nicht das Glück, in der Geborgenheit eines Elternhauses aufzuwachsen. Deshalb und zum Viehhüten nahmen die ‚Schlümpens‘ sie in ihre Obhut. Hier war sie gut aufgehoben. Die Gerda war ein Mädchen mit dickem, dunkelblondem Haar, das langgeflochten über ihre Schultern herabhing, ein Kind, so schön wie im Bilderbuch. Zudem war sie gescheit. Bei der heiligen Firmung in der Uesser Pfarrkirche durfte sie den Herrn Bischof mit einem Blumenstrauß begrüßen und ein Gedicht aufsagen. In späteren Jahren kam sie noch oft zu Besuch nach Katzwinkel, meistens zur Kirmes. Im Tanzzelt machten dann ihre früheren Schulkollegen ihr ihre Aufwartung. Wem es gelang, sie für diesen Abend als Tanzpartnerin zu gewinnen, der konnte von Glück sprechen.

Not und Elend der Kriegs- und Nachkriegsjahre waren weitere Ursachen dafür, daß die Kinder den lebensnotwendigen Schulunterricht versäumen mußten. Die wichtigsten Merkmale seien genannt: Mangel an Bekleidung und Schuhen, an Schulräumen (wegen Belegung durch einquartierte deutsche Soldaten oder Beschlagnahme durch Besatzungssoldaten, Kriegszerstörungen) und an Lehrern (Tod, Gefangenschaft, Suspendierung wegen Mitgliedschaft in der NSDAP) sowie Unfälle durch herumliegendes Kriegsgerät.

Schließlich waren auch die Witterungsverhältnisse (extreme Kälte oder Hitze, starker Schneefall) häufig ursächlich für Schulversäumnisse. So vermerkt etwa die Schulchronik von Zingsheim, Kreis Euskirchen, für 1897:[27]

Abb. 98 Im Winter waren weite Schulwege für die Kinder noch beschwerlicher als sonst. Besonders bei Schneeverwehungen wurden ,Spurschlitten' eingesetzt, um das Passieren der Straßen möglich zu machen. Männer des Dorfes Nitz, Kreis Mayen-Koblenz, bei der Räumarbeit.

Wegen der außerordentlichen Schneeverwehungen vom 22.—31. Januar war der Schulbesuch ein unregelmäßiger. Fast die Hälfte der Kinder konnten unmöglich zur Schule kommen. "

Und noch 1956 hieß es in der Chronik des hoch und verkehrsabseitig gelegenen Hecken, Kreis Euskirchen:[28]

„Der Monat Februar brachte eine ungewöhnliche Kälte. Nachts sank das Thermometer bis auf —25 Grad. Auch tagsüber wurden bis —18 Grad gemessen. Da der Schulsaal bei dieser Kälte nicht genügend warm wurde, mußte an einigen Tagen Kurzunterricht durchgeführt werden. "

Krankheiten im Schulalltag

Früher wie heute waren es Krankheiten, die Kinder daran hinderten, am Schulunterricht teilzunehmen. Die hauptsächlichsten Erkrankungen waren Masern, Röteln, Keuchhusten, Lungenentzündungen, Diphtherie und Scharlach. Vielfach traten Epidemien auf, z.B. im Februar und März 1894 der Keuchhusten in der Schule in Kerpen, Kreis Daun, als dessen Folge 52 Kinder im Unterricht fehlten.[29] Nicht selten erkrankten Kinder an Typhus und Pocken, woran hin und wieder einige starben, so geschehen 1895/96 in der Lammersdorfer Mühle, Kreis Aachen, wo zwei Kinder des Mühlenbesitzers einer Typhuserkrankung zum Opfer fielen.[30] Genauso war es in Hörschhausen, Kreis Daun: 1918 starben die Geschwister Barbara und Michel Gerhards im Dauner Krankenhaus an Typhus. Und in der Schulchronik Schönbach-Utzerath, Kreis Daun, ist vermerkt:

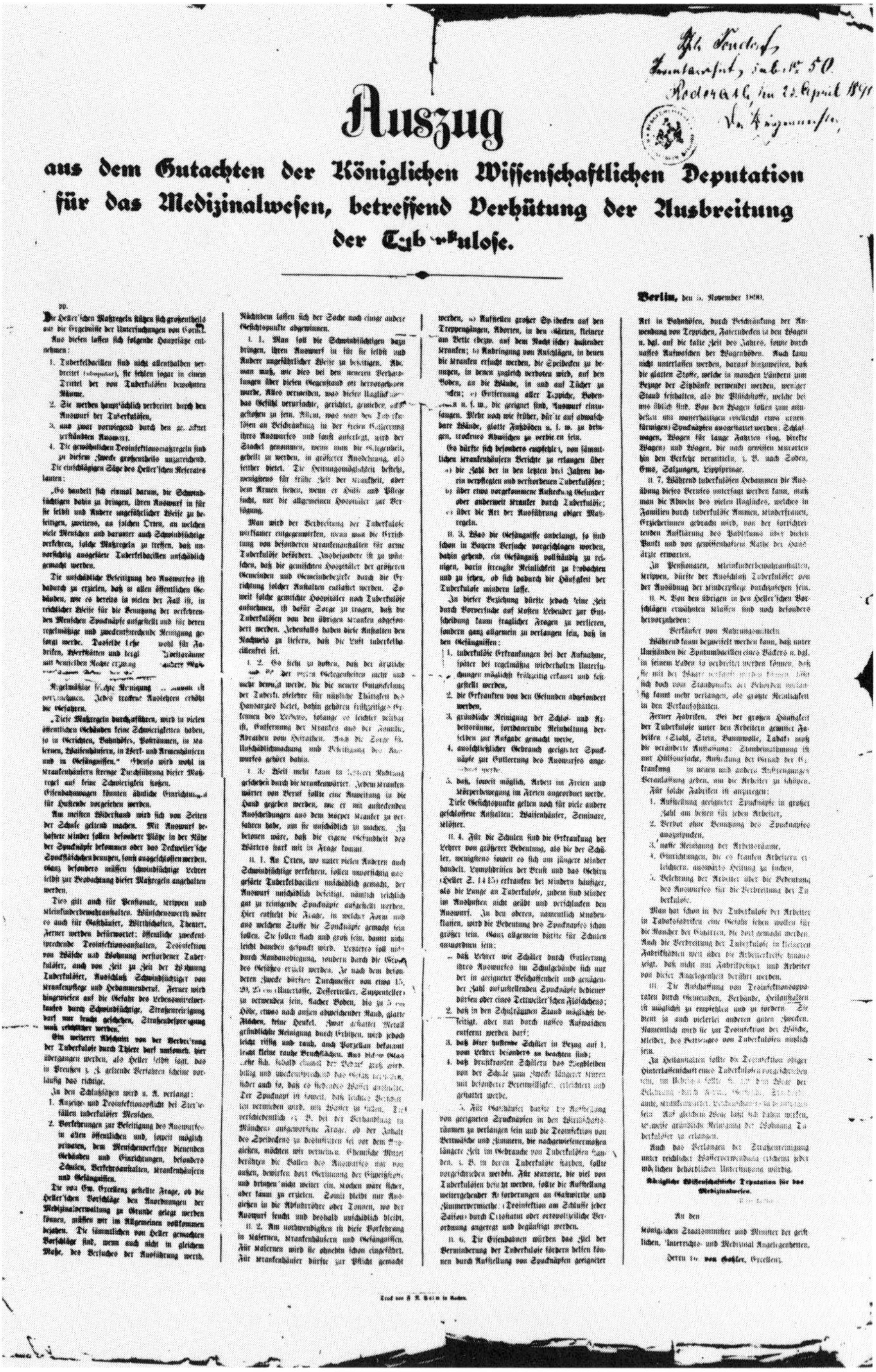
Auszug
aus dem Gutachten der Königlichen Wissenschaftlichen Deputation für das Medizinalwesen, betreffend Verhütung der Ausbreitung der Tuberkulose.

Berlin, den 5. November 1890.

Königliche Wissenschaftliche Deputation für das Medizinalwesen.

An den Königlichen Staatsminister und Minister der geistlichen, Unterrichts- und Medizinal-Angelegenheiten, Herrn Dr. von Goßler, Excellenz.

Abb. 99 Plakat mit Verhaltensvorschriften gegen die Ausbreitung der Tuberkulose, um 1900.

„Wegen Pocken und Scharlach wurde die Schule pro Juli und August 1882 geschlossen. In Schönbach starben 14 und in Utzerath 5 Kinder."

Epidemische Ausmaße nahm oft auch die Diphtherie an, wie die Schulchronik von Nettersheim, Kreis Euskirchen, berichtet:[31]

„Vor Weihnachen 1916 brach unter den Schulkindern die Diphtherie aus. Die Krankheit trat so bösartig auf, daß 4 Schulkinder daran starben. Von Weihnachten bis 2. Februar 1917 mußte die Schule geschlossen werden."

Eine flächendeckende, ausreichende Vorbeugeimpfung war zu Beginn unseres Jahrhunderts noch nicht gegeben. Aber selbst in der jüngeren Vergangenheit erzwangen ansteckende Krankheiten längerfristige Unterrichtsausfälle:

„8. 2. 54 Unter den Schulkindern war Scharlach ausgebrochen, so daß das Gesundheitsamt den Unterricht vom 15. 2.—28. 2. 1954 geschlossen hat..."[32]

„28. 8. 54 Sommerferien verlängert wegen Kinderlähmung."[33]

Im Reigen der Krankheiten sollte die Tuberkulose, im Volksmund als ,Schwindsucht' bezeichnet, nicht unerwähnt bleiben. Noch bis in die 1960er Jahre hinein machte sie unserer Bevölkerung zu schaffen.

Die seit der Jahrhundertwende im Zweijahresrhythmus stattfindenden amtsärztlichen Untersuchungen mit der anschließenden Verabreichung von Lebertran verbreiteten eine große Aufregung und ließen ebenfalls für diese Tage den Unterricht ausfallen.[34]

Es darf nicht vergessen werden, daß zahlreiche Lehrer durch ihre mittelalterlichen Züchtigungsmethoden das Fernbleiben der Kinder vom Schulunterricht zu vertreten hatten. So begründete Leopold Nathan aus Münstereifel, Kreis Euskirchen, 1904 das Schulversäumen seines Sohnes Hugo folgendermaßen: *„... daß derselbe wegen Geringfügigkeit vom Lehrer Voß mißhandelt worden ist... Herr Voß war so erboßt, daß er meinen Sohn in roher Weise derart vor die Tür warf, daß dieser die 16stufige steile Treppe hinunterstürzte".*[35] Bei der Prügelfreudigkeit vieler Lehrer haben sich derartige oder ähnliche Fälle mit Sicherheit fast überall ereignet.

Auch zu meiner Schulzeit war die Prügelstrafe gang und gäbe. Sie stand zwar nicht auf dem Stundenplan. Ihrer praktischen Bedeutung nach hätte sie aber, wenn auch nicht bei allen Lehrern, an oberster Stelle der Stundentafel plaziert werden müssen. Die körperliche Züchtigung nahm oft genug Formen an, die man, ohne übertreiben zu wollen, als Kindesmißhandlung bezeichnen muß. Legte man die strafrechtlichen Normen eines Rechtsstaates an, so wage ich zu behaupten, daß vielfach der Tatbestand der schweren Körperverletzung erfüllt gewesen wäre. Man sollte es nicht für möglich halten, wie viele Gründe sich erfinden ließen, um Schulkinder mit körperlichen Züchtigungsstrafen zu traktieren. Hierbei fällt mir besonders der Lehrer Peter ein, der Schulmeister von Utzerath. Er hat nach dem Krieg in Katzwinkel vertretungsweise unterrichtet. Hier wie dort hat er

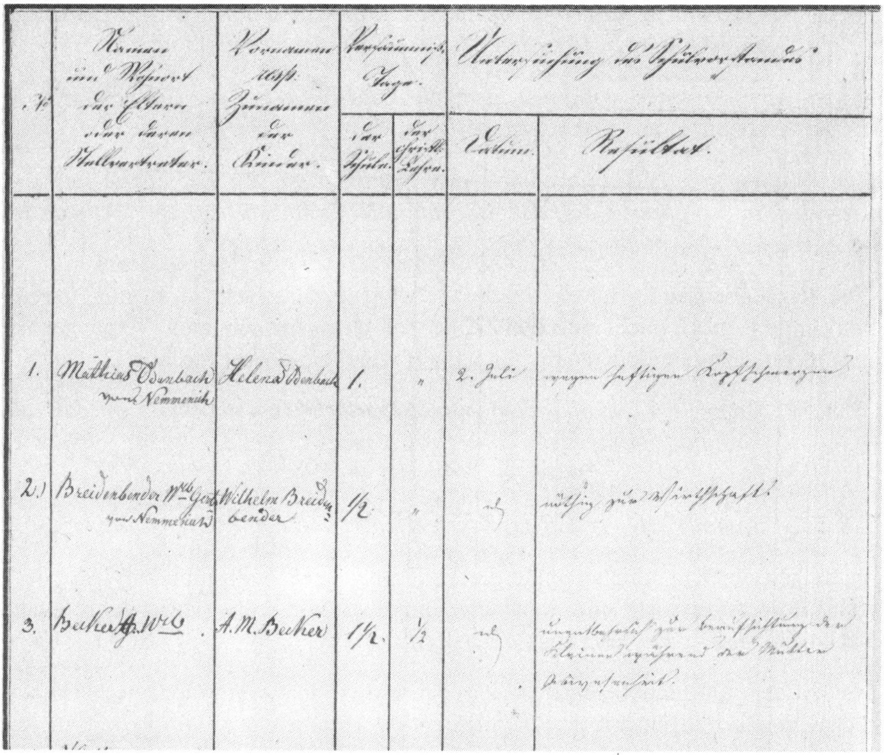

№	Namen und Wohnort der Eltern oder deren Stellvertreter.	Vornamen resp. Zunamen der Kinder.	Versäumniß-Tage der Schule	Versäumniß-Tage der christl. Lehre	Untersuchung der Schulversäumnisse: Datum	Untersuchung der Schulversäumnisse: Resultat.
1.	Mathias Odenbach von Nemmenich	Helena Odenbach	1.	"	2. Juli	wegen heftigen Kopfschmerzen
2.)	Breidenbender Wwe. Gertr. von Nemmenich	Wilhelm Breidenbender	1/2	"	id.	nöthig zur Wirthschaft.
3.	Becker Ap. Wwe.	A.M. Becker	1 1/2.	1/2	id.	unentbehrlich zur Beaufsichtigung der Kleinen während der Mutter Abwesenheit.

Abb. 100 Schulversäumnisse in der Volksschule Nemmenich, Kreis Euskirchen, im Monat Juni 1840. Bemerkenswert sind die Gründe „nöthig zur Wirthschaft“ und „unentbehrlich zur Beaufsichtigung der Kleinen während der Mutter Abwesenheit“.

sich als wahrer ‚Schlagmeister‘ erwiesen. Und auch die Herren Pastöre waren mit Körperstrafen nicht gerade zimperlich. Etliche haben von ihrem ‚Faustrecht‘ reichhaltigen Gebrauch gemacht. Manche Diener und Erdenstellvertreter des Allerhöchsten sprachen bei ihren Gewalttätigkeiten vom ‚Heiligen Zorn‘ (!). Die Aggressivität solcher Pastöre hatte zur Folge, daß die Kinder vor ihnen weitaus mehr Furcht hatten, als vor demjenigen, dessen Auftrag sie auf Erden zu erfüllen hatten: dem lieben Gott.

Nur zweimal während meiner ganzen Schulzeit habe ich es als Recht empfunden, daß mich die Lehrer nach allen Regeln der Kunst verprügelten. Es war ja auch nicht gerade die feine Art, mit Taschenmessern unsere Namen in die Schulbänke tief einzukerben. Dem gutmütigen Lehrer Willi, der ansonsten nie Schläge austeilte, mußten wir unsere Hände hinhalten, um mit etlichen Stockschlägen unsere Kerbarbeiten zu sühnen. Und es war ein verdammt starkes Stück, dem Lehrer eine ganze Reihe Rechenaufgabenlösungen vorzulesen aus einem nagelneuen Rechenheft, in dem nichts geschrieben stand außer dem Kaufpreis des Heftes. Mein Pech war es, daß Lehrer Jakob mich bei diesem Schwindel ertappte. Sein Kopf wurde vor Jähzorn zinnoberrot, Zornesadern traten auf seiner Stirn hervor und drohten zu platzen. Seine Augen weiteten sich, und es sah aus, als wollten sie aus seinem Kopf springen. Mit einem kräftigen Haselnußstab schlug er auf mich ein, sein lautes Gebrüll begleitete im Takt seine Schläge. Ich hatte nicht das Gefühl, daß er mir Unrecht tat.

Den Unterricht versäumen brauchte ich wegen dieser Züchtigungen nie. Nach dem Ende des zweiten Weltkrieges aber griff eine Krankheit um sich, die uns für den Schulunterricht untauglich machte: die Furunkulose. Ich war auch häufig von ihr befallen. An meinem Körper war kaum ein Teil, an dem sie sich nicht breit gemacht hätte. Am schlimmsten war es im Sommer 1946, als in meiner linken Kniekehle ein Geschwür massiv hervortrat. Es zwang mich, wochenlang im Bett zu liegen. Schmerzen quälten mich Tag und Nacht. Schwester Maria aus Horperath, die selbstlose Landkrankenpflegerin, versorgte mich medizinisch. Der zuständige Landarzt aus dem nahen Bürgermeistereidorf ließ uns allein. Der Grund: Dem Auto fehlte der Treibstoff. Im allerletzten Augenblick kam er dann doch noch angefahren und ließ mich noch am selben Tage ins Krankenhaus nach Daun bringen. Dort wurde ich zweimal operiert, der Eiter floß in Strömen, ich hatte unsägliche Schmerzen. Um eine Haaresbreite hätte man mir das Bein abschneiden müssen. Herrn Dr. Masson und den Franziskanerschwestern, unter ihnen Schwester Eremita, verdanke ich, daß ich wieder gesund wurde. Die großen Schnittwunden sind längst vernarbt, die Erinnerung jedoch ist geblieben.

Aber nicht nur heutzutage selten gewordene Krankheiten hatten damals die Oberhand, sondern auch Lebewesen, die bis heute nicht ausgestorben sind: die Kopfläuse. Sie waren auch Gäste unserer Schule. Mehrere Kinder — ich gehörte auch zu ihnen — waren hin und wieder von diesen ekelhaften Schmarotzern befallen. Die meisten Kinder versuchten, es geheimzuhalten. Das funktionierte nicht immer, zum Beispiel bei den beiden Mädchen (Geschwister) aus Gefell. Adele, die hinter ihnen in der Bank saß, schrie plötzlich, wie von einer Tarantel gestochen, hell auf und verkündete lauthals: *„Dänne loofe Läus üwwa de Köpp!"* Die armen Mädchen weinten um die Wette und bestritten die zwar wahre, aber dennoch unanständige und taktlose Anschuldigung. Mir taten die Kinder leid. Was konnten sie dafür, daß das Augenlicht ihrer Mutter lange schon getrübt war und es ihr schwerfiel, Ungeziefer von ihren Kindern fernzuhalten?

Spiele auf dem Schulhof

An den Vormittagen gab es eine Unterrichtspause. Sie betrug in der Regel eine Viertelstunde, im Winter zehn Minuten und lag im allgemeinen zwischen der zweiten und dritten Stunde.[36)] Es kommt nicht von ungefähr, daß die Pause auch die ‚Spielviertelstunde' genannt wurde; denn Spielen war die Hauptbeschäftigung der Kinder während der Unterrichtspausen. Zwischendurch wurde ein Butterbrot gegessen. Ein gut Teil der Pausenspiele war mit denen der Freizeit identisch. Es waren Spiele, die fast zu allen Zeiten und fast an allen Orten auf den Schulhöfen gespielt wurden.

Abb. 101 Mädchen beim ‚Ringelreihen' auf dem Schulhof in Deudesfeld, Kreis Daun, 30er Jahre.

Eine Schulpause, wie ich sie noch in der Volksschule erlebt habe, mag auch für die ‚alte Zeit' typisch gewesen sein. Der Beginn der Pause wurde stets vom Lehrer angesagt; eine Klingel gab es nicht. Dann strömten wir Kinder, zumeist mit lautem Geschrei, in den Schulhof. Alle packten ihre Butterbrote aus, einige zusätzlich noch einen Apfel oder eine Birne. Die Zeitverhältnisse brachten es mit sich, daß ich nicht alle Tage ein Pausenbrot im Schulranzen hatte. Das war ein übles Gefühl. Weniger der Hunger machte mir zu schaffen; es waren die taktlosen, oft gehässigen Hänseleien meiner Mitschüler, denen ich ausgesetzt war. Sie taten mir arg weh. Ich schämte mich meiner Armut. So oft ich konnte, beugte ich den Demütigungen vor. Ich verdiente mir Butterbrote und Äpfel, indem ich Schwachbegabte abschreiben ließ. Oder ich schrieb für sie Gedichte und andere Texte ab, die aus Mangel an Lesebüchern an die große dreiteilige Wandtafel angeschrieben werden mußten. Hier kam mir mein ausgeprägter Schreibtrieb zugute. Bevor, in einer Art Normzeit, die Tafel umgedreht wurde, hatte ich den Text dreimal geschrieben, einmal für mich und zweimal für die anderen. Dafür rückten sie ihre Pausenbrote und Äpfel heraus. Sie mußten dann in der Pause zwar fasten, dafür brauchten sie aber, um den fehlenden Text von der Tafel abzuschreiben, nicht nachzusitzen.

Ich war es übrigens nicht allein, der ab und zu Naturallöhne kassierte. Der Herr Schulmeister war auch einer von denen, die von den Bauern Eßwaren bekamen. Dagegen war gar nichts zu sagen. Es stand ja nirgends geschrieben, daß man sich verhungern lassen muß. Nur kam mir in diesem Falle die Zahlungsweise, der sich der Herr Lehrer zu bedienen schien, merkwürdig vor. Meine Zeugnisnoten in Deutsch (Lesen, Rechtschreiben, Aufsatz und Handschrift) mußten sich schon mal hinter denen meiner Mitschüler, denen ich die Schreibereien erledigt hatte, verstecken. Das habe ich als Unrecht empfunden.

Abb. 102 Statt der heute üblichen ‚Herbstferien' gab es bis in die 50er Jahre je nach Region und landwirtschaftlicher Struktur die ‚Kartoffelferien', die ausschließlich einer Freistellung der Schulkinder zur Erntehilfe dienten. Kartoffelernte 1910 in Kenn, Kreis Trier-Saarburg.

In der Pause spielten Mädchen und Jungen getrennt ihre eigenen Spiele. Die Mädchen vertrieben sich die Zeit mit Seilspringen, Ballspielen oder mit dem Reigenspiel ‚Machet auf das Tor, es kommt ein gold'ner Wagen'. Lediglich Völkerball und Fangen (Nachlaufen) spielten sie mit uns Jungen gemeinsam. Für die anderen Spiele — Räuber und Schanditz, Mauerdurchbrechen, Wettrennen, Schinkenklopfen und Bockspringen — waren wir Jungen zuständig, für Mädchen wären sie auch unpassend gewesen.

Freizeit und Arbeitszeit

Von ihrer Bedeutung her müßte man in der Überschrift die Arbeitszeit zuvorderst nennen. An anderer Stelle wurde bereits erwähnt, daß das Kinderleben gerade in der Eifel, die eine überwiegend landwirtschaftliche Struktur hatte, stets stark mit Arbeit behaftet war. Kinder wurden zu allen möglichen Arbeiten herangezogen, in der Landwirtschaft beispielsweise bei Haus und Hof (Kleinholzhacken, Stallausmisten, Hofkehren, Verwahren jüngerer Geschwister), beim Beerensammeln in den Wäldern und bei sämtlichen Erntearbeiten. Die Hauptbeschäftigung aber war das Viehhüten. Hütekinder wurden häufig für die ‚dicke Luft', den penetranten Kuhstallgeruch in den Klassenzimmern, verantwortlich gemacht.[37] Nicht nur den Kindern der Bauern wurden Arbeiten aufgebürdet. Auch Arbeiterkinder mußten oft hinzuverdienen, etwa durch Zeitungaustragen, Mithelfen in der Landwirtschaft, vor allem in der Erntezeit, oder eben als Hütekinder. Die Folgen dieser zumeist nicht kindgerechten Arbeitsbürden: Den Kindern blieb zur eigenen Entfaltung, vornehmlich zum Spielen, wenig Zeit. Auch die Hausaufgaben für die

Abb. 103 Die Mitarbeit von Kindern im bäuerlichen Haushalt war die Regel. Mädchen beim Garnhaspeln, Kreis Bitburg-Prüm, 30er Jahre.

Schule kamen nicht selten zu kurz. Wie sehr die Kinder unter diesen Belastungen gelitten haben, mag ein Satz aus der Schulgeschichte von Konzen, Kreis Aachen, verdeutlichen: *„Die Kinder haben nichts mehr verwünscht als die Ferien, da sie dann noch viel mehr arbeiten mußten, als in der Schulzeit".* [38] Alles in allem: Den Kindern wurde durch die Arbeit ein beträchtlicher Teil ihrer Kindheit gehörig verdorben.

Trotz alledem wußten die Kinder die knapp bemessene freie Zeit wohl zu nutzen. Es gab eine Fülle von Kinderspielen und Betätigungsmöglichkeiten. Sie waren fast überall in der Eifel bekannt, allerdings in vielen Variationen. [39] An dieser Stelle können sie nicht alle aufgeführt werden, nur die meistgespielten seien genannt: Ball, Dilldopp, Heppes, Klicker, Seilspringen, Fangen, Verstecken, Räuber und Schandiz, Stelzengehen, Flitschenbogen-, Steinschleuder-, Knallbüchsen- und Flötenmachen, Reifenschlagen, Schlittenfahren, Eisbahnschlagen, Schneewalzendrehen, Drachensteigenlassen, Schaukeln, Maikäferschütteln. Diese lückenhafte Aufzählung offenbart auch noch etwas anderes, nämlich die Arten des Spielzeugs; es wurde nicht gekauft, sondern zum größten Teil selbst gebastelt.

Lehrpläne, Zeugnisse, Ferienzeiten
Der Jahresrhythmus im Schuljahr
Rita Hupp-Schneider

Die Anfänge der Unterrichtsplanung im 19. Jahrhundert

„In den meisten Landschulen des linken Rheinufers unseres Bezirkes (Aachen) herrscht noch der Gebrauch, nur des Winters Schule zu halten, wobei denn der Eindruck, den dieser Winterunterricht bei den Kindern zurückläßt, im Sommer größtentheils wieder verloren geht." [1]

Kindern heute mögen die Schulverhältnisse zu Beginn des 19. Jahrhunderts paradiesisch anmuten, doch die unterrichtsfreie Zeit konnte weder mit Spielen noch mit Nichtstun ausgefüllt werden: Die Arbeitskraft der Kinder war beim wirtschaftlichen Notstand der meisten bäuerlichen Familien unentbehrlich, und nur die weniger arbeitsintensiven Wintermonate ließen einen Schulbesuch zu, der häufig genug noch von extremen Witterungsbedingungen beeinträchtigt wurde. Noch bis über die Jahrhundertmitte gab es in weiten Teilen der Eifel diese Winterschule, auch, weil sich die Gemeinden einen vollangestellten Lehrer nicht leisten konnten oder wollten. So bestanden 1855 in den fünf Gebirgskreisen Prüm, Daun, Bitburg, Wittlich und Bernkastel noch 102 Winterschulen. Bis 1869 verminderte sich ihre Zahl auf 86 [2].

Ein einheitlicher Fächerkanon existierte anfangs ebensowenig wie ein verbindlicher Schulbesuch, obschon in Preußen eine allgemeine Unterrichtspflicht seit 1717 [3] auf dem Papier bestand.

„Der Schulunterricht muß solange fortgesetzt werden, bis ein Kind, nach dem Befunde seines Seelsorgers, die einem jeden vernünftigen Menschen seines Standes notwendigen Kenntnisse gefaßt hat," [4] hieß es im Allgemeinen Landrecht von 1794. Für den ‚niederen Stand‘ wurde demnach ein Nichtschreiben- und Lesenkönnen in Kauf genommen, wie die große Zahl der Analphabeten in der ersten Hälfte des 19. Jahrhunderts beweist. [5]

Qualifizierte Aus- und Weiterbildung der Lehrer, die Durchsetzung der Schulpflicht ab 1825 und die Förderung der Schulen und der Lehrerbesoldung schafften allmählich die Voraussetzungen für einen ganzjährigen Unterricht, oder im damaligen Sprachgebrauch, die Sommerschule als Fortsetzung des Winterunterrichts. [6]

Gleichzeitig mit der Schaffung eines äußeren Rahmens ging die Erarbeitung allgemeiner Bildungsziele einher, deren didaktische und methodische Voraussetzungen in lehrplanähnliche Verordnungen einflossen. Im Entwurf eines ‚Allgemeinen Gesetzes über die Verfassung des Schulwesens im preußischen Staate' heißt es 1819 erstmals, in Abgrenzungen zu den Fabrikschulen und ähnlichen Einrichtungen (Winkelschulen) mit ihren ökonomischen Motiven:

„Als öffentliche und allgemeine werden diejenigen Schulen und Erziehungsanstalten anerkannt, welche die allgemeine Bildung des Menschen an sich, und nicht seine mittelbare Vorbereitung zu besonderen einzelnen Berufsarten bezwekken..."[7] Dieser Enwurf hat zwar nie Gesetzeskraft erlangt, aber mit seinen, vom Humanismus geprägten, auf die ganzheitliche Menschenbildung abzielenden Grundvorstellungen, wurde die schulgeschichtliche Entwicklung in Preußen beeinflußt.

Die Lehrer waren bemüht, ihre mangelhafte Ausbildung durch zusätzliche Kurse wettzumachen. Auch in den ländlichen Regionen, wo pädagogische Neuerungen mit erheblicher Zeitverschiebung eintrafen, geben Abhandlungen in regionalen Zeitungen hierüber Zeugnis:

„Das Einprägen von todten Regeln, die Gewöhnung zum blossen Nachsagen und Nachbeten ohne eigene Prüfung hindert, daß der Mensch ebenso geistig selbständig wird, als er physisch werden kann, wenn man ihn seine Füße nimmer gebrauchen läßt. Da wird er dann ein sogenannter Jamann, ein Rechtgeber... und allen Irrthümern ausgesetzt."[8]

Stellt man diese philanthropischen Vorstellungen über Unterricht den Bestimmungen des Berufsbriefes für Elementarlehrer im Regierungsbezirk Aachen gegenüber, nach dem die *„Schüler zu rechtschaffenen und frommen Menschen zu bilden, und sie zur treuen Anhänglichkeit zu den Landesherren und an den Staat und zum Gehorsam gegen dessen Gesetze und Anordnungen anzuleiten"*[9] sind, dann wird die Widersprüchlichkeit deutlich, in der sich die Ziele der Schule befanden. Denn letztlich spiegeln sich in den Bildungsinhalten die politischen Forderungen wider, die zum damaligen Zeitpunkt die Unterordnung gegenüber der Obrigkeit, das heißt, dem Staate und der Kirche, beinhalteten.

Lehrpläne und Fächerkanon

1872, ein Jahr nach der Reichsgründung, erließ der preußische Minister die ‚Allgemeine Verfügung über Einrichtung, Aufgabe und Ziel der preußischen Volksschule'. Der Lehrplan erfuhr eine Erweiterung im naturwissenschaftlichen (Realien) und im musisch-technischen Bereich. Der Fächerkanon belief sich auf die Fächer Religion (biblische Geschichte/Katechismus), Deutsch, Rechnen, Raumlehre, Zeichenunterricht, Realien (Geschichte, Geographie, Naturlehre), Gesang, Turnunterricht, Unterricht in den weiblichen Handarbeiten. Auch die Methodik, früher als Lehrart bezeichnet, wurde stärker berücksichtigt. Erstreckte sich früher die Unterrichtstätigkeit auf das Vorsagen, Nachsprechen und Übenlassen, so

Abb. 104 Beispiele der ‚feineren‘ Handarbeitstechniken im Unterricht: Stickmustertücher und Flicktücher, an denen das saubere Einnähen von Flicken und kunstvolle Stopfen von Löchern geübt werden mußte.

sollte nun das mechanische Lernen zugunsten einer die Selbständigkeit und Anschauung betonenden Methodik abgeschafft werden.[10)] Diese Allgemeinen Bestimmungen, in denen Anklänge an die spätere Reformpädagogik zu finden sind, behielten über 50 Jahre ihre Gültigkeit.

Erstmals wurden jetzt detaillierte Angaben über die äußeren Bedingungen (Ausstattung der Schulräume, Lehrmittel) wie auch über die inneren, die Unterrichtsplanung betreffenden Voraussetzungen (Halbjahres- und Stundenpläne) gemacht. Der allgemeingültige Lehrplan wurde im Laufe der Jahre durch die sogenannten Circularverfügungen erweitert; diese thematisch eingeschränkten Verordnungen, die vom Kultusminister über die Länderregierungen und die Kreis-Schulinspektoren zum Lehrer gelangten, mußten genauestens befolgt und in den Schulakten aufbewahrt werden.

Anhand einiger ausgewählter Dokumente aus den ersten Jahren nach Inkrafttreten der allgemeinen Bestimmungen, wie beispielsweise Circularschreiben, vom Lehrer verfaßten Jahresplänen oder Ergebnislisten aus Lehrerkonferenzen wird deutlich, wie diese Sollvorschriften im ganzen die Schulgestaltung bestimmten und sich im ländlichen Bereich vor Ort auswirkten. Sie erlauben somit Einblicke in die Schulwirklichkeit.

„Circularverfügung vom 25. 10. 1877

1. Die Stunden sind auf die einzelnen Tage durch einen Lektionsplan (Stundenplan), welcher von der betreffenden Lehrperson und dem Lokalschulinspektor zu unterschreiben ist und stets im Schulzimmer aufgehängt, angemessen zu verteilen.

*2. Die Pensenverteilung hat die Lehrstoffe speziell und bestimmt durch vollstän-
dige, für sich verständliche Sätze zu bezeichnen und genügt es nicht, dieselben
durch Nummern unter Hinweis auf einen zugrunde gelegten allgemeinen Lehrplan
oder Leitfaden oder durch nichtssagende Phrasen bloß anzudeuten...*

*Vorstehende Bestimmungen erhalten sie zur Kenntnisnahme und genauesten Nach-
achtung, mit dem Auftrage, dieselben in das Verfügungsbuch einzutragen und dem
Herrn Localschulinspector abschriftlich mitzutheilen.*

*Der Königliche Kreis-Schulinspector
gez. Vandenesch
Schleiden, den 25. Oktober 1877"*[11)]

Die Pensenverteilung kennzeichnet die Umwandlung der im allgemeinen Lehrplan genannten Inhalte in konkrete Unterrichtseinheiten und deren angemessene
Verteilung auf einen bestimmten Zeitraum, hier ein Semester.

Verständlich, daß der Revisor bei seinen Kontrollbesuchen auf eine ausführliche
Aufstellung der Stunden- bzw. Stoffverteilungspläne großen Wert legte, gaben sie
doch Aufschluß über die Vorarbeit, die Unterrichtsinhalte und damit über die
Qualität des Unterrichtes. Noch im selben Monat der Bekanntmachung obiger
Verfügung revidiert der Kreisschulinspektor die Schule von Tondorf, Kreis Eus-
kirchen, und nimmt folgende Eintragung vor:

*„Pensenverteilung oder Spezieller Lehrplan der Halbtagsschule zu Tondorf
für das Wintersemester 1877—1878
Tondorf, am 14. Sept. 1877
Der Lehrer
Fr. Giesen*

*gesehen
Nelles
Bürgermeister und Local-Schul-Inspektor
Roderath 15/9 77*

*Lektionsplan und die Übersicht der den einzelnen Lehrgegenständen zugetheilten
Stundenzahl fehlen.
Genehmigt unter Bezugnahme auf meine Circular-Verfügung vom 21. d. M.
Nr. 3507.
Schleiden, den 25/10 77*

*Der k. Kreis-Schulinspektor
Vandenesch."*[12)]

Der Begriff der Halbtagsschule klärt uns über die Unterrichtsbedingungen auf:
Nach den ‚Allgemeinen Verfügungen' von 1872 ist eine Halbtagsschule mit der
wöchentlichen Gesamtstundenzahl von 32 Stunden einzurichten, *„wo die Anzahl
der Kinder über achtzig steigt oder das Schulzimmer auch für eine geringere Zahl
nicht ausreicht und die Verhältnisse die Anstellung eines zweiten Lehrers nicht
gestatten.*[13)]

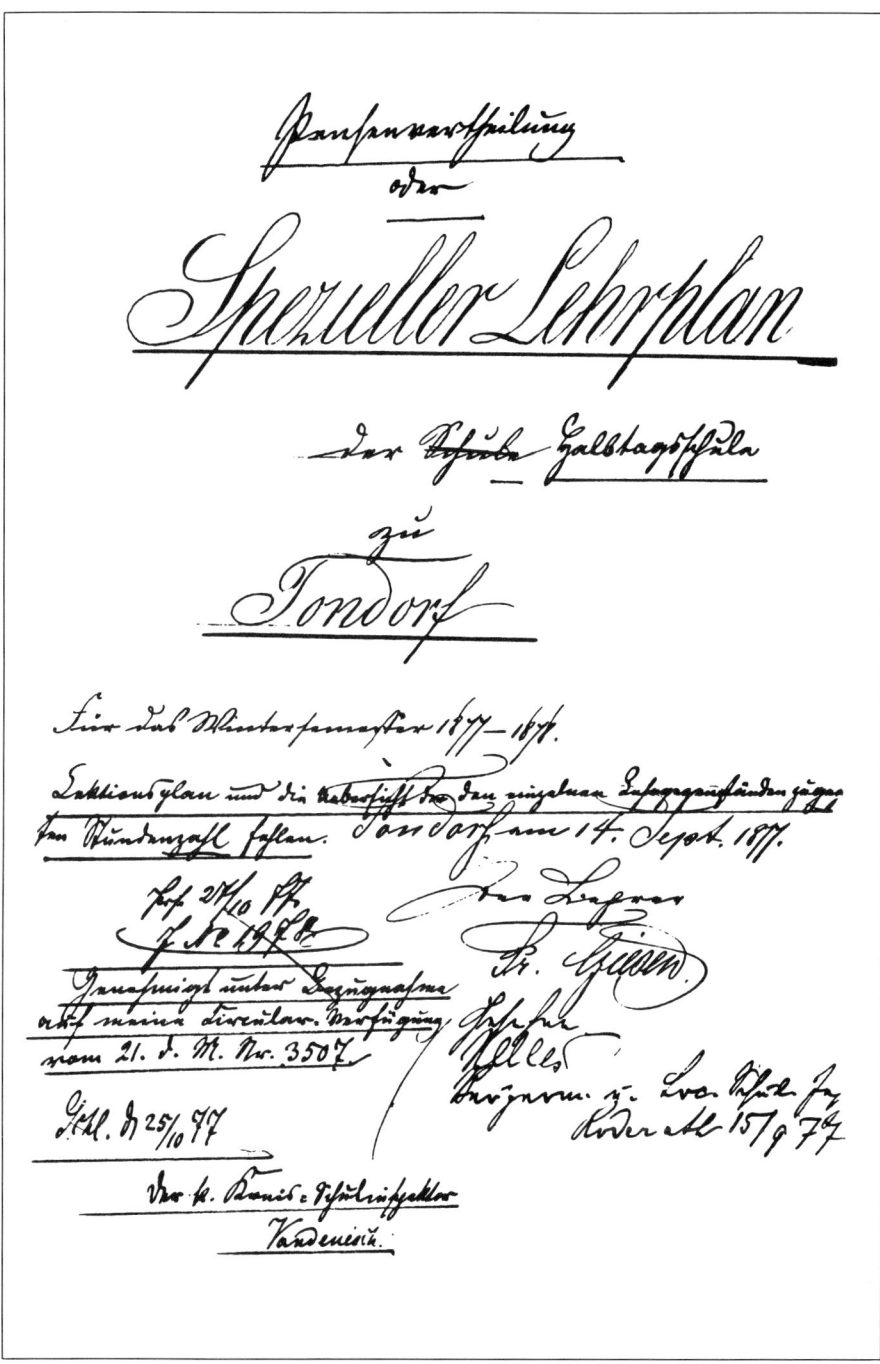

Abb. 105 Stoffverteilungspläne dienten seit der Schulreform von 1872 zur Überprüfung der Unterrichtsinhalte. Der Lehrplan der Volksschule Tondorf, Kreis Euskirchen, für das Schuljahr 1877/78 trägt entsprechende Vermerke des Schulrats.

Abb. 106 Seit den 20er Jahren wurden in zahlreichen Volksschulen Schulküchen installiert, in denen für die Mädchen eine Hauswirtschaftsausbildung stattfinden sollte. Oft scheiterte dieser Unterricht aber an fehlenden Fachkenntnissen bei den Lehrerinnen.

Der Kreisschulinspektor bemängelt, daß der Stundenplan nicht mit der entsprechenden Stundenzahl versehen wurde, wie dies in seiner Circularverfügung vom 25.10.1877 gefordert worden war. Ganz nach Vorschrift allerdings wurde dieser Halbjahresplan vom Lokalschulinspektor gegengezeichnet. 1877, zur Zeit des Kulturkampfes, bekleidete der Bürgermeister von Roderath, Kreis Euskirchen, dieses Amt, das vorher der Ortsgeistliche innehatte. [14]

Die Auflistung der elf Unterrichtsfächer in der erhaltenen ‚Pensenverteilung für das Wintersemester 1877—1878‘ läßt zweifellos die ‚Allgemeinen Verfügungen‘ von 1872 als Vorlage erkennen. Allein die Tatsache, daß ein erweiterter Stundenplan unterrichtet wurde, weist für die Schule Tondorf trotz einiger Mängel einen Standard auf, der in den folgenden Jahrzehnten nicht überall gegeben war und vor allem zu Lasten der vermeintlichen Nebenfächer gekürzt wurde. [15]

Aus der folgenden Gegenüberstellung einer Auswahl offizieller Lehrinhalte mit denen des vorliegenden Dorfschulplans geht die Vorarbeit und die Denkweise des Lehrers deutlich hervor.

Katechismus bibl. Geschichte	Lesen	Schreiben	Aufsatz	Deutsche Grammatik	Rechnen	Naturkunde
Oberstufe: Vom 3. Gebote bis aus. Die Gebote der Kirche. Alt. Test.	Falls neue Lesebücher angeschafft werden sollen, so kann der Stoff nachträglich bestimmt werden. Büschers Lesebuch für obere Klassen. Lesest. 33–59	deutsche Schrift; die kleinen lat. Buchstaben	Beschreibungen Übersetzungen kleinere Gedichte in Prosa, kleine Briefe, Rechnungen, Quittungen, Schuldscheine, Sicherungsscheine	Wortarten Theile der Sätze Satzgefüge und Verbindungen	Die zwei Knaben aus der früheren I. Klasse: Gesellschafts- und Mischungsrechnungen.	Fische, von der Luft, der Schall. Womöglich: Schwerkraft, senkrechte und waagerechte Richtung, Schwerpunkt
Mittelstufe: Von Davids Sünde und Buße bis V. 65. N.T.	Büschers Lesebuch für mittlere Klassen zweiten Theil von S. 11 bis 24. Soll Zeit übrig bleiben, so werden Lesen im I. Theil genommen.	Deutsche Schrift	Beschreibungen verschiedener Gegenstände	Hauptw. wiederholt, Zahlwort, Fürwort, Vorwort. Abschrift des Satzes, Theile desselben. Dann Beifügungen	Die anderen dezimal und sonstige Bruchrechnung nebst Anwendung	Fische, Luft, Schall
Unterstufe: Die ersten Jünger Jesu	Büschers Lesebuch für mittlere Klassen I. Theil S. 89 bis 99. Zw. Theil von 1 bis 8.	ebenso	Beschreibungen vorliegender Gegenstände	Hauptw., Zahlw., Eigenschaftsw. Womöglich einiges von den Fürwörtern		

Raumlehre	Vaterl. Geschichte	Geographie	Turnen	Zeichnen	Gesang	Strick- und Nähunterricht
Oberstufe: von den Flächen womöglich bis Kreis	Preußische Eröffnung des Kampfes gegen Frankreich bis Friede und Erneuerung der deutschen Kaiserwürde	Wiederholung Preußens dann Flüsse, Gebirge Deutschlands, einiges von Europa, doppelte Bewegung der Erde.	Übungen am Barren und Reck, Marschieren im langsamen Schritt	nach Vorlegeblättern	ein- und zweistimmige Lieder	Die Mädchen stricken und nähen an Hemden, die für arme Kinder bestimmt sind
Mittelstufe: von Linien bis Winkel	Völkerwanderung bis Rudolf von Habsburg	Längs- und Breitegrade			ebenso	
Unterstufe:	Wilhelm IV. bis: Unser Kronprinz	Preußen			einstimmige Liedchen	

Die Verteilung des gesamten Unterrichtsstoffes, jeweils aufgeteilt in Ober-, Mittel- und Unterstufe, sieht für die Unterstufe nur Unterricht in Religion, Deutsch, Geschichte, Geographie und Gesang vor. Die Mittelstufe erhält zusätzliche Stunden in den Fächern Rechnen, Naturkunde und Raumlehre.

Religion steht sowohl in der Reihenfolge als auch in der Rangfolge an erster Stelle. Per Verfügung wird dem Religionsunterricht sogar Vorrang innerhalb des Stundenplans eingeräumt:

„Der schulplanmäßige Religionsunterricht ist innerhalb der Schulzeit vormittags zu erteilen, damit die Schulkinder demselben mit der erforderlichen Geistesfrische beiwohnen und ihnen Zeit zur Erholung gegeben wird. [16]

Für die drei Klassenstufen wurden die Themen ganz nach offizieller Vorgabe gewählt:

„Das Bibellesen. In den biblischen Geschichtsunterricht der Oberstufe fügt sich die Erklärung zusammenhängender Schriftabschnitte aus den prophetischen und den poetischen Büchern des Alten Testaments, besonders der Psalmen und aus den Schriften des Neuen Testaments.“ [17]

Die geforderte Lesung der Perikopen (Bibeltexte für den Gottesdienst), die Gebete und das geistliche Lied, wo *„zur gedächtnismäßigen Aneignung ... höchstens zwanzig Lieder auszuwählen“* [18] sind, fehlen bei der Pensenverteilung.

Deutsch ist in vier Einzelbereiche aufgefächert: Lesen, Schreiben, Aufsatz und Grammatik. Die allgemeinen Bestimmungen geben hierzu an:

„Dem gesamten Unterricht im Deutschen liegt das Lesebuch zugrunde. Bei der Behandlung derselben ist womöglich der gesamte Inhalt desselben nach und nach zu verarbeiten“ und als Themen *„empfehlen sich volkstümliche Sprichwörter, gute und zeitgemäße Muster von geschäftlichen Formularen und Aufsätzen.“* [19]

Letzteres muß dem Tondorfer Lehrer Giesen sehr am Herzen gelegen haben, wie aus seinen schriftlich festgehaltenen Vorüberlegungen zur Unterrichtsplanung zu entnehmen ist:

„Der größte Haufen der ländlichen Schuljugend wird, wenn er der Schule entwachsen, Knecht oder Magd oder Tagelöhner oder Kleinackerer oder Handwerker. Ich habe schon im Anfang ... angedeutet, daß auch der niedriggestellte Mann in die Lage kommt, diesen oder jenen Geschäftsaufsatz anfertigen zu müssen und diese meine Überzeugung hat ihren Grund in der täglichen Erfahrung. Die gewöhnlichsten Geschäftsaufsätze, die auch der geringe Mann verstehen und zu fertigen mitunter genötigt ist, sind: Schuldscheine, Quittungen, Sicherungsscheine, Rechnungen, Kontrakte ... Ich habe zuerst die Schuldscheine genannt, wiewohl kommt gerade der geringe Mann in die unangenehme Lage, von einem anderen Geld leihen zu müssen. In diesem Fall ist es durchaus nötig, daß derselbe weiß, was ein Schuldschein bedeutet und was zu seiner richtigen Darstellung notwendig ist.“ [20]

130

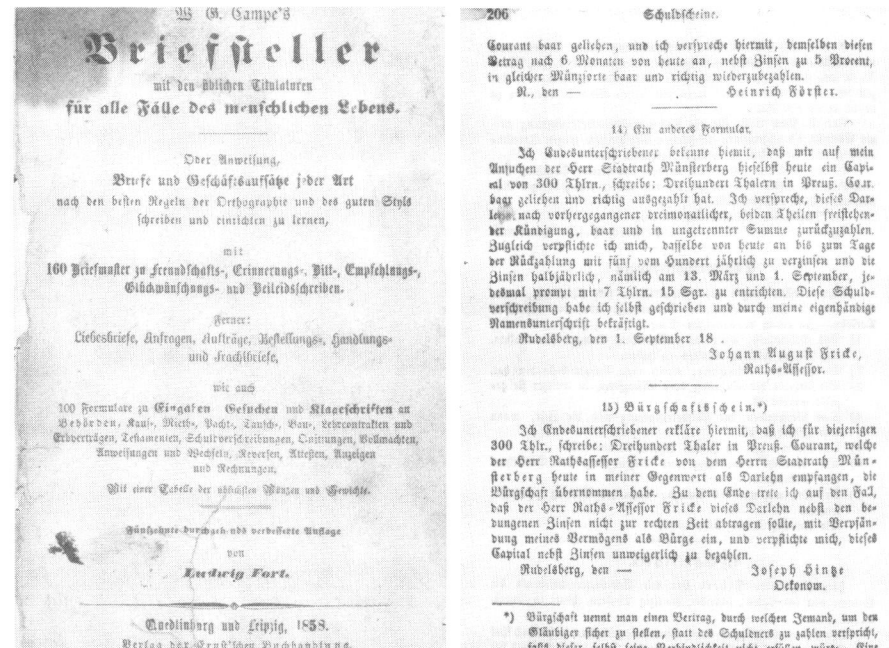

Abb. 107 Titelblatt und Beispielseite aus einem Lehrbuch von 1858 über das Abfassen von Briefen, Geschäfts- und Behördenkorrespondenz. Das Erlernen solcher Musterschreiben gehörte zur Ausbildung in den oberen Jahrgängen.

Seine ganz an den damaligen Lebensumständen orientierten Lehrziele, in der heutigen Unterrichtsplanung berücksichtigt man die soziokulturellen Voraussetzungen, boten ein Stück konkrete Lebenshilfe für in Not geratene Bauern, die meist in ihrer Unwissenheit Geschäfte zu ausbeuterischen Bedingungen abwickelten.

Die Forderung der allgemeinen Bestimmungen nach der „Behandlung der alten Geschichte des deutschen Vaterlandes und einzelner Lebensbilder aus der brandenburgischen Geschichte"[21] wird nach der Aufstellung hinreichend erfüllt.

Der Unterricht in den Realien — die Naturkunde faßte die heutigen Fächer Biologie und Physik zusammen — soll von der Anschaulichkeit ausgehen und nicht in ein mechanisches Erlernen von Regentenreihen oder Einwohnerzahlen ausarten. Inwieweit in der Tondorfer Schule entsprechende Lehrmittel zur Verfügung standen, ist nicht bekannt.

Als ‚Nebenfächer' treten auf: Der Gesang, der neben den Kirchenliedern zum ersten Mal Volkslieder umfaßt; der Zeichenunterricht, der in der Nähe der Raumlehre anzusiedeln ist; der Handarbeitsunterricht, in dem die Mädchen in der Schule hauptsächlich Flickwäsche von zu Hause ausbessern.[22]

Nach vorliegendem Plan standen für den Turnunterricht der Jungen Geräte zur Verfügung, die eine nicht überall anzutreffende Ausstattung darstellen.[23] Mädchenturnen fand nicht statt. *„Marschieren im langsamen Schritt"*, vom damaligen Zeitgeist beeinflußt, stellte wohl die gängigste Turnübung dar.

Neben den jährlichen, sowohl zur Kontrolle, als auch der Verbesserung des Unterrichts dienenden Revisionen, waren es die regelmäßigen Konferenzen, zu denen sich die Lehrer der näheren Umgebung trafen. Unter Leitung höherer Schulbeamter wurden die bei den Unterrichtsprüfungen gewonnenen Eindrücke der Schulinspektoren zur Sprache gebracht. Die Resultate dieser Konferenzen mußten ständig bei den Schulakten aufbewahrt werden.

Schon zu Beginn des 19. Jahrhunderts stand zwar fest: *„Die rechte Lehre ist geistige Gymnastik, die elendste, aber nur allzu häufige Art ist, die Kinder zu nötigen, daß sie stille halten, bis ihnen ein gewisses Maß an Wissenschaft eingegossen ist."*[24] Dessenungeachtet lassen folgende zusammengefaßte Erfahrungsberichte aus der Zeit der Jahrhundertwende, die nichts anderes als Lösungsvorschläge für vorhandene Mängel waren, zwischen den Zeilen lesen, daß fast 100 Jahre später noch eine große Lücke zwischen Anspruch (Selbsttätigkeit, Anschaulichkeit) und Wirklichkeit klaffte. Vor allem überfüllte Klassen und Unterrichtsversäumnisse verfestigten die bestehenden Mißstände.

„Zu einem guten Leseunterricht ist eine gute Lesezucht erforderlich. Dies zeigt sich in der Haltung der Kinder unter anderem auch darin, daß das lesende Kind bei dem Ende eines Satzes kurz zum Lehrer aufschaut. Die Befehle: Sitzen, Fortfahren und dergleichen sind dann überflüssig. Syllabierendes (Silbenweises Vorlesen) Lesen muß schon im zweiten Jahrgang nicht mehr geduldet werden."[25]

„Wenn auch in einfachen Schulverhältnissen der Hauptwert auf die Geschichte der letzten drei Könige zu legen ist, so darf das doch nicht so ausgedehnt werden, so daß z.B. auf Wilhelm I. allein 14 Wochen oder 28 Unterrichtsstunden entfallen... Es ist unzulässig, den Geschichtsunterricht auf das Lesebuch aufzubauen, oder die in den Lesebüchern enthaltenen Aufzählungen zur Geschichte auswendig lernen zu lassen."[26]

Diese Weisungen spiegeln neben der fortschrittlichen Zielsetzung vor allem den militärischen Drill wie die überzogene ‚Vaterlandsliebe' wider, die in den Schulen die Oberhand behielten. Ließen die Schulreformen in ihrer Anfangszeit den Lehrern noch einen gewissen Handlungsspielraum bei der Unterrichtsgestaltung, so nahm die Reglementierung der Schulangelegenheiten, analog zu den politischen Verhältnissen, stetig zu und kam in detaillierten Verfügungen über Unterrichtsinhalte zum Ausdruck."[27]

Die in den Schulreformen geforderte geistige Selbsttätigkeit der Schüler wurde durch die politischen Umbrüche in der ersten Hälfte des 20. Jahrhunderts in ihrer Verwirklichung gehindert — mehr noch — verhindert.

Ferienregelungen

Verständlicherweise spielten aus der Sicht der Kinder im Verlauf eines Schuljahres weniger der Unterricht als vielmehr die freie Zeit die größte Rolle. Im Vergleich zu heute, da die Ferien von der Kultusministerkonferenz auf Jahre voraus festgelegt werden, bestimmte vor 100 Jahren der örtliche Schulvorstand, das waren der Pfarrer in seiner Eigenschaft als Lokalschulinspektor, der Bürgermeister und zwei Vertreter der Schülereltern, wann die Schule geschlossen blieb. Zwar stand die Gesamtdauer der Ferien mit 63 Werktagen, einschließlich der Sonn- und Feiertage, fest (1964 waren es zum Vergleich 75 Werktage), aber die Aufteilung der Hauptferien im Sommer wurde den Vertretern der Schulverwaltung auf unterster Ebene übertragen.

Anders als in der Gegenwart, da die Ferien *„in erster Linie nach pädagogischen Gesichtspunkten festgesetzt werden“*,[28] demnach eine zugestandene Freizeit zur Erholung in der besten Reisezeit darstellen, richteten sich die Ferientage in der ländlichen Region bis nach dem zweiten Weltkrieg nach den landwirtschaftlichen Erfordernissen; denn der Arbeitseinsatz der Kinder war bei den Feldarbeiten unentbehrlich, und je nach den Wetterbedingungen wurden die Ferien kurzfristig verschoben, verlängert oder ausgesetzt.[29]

Ob sie nun, regional unterschiedlich, als Heu-, Wein-, Frucht-, Lese-, Halm- oder Kartoffelferien in den Schulchroniken ausgewiesen wurden, Ernteferien waren es allemal. Sie wurden von allen Seiten als offizielle Arbeitszeit aufgefaßt:

„Der Gemeinderat schlägt vor, die Sommerferien (Heuferien) bestehen zu lassen (im Juni). Was die Spät- (Kartoffel-) Ferien anbelangt, so hält es der Gemeinderat

Abb. 108 Die großen Sommerferien werden in den Schulchroniken noch teilweise bis in den Beginn der 50er Jahre als ‚Heuferien‘ bezeichnet. Sie wurden je nach Witterung ortsweise so festgelegt, daß die Schuljugend beim Heumachen helfen konnte. Heuernte in Engelgau, Kreis Euskirchen, frühe 50er Jahre.

als eine allgemein bekannte Sache, daß der Landmann die Kinder am nötigsten hat in der Herbstzeit, von Anfang bis Ende September, wo die Wintersaat, Grummet- ernte, Haferernte und Anfang der Kartoffelernte zusammenfällt, während im Octo- ber bei der Hauptkartoffelerntezeit sonst in der Regel alles eingeheimst ist, und die Kinder am entbehrlichsten sind. Außerdem ist im October durchweg schlechtes und nasses Wetter, in welchem die Kinder besser in der Schule aufgehoben sind, als über die nassen Kartoffelfelder zu kriechen. "[30]

Für viele Kinder waren diese Erntetage mit großen Anstrengungen verbunden, und so manche(r) sehnte den Schulbeginn herbei, um auf dem Schulhof noch ein- mal spielen zu können.

An dieser Stelle soll dennoch nicht verschwiegen werden, daß gerade die drei bis vier Wochen dauernden Spätferien für die jüngeren, zur Viehhut eingesetzten Kinder ein Stück Freiheit darstellten: ab Michelstag (29. September) durfte sich das Weidevieh ohne ständige Aufsicht auf den abgeernteten Feldern frei bewegen, und die Hütekinder konnten ihrem Spieltrieb freien Lauf lassen. Laufspiele, Bockspringen, Basteleien aus Holz oder Binsen und das Sammeln der reifen Früchte machten doch einige der vergangenen Anstrengungen wett; auch das Kartoffelfeuer und der Verzehr der in der Schale gegarten Erdäpfel gehören noch heute zu den angenehmen Kindheitserinnerungen.

Abb. 109 An Mosel und Ahr richteten sich die großen Ferien nach der Erntezeit des Hauptan- bauproduktes, dem Wein, aus. Kinder bei der Weinlese 1943 in Bernkastel.

Abb. 110 Schülerinnen und Schüler der Volksschule Traben-Trarbach, Kreis Bernkastel-Wittlich, im Jahre 1911 anläßlich des Festumzuges zum Geburtstag Kaiser Wilhelms II.

Alljährliche staatliche Feiertage

Fast ebenso regelmäßig wie zu den festgesetzten Ferienzeiten wurde die Schule zu den verschiedensten Fest- und Feiertagen geschlossen. Zu den vom Staat ange-ordneten Schulfesten — zur Kaiserzeit waren es der Geburtstag des Herrschers[31] und der Sedanstag (am 2. September wurde der Sieg über die Franzosen 1870/71 gefeiert) — war zwar unterrichtsfrei, aber diese nationalen Feiertage bedurften nicht nur tagelanger Vorbereitung, sondern auch der aktiven Teilnahme der Schü-ler.

„22. 3. 1877. Einige Tage vor dem 22. März am Geburtstage Sr. Majestät, unseres siegreichen Kaisers Wilhelm I., schmückten und zierten wir die Schule entsprechend mit Kränzen. Am 81. Geburtstage selbst gingen wir um 6 Uhr morgens, nachdem wir uns in der Schule versammelt hatten, nach dem 1/2 Stunde von hier entfernten Pfarrorte Callmuth zur Kirche und wohnten dort der hl. Messe bei. Am Schlusse derselben wurde eine feierliches Tedeum gesungen; dann gingen wir sämtlich zur Schule, sangen einige vaterländische Lieder, und trug ich den Kindern die Geschichte des Kaisers Wilhelm I. vor. Dann brachten wir einen Toast auf das Leben und die Gesundheit unseres Landesvaters . . . dar. Nun ging's über das Aus-teilen der Bilder her, das Denkmal. Die Gemeinde hatte für die Schule Bier und Weißbrot gekauft, welches verteilt wurde unter die Kinder. Von den Gemeindemit-gliedern waren in der Schule anwesend: der Vorsteher und Schulvorstand Anton Hambach und Michael Hehs, auch Schulvorstand. Nachdem dieses nun verzehrt war, sangen wir noch einige Lieder und brachten zum Schlusse noch ein ‚Lebe Hoch‘ auf S. Majestät und beschlossen die Schule mit einem kurzen Gebet um 11 Uhr.“[32]

Schulfeier.

anläßl. d. Allerhöchsten Geburtstages Sr. Majestät Kaiser Wilhelm II.

Die Feier findet am **Montag, den 27. Jan. 1913** im großen Saale des Hotel Schramm statt **und beginnt morgens 10¹/₂ Uhr.**

Die Eltern der Kinder sowie alle Freunde und Gönner der Jugend werden herzlich zu der Feier eingeladen.

Namens der Lehrpersonen:

Frank, Lehrer.

Abb. 111 Einladung zu einer schulischen Geburtstagsfeier für Kaiser Wilhelm II. im Jahre 1913 in Daun. Anzeige aus der ‚Eifel-Zeitung‘, Daun, 21. Januar 1913.

Abb. 112 Je nach regionaler Ausprägung gab es das ‚Kaisergeschenk‘ für die Schulkinder in Form von ‚Kaiserwecken‘ oder ‚Kaiserbrezeln‘. Umzug der Bernkasteler Schüler mit ihren Brezeln im Jahre 1911.

Feier des Geburtstages Seiner Majestät des Kaisers und Königs.

Circular-Verfügung.

Aachen, den 9. Februar 1861.

Nach unsers Hochseligen Königs Friedrich Wilhelm IV. Hinscheiden, welches alle Herzen mit tiefer Trauer erfüllte, ist es nunmehr Seine Majestät Wilhelm I., Dem wir als treugehorsamste Unterthanen unsere Huldigung darbringen, von Dessen landesväterlicher Fürsorge die Schuljugend insbesondere die Förderung ihrer zeitgemäßen Bildung, der Grundbedingung ihres künftigen Glückes, zu erwarten hat. Darin liegt für Jeden, dem die Unterweisung und Erziehung der Jugend anvertraut sind, die unabweisbare Forderung, in den kindlichen Herzen Ergebenheit und Ehrfurcht, Dankbarkeit und Liebe gegen den Landesvater früh zu wecken und dauernd zu unterhalten und zu diesem Zwecke die mancherlei Anlässe, welche sich im Gange des täglichen Schulunterrichts nicht selten wie von selbst darbieten, angemessen zu benutzen. In dieser Hinsicht darf aber insbesondere der Geburtstag des Königlichen Wohlthäters, Wilhelms I., der 22. März, für die Schulkinder nicht unbenutzt vorübergehen. Wir glauben von dem Patriotismus unserer Elementarlehrer erwarten zu dürfen, daß es nur dieser Anregung und der Hinweisung auf unsere Verfügungen vom 15. Dezember 1851, 15. September 1853 und 7. Oktober 1855 (Sammlung 164—169) bedarf, um dieselben zu einer sorgsamen Vorbereitung und würdigen Begehung gedachter Schulfestfeier anzuspornen.

In diesem Sinne wollen Sie die Elementarlehrer Ihrer Inspektion durch Vermittlung der Schulvorstände auf die Feier des Geburtsfestes Seiner Majestät unseres Allergnädigsten Königs und Herrn am 22. März baldigst aufmerksam machen und nur in dem Falle, wo ein pflichtvergessener Lehrer diese Feier vernachlässigen sollte, amtliche Anzeige an uns erstatten.

Königliche Regierung, Abtheilung des Innern.

An sämmtliche Herren Landräthe
und Kreis-Schulinspektoren.
I. 4105.

Abb. 113 Der Ablauf der Kaisergeburtstagsfeier in den Schulen war durch Erlasse der Regierung eindeutig geregelt.

Das Weißbrot, der Kaiserwecken, war eine Besonderheit, an die sich noch viele Schulkinder von damals erinnerten, auch an dessen Wegfall ab 1915/16 durch die Lebensmittelknappheit im ersten Weltkrieg. Die Bierausgabe an Kinder mag uns heute befremden, aber der Alkoholgehalt der damaligen Biere lag nicht so hoch wie der in der Gegenwart.

Die Inszenierungen dieser nationalen Feiertage, die ebenfalls durch Circularverfügung festgelegt wurden und nach einem bestimmten Muster abliefen, sind augenfällige Beispiele der patriotischen Gesinnung, die schon in den Bildungsinhalten ihren Niederschlag fanden. Der Gottesdienst zu Beginn der Feier und das kurze Gebet am Schluß zeigen deutlich die enge Verflechtung von Gottes- und Vaterlandsliebe, letztere mit einer überschwenglichen, religiösen Begründung ausgestattet.

In Verbindung mit dem in entsprechender Weise gefeierten Sedanstag sei noch auf zusätzliche Geschenke an die Kinder verwiesen: *„Verabreichung eines Sedanbüchleins an die Deklamanten und der in den Strick- und Nähstunden angefertigten Sachen für ärmere Schulkinder.“*[33]

Abb. 114 Festumzug zum ‚Sedantag‘ unter Beteiligung der Schuljugend in Kommern, Kreis Euskirchen, um 1910.

Nicht nur in der wilhelminischen Ära wurden die nationalen Gedenktage aufs Feierlichste begangen, auch in der Weimarer Republik war der Verfassungstag (11. August) als nationales Ereignis eine Feierstunde im festlich geschmückten Schulsaal wert.[34)]

Feiern und Aufmärsche stellten ebenfalls ab 1933 ein Instrument der totalitären Machthaber dar, wenn auch die Schule in der Bedeutung hinter die der Jugendorganisationen, wie beispielsweise Hitlerjugend und BDM, gedrängt wurde. Hitlers Geburtstag wurde beispielsweise nicht in den Schulen, sondern in den Ortsgruppen pompös aufgezogen.

Ein schulinternes Fest, demnach ohne verpflichtende Beteiligung des Schulvorstandes, war das Sportfest im Sommer. Die Vorläufer der heutigen Bundesjugendspiele kamen in den 30er Jahren auf, als der Wert der körperlichen Beweglichkeit als Lehrspiel immer mehr an Bedeutung gewann. Zu Beginn auf die eigene Schule beschränkt, wagte man dann auch den Vergleich mit benachbarten Dorfschulen und bereitete somit der bestehenden Kontaktarmut der Schulkinder ein Ende.

„Aus Anlaß des Eifelstaffeltages wurde zum ersten Mal der Versuch gemacht, auch im Kreis Schleiden die Reichsjugendwettkämpfe zur Austragung zu bringen. Es beteiligten sich die Volksschulen von Call, Gemünd, Harperscheidt und Zingsheim. Stafette Olef-Gemünd 3 1/2 km, 75-m-Lauf, Handball, Faustball, Fußball. Die Mannschaft der Schule aus Zingsheim belegte den letzten Platz in der Stafette,

jedoch mit einem guten Ergebnis: 3 1/2 km in 12 Min 50 Sek. Im 75-m-Lauf
wurde Johann Mauel dritter Sieger. Den Mannschafts- und Einzelsiegern wurde die
Urkunde des Reichspräsidenten ausgehändigt. "[35)]

Kirchliche und dörfliche Jahres-Feiertage

Bildeten im Laufe des Jahres die Unterrichtszeiten, die genannten staatlichen
Feste und Ferien die Markierungspunkte des Schullebens, so traten die festlichen
Höhepunkte des Dorfes und die christlichen Feiertage als Unterteilung hinzu. An
diesen Tagen ruhte die gesamte Arbeit im Dorf, einschließlich der des Lehrers.
Die traditionellen kirchlichen Feste rangierten oft vor den von außen bestimmten,
staatlichen Gedenktagen; neben ihrer religiösen Bedeutung stellten sie die Fristen
für Geschäfte aller Art dar (z.B. dienten Ostern die Eier als Naturalentlohnung
für die Inhaber bestimmter Berufe).

In dem Maße, da der Stellenwert der Schule und des Lehrers zunahm, traten bei
den Kirchenfesten immer stärker die Schulkinder als Brauchträger unter der orga-
nisierenden Hand des Lehrers in Erscheinung. Infolge der Mitwirkung des Pfarrers, als einflußreichste Persönlichkeit und Schulinspektor des Dorfes, wurde die
Schule fest ins dörfliche Leben eingebunden und wandelte sich letztlich zu einem
unentbehrlichen Bestandteil der bäuerlichen Hochfeste.

Die große Anzahl der Feiertage macht nachstehende Verfügung von 1878 deutlich:

„Außer den Sonntagen, dem Königsgeburtstage und dem Sedanfest sind schulfrei a)
für alle christlichen Confessionen: der Bußtag, Christi Himmelfahrt und Pfingst-
montag, b) für Katholiken Epiphanias oder Dreikönigstag 6. Januar, Maria Reini-
gung oder Lichtmeß 2. Februar, Maria Verkündigung 24. März, Fronleichnamstag,
Peter und Paul 29. Juni, Allerheiligen 1. November, Maria Empfängnis 8. Dezem-
ber. Wo herkömmlich die Kirmes als Volksfest gefeiert wird, kann der betreffende
Montag auch als schulfrei behandelt werden. "[36)]

Dem Jahreslauf entsprechend bildete die Fastnacht in der Eifel den Auftakt der
großen Dorffeste. Während die Erwachsenen unter regem Zuspruch des Alkohols
die letzten Tage vor der österlichen Fastenzeit ausgiebig feierten, zogen die Kinder am Weiberdonnerstag oder dem Rosenmontag, mit ausgedienten Erwachse-
nenkleidern vermummt, singend durch die Straßen und sammelten Lebensmit-
tel.[37)] Diese, meist waren es Mehl, Öl, Zucker, Eier, wurden in einem zuvor ver-
einbarten ‚Kochhaus' zu leckeren Gerichten verarbeitet. Steht bei dem heute
immer noch verbreiteten Brauch das Gemeinschaftserlebnis im Vordergrund, so
stellte früher die zweitägige fast kostenlose Verpflegung eine willkommene Entlastung in den bäuerlichen Familien dar. Die Erinnerung an den vergangenen und
die Planung des nächsten Heischezuges (Bittgang um Spenden) beschäftigten die
Kinder das ganze Jahr.

Abb. 115 Umzug der Schulkinder von Reetz, Kreis Euskirchen, mit ihrer Lehrerin an Weiberfastnacht ('Fetter Donnerstag'), 50er Jahre.

Abb. 116 Fastnachtsfeier in einer Klasse der Volksschule Satzvey, Kreis Euskirchen, 1934.

Abb. 117 Schulkinder beim Aufrichten des zuvor im Dorf gesammelten Feuerholzes zum ‚Burgbrennen‘, einem in der Westeifel verbreiteten Bergfeuer während der Fastenzeit.

Abb. 118 ‚Pfannkuchenverzehr‘ der Schulkinder nach dem mit dem ‚Burgbrennen‘ verbundenen Heischegang. Die Hausfrau, die als letzte im vergangenen Jahr geheiratet hat, muß aus den gesammelten Lebensmitteln Pfannkuchen backen.

Demgegenüber gab und gibt es in einigen Orten auch heute noch besondere Formen des Heischegangs, die von Schulkindern langfristig geplant und sogar nur von Kindern eines bestimmten Schuljahres ausgeübt werden: ‚Erbsenbär (Äçze̜bär) und Königin!³⁸⁾ Ein Junge aus der letzten Klasse wurde von Kopf bis Fuß mit Erbsenstroh umwickelt, um ihm so ein bärenähnliches Aussehen zu verleihen. Ähnlich den früher durch die Dörfer ziehenden Bärentreibern wurde er als brummiger Repräsentant des Winters an der Leine geführt. Die Königin war das jüngste Mädchen des ersten Schuljahres und stellte mit ihrem Kleid aus Gardinenstoff und Pappkrone die Frühlingsbotin dar. Um beide Figuren scharten sich jeweils die übrigen Jungen und Mädchen des Dorfes und zogen getrennt von Haus zu Haus, ließen den Bären tanzen, zeigten die Königin und sangen ihre Heischelieder.

Nach der Fastenzeit traten die Schulkinder zu Ostern, zum Hauptfest der Katholiken, wieder in Erscheinung. In der Karwoche übernahmen die Klapperjungen die Aufgaben der Glocken, die nach dem Volksmund von Gründonnerstag bis Karsamstag nach Rom geflogen waren. Die Jungen versahen weithin vernehmbar morgens, mittags und abends jeweils den Weckdienst, die Zeitansage und den Ruf zum Gottesdienst. Die größeren trugen dabei ihre ‚Klapper‘, einen etwa 50 cm × 30 cm breiten Holzkasten, in dessen Innerem eine sich drehende Walze für ohrenbetäubenden Lärm sorgte; die kleineren hielten das ‚Klippklapp‘, ein Brettchen, auf dem ein bewegliches Hämmerchen saß. Unter der Aufsicht des Pfarrers organisierten die älteren Schuljungen die Klappergänge; erst in den letzten Jahrzehnten hat sich die Teilnahme der Mädchen durchgesetzt.

Abb. 119 Am Karfreitag und Karsamstag läuten wegen der Grabesruhe Christi keine Glocken. Stattdessen gehen die Schulkinder mit ‚Klappern‘ durch das Dorf und rufen die Uhrzeit aus. Karklappern im Jahre 1940 in Neichen, Kreis Daun.

142

Abb. 120 Kommunionkinder. Links: Sohn mit Eltern aus Hörschhausen, Kreis Daun, 1917. Rechts: Mädchen mit zwei älteren Geschwistern aus Utzerath, Kreis Daun, um 1895.

Pünktlichkeit und Gewissenhaftigkeit waren die obersten Regeln, und auch die Aufnahme in die Klappergruppe war an bestimmte Voraussetzungen geknüpft:

„Nicht alle Jungen schulpflichtigen Alters gehörten zum Trupp der Klapperer. Seit alters mußte für jeden Jungen ein Einstand in Eiern oder Geld entrichtet werden. Die Eltern besorgten dies vor Beginn des ersten Schuljahres, denn wer zu dieser Zeit die Mitgliedschaft erwarb, hatte Aussicht, ‚Oberkopphär' = ‚Owerkopphär' zu werden, und wer sich ein Jahr später einkaufte, konnte es nur zum ‚Unterkopphär' = ‚Innerkopphär' bringen. ... Am Gründonnerstag gegen 11 Uhr versammelten sich die Klapperjungen beim letzten Haus an der Ostseite des Dorfes. Die Beteiligten stellten sich in zwei Reihen nach der Körpergröße auf. Beide, die rechte und die linke Reihe, marschierten wie die Soldaten an den Straßenrändern. Amtsbewußt schritt der ‚Oberkopphär' als erster zwischen den Reihen. Wie ein Kompanieführer war er nicht an seinen Platz gebunden. Wo eine Unordnung entstand, mußte er zügig Abhilfe schaffen. Hinter ihm, nicht minder stolz, der ‚Innerkopphär', der ebenfalls etwaige Zwischenfälle zu ordnen hatte.“[39]

Am Mittag des Ostersonntages heischten die Kinder den Lohn für ihre Arbeit: die Klappereier; sie wurden nach Rangfolge und Alter verteilt, generell erhielten die noch nicht zur Kommunion gegangenen Kinder die wenigsten.

Für die katholisch geprägte Eifel ist der auf Ostern folgende ‚Weiße Sonntag' der Tag der Erstkommunion (in manchen Pfarrgemeinden feiert neuerdings die

143

Gemeinde zu Christi Himmelfahrt). Mehrere Wochen zuvor hat der Pfarrer im Kommunionunterricht die 9- bis 10jährigen Kinder auf diesen Tag vorbereitet. Bis vor einigen Jahren wurden sie am Tage selbst an einem bestimmten Sammelpunkt, in den meisten Fällen dem Schulhof, von den vorjährigen Kommunionkindern, den ‚Führengeln‘, im feierlichen Zug zur Kirche geleitet. In den meisten Fällen war es das 3. bzw. 4. Schuljahr, das geschlossen die Erstkommunion empfing. Der festliche Rahmen stand in keinem Vergleich zu den heutigen Feiern mit ihrer Geschenkeflut: Zu dem praktischen Geschenk des Paten kam das obligatorische Geschenk des Pfarrers, ein Erinnerungsbild mit biblischem Motiv, das später in der guten Stube einen Ehrenplatz erhielt. Pfarrer und Lehrer waren an diesem Tag bei allen Kommunionkindern eingeladen und kamen dieser Aufforderung mit Freuden nach. Am darauffolgenden Montag zeigten sie sich meist in der Weise erkenntlich, daß sie mit den Kindern einen Ausflug in die nähere Umgebung unternahmen; manch eine(r) ließ hierbei wohl zum ersten Mal die Dorfgrenzen hinter sich.

Zu Zeiten, als die Dauer der Schule und deren Fächer noch nicht bindend festgelegt waren, bildete das Sakrament der Kommunion und für die Protestanten die Konfirmation den Abschluß der Schule. Der Geistliche entschied erst über den Empfang der Sakramente, wenn die Kinder die Heilslehre lesen und verstehen konnten.

Alle fünf Jahre erteilte der Bischof bei seiner Kirchenvisitation an die älteren Schulkinder das Sakrament der Firmung. Hierin erfährt die Aufnahme der Kinder in die Gemeinschaft der Kirche eine zusätzliche Stärkung (lat.: firmare = festmachen, bestätigen). In früheren Jahren kamen die letzten Schulklassen der

Abb. 121 Firm- und Visitationsreise von Weihbischof Dr. Bernhard Stein im Juli 1953. Die Bevölkerung von Uess, Kreis Daun, empfängt ihren Oberhirten vor dem Dorfeingang.

144

Abb. 122 Ein Schulkind begrüßt den Kölner Kardinal Josef Frings 1952 anläßlich einer Firmreise in Satzvey, Kreis Euskirchen, mit einem Gedicht.

umliegenden Schulen vollständig in der Kirche zusammen; 200–300 Firmlinge waren keine Seltenheit. In den meisten Schulchroniken werden diese hohen Besuche in aller Ausführlichkeit beschrieben:

„29. und 30. Juli 1901. Heute Nachmittag traf der hochw. Herr Erzbischof Hubertus von Vlatten kommend hier ein. Am Eingange des Dorfes harrte Seiner zum festlichen Empfange die ganze Pfarrgemeinde, nachdem Hochderselbe von Herrn Pfarrer Zeveld bewillkomnet u. begrüßt worden war, bewegte sich die Prozession unter Absingung mehrstimmiger Psalmen durch den festlich geschmückten Ort zur Kirche. Hier erteilte der Hochw. Herr den bischöflichen Segen und sprach dann in warm empfundenen Worten für den ihm bereiteten herrlichen und schönen Empfang der Gemeinde seinen Dank aus. Am 30. Juli feierte der hochw. Herr um 7 Uhr eine stille, heilige Messe. Gegen 8 Uhr fand dann die Spendung der h. Firmung an die Firmlinge von Heimbach, Hausen und Vlatten statt. Nach einer halbstündigen Pause versammelten sich die Schulkinder in der Kirche, um in Kathechismus und biblischer Geschichte geprüft zu werden.“[40]

Die Lichterumzüge zu Ehren des Heiligen Martin wurden erst seit den 20er Jahren dieses Jahrhunderts in der Eifel heimisch. Entscheidenden Anteil hatten hieran die Lehrer, die den Brauch vom Niederrhein in die abgelegenen Eifeldörfer brachten. In früherer Zeit hatten mehrere kleine Kindergruppen ihr Martinsfeuer, dessen Holz ebenfalls zuvor getrennt eingesammelt wurde, entzündet. Durch die planmäßige Gestaltung eines Martinsfestes unter Beteiligung aller Kinder veränderte der Martinsabend seine ursprüngliche Eigenart, bereitete aber den ausufernden Betteleien ein Ende. Die Vorarbeiten des Lehrers und der Schulkinder beschränkten sich nicht nur auf das Aufstapeln des Martinsfeuers; Wochen vorher wurde das Geld für die Weckmänner gesammelt, im Unterricht die Fackeln geba-

145

Abb. 123 Lehrer waren entscheidend an der Einführung des Martinszuges ab der zweiten Hälfte der 20er Jahre in der Eifel beteiligt. Lehrer Josef Schumacher mit seiner Schulklasse und selbstgebastelten Fackeln 1928 in Marmagen, Kreis Euskirchen.

stelt und Lieder eingeübt. Ebenfalls wurden nach altem Vorbild Kürbisse und Futterrüben ausgehöhlt und am Martinsabend mit einer brennenden Kerze ausgestattet.

Der Aufbau eines Martinszuges in Nettersheim, Kreis Euskirchen, ist im nachstehenden Zeitungsausschnitt aus dem Jahre 1928 anschaulich beschrieben:

„Gegen 7 Uhr stellten sich die Teilnehmer vor der Schule auf. Hoch auf dem Berge begann das Martinsfeuer zu brennen. In dem Scheine des Feuers sah man hoch zu Roß St. Martin, der ,vom Himmel herab' dann in den Festzug sprengte. Mit Musik und Gesang ging es dann durch den Ort, voran auf weißem Schimmel in wallendem Mantel St. Martin, dann die Kinder, jedes mit seiner selbst angefertigten Fakkel, von denen man einige wirklich bestaunen konnte, ihnen folgten Gänsebuben und Gänseliesels mit den schwer beladenen Gänsewagen, dann die einzelnen Vereine und die Mütter mit ihren Kleinsten. Alle Häuser waren recht sinnig mit Fakkeln und bunten Lichtern geschmückt, die gegen das Dunkel der Nacht recht stimmungsvoll wirkten. Nach dem Fackelzug fand die Weckverteilung an die Kinder und die Verlosung der Gänse statt. Groß und Klein wird der schön verlaufene Festzug unvergeßlich bleiben.“[41]

Nicht überall wurde der Brauch um die Martinsgans so, wie in der beschriebenen Weise, herausgestellt. Die Gans bildete im Herbst ein Festessen, da nicht alles Vieh in den Ställen überwintern konnte und geschlachtet wurde.[42]

Mit der Weihnachtszeit geht das Kalenderjahr dem Ende zu, und das Kirchenjahr nimmt hier seinen Anfang. Heute mit geschäftigem Treiben ausgefüllt, zeichnete sich in früheren Jahren die gesamte weihnachtliche Periode als Ruhezeit aus; die ,Zwölften', die Tage von Weihnachten bis zum Dreikönigstag, hatten für den Bauern als ,Lostage' Bedeutung für das kommende Jahr.

Der Hl. Nikolaus und sein Begleiter Knecht Ruprecht verkörpern als kinderfreundlicher Heiliger und dessen rauher Begleiter einen Kontrast, der erschrecken und erfreuen soll. Schon sehr früh ging der Nikolaus in den Dörfern von Haus zu Haus und warf Nüsse und Äpfel für die Kinder in die Stuben. Nikolausfeiern kamen in den Schulen auf Initiative der Lehrer in den 30er Jahren auf,[43] ebenso wie Weihnachtsfeiern, die selbstverständlich nicht so aufwendig wie die in der Gegenwart stattfindenden Wohltätigkeitsmärkte gestaltet wurden.

Ein gabenreiches Familienfest mit Adventskranz und Weihnachtsbaum (Krestboom) hielt erst durch die Zunahme städtischer Einflüsse im Laufe dieses Jahrhunderts Einzug in die Eifeldörfer.

Zeugnisse und Versetzungen

Ostern, das Ende des Wintersemesters, bildete gleichzeitig den Abschluß eines Schuljahres. Bis 1941 wurde in dieser Weise verfahren, auch nach Kriegsende war diese Regelung maßgeblich. 1966, unter Einschaltung zweier Kurzschuljahre, wurde der Schulbeginn wieder auf den Herbst nach einer langen Sommerpause verlegt.

Abb. 124 Nikolausfeier mit szenischer Aufführung im Jahre 1925 in der Volksschule Gelenberg, Kreis Daun.

Abb. 125 Erst nach dem ersten Weltkrieg wurde Weihnachten in den ländlichen Regionen der Eifel zu einem Familienfest mit Geschenken und Baum. Ein äußerst früher Beleg für diese Brauchausformung ist das Foto von 1919 aus Gelenberg, Kreis Daun.

Heute, da die Kinderzeit mit der Schulzeit gleichzusetzen ist, wird die Vergabe der Zeugnisse, egal ob Zwischen- oder Versetzungszeugnisse, von Schülern und Eltern mit Spannung erwartet. In der alten Volksschule wurden aus diesem Anlaß, wenn überhaupt, die Noten vorgelesen und ins Zeugnisheft eingetragen; eine separate Urkunde erhielten die Kinder nur zur Schulentlassung. Die geringe Bedeutung, die diesem Vorgang beigemessen wurde, wird auch durch die fehlenden Eintragungen in den Schulchroniken bestätigt. Für die guten Schüler spielten

Abb. 126 Jahreszeugnisse sind erst etwa seit der Jahrhundertwende in der Eifel nachzuweisen. Das Erscheinungsbild der Zensurformulare änderte sich durch die Jahrzehnte nur unwesentlich. Abgebildet sind ein Zeugnisheft um 1900 aus Mürlenbach, Kreis Bitburg-Prüm, eins der End-30er Jahre aus Schleiden, Kreis Euskirchen, und eins der End-50er Jahre aus Blens, Kreis Düren.

weniger die Noten eine Rolle, als vielmehr die öffentliche Auszeichnung bei einer Feier oder die süßen Wecken, die vom Pfarrer als Belohnung für den regelmäßigen Schulbesuch verschenkt wurden.

Die Kontrolle und Beurteilung lag früher häufig ganz allein im Ermessen nur einer Lehrperson. Obschon die Lehrinhalte in den Lehrplänen weitgehend festgelegt waren, ebenso wie das auf fünf Abstufungen beschränkte Notenbild (Prädikate von sehr gut, gut, genügend, mangelhaft, ungenügend)[44], so waren für den Dorfschullehrer alter Prägung andere Kriterien bei der Einschätzung der Schulleistung ausschlaggebend. Weit besser als heute war er mit den familiären Verhältnissen der Schüler vertraut und wußte, daß manche Begabungen durch fehlende elterliche Unterstützung verkümmerten; auch dann, wenn die Eltern von seiten des Lehrers häufig auf die Talente ihrer Kinder hingewiesen wurden, konnten und wollten sie nicht auf die Arbeitskraft der Kinder verzichten. Lag so manches bei der Förderung der begabten Kinder im argen, so konnte bei der hohen Schülerzahl ebenfalls nicht ausreichend auf die schwächeren Schüler eingegangen werden. Eine positive Seite mag man an dieser Stelle der Unterbringung mehrerer Jahrgänge in einem Klassenraum abgewinnen: Nichtversetzungen kamen sehr selten vor: War eine Wiederholung dennoch unvermeidlich, verblieb der Schüler auf seinem alten Platz (Sitzenbleiber) und arbeitete den Lehrstoff noch einmal auf. Die äußere Herabsetzung, in Form eines Wechsels in eine andere Klasse, blieb dem Schüler somit erspart.

Mit dem Verschwinden der Zwergschulen auf den Dörfern ging auch die Schulbeteiligung an öffentlichen Festtagen zu Ende. Andere Organisationen, wie die ortsansässigen Vereine, übernahmen die Aufgabe des Lehrers. An den Schulen selbst sind an die Stelle der prunkvollen Jubiläumsfeiern neue Anlässe getreten. In Projektwochen beispielsweise leisten alle Klassen ihren Beitrag zur Erarbeitung und Darstellung eines gemeinsam gewählten Themas, das zum Abschluß der Öffentlichkeit in einem selbstgebastelten Rahmenprogramm präsentiert wird.

Feste, Feiern, Freudentage
Die besonderen Ereignisse eines Schülerlebens

Annekethe Barthel

Nach einer Verfügung der Königlichen Regierung vom 19. Dezember 1873 gehörte es zu den Pflichten eines Schulleiters, eine Schulchronik zu führen. Die Entwicklung des Ortes und der Schule sollte in zeitlicher Aufeinanderfolge dokumentiert werden. Es wurde zwar kein festes Darstellungsschema vorgegeben, aber es wurden den Lehrern einige Anhaltspunkte in die Hand gelegt: Betreffend des Ortes insbesondere Aufzeichnungen zu Gründung, Lage, Überlieferungen, Einwohnern, kirchlichen und politischen Verhältnissen und bemerkenswerten Örtlichkeiten und Ereignissen; betreffend der Schule Aufzeichnungen zu Einrichtung, Schülern, Lehrern, besonderen Ereignissen und Schulfesten.[1] Dies alles nach Maßgabe des Lehrers oder der Lehrerin, das heißt, was ihnen persönlich wesentlich und der Aufzeichnung wert erschien, das wurde niedergeschrieben. Ein Stück regionaler Zeitgeschichte ist in diesen Dokumenten enthalten; wir erfahren hier eine Menge über regelmäßige wie unregelmäßige Besonderheiten des Schulalltags, aber auch des Dorflebens, mit dem das Schulleben eng verknüpft war.

Was diese Vorstellung der Schulchroniken soll? Daß sie geführt wurden und was von ihnen verlangt wurde, weist auf die Bedeutung der Schule als eine Geschichte und Kultur vermittelnde Instanz hin. Sie zeigen auch, daß das Leben der Schüler nicht immer nur langweilig bis anstrengend, sondern mit einer Reihe von Abwechslungen durchzogen war. Mitunter waren diese nicht unwesentlich von der Staatsmacht abhängig und von daher auch zum Teil gelenkt.

Der erste Schultag

Regelmäßiger Unterricht für alle schulfähigen Kinder hat sich in der Eifel erst langsam entwickelt. Zur gesetzlichen Einführung der Schulpflicht kam es durch die Kabinettsordre vom 14. Mai 1825, doch zeigte diese als Nötigung zum Schulbesuch zu verstehende Bestimmung in den Landgemeinden noch nicht den gewünschten Erfolg. Eine skeptische Einstellung der Eltern zur Schule muß vor dem Hintergrund der wirtschaftlichen Verhältnisse gesehen werden; und die verlangten nach der Arbeitskraft der Kinder, vor allem in der Landwirtschaft sowie in der hier und da aufkeimenden Industrie (wie z.B. die Tuchindustrie in Euskirchen).[2]

Abb. 127 Die Kinder des ersten Schuljahres aus Langerwehe, Kreis Düren, im Jahre 1912.

Der Beginn der Schulpflicht hat sich allmählich auf das vollendete 6. Lebensjahr eingependelt. Gemäß einer Circular-Verfügung von 1876 war einmal in Jahr zu Ostern Aufnahme der neuschulpflichtigen Kinder.[3] Der Ostertermin beim Schuljahresbeginn blieb als Einschultermin bis zur Schulreform 1966 bestehen; dann wurde der Beginn auf den Herbst verlegt.

Schulchroniken, Sammelbecken aller regelmäßigen wie unregelmäßigen Besonderheiten des Schulalltags, halten dieses Ereignis lediglich in statistischen Angaben fest, mit Anzahl der Aufnahmen, nach Geschlecht unterteilt und im Zusam-

Abb. 128 Die Erstklässlerinnen der Volksschule Stadtkyll, Kreis Daun, mit ihren Müttern im Jahre 1936.

152

Abb. 129 Schultüten zur Einschulung setzten sich in den ländlichen Regionen der Eifel erst in den 50er Jahren durch. Einschulung 1951 in der Volksschule Rott, Kreis Aachen.

menhang mit der Gesamtschülerzahl. So ist beispielsweise in der Chronik der Schule Blankenheimerdorf, Kreis Euskirchen, am 24. April 1910 folgendes vermerkt:

„Mit Ostern wurden aufgenommen
6 Knaben und 6 Mädchen, so daß
die Schülerzahl für 1910 — 93 beträgt. "[4]

Selten einmal ist hier die Rede von einer besonderen Einführung oder gar einer Feier, wie das bei der Entlassung der Fall ist, höchstens in den späteren Jahren der alten Volksschule. Die Chronik der Schule Bleibuir, Kreis Euskirchen, berichtet ab 1961 von einer feierlichen Begrüßung der Neulinge:

„Bei Unterrichtsbeginn erfolgte die Aufnahme der Schulneulinge. Frl. Schmitz hatte Lieder und Gedichte eingeübt, und beim lustigen Frage- und Antwortspiel verloren die Kleinen bald ihre Scheu. "[5]

Allerdings bedeutet die Vernachlässigung der Aufzeichnungen über dieses Ereignis keineswegs, daß die Kinder diesen Beginn eines neuen Lebensabschnitts sang- und klanglos erlebten. Meist wurden sie am ersten Tag zur Schule hingebracht, wenn möglich wurde ihnen etwas Süßes mitgegeben, seit den 20er Jahren hielt ein Foto diesen Tag für die Erinnerung fest. Im Schulsaal wurde ihnen ein Platz zugewiesen, und zum ersten Male packten sie ihre neuen Schulsachen aus, wohl mehr, um sie erst einmal in Augenschein zu nehmen, anstatt sie gleich ihrer Verwendung zuzuführen. Selbst in Kriegszeiten empfanden die Kinder diesen Tag für sich doch als etwas Besonderes:

Abb. 130 Ein seltenes Dokument: Einschulung in der Westschule Euskirchen im Sommer 1944. Nur zwei Monate später
mußte der Unterricht wegen des Näherrückens der Westfront
eingestellt werden.

*„Doch trotz des heftig tobenden Krieges und der näherrückenden Front war es ein
feierlicher Tag, als wir, vornehmlich die Kinder des Jahrganges 1938, mit Schulranzen, Schreibtafel, Griffel und sauberem Tafelläppchen erstmals zur Westschule gingen, begleitet allein von den Müttern, da die Väter überwiegend im Kriege
waren.* "[6]

In der zumeist einklassigen Volksschule saßen eine Reihe bekannter Gesichter,
möglicherweise noch einige Geschwister, so daß so schnell keine Scheu aufkam.
Vielleicht war das eine oder andere Kind vorher schon einmal mit einem der älteren Geschwister zur Schule gegangen, um zuzuhören, das Schulhaus zu sehen
oder auch, um den ersten Schultag einmal mitzuerleben. Von der Großfamilie her
gewohnt und von den Lehrern unterstützt, kümmerten sich die älteren Schüler
ohnehin um die Kleineren, im Unterricht wie in den Pausen.

*„Doch schnell begann der Schulalltag; das Stillsitzen in den Holzbänken mit ihren
eingelassenen Tintenfäßchen fiel uns schwer. Vorne thronte der Lehrer auf seinem*

154

Pult, das - nach Erich Kästner — vielleicht deshalb auf einem Podest stand, damit er auch gesehen wurde. "[7])

Wenn den Neulingen das Stillsitzen auch schwer gefallen sein mag, war es ihnen zu einer Zeit, als die Schule noch nicht zu den Selbstverständlichkeiten des Lebens gehörte, sicherlich nicht unangenehm, in einer dieser Bänke zu sitzen. Zuhause mußten sie schließlich arbeiten und hier gab es dann doch Neues, Abwechslungsreiches und in den Pausen Zeit zum Spielen.

Die Aufnahme der schulpflichtigen Kinder von Zigeunern und umherziehenden Gewerbetreibenden wurde gesondert geregelt. Für die Schüler war ein fremder Gast, der einige Tage die Schule besuchte und dann weiterzog, eine interessante Unterbrechung. Natürlich wurde jemand, der so selten zur Schule mußte, beneidet.[8])

Schuleinweihung

Bei der 1717 in Brandenburg-Preußen eingesetzten Schulpflicht gab es einen Zusatz: „wo Schulen sein". Diese selbstverständliche Vorbedingung war längst nicht überall erfüllt.[9]) Namentlich die ärmeren Gegenden, zu denen nach 1815 auch die Eifel zählte, entbehrten lange Zeit der Schulen. Im Jahre 1814 waren wenigstens ein Drittel aller rheinischen Gemeinden ohne öffentliche Schulen[10]), lange Zeit gab es noch eine Reihe privater Einrichtungen. Wenn der Staat auch mit der Einführung des Schulzwanges sich selbst und damit in seinem Auftrag den Gemeinden die Pflicht zur Gründung und Erhaltung von Schulen auferlegt hatte, so wurde dies doch noch längst nicht überall in die Praxis umgesetzt. Eine Zeitlang diente etwa ein Tanzsaal als Unterrichtsgebäude, bis eine Schule errichtet werden konnte. Vielfach wurden die ersten Schulgebäude aus privaten Mitteln finanziert. So erbaute zum Beispiel zu Beginn des 19. Jahrunderts der Pfarrer Fey in Bodendorf, Kreis Ahrweiler, aus eigenen Mitteln ein Schulhaus[11]), ebenso wie der Lehrer Strunk in Pesch, Kreis Euskirchen.[12])

Es war also schon ein besonderer Anlaß, wenn das Dorf seine eigene ,richtige' Schule einweihen konnte. Nach einer heiligen Messe mit anschließender Prozession zum neuen Schulgebäude, unter Läuten des Schulglöckchens, wurden der Schulsaal und alle anderen Räume des Hauses sowie das Schulkreuz vom Pfarrer eingesegnet. Es folgten Festansprachen seitens der Honoratioren, und die Kinder trugen Lieder und Gedichte vor. Zur Kaiserzeit erhielten die Kinder Weißbrot, das übliche Festtagsgebäck.

Der Lehrer gelobte in seiner Rede zumeist, vor allem *„treu und fleißig in der neuen Schule zu arbeiten"* [13]) oder *„stets im rechten christlichen Geiste zu arbeiten, damit die ihm anvertrauten Kinder tüchtige Mitglieder der Gemeinde, treue Söhne ihrer Kirche und charakterfeste Staatsbürger werden."* [14]) Die Erziehung der Kinder verlief also nicht nur über die Unterrichtsinhalte.

Als Beispiel für sehr viele Berichte in Lokalzeitungen und Schulchroniken möge der folgende Auszug aus dem Schultagebuch eines Lehrers über die Einweihung der neuen Schule von Heimbach, Kreis Düren, vom 10. November 1884 stehen.

„Das Fest selbst wurde Montag durch eine gottesdienstliche Feier und durch die altherkömmliche kirchliche Segnung des neuen Baues eingeleitet. Um 10 Uhr nahmen dann die Lehrer und die Kinder Abschied vom alten Haus und zogen, gefolgt vom Herrn Bürgermeister Kleinen, dem Schulvorstand und vielen anderen Festgenossen, mit frohem Sang und Klang unter dem Donnern der Böller durch den Ort, um sich vor dem noch verschlossenen neuen Hause aufzustellen. Nach einer kurzen, aber kräftigen Ansprache des Pfarrers über die hohe Bedeutung des Tages und über den erhabenen Zweck des neuen Gebäudes überreichte der Herr Bürgermeister Kleinen auf Ersuchen des Herrn Pfarrers den beiden Lehrern Gentz und Reinartz die Schlüssel des Hauses, und es zogen nun die Kinder der Gemeinde unter Absingung des Liedes ‚Schönes Haus‘ (Melodie: ‚Preisend mit viel...‘) zum ersten Male in die neuen, hellen und luftigen Räume ein. Diese waren unter Mitwirkung des Herrn Lehrers Venrath von Hausen auf die sinnigste und geschmackvollste Weise regiert und geschmückt. In der Mitte sah man ein von diesem Lehrer gemaltes Jesuskindlein, das segnend seine Händchen über die versammelten Knaben und Mädchen ausbreitete, und darunter die diesem Bilde entsprechenden, herrlichen Worte: ‚Lasset die Kleinen zu mir kommen.‘

Auf der rechten Seite las man die Ausrufung des göttlichen Heilandes: ‚Heute ist diesem Hause Heil widerfahren!‘ und auf der linken Seite die Worte des Psalmisten: ‚Die Furcht des Herrn ist der Weisheit Anfang.‘

Abb. 131 Einweihung des neuen Volksschulgebäudes in Niederscheidweiler, Kreis Bernkastel-Wittlich, in den 60er Jahren.

Abb. 132 Mandolinen- und Gitarren-Schulorchester von Stadtkyll, Kreis Daun, 1933. Auch die Schulentlassenen konnten weiterhin dabeibleiben.

Nachdem noch verschiedene passende Gedichte und Lieder von den Kindern trefflich vorgetragen worden waren, erhielt jedes Kind einen ‚däftigen Weck‘ und eine ‚leckere Bretzel‘. Der Bürgermeister aber brachte zum Schlusse ein dreifaches Hoch auf unsern Landesherrn...

Gegen 12 Uhr fand ein gutes Festessen bei Herrn Gastwirt Schöller statt. Es wurden verschiedene Toaste ausgebracht und blieben die Festgenossen bis zum Abend gemütlich beisammen.[15]

Theater und Musik

Lieder, Gedichte und auch Laienspiel gehörten zum Repertoire der Schulbeiträge zu fast allen Festen im Ort. Laut der ‚Allgemeinen Dienstinstruction für Landschullehrer‘ von 1822 gehörte die Leitung der Musik, hier im besonderen der Kirchenmusik, zu den Pflichtübungen des Lehrers:

„§ 14. Er leitet den Kirchengesang und hat, wo kein besonderer Organist angestellt ist, auch die Orgel zu spielen... § 15. Er führt die Kirchenmusik auf und hat den vorhandenen Chor unter seiner Leitung...."[16]

Abb. 133 Musikgruppe der Volksschule Hecken, Kreis Euskirchen, mit Orff'schen Instrumenten im Jahre 1962.

Abb. 134 Aufführung eines Weihnachtsspiels durch die Schulkinder der Volksschule Waxweiler, Kreis Bitburg-Prüm, im Jahre 1932.

158

Abb. 135 Aufführung des Märchenspiels „Schneewittchen" in den 60er Jahre in der Schule Bleibuir, Kreis Euskirchen.

Das Singen gehörte zu den Unterrichtsgegenständen, und zwar nach den ‚Allgemeinen Bestimmungen ... der preußischen Volksschule' von 1872 zweifach: Das geistliche Lied ebenso wie die Volkslieder (Punkte 20 und 37).[17] Schließlich gab es eine Reihe von Anlässen, zu denen Lieder einzüüben waren. Neben den zahlreichen Kirchenfesten im Jahr, für welche der geistliche Gesang geprobt wurde, gab es eine Reihe staatspolitisch initiierter Feste, vor allem Gedenkfeiern, zu denen besonders Lieder mit hymnischem Charakter vorgetragen wurden: Loblieder auf den Kaiser, auf Preußen, das Vaterland und auf das Nationalbewußtsein. Anläßlich einer 200-Jahr-Feier des Königreiches Preußen gab es in der Schule Bleibuir, Kreis Euskirchen, beispielsweise folgendes Programm an Liedern und Gedichten: ‚Bundeslied', ‚Stimmt an mit hellem Glockenklang', ‚Gelübde', ‚Fester Mann', ‚Frühlingsgruß an das Vaterland', ‚Dem Vaterland', ‚Ich bin ein Preuße', ‚Das Lied der Deutschen', ‚Kaiserkron', ‚Deutscher Rat', ‚Deutscher Trost', ‚Vergiß mein Volk die treuen Toten nicht', ‚Ein Hoch dem Kaiser', ‚Heil dir im Siegerkranz'.[18]

Der Lehrer Hecker schrieb 1951 in seinem Tätigkeitsbericht aus der Schule in Ahrhütte, Kreis Euskirchen, daß er, um der dörflichen Langeweile entgegenzuwirken, einen Jugendsingkreis mitaufgebaut habe. Das Programm weitete sich zusehens: Zuerst einstimmige Lieder, dann Gregorianischer Gesang, später Passionsmusik und Schuberts ‚Deutsche Messe'.[19] Musikalisch mußte der Volksschullehrer also schon einigermaßen fit sein. Manchem kam die Aufgabe des Gesangs allerdings auch sehr entgegen. Dem Lehrer Karl Galuschka aus Hellenthal, Kreis Euskirchen, beispielsweise war das Singen mit den Schülern liebster Zeitvertreib; — *„mindestens einmal pro Woche zog er mit ihnen Volkslieder schmetternd durchs Dorf."*[20]

159

Abb. 136 Saalaufführung eines Märchenspiels durch alle 31 Schüler der Volksschule Hekken, Kreis Euskirchen, im Jahre 1961.

Theaterarbeit gehörte zwar nicht zu den direkten Pflichten des Lehrers, bot sich aber zur Gestaltung von Festen, für die der Lehrer zuständig war, an. Vor Weihnachten (Krippenspiel), zur Schulentlassung und zu Goldhochzeiten gehörten Laienspielaufführungen zum festen Programmbestandteil. Thurmaiers Spiel ‚Die Herbergssuche‘, ‚Das Apostelspiel‘ von Max Mell oder auch Märchen wie ‚Schneewittchen‘ oder ‚Peterchens Mondfahrt‘ gehörten zum Repertoire. Zum Teil wurden diese Spiele von Tänzen umrahmt. Je nach Alter der Spieler wurde mehr Wert auf die Gestik oder das Wort gelegt. Kostüme stellten sich die Spieler oft selbst her. Als Theater diente häufig der Saal der dörflichen Gastwirtschaft, und es waren Aufführungen für das ganze Dorf, nicht nur für die Eltern und Angehörigen der Schulkinder.[21]

Staatlich gelenkte Schulfeste

„In der Schulfeier tritt die Eingliederung der Schule in die große Volksgemeinschaft am sinnfälligsten in Erscheinung. Sie bildet den Höhepunkt im Gemeinschaftsleben der Schule und ist mit besonderer Sorgfalt zu gestalten.“[22]

Diese Zeilen entstammen den ‚Reichsrichtlinien‘ von 1939, gehören also dem Konzept einer Erziehung zur nationalsozialistischen Weltanschauung an. Gemeinschaft in festlichem Gewand macht die Menschen empfänglich, auch für geschickt versteckte staatliche Propaganda.

160

Die öffentlichen allgemeinen Schulen sollten nach Süverns preußischem Unterrichtsentwurf von 1819 *„Grundlage der gesamten Nationalerziehung bilden"* und dazu gehörte auch, der Jugend *„treue Liebe für König und Staat einzuflößen."*[23] Zur Königs- und Kaiserzeit waren vaterländische Feste, Feste anläßlich nationaler Gedenktage der preußischen Geschichte und ihrer Herrscher nicht selten. Auch hier wurden also Feste gelenkt und teilweise sogar bis ins Detail ihrer Gestaltung vorgeschrieben. Allerdings wurde direkt ausgesprochen, was Sache war, nach dem Motto: Du sollst deinen Kaiser ehren und ihm dankbar sein.

Besonders die Landbevölkerung war von ihrer Lebensform her empfänglich für gemeinschaftsstiftende Unternehmungen. Das Sprichwort ,saure Wochen, frohe Feste' gibt annähernd den Rhythmus und die Ordnung wieder, nach der die Menschen auf dem Lande lebten. Vorgegeben war dies schon allein durch die landwirtschaftliche Arbeitsfolge und das traditionsreiche Festtagsbrauchtum im Jahreslauf wie im Familienkreis. Auf diesem Boden konnten sich *„Sitte, Ordnung und Idealbildung"*[24] leicht aufbauen. Der Obrigkeit waren gehorsame, duldsame und unkritische Bürger sowieso lieber als ein aufklärerischer Geist; also wurde diese brave Haltung entsprechend gefördert.

Besonders gerne wurden in den Reden anläßlich vaterländischer Feste die Pflichttreue und Achtung der Vorgesetzten als hohe Güter lobend dargestellt. So wurde zum Beispiel in der Circular-Verfügung vom 25. Juni 1888 bezüglich der Gedächtnisfeier für den verstorbenen Kaiser Friedrich III. den Lehrern nahegelegt, in einer Ansprache an die Schüler insbesondere den Kaiser *„als ein leuchtendes Beispiel unentwegter Pflichttreue"*[25] vorzustellen. Anläßlich der 100jährigen

Abb. 137 Keine politisch begründete Schulfeier vor 1918 konnte enden, ohne daß das Lied „Ich bin ein Preuße" angestimmt worden wäre. Es findet sich in allen Liederbüchern der Zeit an bevorzugter Stelle.

Geburtstagsfeier Kaiser Wilhelms I. 1897 ist in der Schulchronik von Bleibuir, Kreis Euskirchen, vermerkt, daß die Kinder auf die Dankbarkeit Wilhelms II. gegen seinen Großvater hingewiesen worden seien; so wie Wilhelm II. das Andenken seines Großvaters stets und besonders durch dieses Fest geehrt habe, so sollten auch sie ihren Vorgesetzten dankbar sein und ihr Andenken ehren.[26]

Ganz bestimmte Lieder wurden bei den Festen der Kaiserzeit immer gesungen: ‚Großer Gott, wir loben dich‘ bei der kirchlichen Feier, die der weltlichen Feier voranging, manchmal noch zusätzlich zur Einleitung der weltlichen beziehungsweise Schulfeier. Schon bei hohem Besuch, bei größeren Festen sowieso, wurde mindestens das Lied ‚Ich bin ein Preuße‘ gesungen, ähnlich häufig auch ‚Heil dir im Siegerkranz‘.

Im Juli 1883 besuchte der Herr Minister des Innern von Puttkammer samt Gefolge während einer Reise durch die Eifel auch den Ort Heimbach, Kreis Düren. Die feierliche Begrüßung mit ‚Ich bin ein Preuße‘ war Sache der Schuljugend.[27] Schon ein nur auf der Durchreise befindlicher Staatsvertreter wurde am Bahnhof zumindest kurz beehrt. Als Reichspräsident von Hindenburg am 11.10.1930 nach Trier reiste, machte er unter anderem in Euskirchen eine halbe Stunde halt; bei diesem Ereignis durfte eine Mädchenklasse der Westschule ein Gedicht aufsagen.[28]

Im Herbst 1911 besuchte Kaiser Wilhelm II. die Eifel. Viele Orte durchfuhr er auf dieser Reise, und überall hatte die Schuljugend Aufstellung genommen. In manchen Orten machte er auch kurz halt; Grund genug für die Bevölkerung, alles auf Hochglanz zu bringen. In Prüm, wo er bei dieser Reise die Abtei und die Kirche besichtigte, war nicht nur alles, wie üblich, mit Fahnen und Girlanden geschmückt, hier waren auch die Häuser alle neu gestrichen worden! Die weißgekleideten Mädchen und die Jungen standen hier wie überall, wo der Kaiser auftauchte, Spalier und winkten mit schwarz-weiß-roten Fähnchen, die sie zur Erinnerung behalten durften.[29]

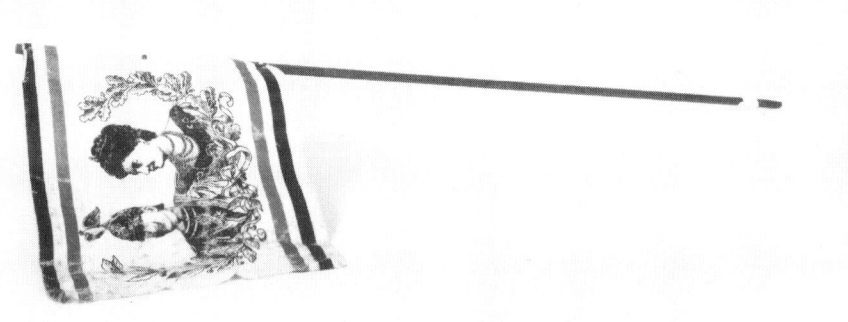

Abb. 138 Die Schulkinder, die am Straßenrand Aufstellung nahmen, um Kaiser Wilhelm II. im November 1911 in Münstereifel, Kreis Euskirchen, zu begrüßen, wurden mit eigens angefertigten schwarz-weiß-roten Fähnchen mit dem Bild des Kaiserpaares ausgestattet.

Abb. 139 Besuch Kaiser Wilhelms II. am 20. November 1911 in Münstereifel, Kreis Euskirchen. Links haben die Jungen, rechts die Mädchen mit ihren Kaiserfähnchen Aufstellung
genommen.

Laut den Circular-Verfügungen der Königlichen Regierung war meist vorgegeben, wie welche königlichen und kaiserlichen Gedenktage zu begehen waren. Geburts- und Todestage der Kaiser sowie von Mitgliedern der kaiserlichen Familie waren beispielsweise Anlässe für Gedächtnisfeiern. Kaisers Geburtstag wurde ohnehin jährlich gefeiert; ein 100. Gedenkgeburtstag allerdings war schon in besonderer Weise zu gestalten, und das drei Tage lang, vom 21.–23. März 1897. Nach Eingang einer Verfügung vom 28. 2. 1897 wurde zusätzlich im Unterricht auf die Bedeutung des ‚Heldenkaisers‘ hingewiesen und die Gedenkfeier vorbereitet.[30] Diese begann in gewohnter Weise mit einer kirchlichen Feier am ersten Tag, eine Schulfeier fand am zweiten Tag statt, bei welcher die Größe des Kaisers durch Vorträge, Lieder und Gedichte geehrt wurde; am dritten Tag wurden dann eine Wanderung und Wettspiele veranstaltet. Mancherorts wurde auch eine ‚Kaisereiche‘ gepflanzt.[31]. Der übliche Kaiserwecken blieb natürlich auch bei diesem Geburtstag nicht aus.

Gedächtnisfeiern anläßlich eines Kaisertodes gab es im Dreikaiserjahr 1888 gleich zweimal, im März für Wilhelm I. und im Juni für Friedrich III. Auch bei diesen Festivitäten standen ein Gottesdienst und eine Schulfeier auf dem Programm. Das Programm war bei all diesen Festen recht ähnlich, Ehre und Lob für den Kaiser die Hauptpunkte, die bei der Gestaltung zu berücksichtigen waren.

Das Familienfest der Goldhochzeit des Kaisers Wilhelm I. und seiner Frau Augusta wurde nach einer Verfügung vom 26. Mai 1879 zum Nationalfest erklärt, *„welches dem preußischen und deutschen Volke den willkommenen Anlaß gibt, dem theuren Landesvater, dem Kaiser und Könige Wilhelm und der theuren Landesmutter, der Kaiserin und Königin Augusta abermals seine Liebe und Verehrung zu bezeugen."*[32] Die Art und Weise der Feier wurde genau verordnet: Gottesdienst, Feier im geschmückten Schulsaal, patriotische Lieder und Gedichte, Vortrag über die Bedeutung des Festes, eventuell Verteilung von ‚geeigneten‘ Schriften.

Stationen der preußischen Geschichte waren ebenfalls willkommener Anlaß für eine Schulfeierlichkeit, oder die Schule wurde in irgendeiner Art und Weise in die Geschehnisse eingebunden. So wurde während des preußisch-österreichischen Krieges 1866 durch Allerhöchsten Erlaß ein allgemeiner Bettag für den 27. Juni des Jahres befohlen. Jegliche öffentlichen Geschäfte und Arbeiten hatten an diesem Tage zu ruhen, in sämtlichen Schulen fiel der Unterricht aus: Die ganze preußische Nation sollte dem königlichen Aufruf zum Gebet für einen glorreichen Sieg folgen.[33]

Wenn Preußens Sieg bei Königgrätz 1866 und damit das Ausscheiden Österreichs aus dem Deutschen Bund eher noch bedauert wurde, so löste dann doch der Sieg gegen Frankreich 1870/71 und die folgende Reichsgründung auch in der Eifelbevölkerung eine gewisse patriotische Begeisterung aus.[34] Die Schule fand im 25jährigen Bestehen des Deutschen Reiches wieder einen Anlaß für eine Jubelfeier.

Abb. 140 Aus Anlaß der endgültigen Räumung des Rheinlandes von der französischen Besatzung wurde in Monschau, Kreis Aachen, eine Befreiungsfeier mit anschließendem Festzug veranstaltet, an dem die Schulkinder mit weiß-roten Stadtfähnchen und schwarz-weiß-roten Preußenfähnchen teilnahmen.

Die Jahrhundertwende bot in feierlichem Rahmen Gelegenheit für einen Rückblick auf das vergangene Jahrhundert, insbesondere auf die Geschichte des preußischen Reichs. Nach Verfügung der Königlichen Regierung sollte am letzten Schultage des verflossenen Jahrhunderts eine Feier veranstaltet werden, wobei den Kindern vorgeführt werden sollte, was das Jahrhundert dem Vaterland gebracht hätte.[35] Das *„segensreiche und ruhmgekrönte Wirken des erhabenen Herrscherhauses"*[36] stand dabei im Mittelpunkt ebenso wie bei dem Fest des 200jährigen Bestehens des Königreiches Preußen am 18. Januar 1901.

Aus der Zeit der Weimarer Republik ist das schulische Festtagsleben nicht so detailliert überliefert. Die Heimkehr Losheims zu Deutschland im Oktober 1921, die Trauerfeier für den verstorbenen Reichsaußenminister Gustav Stresemann 1929, der Abzug der letzten Besatzungstruppen am 30. Juni 1930 oder die Feier des 85. Geburtstages des Reichspräsidenten von Hindenburg im Jahre 1932 wurden aber fast in allen Schulen durch Fest- und Gedenkstunden begangen.

Der 30. Januar 1933 markiert den Beginn eines staatlich verordneten ‚strammen Feierns‘ politischer Anlässe auch in den Volksschulen. Vor allem in den ersten Jahren der nationalsozialistischen Herrschaft häuften sich schulische Veranstaltungen dieser Art. Erstmals wurde damals das Medium Rundfunk im schulischen Bereich eingesetzt, um aktuelle Ereignisse, die der Propaganda zuträglich waren, innerhalb eines feierlichen Rahmens hervorzuheben, so zum Beispiel zum ‚Tag von Potsdam‘ am 21. März 1933, dem ‚Beginn der Arbeitsschlacht‘ genau ein Jahr später oder dem ‚Sieg an der Saar‘ am 15. Januar 1935.

Die Hauptquelle für diese Jahre, die Schulchroniken, weisen zwar vielfach — aus naheliegenden Gründen — Lücken auf oder sind ganz verschwunden, aber in einigen wenigen lassen sich die schulischen Feier-Aktivitäten gut dokumentieren. So zählt die Schulchronik der einklassigen Volksschule Lövenich, Kreis Euskirchen, für die Schuljahre 1932/33 bis 1934/35 folgendes auf:

„Jahr 1932/33:
8. März: Unterrichtsausfall wegen Sieg der nationalen Front (Wahl)...
21. März: Staatsakt in Potsdam, 11.45 Schulfeier. Übertragung der Reden Hindenburgs u. Hitlers, abends Fackelzug mit Freudenfeuer...
Jahr 1933/34:
1. Mai: Maifeier im Schulsaal. Dorffeier, Zug, Saalfeier, zu der die Schulkinder Gedichte u. Lieder sangen! Rede des Lehrers...
27. Mai: Schlageter-Gedenkstunde in der Schule...
28. Mai: Wiederholung der Schlageter-Feier im Saale. Gedichte und Lieder der Kinder: Ich hatt' einen Kameraden, Es geht bei gedämpftem Trommelklang. Rede des Lehrers...
23. Juni: Treffen in Zülpich. Propagandamarsch. Sonnwendfeier auf dem Schivelsberg...
28./29. Juni: Kundgebung der HJ gegen Versailles in Zülpich. Saalfeier in Hoven. Übernachten in der Schuhfabrik in Zülpich.
29. Juni: Spiele und Turnen. Propagandamarsch durch Zülpich ...
15. Sept.: Unterrichtsausfall (Eröffnung d. Preuß. Staatsrats)...
18. Januar: Reichsgründungsfeier...
19. Januar: Die Kinder sammeln für V.D.A. Ergebnis: 6.05 M... [37]

Abb. 141 Schul-Rundfunkgerät für gemeinschaftliches Hören in größeren Räumen, Ende 20er Jahre.

30. Januar: Jahrestag der Machtübernahme Hitlers. Radioübertragg. Schulfeier...
21. März: Beginn der Arbeitsschlacht. Radioübertragung d. Rede Hitlers...
Jahr 1934/35:
1. Mai: Tag der Arbeit...
4. Juni: Besuch d. Films: ‚Stoßtrupp 1917‘ in Euskirchen...
9. November: Totengedenkfeier mit Lichtbildern in Linzenich...
30. Dez.: Weihnachtsfeier der Schule in Verbindung mit der N.S.D.A.P. in Löve-
nich...
15. Januar: Unterrichtsausfall wegen Sieg an der Saar. Radioübertragung aus Saar-
brücken, Fackelzug und Feier...
1. März: Saar-Feier...
17. März: Heldengedenkfeier der Schule in Verbindung mit dem Kriegerver-
ein... " [38]

Neben geschichtlichen Ereignissen kamen zu allen Zeiten auch literarische Größen im Rahmen einer Schulfeier zu Ehren. Den 100. Todestag Friedrich Schillers
im Jahre 1905 feierte die Schule in Keldenich, Kreis Euskirchen, mit einem Gottesdienst und einem anschließenden Gedächtnisfest, bei dem unter anderem
Schillers Balladen ‚Die Bürgschaft‘ und ‚Der Graf von Habsburg‘ vorgetragen
wurden.[39] Eine Goethe-Gedenkfeier anläßlich seines 200. Geburtstages gab es
zu Beginn der Herbstferien 1949 in Ahrhütte, Kreis Euskirchen. Eine Ausstellung
über das Leben Goethes in Wort und selbstgemalten Bildern, ein Vortrag über
die Bedeutung des Dichters seitens des Lehrers, Lieder seitens der Kinder, natürlich Texte von Goethe, und ein Lichtbildvortrag gehörten zum Programm.[40]

Dorffeste mit Schulbeteiligung

Lehrer und Schüler waren zu Zeiten der Volksschule sicherlich die wichtigsten
Kulturträger des Dorfes. Alle Feierlichkeiten auch außerhalb der Schule wurden
von Beiträgen der Kinder umrahmt. In Schuld, Kreis Ahrweiler, waren es die
Schulkinder, die *„zuerst (1964) die ‚Altenfeiern‘ für die betagten Mitbürger unserer
Gemeinde veranstalteten und Kaffee und Kuchen aus eigenen, ersparten Mitteln
spendeten."* [41] Die älteren Mitbürger wurden ohnehin besonders bedacht, ebenso
die Jubilare. Zum Fest der Goldenen Hochzeit war es üblich, daß sich die Kinder
mit Liedern und Gedichten beteiligten. Auch heute ist dieses eigentliche Familienfest noch ein halbes Dorffest, an dessen Gestaltung sich vorwiegend die Vereine beteiligen.

Bei einem 25jährigen Priesterjubiläum 1896 in Heimbach, Kreis Düren, begrüß-
ten die weißgekleideten Mädchen den Jubilar am Pfarrhaus und überreichten ihm
Birett und Silberkranz; die Knaben brachten *„dem Jubilar in sinnigen Sprüchen
ihre Glückwünsche dar".* [42] Amtsjubiläen der Priester, Lehrer und Schulräte und
Abschieds- und Einführungsfeiern derselben gehörten zu den unregelmäßigen
Festen des Dorfes, die aber dann das ganze Dorf auf die Beine brachten.

Es gab nicht nur Freudenfeste, an denen die Kinder aktiv teilnahmen. Da vor
allem Ende des letzten Jahrhunderts viele Kinder starben, an Krankheiten wie

Abb. 142 Die Schulkinder von Satzvey, Kreis Euskirchen, beim Trauerzug für den Burg-
herren Max-Felix Reichsgraf Wolff Metternich zur Gracht am 28. Dezember 1949.

Abb. 143 Trauerfeier für die verstorbene Lehrerin Eva Weber vor der Schule von Schmidt,
Kreis Düren, im Jahre 1931.

Diphtherie, Pocken oder Typhus, soll hier auch ein trauriger Anlaß für eine mit der Schule verknüpfte Feier erwähnt werden. Die Schulchronik von Bergheim, Kreis Euskirchen, berichtet von der Beerdigung einer im Jahre 1936 an Lungenentzündung gestorbenen Schülerin. Am Abend vorher trafen sich die Kinder im Schulsaal zu einer Totenwache. Anschließend wanden sie einen Kranz und zierten den Sarg. Am nächsten Morgen versammelten sich die Kinder am Trauerhaus. Von hier aus ging die Leichenprozession zum Friedhof. Getragen wurde — wie das im Totenbrauchtum bei Kindern nicht unüblich war — der kleine Sarg von Kindern, die ihn ebenso ins Grab senkten. Neben dem Priester sprach auch eine Mitschülerin im Namen der Schule Abschiedsworte.[43]

Ausflüge und Wanderungen

Etwa seit der Jahrhundertwende wurden in den Schulen regelmäßig kleinere und größere Ausflüge unternommen. Die Wanderungen, als Lehrwanderungen gedacht, sollten den Kindern die Heimat und ihre Besonderheiten näherbringen. Daß der ohnehin durch die Arbeit in Feld und Flur gewohnte Kontakt mit der Natur den Kindern auf dem Lande allerhand Wissen einbrachte, das sich ein aus der Großstadt kommender Lehrer erst mühsam erarbeiten mußte, zeigt der Tätigkeitsbericht eines Lehrers:

Abb. 144 Ausflug der Volksschule Reetz, Kreis Euskirchen, zur Ahrquelle nach Blankenheim am 26. Mai 1913.

Abb. 145 Ausflug der Volksschule Ramscheid, Kreis Euskirchen, mit dem Pferdefuhrwerk nach Elsenborn/Belgien. Zum Zeitpunkt der Fotoaufnahme gehörte Elsenborn noch zum deutschen Reich.

„Als Großstädter hatte ich keine Ahnung von Pflanzen, schon gar nicht von den in der Eifel verschwenderisch wachsenden Heilpflanzen. Dabei mußten wir zur damaligen Zeit Heilkräuter sammeln. Ich stand völlig hilflos da und mußte mir unauffällig von den Kindern die Namen der Blumen sagen lassen."[44]

Dem naturkundlichen Anschauungsunterricht zuliebe waren die Lehrer auch zu außerplanmäßigen Ausflügen bereit.

„Der Himmel ist blau
das Wetter ist schön
wir bitten den Herrn Lehrer
spazieren zu gehn".

Bei schönem Wetter sangen die Schulkinder in Pesch, Kreis Euskirchen, dieses Lied und schafften es dann auch in den meisten Fällen, den Lehrer, zu einem spontanen Spaziergang ins Freie zu überreden.[45] Etwa alle zwei Monate wurde ohnehin ein Wandertag angesetzt. Beliebte Ziele waren, je nach Ausgangspunkt, der Heidentempel bei Pesch, die Kakushöhle bei Dreimühlen, Kloster Steinfeld, Maria Laach, die Urfttalsperre, die Ahrquelle bei Blankenheim oder die Dauner Maare.

Aktuelle Ereignisse von allgemeinem Interesse machten manches Mal einen Ausflug geradezu erforderlich. So wanderte am 27. Juni 1901 die Oberklasse der Schule Lammersdorf, Kreis Aachen, nach Fringshaus, um die Automobilwettfahrer Paris — Berlin zu sehen.

Abb. 146 Mehrtägige Reisen führten gern zum Rhein. Seit den 20er Jahren war Rüdesheim mit dem Niederwalddenkmal beliebter Zielort solcher Ausflüge. Schule Wintersdorf, Kreis Trier-Saarburg, 1963 am Denkmal.

Abb. 147 Spontane Wanderung der Volksschule Nonnenbach, Kreis Euskirchen, im Jahre 1927 zu einem in der Nähe der Kiesgrube Schmidtheim notgelandeten Flugzeug.

Abb. 148 Heimatkundlicher Anschauungsunterricht führte die Schüler der Volksschule Kehr, Kreis Euskirchen, in den 50er Jahren zu den ‚Höckerlinien‘ des nahen Westwales.

„Dreißig Schritte von der Landstraße entfernt stellten sich die Kinder auf, um bald die blitzschnellen Renner vorbeisausen zu sehen." [46)]

Ausgegeben wurde dieser Ausflug als *„naturkundliche und geographische Lehrwanderung".* Gerade um die Jahrhundertwende gab es eine Reihe solcher Zeugen des Fortschritts zu bewundern, so daß ein Lehrausflug des öfteren angesagt war.

Im Juni 1885 wurde die Eisenbahnstrecke Aachen— St. Vith dem Verkehr übergeben. Da die Eifel erst relativ spät erschlossen wurde, war dies natürlich ein besonderes Ereignis. Der damals noch in der Hand von Privatunternehmen liegende Eisenbahnbau war wegen Unrentabilität hier lange hinausgezögert worden. Zum ersten Zug fand sich dann die ganze Schuljugend der Bürgermeisterei Simmerath in Lammersdorf, Kreis Aachen, ein, um den denkwürdigen Anschluß an die Eifel-Eisenbahn zu erleben.

1927 machte die Schule Nonnenbach, Kreis Euskirchen, einen ‚Blitzausflug' zur Kiesgrube in Schmidtheim, wo ein Flugzeug notgelandet war. Prompt stellten sich die Kinder vor der Maschine zum Gruppenfoto auf.[47)]

Entlassung

Die Schulpflicht dauerte bis zum 14. Lebensjahr oder 8 Jahre. Zwar heißt es in der Kabinettsordre von 1825, daß der Unterricht so lange dauere, *„bis das Kind... die einem jeden vernüftigen Menschen seines Standes notwendigen Kenntnisse erworben"* [48)] habe, doch — abgesehen von einer fehlenden näheren Bestimmung dessen — war es kaum möglich, ein Kind länger als bis zum 14. Lebensjahr in der Schule zu halten; dies war die äußerste Ausdehnung, die den Eltern wirtschaftlich zugemutet werden konnte. Die Arbeitskraft der Jugendlichen wurde vor allem in der Landwirtschaft, bei der Ernte und zum Viehhüten, gebraucht.

Im Preußischen Schulpflichtgesetz und später auch im Reichsschulpflichtgesetz sind die Möglichkeiten einer Verlängerung auf neun Jahre gegeben; doch bis zur Schulreform 1966 blieb das 9. Schuljahr ein freiwilliges Schuljahr. Entlassen wurden also in der Regel die Kinder, die das vorschriftsmäßige Alter hatten. Die Schulchronik Blankenheimerdorf, Kreis Euskirchen, berichtet von fünf frühzeitigen Entlassungen im Jahre 1899, die kurze Zeit später wieder aufgehoben wurden; die Betroffenen mußten die Schule nochmals besuchen, da sie eben das entsprechende Alter noch nicht erreicht hatten. Es gab aber zeitweise die Möglichkeit, neben Ostern auch im Herbst entlassen zu werden, geregelt durch eine Verfügung von 1876.[49)] Entlassungen innerhalb des Semesters waren allerdings gemäß einer zusätzlichen Verfügung *„unstatthaft".*[50)] Bald galt nur noch der Osterentlaßtermin; es bestand aber nach wie vor die Möglichkeit einer vorzeitigen Entlassung auf Antrag. Hier war vor allem ein *„Notstand der Familie"* ausschlaggebend: Schlechte wirtschaftliche Verhältnisse rechtfertigten eine verkürzte Schulpflicht, um die Familie unterstützen zu können. In einem Prüfungsprotokoll von 1875 aus Kommern, Kreis Euskirchen, ist die Rede von drei vorzeitig entlassenen Mädchen, die den Haushalt führen, beziehungsweise die Pflege der jüngeren Geschwister unterstützen mußten.[51)]

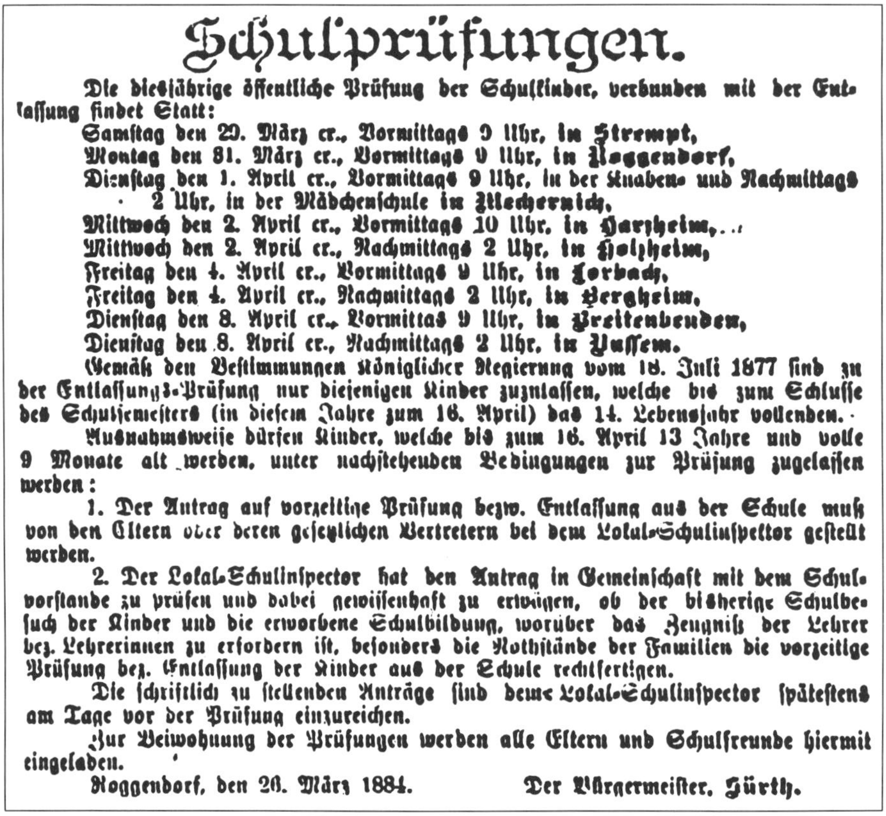

Schulprüfungen.

Die diesjährige öffentliche Prüfung der Schulkinder, verbunden mit der Entlassung findet Statt:

Samstag den 29. März cr., Vormittags 9 Uhr, in Strempt,
Montag den 31. März cr., Vormittags 9 Uhr, in Roggendorf,
Dienstag den 1. April cr., Vormittags 9 Uhr, in der Knaben- und Nachmittags 2 Uhr, in der Mädchenschule in Mechernich,
Mittwoch den 2. April cr., Vormittags 10 Uhr, in Harzheim,...
Mittwoch den 2. April cr., Nachmittags 2 Uhr, in Holzheim,
Freitag den 4. April cr., Vormittags 9 Uhr, in Lorbach,
Freitag den 4. April cr., Nachmittags 2 Uhr, in Bergheim,
Dienstag den 8. April cr., Vormittags 9 Uhr, in Breitenbenden,
Dienstag den 8. April cr., Nachmittags 2 Uhr, in Vussem.

Gemäß den Bestimmungen Königlicher Regierung vom 18. Juli 1877 sind zu der Entlassungs-Prüfung nur diejenigen Kinder zuzulassen, welche bis zum Schlusse des Schulsemesters (in diesem Jahre zum 16. April) das 14. Lebensjahr vollenden.

Ausnahmsweise dürfen Kinder, welche bis zum 16. April 13 Jahre und volle 9 Monate alt werden, unter nachstehenden Bedingungen zur Prüfung zugelassen werden:

1. Der Antrag auf vorzeitige Prüfung bezw. Entlassung aus der Schule muß von den Eltern oder deren gesetzlichen Vertretern bei dem Lokal-Schulinspektor gestellt werden.

2. Der Lokal-Schulinspector hat den Antrag in Gemeinschaft mit dem Schulvorstande zu prüfen und dabei gewissenhaft zu erwägen, ob der bisherige Schulbesuch der Kinder und die erworbene Schulbildung, worüber das Zeugniß der Lehrer bez. Lehrerinnen zu erfordern ist, besonders die Nothstände der Familien die vorzeitige Prüfung bez. Entlassung der Kinder aus der Schule rechtfertigen.

Die schriftlich zu stellenden Anträge sind dem Lokal-Schulinspector spätestens am Tage vor der Prüfung einzureichen.

Zur Beiwohnung der Prüfungen werden alle Eltern und Schulfreunde hiermit eingeladen.

Roggendorf, den 26. März 1884.   Der Bürgermeister. Gürth.

Abb. 149 Öffentliche Bekanntmachung der Schulentlaßprüfungen für den Raum Mechernich, Kreis Euskirchen. „Glück auf. Anzeiger für Mechernich und Umgegend", 1884.

Bis zum ersten Weltkrieg wurde noch eine Entlassungsprüfung durchgeführt. Schon in der ‚Allgemeinen Dienstinstruction für Landschullehrer' von 1822 ist die Rede von jährlichen, öffentlichen Schulexamen, zu welchen der Schullehrer für den Ortspfarrer, der zugleich Lokalschulinspektor war, Lektions- und Zensurentabellen anzufertigen hatte (§ 6).[52] Eine Circular-Verfügung der Königlichen Regierung vom 18. Juli 1877 erläuterte die Prüfungs- und Entlassungsvoraussetzungen:[53]

„I. Die Entlassung der Kinder aus der Schule darf... nur am Schlusse des Winter- und Sommerhalbjahres auf Grund der durch Prüfung nachgewiesenen ausreichenden Schulbildung stattfinden.

II. Die Prüfung ist in Gegenwart des Schulvorstandes unter Leitung des Lokal-Schulinspektors, bzw. des Kreisschulinspektors durch den Lehrer bzw. durch die Lehrerin abzuhalten. Denjenigen Kindern, welche die Prüfung bestanden haben, ist ein nach Maßgabe unserer Verfügung vom 14. März 1857 auszufertigendes und vom Lokal Schulinspektor und vom Bürgermeister zu vollziehendes Entlassungszeugnis auszuhändigen.

III. Zu der Prüfung sind in der Regel diejenigen Kinder zuzulassen, welche bis zum Schlusse des Schulsemesters das vierzehnte Lebensjahr vollenden. Ausnahmsweise dürfen Kinder, welche bis zum Schlusse des Schulsemesters dreizehn Jahre und volle neun Monate alt werden, unter nachstehenden Bedingungen zur Prüfung zugelassen werden:

a. Der Antrag auf vorzeitige Prüfung bzw. Entlassung aus der Schule muß von den Eltern oder deren gesetzlichen Vertretern bei dem Lokal-Schulinspektor gestellt werden.

b. Der Lokalschulinspektor hat den Antrag in Gemeinschaft mit dem Schulvorstand zu prüfen und dabei genauestens zu erwägen, ob der bisherige Schulbesuch der Kinder und die erworbene Schulbildung, worüber das Zeugnis der Lehrer bzw. Lehrerinnen zu erforderlich, besonders der Notstand der Familie die vorzeitige Prüfung bzw. Entlassung der Kinder aus der Schule rechtfertigen. "

Die Prüfungs- und Entlassungstermine wurden öffentlich bekanntgegeben, unter Angabe der Voraussetzungen und mit Wochentag, Datum, Ort, Uhrzeit. Das Schultagebuch des Lehrers Joseph Gentz berichtet von einer Entlassungsprüfung aus dem Jahre 1897 in Heimbach, Kreis Düren:

„Heute, den 1. April fand in hiesiger Knabenschule die Entlassungsprüfung derjenigen Kinder statt, die bis zum 1. October das 14. Lebensjahr vollenden. Der Prüfung wohnte bei der Lokalschulinspektor Herr Pfarrer Zeveld u. der Bürgermeister Herr Deuser. Die Prüfung erstreckte sich über Religion, Deutsch, Rechnen u. die realistischen Lehrgegenstände. Zum Schlusse wurden mehrere 2stimmige Lieder gesungen und hierauf 6 Knaben aus der Schule entlassen. Nachmittags fand die Prüfung in der Mädchenschule statt. Hier wurden 4 Kinder entlassen. "[54]

Kurz und schmerzlos war dieser doch so feierliche Tag für die Schüler! Eine größere Feier gab es nicht, lediglich ein paar Lieder wurden gemeinsam gesungen. In späteren Jahren dehnte sich dieser Teil der Entlassung allerdings zusehends aus.

Nach dem ersten Weltkrieg war lediglich die Anzahl der Jahre für die Schulentlassung maßgebend. Das Preußische Schulpflichtgesetz von 1927 verordnete in § 3,1: *„Die Schulpflicht endet nach Ablauf von 8 Jahren mit Abschluß des Schuljahres";* eine Verlängerung sei möglich, falls das Ziel nicht erreicht sei, heißt es weiter in § 3,3. Doch sind weder Kriterien dafür angegeben, noch ist eine Kontrolle gewährleistet. Ebenso verfährt das Reichschulpflichtgesetz von 1938.[55] Ein 9. Pflichtschuljahr wurde im Dezember 1966 eingeführt.

Im Jahre 1946 verfügte der Schulrat des Kreises Schleiden, *„daß in allen Schulen des Kreises alljährlich am 1. Februar die Schüler, die im März zur Entlassung kommen, angehalten werden, einen Lebenslauf zu schreiben. Den Schülern ist dazu die notwendige Belehrung über die Ausfertigung eines Lebenslaufes zu geben. "*[56] Die Schulen wurden oft um eine Beurteilung eines Schülers gebeten, beispielsweise von einem Dienstherrn. Da das Zeugnis allein nicht ausreichte, ein angemessenes Bild über den Schüler abzugeben, sollte ein solcher Lebenslauf vorhanden sein,

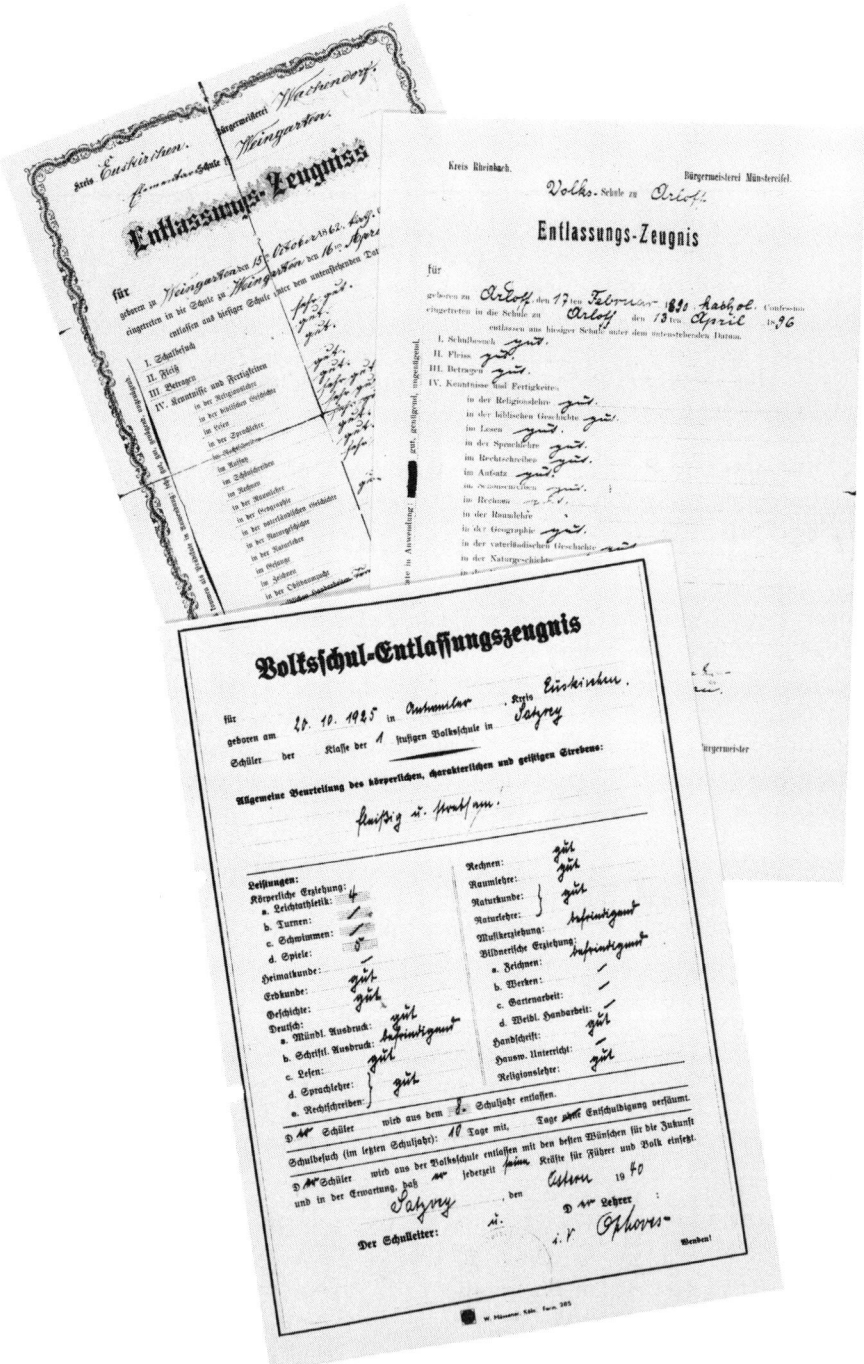

Abb. 150 Entlassungszeugnisse der Volksschulen Kreuzweingarten, Kreis Euskirchen, von 1876, Arloff, Kreis Euskirchen, von 1903 und Satzvey, Kreis Euskirchen, von 1940.

Zur Erinnerung an meine Schulzeit

Abb. 151 Gruppenfoto der schulentlassenen Mädchen der Volksschule Langerwehe, Kreis Düren, im Jahre 1940.

der durch eine Beurteilung des Lehrers ergänzt wurde. Mit dem Zeugnis zusammen sollten diese Schriftstücke den Schüler vorstellen können.

Die Entlassungsfeier, sobald sie sich über den Gesang von einigen Liedern hinausbewegte, fand überall in einem ähnlichen Rahmen statt. Der schulischen Feier ging ein Entlassungsgottesdienst voraus. Anschließend versammelten sich die Entlaßschüler mit Lehrer(n) und zum Teil auch mit den Eltern in einem für diesen Anlaß geschmückten Schulsaal zu einem Abschlußkaffee. Der offizielle Teil der Feier umfaßte ein kleine Verabschiedungsrede seitens des Lehrers; danach wurden die Zeugnisse verteilt. Der gemütliche Teil wurde größtenteils von den Kindern des 7. Schuljahres ausgerichtet, vor allem in Form der Bewirtung. Lieder und Gedichte wurden teilweise von Kindern aus Unter- und Mittelklasse dargeboten; häufig gab es auch ein kleines Theaterstück zur Entlassungsfeier.

Mancherorts wurden den Entlassenen Abschiedsgeschenke überreicht, allerdings erst ab den 50er Jahren. So erhielten die Entlaßschüler in Pesch, Kreis Euskirchen, einen Strauß, aus Tannenzweigen gebunden und mit selbstgemachten Rosen geschmückt. Manchmal gab es für die Mädchen ein Nachthemd oder eine Schürze, für die Jungen ein Hemd, alles selbstgenäht vom 7. Schuljahr.[57]

Die Feier in dieser Ausgestaltung konnte natürlich im Laufe der Zeit, als Krieg und Notzeiten vorbei waren, zunehmend üppiger werden, was die Beköstigung wie das Programm betraf. Lehrer Thannhäuser konnte für die Volksschule Blei-

Abb. 152 Gemeinsames Einpflanzen eines Obstbaumes zur Schulentlassung 1937 in Stadtkyll, Kreis Daun.

buir, Kreis Euskirchen, ab 1960 sogar eine finanzielle Unterstützung der Gemeinde einplanen. Seit 1963 organisierte er zudem als besondere Aktion eine Ausstellung, die einen Überblick über die Jahresarbeit geben sollte.

Während des Nationalsozialismus' fehlten auch politisierte Feiern nicht. Von einer *„Übernahme in die HJ und gleichzeitig Verpflichtungsfeier bei der Osterentlassung 1944"* berichten einige Schulchroniken.[58)] Wie diese im einzelnen ausgesehen haben, wird nicht näher ausgeführt.

Die Entlassungsfeier stand meist unter einem Leitthema, nach Art von ‚Hinaus ins Leben' oder ‚Nun steuer dein Schiff ins Leben hinaus'. Symbolisch wurde oftmals ein Obstbaum gepflanzt, oder die Schüler bekamen einen solchen geschenkt, um ihn zu Hause zu pflanzen:[59)] Die Schulzeit sollte Früchte tragen, der junge Mensch sollte erwachsen werden.

Fibel, Tafel, Rechenbuch
Unterrichtsmethoden und Lernmittel
Bernd Blumenthal

Die Anfänge im 19. Jahrhundert

Die Unterrichtsmethoden in den Eifelschulen der ersten Hälfte des 19. Jahrhunderts zu schildern, fällt nicht leicht. Es ist dies eine Zeit des Umbruchs des Schulwesens in dem erst 1815 preußisch werdenden Rheinland, in der einerseits noch alle Elemente der auf kirchlicher Fürsorge beruhenden Landschulen des 17. und 18. Jahrhunderts vorhanden waren, andererseits der preußische Staat zunehmend Einfluß auf das Schulwesen nimmt und es letztendlich zu seiner Sache macht. Als dritter Faktor kommen schon in den 20er Jahren Privatpersonen hinzu, die die pädagogischen Theorien Pestalozzis und Herbarts, die um diese Zeit die pädagogische Situation bestimmen, in selbstentwickelte Unterrichtsmaterialien umsetzen.

Grundgedanke Herbarts war die Idee des erziehenden Unterrichts, in dem durch stufenweises Fortschreiten eine Unterrichtsdisziplin entwickelt, die zur Charakterbildung des Schülers führt[1]. Bei Pestalozzi steht die Bedeutung der geistigen Entwicklung des Schülers für die Wahl der Unterrichtsmethode im Vordergrund. Dementsprechend betont er die Wichtigkeit der Anschauung zum Verständnis des Unterrichtsstoffes. Die Anschauungsmittel müssen Alter und Entwicklung des Schülers angepaßt sein. Beim Rechenunterricht bieten sich hierfür zum Beispiel Steinchen, Erbsen oder auch die eigenen Finger an. In der Rechenfertigkeit sieht Pestalozzi jedoch nur ein vordergründiges Ziel des Unterrichts. Das eigentliche Ziel ist für ihn die Bildung der Vernunftkraft.

In scharfem Kontrast zu den Theorien der Pädagogen steht die Situation der Landschulen nach Beendigung der napoleonischen Besatzung 1815. Man kann sie sich auch im Extremfall durchaus so vorstellen, wie sie Jan Steen schon im 17. Jahrhundert gemalt hat. Die Schüler bekamen einzeln ihre Aufgaben gestellt und wurden sich dann selbst überlassen, um diese zu lösen. Irgendwann später wurden sie kontrolliert. Dementsprechend sieht man auf Steens Bild Schüler auf dem Boden einschlafen, miteinander reden, sich zanken und auf den Bänken herumtanzen. Es läßt sich leicht vorstellen, daß unter diesen Umständen die Kontrolle des Schülers oft genug mit einem Strafgericht verbunden war.

Die Frau des Lehrers half gelegentlich beim Unterricht, und es kam nicht selten vor, daß sich dieser während der Unterrichtszeit mit der Ausübung eines Hand-

Abb. 153 Schule als Familienbetrieb: Der Lehrer als Schneider mit Frau und kleinen Kindern in der Schulstube. Holzschnitt des 19. Jahrhunderts.

werks ein Zubrot verdiente[2]. Als Unterrichtsmaterialien kamen in erster Linie Handpostillen, Kalender und Gebetbücher in Frage, also Druckerzeugnisse, die nicht extra angeschafft werden mußten. Anhand dieser Materialien wurde durch buchstabenweises Abschreiben die Schreibfertigkeit geübt (Buchstabiermethode). Einige Kinder, besonders im Umkreis größerer Städte, besaßen auch Lesebücher wie den damals beliebten ‚Kinderfreund‘. Da für die Auswahl und Anschaffung der Bücher die Eltern zuständig waren, kann von einem methodisch durchgeführten Unterricht im heutigen Sinne keine Rede sein.[3] Insofern läßt sich dem von Steen abgebildeten Lehrer nicht einmal ein Vorwurf machen.

Die Reformen Viktor Josef Deworas

Vor diesem Hintergrund wurden in den schon zur napoleonischen Zeit entstandenen Lehrerseminaren in Trier (1810) und in Brühl (1814) Unterrichtsmaterialien zum Gebrauch in den Elementarschulen entwickelt. So veröffentlichte der Gründer des Trierer Seminars, der Pfarrer Viktor Josef Dewora, 1817 ein ‚Elementarbuch zum Lesenlernen für katholische Pfarr- und Filialschulen‘ und 1819 ein ‚Namenbüchlein für die lieben Kleinen in katholischen Elementarschulen‘. Als einer der ersten lehrte er das Lesen nach der Lautiermethode im Gegensatz zu der bis dahin allgemein üblichen Buchstabiermethode. Hierbei wurde nicht von den Buchstaben der Schrift, sondern von den Lauten der gesprochenen Sprache ausgegangen. Die Übungen Deworas *„waren allerdings nicht kindgemäß genug und zu mechanisch aufgebaut, die Leseübungen ohne Sinnzusammenhang.“*[4] Auch sein 1821 erschienenes Buch ‚Anleitung zur Rechenkunst für Elementar-

180

Abb. 154 Der Reformpädagoge Johann Heinrich Pestalozzi (1746–1827) beim Unterricht, um 1797. Zeitgenössischer Kupferstich.

schulen' war für den Einsatz in der Schule nach heutigen Gesichtspunkten *„wenig geeignet, obwohl es von der neuen Methode ausging, die Denkkraft und Selbsttätigkeit zu fördern."* [5)]

Neben der Erarbeitung dieser Schulbücher schlug Dewora auch zahlreiche andere Unterrichtsmittel vor, die die damals für die Ausstattung der Schulen zuständigen Gemeinden nicht sonderlich belasteten: die Verwendung von Dachschiefer als Tafeln und Griffel für die Schüler, auf Pappe aufgeklebte Vorlagen mit Buchstaben, Silben und Worten, Einer- und Bruchtabellen als Anschauungsmittel für den Rechenunterricht. Insgesamt überrascht die Einfachheit und — aus heutiger Sicht — Selbstverständlichkeit dieser Vorschläge; die Tatsache, daß sie gemacht wurden, beweist jedoch, daß die genannten Materialien in der Elementarschule der Zeit unbekannt waren.

Kann man noch von einer beträchtlichen Verbreitung dieser auf den neuen pädagogischen Ansätzen beruhenden Unterrichtsmaterialien in den Städten und den Randgebieten der Eifel ausgehen, so ist ihr Vordringen in die Dorfschulen der inneren Eifel jedoch äußerst zweifelhaft. Dem standen nicht nur die mangelhaften Verkehrsverhältnisse entgegen, sondern auch der Bewußtseinsstand der Bevölkerung, die die Schule in erster Linie als eine Institution ansah, die die Jugend daran hinderte, den Eltern auf dem Feld und im Stall zur Hand zu gehen.

Die Tätigkeit der Lehrervereine

Diese Situation änderte sich erst in den 40er Jahren. Jetzt machte sich erstmals der Ausbau des Verkehrs- und Postwesens durch die preußische Regierung bemerkbar, durch den der Austausch von neuen Ideen gefördert wurde.

181

Abb. 155 Buchstabiertafel zum Lesenlernen mit gezeichneten Wortbeispielen, um 1895.

Im Vorfeld der Revolution von 1848 entstanden im Zuge eines allgemeinen Auflebens des Vereinswesens nun auch in den abgelegenen Kreisen der Eifel freie Lehrervereinigungen, sogenannte ‚Konferenzgesellschaften‘, die sich an einigen Orten zu Lehrervereinen zusammenschlossen.[6] In diesen wurden, wie im ‚Trierischen Lehrerverein‘ ab 1848, Fibeln und Lesebücher erarbeitet sowie Lautier- und Lesetabellen veröffentlicht, um so durch lautes Lesen in der Gruppe die Alphabetisierung der Landbevölkerung zu erleichtern. Rechenbücher für die Hand des Schülers gab es weiterhin so gut wie nicht, sieht man einmal von Deworas Buch ab. So war das Kopfrechnen in der Schule vorrangig. Neben Fibel oder Lesebuch besaßen die Kinder allenfalls eine Bibel oder einen Katechismus.

Während die Lehrervereine bestrebt waren, den Unterricht durch Medien interessant und anschaulich zu gestalten, bremste die Obrigkeit die nun aufkommende ‚Bücherflut‘, und dies nicht erst nach dem Scheitern der Revolution. So hatte die Kölner Bezirksregierung bereits 1845 verfügt:

„Die Zahl der Bücher, welche sich die Kinder in der Volksschule, in den Städten und auf dem Lande, anzuschaffen haben, ist möglichst zu beschränken. Eine gute Fibel, der Katechismus, eine Biblische Geschichte..., für die Erwachsenen ein Lesebuch, welches in einer sachgemäßen Auswahl von Lesestücken lebendige Anschauungen des Menschenlebens in seinen wichtigsten Beziehungen bietet, und in diesem das bedeutendste aus der Naturkunde, Erdbeschreibung und Geschichte in anschaulicher Darstellung verbindet, zugleich aber durch seine sprachliche Form geeignet ist, die Vertrautheit mit der Muttersprache in ihrer reinen Gestalt zu för-

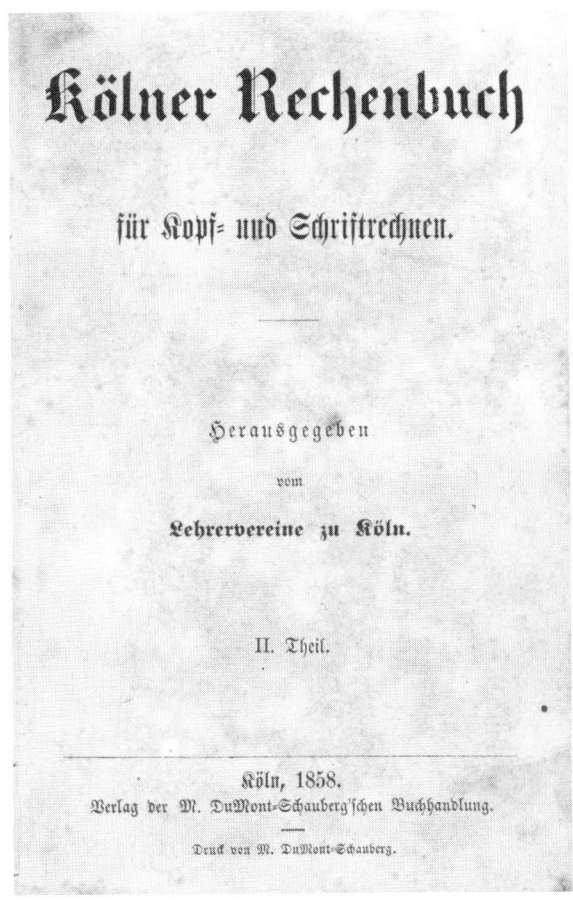

Abb. 156 In Selbsthilfe der Lehrervereine entstanden um die Mitte des 19. Jahrhunderts neue Schulbücher. Titelblatt des „Kölner Rechenbuch" von 1858.

dern und die Schüler in deren Verständnis und Anwendung weiterzubringen, endlich eine Sammlung von Aufgaben zum Rechnen sind für den Gebrauch der Schulkinder in den meisten Schulen völlig ausreichend."[7]

Man kann diese Haltung mit der Furcht der Regierung erklären, daß allzuviel Wissen nur zum Übermut der Untertanen führt, oder auch mit ihrem Bemühen, die Anzahl der neu erscheinenden Schulbücher mit den finanziellen Möglichkeiten der armen Landbevölkerung in Einklang zu bringen. Die Stellungnahme zeigt jedoch deutlich das Bestreben des preußischen Staates, Einfluß auf die Auswahl der Unterrichtsmittel zu gewinnen. Nach dem Scheitern der Revolution verstärkte sich dies noch, warf man doch dem Lehrerstand vor, durch seine rege Vereinstätigkeit für den Ausbruch der Revolution mitverantwortlich zu sein. So wurden während der Reaktionszeit die Lektüren in den Schulen streng reglementiert und die eingeführten Bücher kontrolliert.

Die 50er und 60er Jahre sind Jahrzehnte, in denen wohl erstmalig der allergrößte Teil der Lehrer eine Seminarausbildung genossen haben dürfte, und es ist wohl

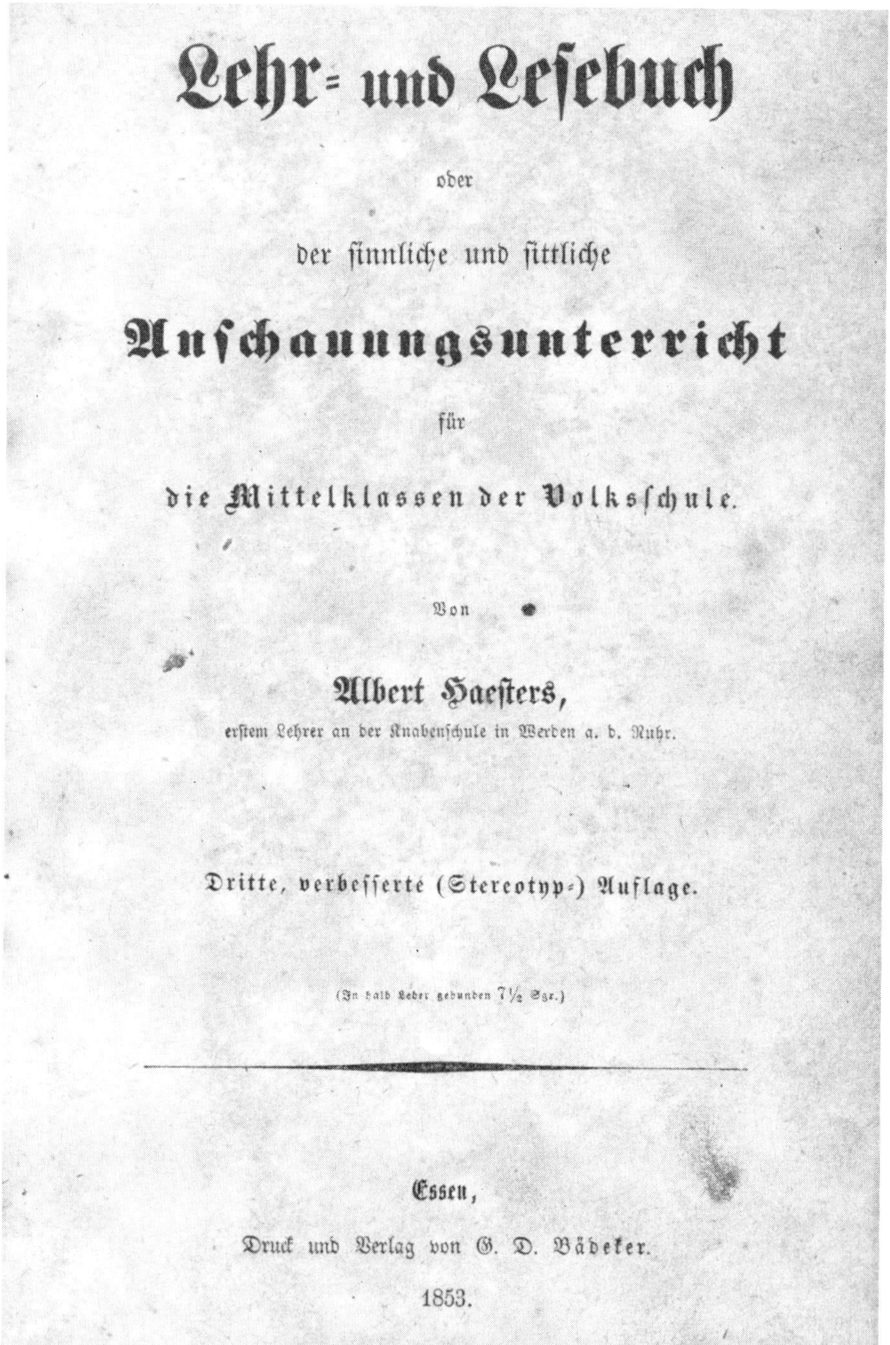

Lehr= und Lesebuch

oder

der sinnliche und sittliche

Anschauungsunterricht

für

die Mittelklassen der Volksschule.

Von

Albert Haesters,

erstem Lehrer an der Knabenschule in Werden a. d. Ruhr.

Dritte, verbesserte (Stereotyp=) Auflage.

(In halb Leder gebunden 7½ Sgr.)

Essen,

Druck und Verlag von G. D. Bädeker.

1853.

Abb. 157 Eine neue Qualität wollten die reformfreudigen Pädagogen dem Anschauungs-unterricht geben. Titelblatt eines sehr frühen „Lehr- und Lesebuchs" für die Hand des Lehrers von 1853.

kein Zufall, daß erst jetzt die Menschen auf dem Land in ihrer großen Mehrheit im Stande waren, ihren Namen zu schreiben.[8] Die im Gebrauch befindlichen Unterrichtsmaterialien sind auch in dieser Zeit nicht wesentlich über das hinausgegangen, was Dewora schon in den 20er Jahren vorgeschlagen hatte. Neben Religion, Schreiben und Kopfrechnen *„erschöpfte sich"* der Unterricht *„in der Vermittlung von Kenntnissen über das Herrscherhaus und Vaterland und deren Geschichte, dargestellt in der einseitigen Sicht des reaktionären Staates, sowie in einigen wenigen Betrachtungen der Natur. Aber auch dieser Unterricht fehlte fast ganz in vielen Schulen."*[9]

Die Entstehung geordneter Verhältnisse ab 1872

Im Jahre 1872 änderte sich die Situation schlagartig. In diesem Jahr trat in Preußen ein neues Schulaufsichtsgesetz in Kraft, das unter Aufhebung aller entgegenstehenden Bestimmungen die Aufsicht über alle öffentlichen und privaten Unterrichts- und Erziehungsanstalten dem Staat zuwies. Dadurch, daß der preußische Staat das Unterrichtswesen zu seiner ureigensten Sache machte, bekam auch das Elementarschulwesen eine neue Dimension. Es wurde konsequent auf der Basis der wissenschaftlichen Pädagogik weiterentwickelt, worunter in erster Linie die Pädagogik Herbarts und seiner Nachfolger Ziller und Rein zu verstehen ist.

Letztere waren bemüht, Herbarts Erziehungsvorstellungen für die Unterrichtspraxis nutzbar zu machen. Hierbei plädierten sie für eine Konzentration der Unterrichtsinhalte und methodisch für ein Fortschreiten vom Einfachen zum Komplexen. Rein erweiterte Herbarts Formalstufen zu der Abfolge Vorbereitung, Darbietung, Verknüpfung, Zusammenfassung und Anwendung, die als Modell des Unterrichts schlechthin galt. Das Ziel von Ziller und Rein war es, Unterricht so organisierbar zu machen, daß sein Ergebnis ‚determinierbar' sei.

Vor diesem Hintergrund brachten die ‚Allgemeinen Bestimmungen über Einrichtung, Aufgabe und Ziel der preußischen Volksschule' wesentliche Neuerungen, von denen in unserem Zusammenhang die Ausführungen über ‚Einrichtung und Ausstattung des Schulzimmers' sowie über ‚Die unentbehrlichen Lehrmittel' von Bedeutung sind.[10] Wenn zum ersten Punkt verlangt wird, daß im Klassenzimmer für jedes Kind eine Fläche von 0,6 m^2 vorhanden sein muß, so bedeutet dies, daß ein solcher Schulraum zu dieser Zeit keineswegs den Regelfall darstellte.[11] Die ‚allgemeinen Bestimmungen' fordern weiterhin, daß der Schulraum hell und luftig sein soll sowie über eine ausreichende Anzahl von Tischen und Bänken verfügt. Auch eine Schultafel mit Gestell und ein Schrank zur Aufbewahrung von Büchern und Heften, Kreide und Schwamm werden gefordert. Als unentbehrliche Lehrmittel gelten:

„1. je ein Exemplar von jedem in der Schule eingeführten Lehr- und Lernbuch, 2. ein Globus, 3. eine Wandkarte von der Heimatprovinz, 4. eine Wandkarte von Deutschland, 5. eine Wandkarte von Palästina, 6. einige Abbildungen für den weltkundlichen Unterricht, 7. Alphabete weithin erkennbar auf Holz- oder Papptäfelchen geklebter Buchstaben zum Gebrauch beim ersten Leseunterricht, 8. eine Geige, 9. Lineal und Zirkel, 10. eine Rechenmaschine . . . "[12]

Abb. 158 Nach der Reform des Unterrichtswesens ab 1872 gelangten auch neue Lehr-
und Lernmittel in die Volksschulen.

Die vorgeschriebenen Unterrichtsmittel lassen deutlich die Unterrichtsmethode
der Zeit erkennen. Globus, Karten, Wandbilder und Alphabete sind Hilfsmittel,
die nicht nur den jeweiligen Unterrichtsgegenstand anschaulich darstellen, sondern von ihrem Wesen her den Unterricht mit größeren Klassen erst richtig möglich machen, weil sie die Aufmerksamkeit aller Schüler gleichzeitig auf sich kon-
zentrieren können. Der Lehrer zeigte also etwas an diesen Objekten, und die
Klasse verarbeitete es daraufhin, indem sie es nachmachte, auswendig lernte usw.
Darüber hinaus zeigt diese Auflistung, daß zu den traditionellen Fächern Lesen,
Schreiben, Rechnen und Religion neue hinzugekommen waren. Globus, Karte
und weltkundliche Abbildungen weisen auf die Realien wie Erd- und Heimatkunde hin, die jetzt überall gelehrt werden sollten, und die Geige zeigt die Bedeutung, die der Musikunterricht gewonnen hatte. In diesem Fach sollten in erster
Linie Kirchen- und Vaterlandslieder eingeübt werden.

Über die Reaktionen, die diese Bestimmungen bei allen Beteiligten auslösten,
berichtet Johannes Reuter, der ihre Durchführung als Hilfslehrer in Masthorn,
Kreis Bitburg-Prüm, miterlebte:

*„Diese Bestimmungen wirkten mächtig bis in die abgelegensten Winkel des Staates
hinein, den(n) ich konnte ihre Tragweite sehr deutlich in Masthorn spüren. Noch im
November wurde ich durch Rundschreiben nach Winterspelt zu einer Konferenz ent-
beten. Schulinspektor Lenartz versammelte seine Lehrer, es waren etwa 15, im
Schulsaale zu Winterspelt und machte sie bekannt mit den neuen Umwälzungen ...*

RITTERBURG

Abb. 159 In großen Stückzahlen wurden ab Mitte der 80er Jahre des 19. Jahrhunderts farbige Wandbilder zu den verschiedensten Unterrrichtsthemen hergestellt. Gotische Ritterburg für den Vaterländischen Geschichtsunterricht, um 1885.

Sie sahen sich in Ihrem Stand gehoben, begrüßten manche Neuerung mit Freude, standen vor anderen Dingen fragend wie vor etwas unerreichbarem. Am besten wurden zunächst die äußerlichen Vorschriften verstanden. So z.B. mußten für alle Schulen von der Gemeinde bestimmte Lehrmittel angeschafft werden. "[13]

Gerade durch den zuletzt genannten Punkt ergaben sich in der Praxis häufig Probleme, da sich zunächst viele Gemeinden gegen diese Geldausgaben sträubten.

Abb. 160   Rechenscheibe aus Holz zur Veranschaulichung des Bruchrechnens, 20er Jahre.

So gehörte oft ein gehöriges Durchsetzungsvermögen von seiten des Lehrers und des Bürgermeisters dazu, diese Probleme zu lösen und die Bestimmungen zur Ausführung zu bringen. Der Masthorner Lehrer stellt fest, „*... daß diese Dinge den Masthornern auf einmal 30 Taler kosteten. Das mußte ich persönlich entgelten; denn der Hackenbauer hatte keine Kinder in der Schule, mußte aber seinem Vermögen entsprechend mit 11 Talern einspringen. Dafür stellte er den Schullehrer... eines Tages im Wiesengrund unter vier Augen und sagte ihm verschiedene Liebenswürdigkeiten.*"[14]

Die neuen Unterrichtsmittel wurden jedoch bei weitem nicht überall sofort angeschafft. So stellte 1875 nach der Pensionierung der Lehrerin Gertrud Bonn in Kommern, Kreis Euskirchen, deren Nachfolgerin fest, daß viele Materialien von Büchern über Karten bis hin zu Zirkel und Lineal nicht vorhanden waren. „*Die verängstigte und gedemütigte Lehrerin Bonn hatte nicht gewagt, die notwendigsten Unterrichtsmittel von der Gemeinde zu erbitten. Sie war in ihrer Art wohl ein Geschöpf ganz nach dem Willen der Mehrheit des Gemeinderates, sparsam und anspruchslos.*"[15]

Daß Kommern diesbezüglich kein Ausnahmefall war, zeigt der Revisionsbericht von 1875 über 70 Schulen des Kreises Trier-Land, in dem es heißt, daß die vorgeschriebenen Lehrmittel nur in sehr wenigen Schulen zur Zeit der Revision vor-

188

handen waren.[16) Bis in die 90er Jahre waren die meisten Elementarschulen jedoch mit allen vorgeschriebenen Unterrichtsmitteln versorgt. Schon bald stellte sich eine regelrechte Lehrmittelindustrie auf die Bedürfnisse der Schulen ein. Besonders Wandkarten und Wandbilder wurden gleich von mehreren Verlagen in einer breiten Palette angeboten. Sie waren für die frontale Unterrichtsmethode, bei der der Lehrer zur ganzen Klasse spricht, bestens geeignet, nicht nur, weil sie von jeder Stelle des Klassenraumes gut einsehbar waren, sondern auch, weil sie einen hohen Ansschauungsgrad besaßen und somit *„die weite Welt im Klassenzimmer"* präsent wurde.[17) Die gleiche Funktion erfüllte die Laterna Magica, die allerdings nur in Schulen wohlhabenderer Gemeinden vorgekommen sein dürfte. Hierbei handelt es sich um einen frühen Vorläufer des Diaprojektors, der bemalte Glasscheiben auf die Wand projizierte. Als Lichtquelle diente hierbei eine Petroleumlampe, deren Wärme durch einen kaminartigen Aufbau, der einen Luftsog erzeugte, abgeleitet wurde. Für den Unterricht im Bruchrechnen wurde schon in den 80er Jahren eine Rechenscheibe angeboten, deren hölzerner Kreis mit Hilfe verschiedener Schnüre oder Gummizüge unterteilt werden konnte. All diese neuen Materialien dienten in erster Linie dem Ziel, dem Unterricht einen höheren Anschauungsgrad zu verleihen.

Neben den Schwierigkeiten bei der Anschaffung dieser Unterrichtsmaterialien stellte sich bald auch wieder die Frage des Inhalts von Lesebüchern. Die im Mai

Abb. 161 ,Laterna magica' zur Projektion farbiger Bilder mit Hilfe einer Petroleum- Lichtquelle, um 1900.

An die „Deutsche Fibel" von Dietlein schließt sich an:

Deutsches Lesebuch

für die

Unter-, Mittel- und Oberstufe

der

Bürger- und Volksschulen

von

Rudolf Dietlein, und **Woldemar Dietlein,**
erstem Lehrer in Wartenburg a. E.   Schul-Inspektor in Hildesheim.

I. Theil: Unterstufe.

Preis 7½ Sgr.

(II. Theil: Mittelstufe und III. Theil: Oberstufe sind unter der Presse.)

Der Verlagsbuchhandlung ist es zur Realisirung ihres längst gehegten Vorhabens: „**ein den veränderten Zeitverhältnissen entsprechendes Deutsches Schullesebuch herauszugeben**" gelungen, hierzu zwei praktische Schulmänner zu gewinnen, deren bisherige literarische Arbeiten ebensowohl als auch insbesondere ihre langjährige unmittelbare Wirksamkeit und Erfahrung in der Bürger- und Volksschule ihr sichere Bürgschaft für das Gelingen geben. Es kam ihr hierbei darauf an, daß einestheils das Lesebuch vor Allem den heutigen Anforderungen der Pädagogik und Schulkunde entspräche, daß aber auch anderntheils demselben zugleich ein dem nun endlich geeinigten und befreiten deutschen Vaterlande entsprechender und klar ausgeprägter Charakter beigelegt würde.

Alles Partikularistische, alles specifisch Ueberschwengliche, alles Extreme, alles Trennende in Sachen der Religion, der Geschichte und Politik wird daher aus demselben fern gehalten. Dagegen wird alle Sorgfalt und aller Fleiß in Aufsuchen des Besten aus unserer klassischen Literatur aufgewandt werden, um durch den zu bietenden Lesestoff in den Schülern eine echt religiöse Gesinnung, ein wahrhaft christliches Wesen, eine bewußtvolle Liebe zum gemeinsamen Vaterlande, wie zur Heimath und ein möglichst klares Verständniß der Natur und aller realen Verhältnisse zu erzeugen und zu befestigen.

Abb. 162   Verlagsanzeige von 1872 für das von reformfreudigen Pädagogen zusammengestellte „Deutsche Lesebuch". Das Buch wurde bald wieder vom Markt genommen, weil sich katholische Kreise an seinen entkonfessionalisierten Inhalten stießen.

190

1874 stattfindende Konferenz aller Schulräte der Rheinprovinz befaßte sich eingehend mit der Lesebuchfrage. In dieser Zeit war noch eine Vielzahl von Büchern im Umlauf, die zum Teil Neuauflagen der Bücher der 20er und 30er Jahre waren. Sie enthielten Sagen, Märchen, Bearbeitungen von literarischen Stoffen und Berichte aus den Realien wie Erdkunde und Geschichte. Ziel einer Neubearbeitung sollte es sein, falsche Sentimentalitäten auszumerzen. Vor allem sollte das neue Buch lebensnah und überkonfessionell sein.[18] Es wurde 1876/77 eingeführt, jedoch von verschiedenen Seiten kritisiert und bereits 1887 seinerseits durch das ‚Lesebuch für die (katholischen oder evangelischen) Schulen der Rheinprovinz‘ ersetzt.

Auch Rechenbücher wurden in den 70er Jahren in die Hand des Schülers gegeben. Zu den am weitesten verbreiteten gehörten die ‚Rechenhefte‘ des Trierer Lehrervereins sowie das ‚Rechenbuch für Volksschulen‘ von A. Raser und J. Gröning, bearbeitet von J. Mundt, das im Verlag Schmitz in Köln erschien. Es wurde von Ostern 1888 an auch im Regierungsbezirk Trier allgemein eingeführt. Die Rechenbücher dieser Jahrzehnte stellen teilweise erstaunliche „... *Anforderungen im Kopfrechnen, aber auch in der Lösung schwieriger Denkaufgaben... Wenn auch diese Rechenbücher den heutigen Erkenntnissen nicht entsprechen können, bleibt immerhin eindrucksvoll, welche Leistungen in der damaligen Schule durch Üben erreicht werden konnten.“*[19]

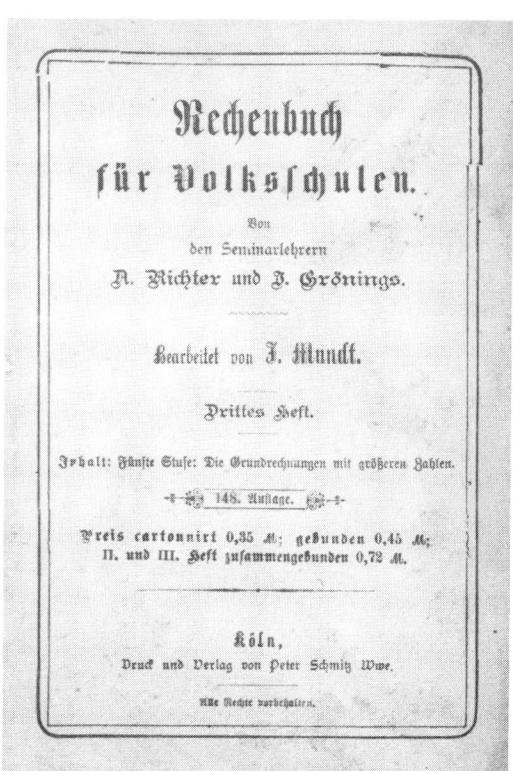

Abb. 163 Immer wieder neue Auflagen in zahlreichen Bearbeitungen erlebte bis in unser Jahrhundert das Rechenbuch der Seminarlehrer Richter und Grönings.

Solche Leistungen wurden möglich durch eine Perfektionierung der im Unterricht durchgenommenen Übungen. Geübt wurde um diese Zeit viel in den Schulen, und diese Übungen liefen meist nach demselben Schema ab:

— gemeinsames lautes Sprechen von Texten, Regeln und Werksätzen durch die Schüler
— taktmäßiges Schreiben auf Kommando
— Schreiben gleichlautender, häufig aus Merkstoffen bestehender Aufsätze
— die allein erlaubte Normallösung von Rechenaufgaben.

Belohnung und Bestrafung

Diese Art von Übungen, die immer nach dem gleichen Schema durchgeführt wurden, waren darauf angelegt, daß die Schüler etwas ihnen Vorgemachtes wiederholten oder nachmachten. Die Zucht, mit der die Übungen oft durchgeführt wurden, hat der preußischen Volksschule später mitunter den Vorwurf eingebracht, eine Vorstufe des Militärdienstes zu sein. Obwohl die Schüler zum Teil heute kaum vorstellbare Gedächtnisleistungen vollbrachten, wurde in den meisten Fällen nachgeplappert, ohne daß das Gelernte wirklich verstanden worden wäre.

Ein wesentlicher Grund für diese Zustände war jedoch ganz praktischer Nutzen: Die ländlichen Schulen der Eifel waren mit wenigen Ausnahmen alles einklassige Volksschulen; ein Lehrer unterrichtete manchmal 80 und mehr Schüler aller Jahrgänge in einem Klassenzimmer. Dies war nur bei Einhaltung einer gewissen Dis-

Abb. 164 Je kleiner die Klasse, umso weniger Disziplinprobleme hatte ein Lehrer: Sicher nur ein Teil der Volksschulkinder von Hüngersdorf, Kreis Euskirchen, stellte sich 1906 mit ihrem Lehrer zum Foto auf.

Abb. 165 Rekonstruiertes Klassenzimmer der Kaiserzeit, um 1910.

ziplin möglich, und so wurde ein Teil der Schüler immer still beschäftigt, während die anderen laut übten. Hierbei sollten die Kleinen nach Möglichkeit auf die Großen achten und von ihnen lernen.

Den Schülern war die Stillarbeit und das Ausführen von Übungen, deren Sinn sie nicht verstanden, oft genug eine Qual. Besonders das Stillsitzen bereitete ihnen Mühe und ließ den Schulraum in den Augen der Kleinen als ein Gefängnis erscheinen. Aus diesem Grund gab es für fleißige Schüler Anreize zur Mitarbeit, für faule und dumme Schüler Bestrafungen. Für besondere Leistungen verteilte der Lehrer in vielen Schulen sogenannte Fleißkärtchen, die von den Schülern gesammelt wurden und beim Zusammenkommen einer bestimmten Anzahl gegen kleine Bildchen — meist mit religiösen Motiven — eingetauscht wurden.

Spektakulärer waren jedoch die Bestrafungen, nicht nur, weil sie im wahrsten Sinne des Wortes beeindruckend waren, sondern weil sie weit mehr unter pädagogischem Anspruch verabreicht wurden. Die Aufrechterhaltung der Schulzucht war Grundvoraussetzung für den Unterrichtserfolg, und wenn die Schüler nicht üben wollten, etwa weil sie den Sinn der Übung nicht einsahen, dann mußte der Lehrer eben im Sinne des Schülers zum Stock greifen. Insofern war die körperliche Züchtigung nach der pädagogischen Auffassung der Zeit nicht nur erlaubt, sondern sogar geboten, wenn damit der Lernerfolg des Schülers sichergestellt wurde.

Die körperlichen Strafen reichten von der Ohrfeige bis hin zu Stockhieben auf das Hinterteil der Jungen und Stockhieben auf die Innenflächen der Hand oder der Fingerspitzen bei Mädchen. Die Schulbehörde achtete jedoch ausdrücklich

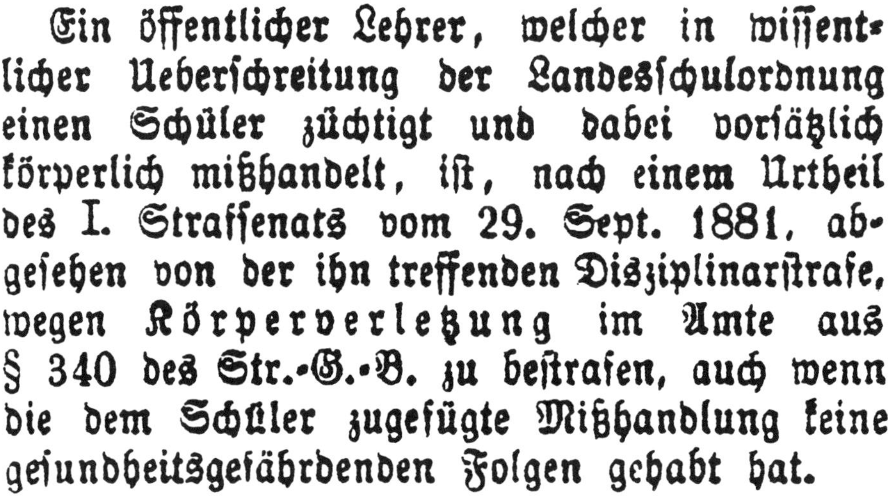

Ein öffentlicher Lehrer, welcher in wissentlicher Ueberschreitung der Landesschulordnung einen Schüler züchtigt und dabei vorsätzlich körperlich mißhandelt, ist, nach einem Urtheil des I. Straffenats vom 29. Sept. 1881, abgesehen von der ihn treffenden Disziplinarstrafe, wegen Körperverletzung im Amte aus § 340 des Str.-G.-B. zu bestrafen, auch wenn die dem Schüler zugefügte Mißhandlung keine gesundheitsgefährdenden Folgen gehabt hat.

Abb. 166 Meldung aus „Unterhaltungsblatt und Anzeiger für den Kreis Schleiden und Umgegend", 1882.

darauf, daß es hierbei nicht zu Exzessen kam. So wurde hingewiesen, *„... daß die elterliche Zucht das Vorbild der Schulzucht sein muß..., daß körperliche Züchtigung das letzte, äußerste Mittel der Schulzucht bildet... Nur ein wirklich roher oder ehrloser Streich, trotzige und hartneckige Lügen, andauernde Trägheit und dergleichen werden die Anwendung der härtesten Schulstrafe rechtfertigen.* "[20]

Offensichtlich waren den Lehrern beim Einsatz ihrer Mittel weite Spielräume gesetzt, so daß die häufige Benutzung der Haselnußrute wohl auch in deren individuellem Temperament begründet lag. Relativ selten scheint es jedoch zu belegbaren Strafhandlungen gekommen zu sein, wie in den 90er Jahren in Kuchenheim, Kreis Euskirchen, wo der Hauptlehrer Schlimm die Kinder oft mit einem Seilchen geschlagen haben soll,[21] oder wie in der jüdischen Schule in Euskirchen, wo der Lehrer Levor den Schülern 1873 *„blaue Male beibringt und sie sogar blutig schlägt.* "[22] Bei solchen Lehrern scheint es sich um Sadisten gehandelt zu haben, und ihre Handlungsweise ist nicht aus der angewandten Unterrichtsmethode heraus zu erklären.

Wichtig ist jedoch, daß die Prügelstrafe ebenso wie die Schulstrafen des Nachsitzens oder der Strafarbeit in der Unterrichtsmethode des späten 19. Jahrhunderts und darüber hinaus bis in die 60er Jahre unseres Jahrhunderts als sinnvolle pädagogische Mittel angesehen wurden. Was in der Theorie als sinnvoll erscheint, weil es den Schüler zum Üben zwingt oder ihm zusätzliche Übungsmöglichkeiten bietet, führte in der Praxis zu einer Schule, in der um des Lernens willen gelernt wurde und oft genug der Sinn des Lernens aus den Augen geriet. Die Fantasie des Schülers wurde allenfalls dazu eingesetzt, zu überlegen, wie er dem Lehrer einen Streich spielen könnte, oder wie er sich einer Bestrafung entziehen könnte.

Die Streiche sind es denn auch, die den damaligen Schülern am lebhaftesten in Erinnerung geblieben sind. Da wurden die Schuhriemen des eingeschlafenen Lehrers am Pult festgeknotet, die Ärmel des Lehrerrocks wurden in dessen Abwesenheit zugenäht, die Glühbirne wurde aus der Fassung gedreht, oder es wurde gar eine Pulverstange ins Feuer gelegt.[23] Natürlich wurden die ‚Täter‘ nach ihrer Entdeckung für die Verletzung der Lehrerautorität mit dem Stock bestraft. Doch auch hier zeigte sich oft Einfallsreichtum: So steckten sich die Jungen manchmal schon vorab ein Kissen in die Hose. Die Mädchen *„rieben sich ihre Finger mit Zwiebeln ein. Dies hatte zur Folge, daß der Fingerumfang in kurzer Zeit enorm zunahm, sehr zum Schrecken der Lehrerin, die diese Art der Bestrafung dann bei diesem Schüler am nächsten Tag unterließ.“*[24]

Das 20. Jahrhundert

Auch nach dem ersten Weltkrieg änderten sich die Unterrichtsmethoden auf dem Land nicht wesentlich. Die ‚allgemeinen Bestimmungen‘ von 1872 wurden allerdings durch neue Bestimmungen des preußischen Kultusministeriums vom 16. März 1921 und 25. Oktober 1922 abgelöst. Hierin kamen die reformpädagogischen Bestrebungen dieser Jahre zu ihrem Recht, die durch die Schlagworte ‚Spontaneität‘, ‚vom Kinde aus‘, ‚Arbeitsschule‘, ‚Gesamtunterricht‘ und ‚Heimat-

Abb. 167 Fleißkärtchen gab es in den verschiedensten Größen und Formen. Das Jesukind-Motiv erhielt für besonderen Fleiß im Katechismusunterricht ein Mädchen der Volksschule Nettersheim, Kreis Euskirchen, im Jahre 1930 vom Ortspfarrer.

Abb. 168 In den 20er Jahren hielten Epidiaskop und Filmprojektor Einzug in die ersten Volksschulen der Eifel. Die neuen Medien mit der Möglichkeit von Bildprojektion und Filmvorführungen bereicherten den Unterricht erheblich und lockerten ihn auf.

kunde' gekennzeichnet sind. Die neuen Bestimmungen forderten sehr individuelle Lehrpläne für die einzelnen Schulen, in denen das gemeinsame Arbeiten Vorrang vor stupidem Pauken haben sollte. Dementsprechend wurde dem einzelnen Lehrer relativ viel Freiheit in bezug auf die angewandte Unterrichtsmethode zugestanden, was zur Folge hatte, daß die meisten Landschullehrer ihren Unterricht so hielten, wie sie es von jeher gewohnt waren.

Auch an der Ausstattung der Schulen änderte sich zwischen den beiden Weltkriegen wenig. Die Beschaffung der Unterrichtsmaterialien blieb weiterhin Angelegenheit der Gemeinde, in deren Interesse es lag, die Ausgaben möglichst niedrig zu halten. Währenddessen blieben die Schülerzahlen in den Klassen unverändert hoch. Auch die Machtergreifung der Nationalsozialisten änderte nichts an dieser Grundsituation:

„Im Trierer und auch im Prümer Raum blieben auch nach 1933 die Schwierigkeiten bei den Problemen um die Anschaffung von Lehr- und Unterrichtsmitteln in besonders starkem Maße bestehen. Hier geschah nur wenig zur Verbesserung."[25]

Zu Beginn der 40er Jahre wird allerdings aus der Gegend von Mayen berichtet, daß dort Turn- und Sportgeräte, Lichtbildgeräte und sogar Rundfunkgeräte angeschafft wurden.[26] So konnten in finanzstärkeren Gemeinden die Unterrichtsmaterialien offenbar auf den neuesten Stand der Technik gebracht werden.

196

Abb. 169 Bis in die 50er Jahre hinein war die Klassendisziplin äußerst streng. ‚Hände gefaltet auf den Tisch legen' war, wie man auf dieser Aufnahme aus Kuchenheim, Kreis Euskirchen, sieht, ein von den Schülern eingeübtes Verhaltensmuster.

Auch nach dem zweiten Weltkrieg änderte sich an der Unterrichtsmethode der meisten Volksschullehrer nichts:

„Disziplin, Strenge, Autorität waren Begriffe, die groß geschrieben wurden. Wer nicht stillsitzen konnte — die Hände hatten gefaltet auf dem Tisch zu liegen — machte Bekanntschaft mit dem Rohrstock, der auch als Mittel gegen Unaufmerksamkeit, Vergeßlichkeit und jegliches Nichtkönnen seine Wirkung tat. Ob durch den Rohrstock die Fingerkuppen, die Handflächen oder gar das Gesäß maltraitiert wurde, hing von der Schlagmethode des jeweiligen Lehrers ab; da half auch keine schlagmildernde Pappe in der Hose. "[27]

Erst die 60er Jahre sahen einen grundlegenden Wandel der Unterrichtsmethode. Die Prügelstrafe wurde unter dem Einfluß einiger Grundsatzurteile der Gerichte abgeschafft. Nach dem Krieg war eine neue Lehrergeneration entstanden, die ein offeneres Verhältnis zwischen Lehrer und Schüler herstellen konnte, indem sie den Unterricht nicht mehr in enge methodische Schablonen preßte. Jetzt war ein Miteinander von Lehrer und Schüler angesagt, das in vielem an die Forderungen der Reformpädagogik der 20er Jahre erinnert:

„Der Lehrer lebt heute in ganz anderem Maße als früher das Leben der Kinder mit. Er spielt, musiziert, wandert und übernachtet mit ihnen. Beim Sport hat er mit dem steifen Kragen auch die schulmeisterliche Würde abgelegt, und im Schulgarten gräbt er mit den Kindern in einer Reihe. . . . Das Ergebnis: gesteigerte Schulfreudigkeit. "[28]

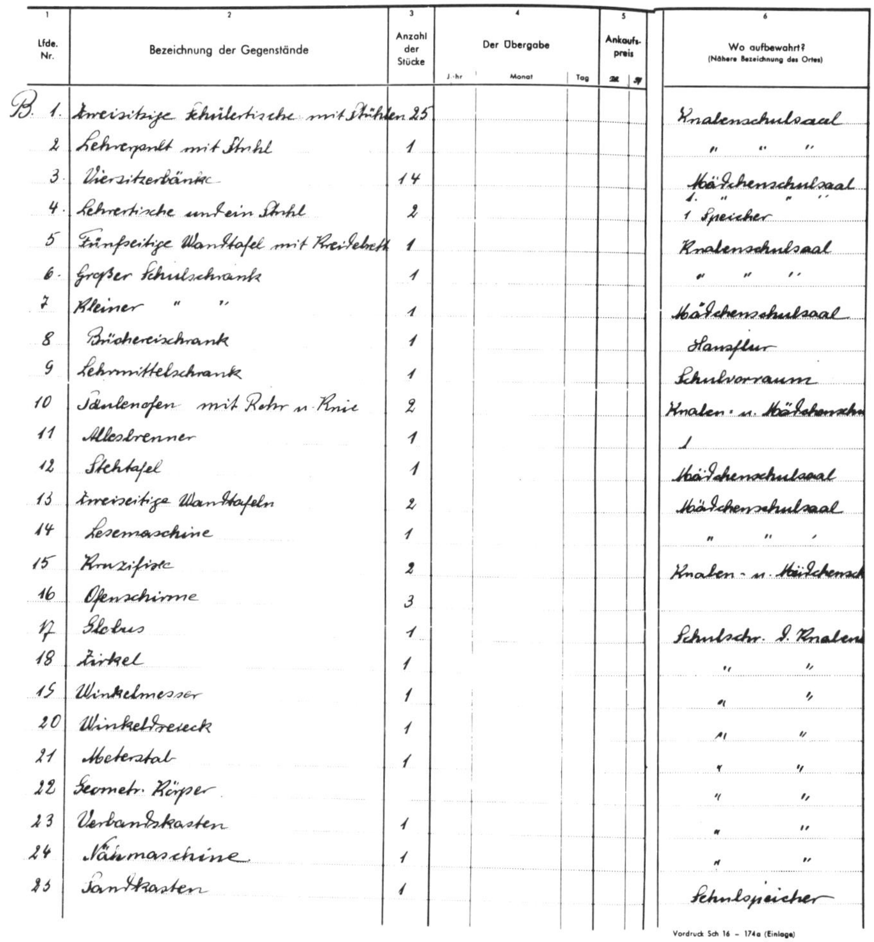

1	2	3	4			5		6
Lfde. Nr.	Bezeichnung der Gegenstände	Anzahl der Stücke	Der Übergabe			Ankaufspreis		Wo aufbewahrt? (Nähere Bezeichnung des Ortes)
			Jahr	Monat	Tag	M	Pf	
B. 1.	Zweisitzige Schülertische mit Stühlen	25						Knabenschulsaal
2	Lehrerpult mit Stuhl	1						" " "
3	Viersitzerbänke	14						Mädchenschulsaal
4	Lehrertische und ein Stuhl	2						1 Speicher
5	Fünfseitige Wandtafel mit Kreidebrett	1						Knabenschulsaal
6	Großer Schulschrank	1						
7	Kleiner " "	1						Mädchenschulsaal
8	Bücherschrank	1						Hausflur
9	Lehrmittelschrank	1						Schulvorraum
10	Säulenofen mit Rohr u. Knie	2						Knaben- u. Mädchensch.
11	Allesbrenner	1						"
12	Stechtafel	1						Mädchenschulsaal
13	Zweiseitige Wandtafeln	2						Mädchenschulsaal
14	Lesemaschine	1						" "
15	Kruzifixe	2						Knaben- u. Mädchensch
16	Ofenschirme	3						
17	Globus	1						Schulschr. d. Knaben
18	Zirkel	1						" "
19	Winkelmesser	1						" "
20	Winkeldreieck	1						" "
21	Meterstab	1						" "
22	Geometr. Körper							" "
23	Verbandskasten	1						" "
24	Nähmaschine	1						" "
25	Sandkasten	1						Schulspeicher

Vordruck Sch 16 – 174a (Einlage)

Abb. 170   Inventarliste der Volksschule Strohn, Kreis Daun, aus dem Jahre 1949, Ausschnitt.

Nicht zuletzt zeigt sich die veränderte Unterrichtsmethode in der heutigen Inneneinrichtung der Klassenzimmer. Die zum erhöht stehenden Lehrerpult ausgerichteten Bänke sind nicht mehr zu finden. Die Tische in den Grundschulklassen sind oft zu Kleingruppen zusammengestellt und können bei Bedarf verrückt werden, so daß unterschiedliche Formen der Zusammenarbeit möglich sind. Nicht das Kaiserbild hängt an der Wand, sondern von den Schülern selbst gemalte Bilder. Nicht strenge Disziplin und das Lernen um des Lernens Willen stehen im Zentrum des Geschehens, sondern die Entwicklung der Kinder in ihrer geistigen und seelischen Gesamtverfassung. In diesem Punkt zeigt sich noch immer die Bedeutung der Grundgedanken Herbarts, der in der Terminologie seiner Zeit schon vor mehr als 150 Jahren Charakterbildung als Ziel allen Unterrichts bezeichnete.

Fahnen, Reden, Liebesgaben
Schule und Zeitgeschehen 1914–1945

Markus Berberich

Die Zeit-Geschichte hat immer in den Schulalltag eingewirkt, sei es, daß der Staat einen bestimmten Tag im Schuljahr zum ‚Feier'-tag erklärte, so etwa bis 1918 ‚Kaisers Geburtstag', oder daß eines Tages der Schulsaal zwecks Einquartierung von Soldaten geräumt werden mußte oder das Schulgebäude gar gänzlich zerstört wurde, wie in der Eifel gegen Ende des zweiten Weltkrieges öfters geschehen. Man kann daher in diesem Zusammenhang von mittelbaren und unmittelbaren Ereignissen im Schulalltag sprechen.

Wie sich Zeitgeschehen im einzelnen auf den Schulalltag in der Eifel auswirkte, kann nur aus vielen verschiedenen Quellen geschlossen werden, die keineswegs zu einem einheitlichen Bild zusammenzufassen sind; was also in dem einen Ort so geschehen ist, kann in einem anderen ganz anders gewesen sein.

Schul- und Ortschroniken sind aussagekräftige Dokumente, die in ihrer Kontinuität nicht nur Aussagen über das Geschehen in Ort und Schule geben, sondern auch Rückschlüsse auf die Person des Schreibers (dieser Chroniken) selbst zulassen. Im Zusammenhang mit Nachforschungen über die Jahre von 1933–1945, also die Zeit des Nationalsozialismus, trifft man allerdings oft auf solche oder ähnliche Fälle:

„Erklärung! Aus der Chronik sind, kurz bevor die amerikanischen Truppen eintrafen, Aufzeichnungen entfernt worden. Diese Ausmerzung geschah in einer Zeit größter Erregung! gez. Unterschrift."[1]

„Und dann die Zeit des 3. Reiches. Herr Lehrer Holl beklagt 1945, daß unberufene Hände die Eintragungen über diese Zeit widerrechtlich aus der Chronik entfernt hätten."[2]

Der erste Weltkrieg (1914–1918)

Beginnen wollen wir mit unseren Betrachtungen mit dem Ausbruch des ersten Weltkrieges. Aus der Sicht des Schülers mag dieser Beginn am 1. August 1914 ein durchaus freudiges Ereignis gewesen sein, ‚bescherte' er doch den Schülern eine zusätzliche Ferienzeit: *„Erster Weltkrieg! Auch in der Schleidener Schule hinterließ er Spuren. Sie wurde, wie alle Schulen nach Kriegsausbruch, bis zum 1. September*

Sonderausgabe.

Bitburger Kreisblatt
und
Bitburger Zeitung

Amtliches Organ für die Verwaltung des Kreises.

Gratisbeilagen: "Illustriertes Familienblatt" und "Land- und hauswirtschaftliche Mitteilungen".

Samstag, den 1. August 1914.

Bekanntmachung.

Seine Majestät der Kaiser haben die Mobilmachung der Armee und Marine befohlen.

Erster Mobilmachungstag ist der 2. August.

Bitburg, den 1. August 1914.

Der Kgl. Landrat.

Graf Adelmann.

Bekanntmachung.

Nachdem die Mobilmachung befohlen, bringe ich Nachstehendes zu allgemeinen Kenntnis:

Nach § 11 der Pferde-Aushebungs-Vorschrift ist a) jeder Pferdebesitzer verpflichtet, seine sämtlichen Pferde mit Ausschluß

1. der unter 4 Jahre alten Pferde,
2. der Hengste,
3. der Stuten, die entweder hochtragend sind oder innerhalb der letzten 14 Tage abgefohlt haben,
4. der Pferde, welche auf beiden Augen blind sind,
5. der Pferde, welche wegen Erkrankung nicht marschfähig sind oder wegen Ansteckungsgefahr den Stall nicht verlassen dürfen,
6. der Pferde, welche bei einer früheren in der betreffenden Ortschaft abgehaltenen Musterung als dauernd kriegsunbrauchbar bezeichnet worden sind,
7. der Pferde unter 1,50 Mt. Bandmaß

zu der ihm vom Gemeindevorsteher bezeichneten Zeit der Pferde-aushebungskommission in Bitburg bezw. Süngelt vorzuführen.

Der Verkauf eines Pferdes vor erhaltener Gestellungsaufforderung entbindet nicht von dessen Gestellung, sofern die Ablieferung an den neuen Erwerber noch nicht erfolgt ist. Eine Ausnahme findet nur statt, wenn nachweislich der Verkauf an die Militärbehörde, an Offiziere, Sanitätsoffiziere oder Militärbeamte, welche sich die Pferde für ihre Mobilmachung selbst beschaffen, erfolgt war.

Ebenso können den zum Dienst einberufenen Offizieren, Sanitätsoffizieren oder oberen Militärbeamten des inaktiven und Beurlaubtenstandes, sowie dem kaiserlichen Kommissar und den Delegierten der freiw. Krankenpflege beim Feldheere so viele ihrer eigenen Pferde bei der Aushebung belassen werden, als ihnen für ihre Mobilmachung bestimmungsgemäß zustehen.

Pferdebesitzer, welche ihre gestellungspflichtigen Pferde nicht rechtzeitig oder vollzählig vorführen, haben außer der gesetzlichen Strafe zu gewärtigen, daß auf ihre Kosten eine zwangsweise Herbeischaffung der nicht gestellten Pferde vorgenommen wird.

b) Von Bekanntgabe des Mobilmachungsbefehls bis nach Beendigung der Pferdeaushebung ist jede Ausführung von Pferden in andere Kreise oder Ortschaften verboten. Zuwiderhandlungen werden für jeden einzelnen Fall mit der in § 27 des Kriegsleistungsgesetzes vom 13. Juni 1873 vorgesehenen Strafe geahndet. Eine Ausnahme von dem Verbote findet nur statt, wenn nachweislich der Verkauf an Militärbehörden des Aushebungsbezirks oder an solche Offiziere, Sanitätsoffiziere oder Militärbeamte, welche sich die Pferde für ihre Mobilmachung selbst beschaffen, geschehen ist.

Ich ersuche die Herren Bürgermeister und Gemeindevorsteher vorstehende Bekanntmachung sofort in den Gemeinden in ortsüblicher Weise veröffentlichen zu lassen.

Bitburg, den 1. August 1914.

Der Königliche Landrat,

Graf Adelmann.

Bekanntmachung.

Die zum militärischen Nachrichtendienst benutzten Brieftauben tragen die ihnen anvertrauten Depeschen in einer Gänsefederspule, welche an einer Schwanzfeder befestigt ist.

Trifft eine derartige Taube in seinem fremden Taubenschlage ein oder wird sie eingefangen, so ist dieselbe unverzüglich dem Ortsvorsteher oder Bürgermeister zu übergeben, welche die Weiterbeförderung der Depeschen an die Militärbehörde besorgen wird.

Die Durchführung dieses Verfahrens erheischt die willige Mitwirkung der Bevölkerung, welche die zum Schutze des Vaterlandes getroffene Maßregel gern unterstützen wird.

Es wird erwartet, daß Jedermann, der in den Besitz einer Brieftaube gelangt, bereitwillig der vorstehenden Anordnungen entsprechen wird.

Bitburg, den 1. August 1914.

Der Königliche Landrat,

Graf Adelmann.

Bekanntmachung.

Auf Grund der Erklärung des Kriegszustandes in dem Bezirk des VIII. Armeekorps bestimme ich:

Auf allen Straßen westlich des Rheins ist jeder Verkehr mit Kraftwagen und Krafträdern verboten; gewöhnliche Fahrräder haben sich 5 km von der Grenze entfernt zu halten.

Ausgenommen hiervon sind nur Kraftwagen usw. innerhalb der Stadtbezirke Cöln, Coblenz und Bonn, sowie solche Kraftwagen usw., geführt von Personen, die eine besondere schriftliche Erlaubnis des Landrats, (in Stadtkreisen des Polizeipräsidenten bezw. des Bürgermeisters), gestempelt durch das betr. Bezirkskommando, oder die militärische Einberufungsorder bei sich führen.

Zuwiderhandlungen unterliegen der gesetzlichen Bestrafung.

Der kommandierende General
des VIII. Armeekorps.

Abb. 171 Sonderausgabe des „Bitburger Kreisblatt" vom 1. August 1914 mit der Bekanntmachung der Mobilmachung.

geschlossen. "[3] Die oft als euphorisch beschriebene Grundstimmung der Bevölkerung beim Ausbruch des ersten Weltkrieges läßt sich jedoch nur bedingt auf die Eifel übertragen. Der damalige Schüler Alfred Monzel aus Prüm erinnert sich:

„Unruhe herrschte am Nachmittag des 1. August 1914 auf dem Marktplatz in Prüm. Diskutierend standen viele ältere Leute herum, nur wir Kinder spielten wie gewohnt ahnungslos vor der Kirche. Plötzlich gegen 5 Uhr ein Auflauf zum Anschlagbrett an der Post, eben war die Kriegserklärung an Frankreich durch Telegraph von Berlin aus durchgegeben... worden. Mein Vater kam zu mir, führte mich zum Aushang und sagte bedrückt: ‚Jetzt haben wir Krieg.‘ Die Herbeigelaufenen lasen stumm den Text, schüttelten die Köpfe und gingen nachdenklich nach Hause. "[4]

Schon recht bald nach Kriegsbeginn stellte sich heraus, daß Parolen wie ‚Weihnachten in Paris‘, ‚Poincaré Oh weh! Oh weh!‘ oder ‚Landwehrausflug‘ nurmehr frommes Wunschdenken waren. Dieser Krieg sollte noch weniger als alle anderen zu einem ‚Ausflug‘ werden und erheblich länger dauern, als man sich vorgestellt hatte. Die harte Realität des Stellungskrieges wenigstens einigermaßen zu überspielen, führte in der Darstellung der Bevölkerung gegenüber zu einer *„Ästhetisierung des Kampfes".*[5] Verklärende Postkarten, selbst die Gefallenenurkunden versuchten mit Engelsmotiv und einem wie schlafend hingestreckten Soldaten das Pathos heroischen Sterbens und Kämpfens aufrecht zu erhalten.

Diese, vom Staat verordnete ‚Ästhetisierungswelle‘ machte erst recht nicht vor den Schulen halt, dienten Schulen ja schon immer im Sinne einer Erziehung zu staatstreuem Denken als beliebte Multiplikatoren.

Abb. 172 Postkarte mit einer den Krieg verklärenden fotografischen Darstellung, 1914. Sie enthält darüber hinaus ein Gedicht „Auf einsamer Wacht" des populären Heimatdichters Peter von der Mosel.

Abb. 173 Noch spielerisch ausgelassen ging es zu beim ‚Soldatspielen' in Hellenthal, Kreis Euskirchen, in der Zeit des ersten Weltkrieges.

Abb. 174 Schon regelrecht auf militärische Disziplin gedrillt wurden diese Schüler aus Blumenthal, Kreis Euskirchen, im Rahmen von ‚Wehrertüchtigung'.

202

Man ließ unter anderem nun dem seit dem Krieg mit Frankreich 1870/71 auch in den Schulen gefeierten ‚Sedanstag' weitere Siegesfeiern in ähnlichem Stil folgen. Überhaupt versuchte man alles, den Weltkrieg dem von 1870/71 gleichzusetzen.

Es gab noch eine andere Art, Krieg in seiner ‚Realität' für die Schüler zugänglich zu machen: Aus Krieg wurde Kriegs-Spiel. Vor dem Hintergrund einer weitgehend uniformierten Kindheit (Matrosenanzug) und der bis in heutige Tage hinein andauernden Beliebtheit von Kriegsspielzeug, wird dieses Spiel den meisten Schülern auch nicht schwergefallen sein. Diese Kriegsspiele fanden in der Eifel wie anderswo auch noch 1916/17 statt, wo doch wirklich jedem die harte Realität des Krieges eher bewußt sein mußte als noch 1914.

Im Sinne der politischen Erziehung der Schüler gab es ganz genaue Direktiven, wie in der Schule der Kriegsalltag zu besprechen und in den Unterricht zu integrieren war:

„Rektor Thome und seine Lehrpersonen hatten neben allem anderen die Aufgabe, nach Anweisung der Regierung, Siege entsprechend vor der Schuljugend zu würdigen, festgelegte Erklärungen über den Kolonialkrieg abzugeben und alles dazu beizutragen, Skepsis über den Ausgang des Krieges auszuräumen. Auch wurde der Gebrauch von Fremdwörtern untersagt."[6]

Daß in Anbetracht des Krieges mit Frankreich Worte wie ‚Trottoir' und ‚Perron' zu ‚Bürger-' und ‚Bahnsteig' wurden, versteht sich von selbst.

Um darzustellen, wie sich der erste Weltkrieg nun unmittelbar auf den Schulalltag der Eifel auswirkte, möchte ich drei Aspekte herausgreifen: Lehrermangel und Unterrichtsausfall, Materialsammlungen, ‚Um'-nutzung des Schulgebäudes gegen Ende des Krieges.

Schon recht bald nach Kriegsbeginn wurden viele Lehrer zum Militärdienst eingezogen, was entscheidende Auswirkungen auf Länge und Gestaltung des Schulunterrichts hatte. Eher eine Ausnahme bildet hier Schleiden:

„Während des Krieges konnte der Unterricht ziemlich regelmäßig erteilt werden. Ausnahmen bildeten Unregelmäßigkeiten, die wiederholt durch Vertretungen Schleidener Lehrer in Nachbarschulen verursacht wurden."[7]

Dagegen wird eine Eintragung der Ortschronik von Wallenborn, Kreis Daun, für die Verhältnisse auch an den meisten anderen Volksschulen in der Eifel zutreffen:

„Mit dem 1. Weltkrieg ging es dann auch, wie in vielen anderen Bereichen, mit den Schulverhältnissen bergab. Viele Lehrer wurden eingezogen. So mußte auch Lehrer Klassen im Jahre 1915 zum Militär, so daß der Unterricht von der Lehrerin allein gehalten wurde. Sie unterrichtete in dieser Zeit die fünf Oberklassen drei Stunden vormittags, sowie die drei Unterklassen drei Stunden nachmittags. Wurde sie krank, mußte der Unterricht ganz ausfallen oder die Wallenborner Schule von dem Lehrer in Salm vertreten werden. Dieser Zustand hielt allerdings nur ein Jahr lang an, denn im Januar 1916 kehrte Herr Klassen zurück und konnte den Unterricht wieder aufnehmen. Im Jahre 1917 allerdings mußte er wieder einrücken, wurde ein

Jahr später aber erneut entlassen und konnte ab dem 4. Januar 1918 wieder unterrichten. "[8)]

Das ständige Hin und Her von Einberufung und Entlassung der Lehrer wird auch von anderen Quellen bestätigt.[9)] Wie sich der Mangel an Lehrkräften auf den Stundenplan auswirkte, läßt sich exemplarisch an dem der Martinschule (Westschule) in Euskirchen vom März 1917 zeigen.

Knabenklasse

6:	Mo	Di	Mi	Do	Fr	Sa
8–9			Lesen			
9–10			Rechnen			
10–11	Rechnen			Rechnen	Rechnen	Kathech.
11–12	Bibel	Anschauung		Bibel	Lesen	Lesen
2–3	Lesen	Schreiben		Lesen		
3–4	Gesang	Lesen		Schreiben		

Dazu folgt der Kommentar: „*Zu dieser Zeit bestand eine Anordnung des Schulrates, daß der Morgenunterricht dem Nachmittagsunterricht vorzuziehen sei. Dies war jedoch infolge Lehrermangels, den die weiblichen Lehrkräfte durch Unterrichtserteilung bei den Knaben aufzufangen versuchten, in der Westschule nicht möglich.*"[10)]

Hier ist bereits das angedeutet, was sich in allen Berufen abzeichnete: Fehlende Lehrer wurden durch Lehrerinnen ersetzt, und so auch die Geschlechterrolle im

Abb. 175 Im Rahmen der Kriegswirtschaft wurden junge Mädchen in Schnellkursen auf bislang Männern vorbehaltene Berufe vorbereitet. Wurstlehrkurs im Herbst 1914 in Auw bei Prüm, Kreis Bitburg-Prüm.

Bereich des Lehrpersonals in Teilen aufgehoben. Sogar die Vorbereitung schulentlassener Mädchen auf bisher ausschließlich Männern vorbehaltene Berufe wurde von Lehrerinnen betreut, wie das Foto der Schülerinnen des Wurstlehrkurses vom Herbst 1914 in Auw bei Prüm, Kreis Bitburg-Prüm, zeigt. Auf der umgedrehten Schrotsäge steht das Motto: *„Kriegs-Rüstung 14/15"*, das die Bedingung dieses Lehrerinnen-Einsatzes aus Gründen der Staatsraison verdeutlicht.

Zwei Belege sollen die schulische Ersetzung von Lehrern durch Lehrerinnen zeigen:

„Zum 1. April 1899 wurde Lehrer Blens von Calenberg an die Schule in Scheven berufen, der nach 16jähriger Tätigkeit hierselbst am 1. April in den Ruhestand trat. Wegen des durch den Krieg hervorgerufenen Lehrermangels konnte kein Lehrer angestellt werden, weshalb wieder eine Umwandlung in eine Lehrerinstelle erfolgt. Für diese wurde die Lehrerin Hubertine Schwartzenberg aus Mehlem berufen." [11]

Ähnlich sah es auch in Dahlem, Kreis Euskirchen, aus:

„Die Kriegsjahre 1914–18 wirkten sich natürlich auch auf das Schulleben aus. Da Lehrer Winkel zum Kriegsdienst eingezogen war — er starb im 2. Kriegsjahr in französischer Kriegsgefangenschaft —, mußten die drei Schulklassen während des ganzen Krieges von Hauptlehrer Dreßen und Lehrerin Bongartz in Halbtagsunterricht betreut werden." [12]

In den größeren Orten der Eifel wirkte sich insgesamt der Lehrermangel wegen der Möglichkeit, verbliebene Lehrkräfte kurzfristig an andere Schulen abzuordnen, längst nicht so gravierend aus wie in den Dörfern, wo bei geringerer Lehreranzahl und großen Klassenstärken eine erhebliche Reduzierung des Stundenplans unabdingbar war.

Wie bereits angedeutet, hatte man anfänglich geglaubt, *„daß innerhalb von ein paar Monaten der Krieg gewonnen und vorbei sein würde".* [13] Bedingt durch die wirtschaftliche Unvorbereitetheit des Deutschen Reiches, in Verbindung mit der Seeblockade Englands, die fast alle Einfuhren über See nach Deutschland unterband, verschlechterte sich die Situation in den folgenden Kriegsjahren zunehmend. Nahrungsmittel und Rohstoffe wurden knapp. Dies wirkte sich für die Schulen beispielsweise dahingehend aus, daß *„1916 wegen der Papierknappheit die Führung von Schulheften eingeschränkt werden mußte".* [14]

Um den ausfallenden Unterricht wenigstens rein zeitmäßig auszugleichen, stellte man nun den Schulalltag ganz in den Sinn der Rohstoffgewinnung und Erzeugung.

„Die Handarbeitsstunden waren ganz in den Vaterländischen Hilfsdienst gestellt, um Liebesgaben aus Wolle, Baumwolle und Leinen herzustellen. Einer Schneiderei oder mehr noch einer Klein-Weberei glichen die Schulsäle." [15]

Gerade in einem ländlichen Gebiet wie der Eifel nahmen nun die Material- und Rohstoffsammlungen einen breiten Raum ein.

Abb. 176 Schüler und Lehrer aus Kall, Kreis Euskirchen, beim Laubsammeln für die Armee im Jahre 1917.

„Wir zogen zu größeren Schülergruppen hinaus in den Wald, streiften oder schnitten frisches junges Eichenlaub, breiteten es zu Hause zum Trocknen und brachten es dann zur Schule. Es soll draußen als Pferdefutter verwendet worden sein. Wir sammelten Knochen (unter anderem zur Leimherstellung), *fingen Schmetterlinge und Raupen* (Schädlingsbekämpfung), *streiften das wohlriechende, rotleuchtende Heidekraut ab für besondere Zwecke.*"[16]

Über Laubsammlungen als Pferdefutter für die Armee, besonders 1918, wird auch aus anderen Orten der Eifel berichtet, so etwa aus Schleiden.[17]

Waren im Spätsommer die Felder abgeerntet, so sammelte man die Ähren,[18] da wegen der zunehmenden Mehlverknappung die Brotversorgung der Bevölkerung immer schwieriger wurde. An den Schulen wurde daher ein Flugblatt: *„Deutschlands Brotversorgung"* verteilt. Gleichzeitig wurden die Schüler aufgefordert, jede Vergeudung von Brot zu vermeiden und Ähren besonders für die Versorgung der ärmeren Schichten zu sammeln, da durch die Verknappung das Brot auch teurer geworden war. Für Euskirchen existiert sogar ein genauer Plan der Ährensammlung in den Schulferien 1917:

„4. 8. 17 *Unter Aufsicht der Herren Meyer und Wiskirchen sammeln 3 Knabenklassen.*

6.—11. 8. *Mädchenklassen Ia, Ib, IIa, IIb sammeln unter Frl. Agnes, Frl. Kreutzberg morgens von 8—12.*

    Knabenklassen I nachmittags von 3—7 unter Herrn Meyer und Herrn Wiskirchen, samstags bleiben die Mädchen zu Hause.

Abb. 177 Von den abgeernteten Feldern wurden durch die Schulkinder Ähren aufgelesen, um nichts verkommen zu lassen. Schulklasse aus Weibern, Kreis Ahrweiler, im Jahre 1916.

13.–19. 8.	*Frl. Maria und Josephine Reiff von 8–12, die Knaben unter Herrn Wiskirchen und Herrn Habrich nachmittags von 3–7.*
20.–27. 8.	*Fr. Antons, Jakobs und Schömer morgens, die Knaben unter Herrn Wiskirchen und Herrn Habrich*
27.–2. 9.	*Mädchen sammeln unter Aufsicht von Frl. J. Reiff und Frl. Agnes; die Knaben unter Herrn Weiß, Herrn Wiskirchen und Herrn Habrich."* [19]

Wie gezeigt, konnte wenigstens der Schulunterricht, trotz mancher Einbußen, weitgehend bis zum Ende des Krieges aufrecht erhalten werden. Nach der militärischen Niederlage Deutschlands und dem Waffenstillstandsabkommen von Compiègne vom 11. 11. 1918 mußten alle besetzten Länder, Elsaß-Lothringen und das gesamte linksrheinische Gebiet innerhalb einer kurzen Frist von den deutschen Truppen geräumt werden. Diese Gebiete wurden kurz darauf von den jeweiligen Besatzungstruppen besetzt. Was vereinzelt schon zu Beginn des Krieges geschehen war,[20] wurde nun fast überall zur Regel: Der Schulsaal wurde als Quartier für Soldaten genutzt. Konnte man in mehrklassigen Schulen noch in andere Klassenräume ausweichen, so führte die Belegung des Schulsaales bei einklassigen Schulen in der Regel zu Unterrichtsausfall.

Aus Dahlem, Kreis Euskirchen, heißt es: *„Vom Waffenstillstandsvertrag (11. 11. 1918) an bis zum 8. Januar 1919 setzte der Unterricht aus. Die Schulsäle wurden zuerst durch deutsche Truppen, später durch Amerikaner, Kanadier und Engländer belegt. Nach dem Abmarsch der Truppen bedurften die Schulsäle einer gründlichen Reinigung, Desinfektion und Renovierung."* [21]

Abb. 178 Beginn der Besatzungszeit nach dem Ende des ersten Weltkrieges: Einzug der I. Division der 3. amerikanischen Armee am 1. Dezember 1918 in Trier.

Besonders drastische Nachwirkungen zeigte die ‚Umnutzung' der Volksschule in Schleiden: *„Alle Lehr- und Lernmittel: Bücher, Hefte, Karten, Tabellen, Anschauungsbilder, Wandbilder, physikalische Apparate, geometrische Körper, Globus, Violinen, Uhr, etc. — alles war verbrannt, zerrissen, zerstört oder vernichtet; nur die kahlen Wände starrten einen an, beschmiert und bemalt mit den scheußlichsten Bildern und Karikaturen. — Sie sah grauenhaft aus."* [22]

Unter den zerstörten Wandbildern wird wohl auch das für jeden Klassenraum obligatorische Porträt — im Sprachgebrauch während des ersten Weltkrieges wohl eher ‚Abbild' — Kaiser Wilhelms II. gewesen sein, wenn es nicht ein souvenirbegeisterter Soldat vorher mitgenommen hat. In der Schul- und Ortschronik von Waxweiler, Kreis Bitburg-Prüm, heißt es: *"Das Kaiserbild liegt zertreten am Boden. Eine neue Zeit beginnt."* [23]

Von der Revolution zur Machtergreifung (1918–1933)

Der Beginn dieser ‚neuen Zeit' hatte sich fernab der Eifel folgendermaßen gestaltet: Unter dem Druck der drohenden Niederlage, nach der Meuterei der Matrosen in Kiel, wird Kaiser Wilhelm II. am 9. November 1918 zur Abdankung veranlaßt und emigriert anschließend nach Holland. Am gleichen Tag ruft der Sozialdemokrat Philipp Scheidemann vom Balkon des Reichstagsgebäudes die ‚Deutsche Republik' aus.

Der Wandlungsprozeß von der Monarchie zur Demokratie schlug sich an den Schulen der Eifel auch im Bilderschmuck der Klassenräume nieder. Während Bilder des Reichspräsidenten Ebert bislang nicht belegt sind, schmückt das Porträt des Präsidenten Paul von Hindenburg einige Klassenfotos der End-20er Jahre. Eine Sonderstellung nimmt ein Foto ein, welches im Todesjahr des Reichspräsidenten Hindenburg 1934 sein mit Trauerflor geschmücktes Porträt neben dem Hitlers in einer Klasse der Eifel zeigt.

Überhaupt sind Nachrichten über die Volksschule in der Eifel während der Weimarer Republik sehr dürftig; scheinbar wurde in Zeiten der ‚Normalität' weniger festgehalten. Diese ‚Normalität', und damit verbunden die Quellenlage, ändert sich erst wieder mit Beginn des ‚Dritten Reiches'.

Am meisten erfahren wir noch aus den Anfangsjahren der Republik: Die allmähliche Räumung der Schulen durch die Besatzungstruppen und die Wiedernutzbarmachung der Klassenräume zum Unterricht. Oft mußte die Räumung mehrmals bei den betreffenden Besatzungstruppen angemahnt werden, so etwa 1919 in Kall, Kreis Euskirchen: *„Im Februar wurde auf ständige und drängende Bemühungen ein Saal freigegeben und notdürftig wieder als Klassenraum hergerichtet. Erst im Juli wurden alle Schulsäle frei. Die niedrige Zahl der Schulkinder in Kall im Jahre 1920, 62 Jungen und 79 Mädchen, waren auch eine Folge des 1. Weltkrieges."*[24]

An vielen Orten waren die Schülerzahlen, bedingt durch weniger Neugeburten und erhöhte Kindersterblichkeit während des ersten Weltkrieges, erheblich zurückgegangen. In Euskirchen verringerten sich die Schülerzahlen von 1822 im

Abb. 179 Während das Kaiserbild in allen Schulen gehangen hatte, schmückte Reichspräsident von Hindenburg offensichtlich nicht durchgängig die Klassenräume der Eifel. Schule Ahrdorf, Kreis Euskirchen, im Jahre 1933.

Abb. 180 Die frühen 20er Jahre waren auch in der Eifel eine recht unruhige Zeit: Demonstration der Bewohner von Monschau, Kreis Aachen, im Jahre 1920 wegen der Abtretung der Vennbahn und einiger Gebiete an Belgien.

Jahre 1914 auf 1297 (tiefster Stand) im Jahre 1925;[25] ebendort war es sogar wegen Kohlen- und Schuhmangels überhaupt schwierig, den Unterricht wieder aufzunehmen. Die geringere Anzahl von Kindern führte dazu, daß nun mehr Lehrer weniger Kinder zu unterrichten hatten.

„Allerdings wurde der vor dem Ersten Weltkrieg eingeführte Ganztagsunterricht, der nach dem Kriege als Provisorium nicht mehr gestaltet werden konnte, auch nach der Normalisierung nach 1927 nicht wieder aufgenommen. Hierdurch trat keine Beeinträchtigung der Lehrfächer ein, weil das vorhandene Lehrpersonal nunmehr in der Lage war, erheblich weniger Schüler intensiver zu unterrichten. Zucht und Ordnung der Kaiserzeit hatten sich jedoch, auch durch die Kriegswirren und das anschließende Durcheinander bedingt, etwas gelockert."[26]

Ob in dem Beklagen der Lockerung von ‚Zucht und Ordnung' eine zumindest unterschwellige Kritik an den neuen demokratischen Verhältnissen zu sehen ist, bleibt unbeweisbar. Die Weimarer Republik mußte auch in der Eifel, wie in anderen Regionen Deutschlands, auf eher konservativ-kaisertreue Beamte zurückgreifen, darunter auf die Lehrer, die der neuen Republik zumindest reserviert gegenüberstanden.

Noch in der Kaiserzeit ermöglichten es, neben dem normalen Lehrplan, zahlreiche Feiern, wie ‚Kaisers Geburtstag' und ‚Sedanstag', auch in den Schulen eine staats- und monarchietreue Erziehung zu erreichen, wobei der psychologische Effekt solcher Fest- und Massenveranstaltungen nicht zu gering eingeschätzt werden darf. Der in der Weimarer Republik alljährlich begangene Verfassungstag, ab dem 11. August 1919, fiel in der Regel in die Sommerferien; so konnten Zweck und Inhalt der Verfassung während der Schulzeit, wenn überhaupt, nur im Unterricht vermittelt werden.

Dabei waren im *„Zweiten Hauptteil: Grundrechte und Grundpflichten der Deutschen, Vierter Abschnitt: Bildung und Schule, Artikel 142 ff. "* alle die Schule betreffenden Bestimmungen festgelegt und erstmals überhaupt als Verfassungsrecht verankert. Alle Schüler und Schülerinnen bekamen die Verfassung zur Schulentlassung geschenkt. In einem der letzten ausgegebenen Exemplare, zu Anfang der 30er Jahre, hat ein Konzer Schüler den Artikel 3 der Verfassung in für die damalige Zeit bezeichnender Weise abgeändert. In dem Satz: *„Die Reichsfarben sind Schwarz — Rot — Gold",* wurde das Wort ‚Gold' durchgestrichen und zwischen ‚Schwarz' und ‚Rot' ‚Weiß' eingefügt.

Solche Art von Farbenmanipulation spielte sich allerdings auch vor den Schulen der Eifel ab. Aus Wintersdorf, Kreis Trier-Saarburg, heißt es:

„Am 8. März wurde wegen des Wahlsieges der nationalsozialistischen Partei ein schulfreier Tag angeordnet. Am 13., 14. und 15. März wurde aus dem gleichen Grunde das Flaggen der öffentlichen Gebäude befohlen, und zwar mit der Schwarz-weiß-roten und der Hakenkreuzflagge. Da wir nur eine schwarz-rot-goldene und eine schwarz-weiße Flagge hatten und die Verordnung erst am Mittag des

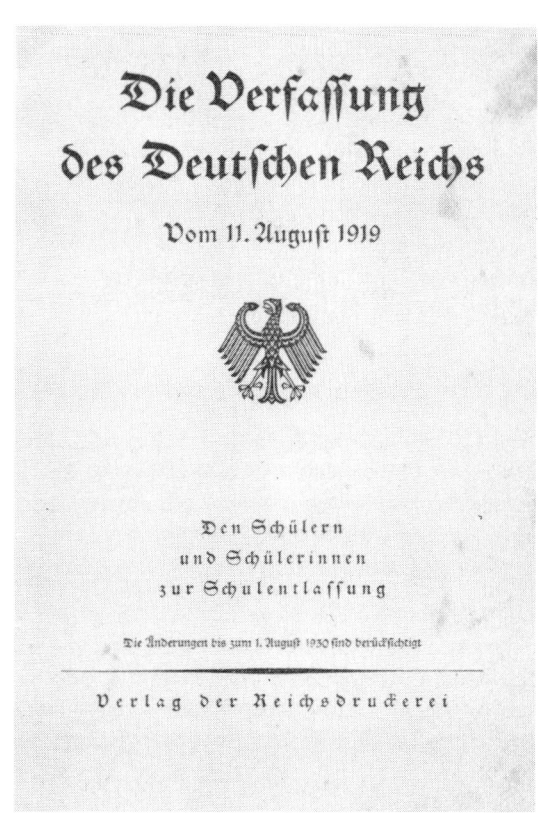

Abb. 181   Zur Schulentlassung erhielten die 14Jährigen je ein Exemplar der Weimarer Verfassung von 1919 geschenkt.

Abb. 182 Der Übergang von der Weimarer Zeit in den ‚Führerstaat' dokumentiert sich in diesem Klassenfoto aus Rescheid, Kreis Euskirchen, 1934: Abschied vom verstorbenen Reichspräsidenten Paul von Hindenburg. Das ‚Führerbild' hängt schon.

13. März bekannt wurde — eine amtliche Mitteilung hatte ich nicht erhalten —, war es uns zunächst nicht möglich, die Schule in der vorgeschriebenen Weise zu flaggen. Der Gemeindevorsteher schickte darum den Feldhüter nach Trier, um die beiden fehlenden Flaggen zu kaufen. Die schwarz-weiß-roten waren aber bereits ausverkauft, weshalb er nur eine Hakenkreuzflagge mitbrachte. Wir ließen deshalb die alte Reichsflagge in eine schwarz-weiß-rote umarbeiten und konnten nun die Anordnung der Regierung erfüllen. "[27)]

Die Jahre des Nationalsozialismus (1933—1945)

Wenn folgend über Schule und Nationalsozialismus in der Eifel zu berichten sein wird, so können auch hier aus der Fülle der Einzelaspekte nur die wichtigsten herausgegriffen werden, zumal sich gewisse Vorgänge, etwa Materialsammlungen während des Krieges oder Belegung des Schulsaales durch Truppen, einfach wiederholten.

Zunächst einmal ist grundsätzlich festzustellen, daß Feiern im Schulalltag im Gegensatz zur Weimarer Republik, wo es nur wenige offizielle Feieranlässe gegeben hatte, unverhältnismäßig zunahmen; eine Tatsache, die vor dem Hintergrund der auf Beeinflussung von Massen ausgerichteten Ideologie des Nationalsozialismus mehr als verständlich ist. Dabei wurden bewußt auch ‚neue Medien', etwa der Rundfunk, eingesetzt. Hier hatte es erste Anfänge bereits in der Weimarer Republik gegeben, beispielsweise in Schleiden: *„Dreimal — im Juni und Dezem-*

*ber 1929 und im Sommer 1932 — gestaltete Lehrer Scheufgen mit einer Klasse eine
Unterrichtsstunde im Auftrage des Westdeutschen Rundfunks vor dem Mikrophon
in Köln."*[28] Dies waren die Anfänge eines Schulfunk-Bildungsprogramms gewesen. Nach 1933 bekamen die Schüler meist Reden des ‚Führers' zu den verschiedensten Anlässen in den Klassenräumen zu Gehör.[29]

Getreu dem ‚Führerprinzip' wurde nun auch die Organisation der Schule anderen
nationalsozialistischen Gliederungsprinzipien angepaßt.

*„Im Oktober 1934 folgt ein Erlaß, wonach bei allen Schulen die bestehenden
Elternbeiräte aufgelöst werden. Statt dessen werden nun gebildet: Schulgemeinden
und Jugendwalter. Die Eltern der Schulkinder bilden, zusammen mit den Lehrern
der Schule, die Schulgemeinde. Dem geltenden Führerprinzip entsprechend, gilt der
Schulleiter als ‚Führer der Schulgemeinde'. . . Der Schulleiter beruft aus der Elternschaft drei Personen, die zusammen mit ihm und dem örtlichen Hitlerjugendführer
die Jugendwalter der Schulgemeinde sind."*[30]

Aus diesem Zitat ist erkennbar, daß der Nationalsozialismus in zunehmendem
Maße versuchte, die Volksschulen mit seinen eigenen Organisationen (Jungvolk,
NS-Lehrerbund) zu verzahnen — ‚gleichzuschalten' —, um seinen eigenen Ein-
fluß zu stärken, den anderer Organisationen zu schwächen. Daß es in diesem
Zusammenhang zu einer Neuauflage des ‚Kulturkampfes' mit der katholischen
Kirche kam, war daher nur folgerichtig. Diese Auseinandersetzung hat auch in
den Volksschulen der Eifel ihre Spuren hinterlassen, wobei die Entfernung der

Schulkreuze und das Aufhängen des Porträts Adolf Hitlers an dessen Platz nur ein äußeres, dafür aber ein um so heftiger umstrittenes Zeichen dieses Kampfes ist.

Das Zurückdrängen kirchlichen Einflusses geschah nicht schlagartig, sondern als langsamer, sich mit immer drastischeren Maßnahmen zuspitzender Prozeß. Zunächst einmal durfte ab 1937 der Religionsunterricht nur noch durch Lehrpersonen, nicht mehr wie üblich, durch den Pfarrer selbst, erteilt werden.[31] Wie in Dahlem, Kreis Euskirchen, wurde daraufhin auch in anderen Orten der Eifel der Religionsunterricht in das Pfarrhaus verlegt, in dem er, trotz mancher Repressalien seitens der Nationalsozialisten, doch relativ häufig von den Schülern besucht wurde. Diese Art kirchlicher ‚Einflußnahme‘ wurde vom Nationalsozialismus in der Regel als *„klerikale Hetze“* bezeichnet, wie aus der erhalten gebliebenen Ortsgruppenkartei des Kreises Trier — Land zu ersehen ist.[32] Zwei Zitate daraus mögen genügen:

„Igel: . . . Die Ortsgruppe war einst schwer zu bearbeiten infolge der starken Hetze eines fanatischen Pfarrers, der mittlerweile unschädlich gemacht wurde.“
„Detzem: . . . Der Stützpunkt liegt im Weinbaugebiet der Mosel. Die Bevölkerung besteht hauptsächlich aus Kleinwinzern, die stark verschuldet sind und daher leicht für gegnerische Gedankengänge empfänglich sind. Das nutzt selbstverständlich der römische Pfarrer aus, indem er auf der Kanzel und im Beichtstuhl eine starke Aktivität gegen den Nationalsozialismus entfaltet. Der Stützpunkt bedarf daher besonderer Aufmerksamkeit.“

Abb. 184   Vor der nationalsozialistischen Machtergreifung: Das Kreuz hing in allen Klassenräumen im Blickfeld der Schüler.

214

Schulamt Rundschreiben ! Euskirchen, den 11. August 1937

Durch Erlaß des Herrn RMin.f.W.E.V. wird der schulplanmäßige Religionsunterricht nach den Sommerferien nur noch von den Lehrkräften der Schule erteilt. Die Geistlichen sind entsprechend benachrichtigt worden. Die reibungslose Durchführung dieser Maßnahme setzt voraus, daß sich alle den Religionsunterricht erteilenden Lehrkräfte stets der damit verbundenen Verantwortung bewußt sind und sich bemühen, unter voller Wahrung der nationalsozialistischen Grundsätze dem besonderen Charakter dieses Unterrichtes gerecht zu werden. -- Das 1. u. 2. Schuljahr erhalten 2 Stunden, das 3. u. 4. Schulj. 3 Stunden und das 5. bis 8. Schulj 4 Stunden. Schwierigkeiten sind bis zum 12. 9. zu berichten.

Abb. 185 Mit Rundschreiben vom 11. August 1937 untersagte das Schulamt des Kreises Euskirchen die Erteilung des Religionsunterrichtes durch die Ortsgeistlichen in den Volksschulen.

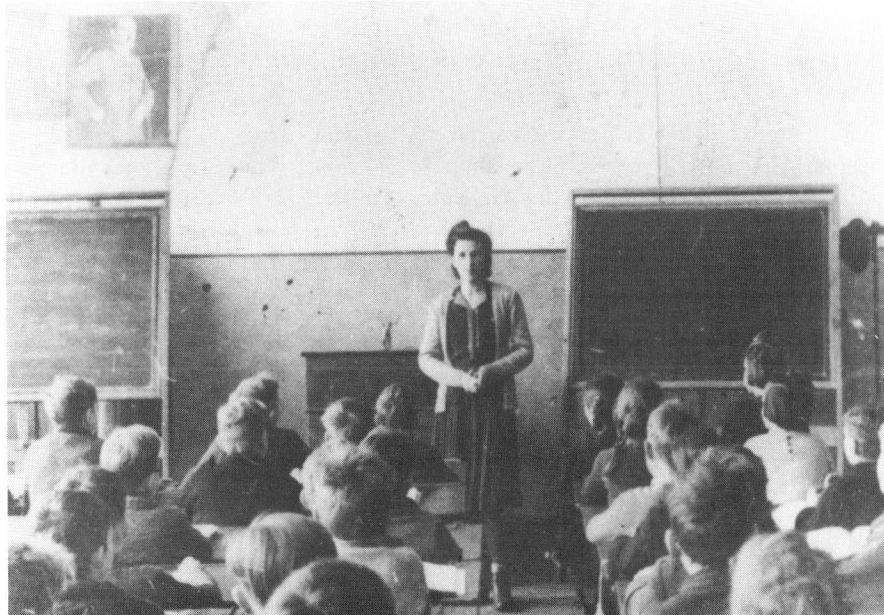

Abb. 186 Nach 1937: Das Schulkreuz mußte entfernt werden, damit das Bild Adolf Hitlers an seine Stelle rücken konnte.

Diese beiden Zitate in ihrer menschenverachtenden Sprachlichkeit zeigen mehr als deutlich, wie schwer es der Nationalsozialismus hatte, in Teilen der Eifel Fuß zu fassen. Der Konflikt mit der Kirche spitzte sich zu, als per Erlaß vom 18. 4. 1939 die Bekenntnisschulen aufgelöst wurden und man diese in ‚Deutsche Volksschule‘ umbenannte. Zum Teil erhielten die Schulen nun neue, aus dem nationalsozialistischen ‚Helden‘-Repertoire stammende Namen. So hießen einige Schulen später ‚Horst Wessel-Schule‘ oder ‚Leo Schlageter-Schule‘. Die Kritik der katholischen Kirche richtete sich nicht nur gegen die bloße Abschaffung der Bekenntnisschulen, sondern natürlich auch gegen die Tatsache, daß in konfessionell gemischten Gebieten der Eifel katholische und evangelische Bekenntnisschulen zusammengefaßt wurden. So wurde in Zweifall, Kreis Aachen, die bisherige evangelische Schule mit den drei katholischen zu einer vierklassigen Schule zusammengefaßt.[33]

Wie bereits erwähnt, äußerte sich der Streit zwischen Kirche und Nationalsozialismus am symbolischsten in der Verfügung, die Kreuze aus den Schulsälen zu entfernen. Über den Zeitpunkt der Entfernung und den Versuch der Wiederanbringung noch während des ‚Dritten Reiches‘ sind die Angaben für die Eifel sehr unterschiedlich. In der oben genannten Quelle für die Volksschule in Zweifall heißt es lapidar: *„Die Kreuze wurden aus den Schulsälen entfernt und das Schulgebet abgeschafft“.* Ähnliches ist auch aus den Volksschulen von Dahlem, Losheim und Kallmuth, alle Kreis Euskirchen, bekannt.[34] Daß sich diese *„Entfernungsaktion auch auf andere christliche Symbole erstreckte, zeigt die Tatsache, daß in Oberzier die barocke Schulmadonna entfernt wurde“.*[35] In Prüm war *„an die Stelle der Kreuze... 1936 das Führerbild getreten“.*[36] In Euskirchen hingegen mußten in den Klassenräumen Hitlerbilder im Blickfeld der Kinder angebracht werden. Das Kreuz durfte zunächst noch an einer Seitenwand, später gar nicht mehr aufgehängt werden.[37]

Diese unterschiedlichen Berichte zeigen, daß es vielerorts verschiedene Reaktionen auf den Druck seitens des Nationalsozialismus, die Kreuze zu entfernen, gegeben hat. Die Heftigkeit der Gegenreaktionen wird wohl an der stärkeren kirchlichen Verbundenheit der Lehrpersonen, an deren oft gefahrvollem und mit Versetzung und Suspendierung bedrohtem Engagement zu messen sein.

Aber auch seitens der Schulgemeinde, der Bevölkerung, gab es die unterschiedlichsten Reaktionen; oft wurden die Kreuze wieder an ihren Platz zurückgehängt. Für Dahlem, Kreis Euskirchen, heißt es hier: *„Die Schulkreuze waren aus den Klassenräumen entfernt worden. Daher hängten vier kinderreiche Mütter neue Kreuze in den Klassen auf, um auch nach außen hin den Kindern die katholische Schule zu erhalten. Leider war ihrem Bemühen kein Erfolg beschieden.“*[38] Andernorts besann man sich daher auf subtilere Mittel: *„Der Hausmeister versteckte die Kreuze im jeweiligen Wandschrank der Klasse... Davor wurde eine Blumenbank gestellt, die stets mit frischen Blumen wie ein Altar geschmückt war.“*[39]

Die Hoffnung des Nationalsozialismus, mit dem Weghängen der Kreuze auch den Glauben der Menschen in der Eifel zu zerstören, hat sich zumindest weitgehend nicht erfüllt.[40]

Ort und Datum

An den Herr Reichsminister
für Wissenschaft, Erziehung und Volksbildung
in B e r l i n .

Gegen die Einführung der Gemeinschaftsschule in ....
..rebe ich zugleich im Sinne des allergrössten Teiles der Mitglie-
..r meiner Pfarre (meines Rektorates) Einspruch und bestreite das
..rliegen von Gründen, die diese Einführung rechtfertigen könnten.

Die Einführung widerstreitet dem Preussischen Volksschulunter-
..ltungsgesetz vom 28. 7. 1906, und zwar insofern dieses

.. die Konfessionsschule als Regelschule, die Simultanschule nur

   bei besonderen Gründen gelten lässt (diese Gründe müssen lokaler

   Art sein laut Ausführungsbestimmung vom 14. 3. 1908);

2. nur die Neueinrichtung von Simultanschulen, nicht die Umwandlung

   von Konfessionsschulen zulässt (die"Auflösung"der Bekenntnisschu-

   le ist jedenfalls mit dem Sinn des Gesetzes unvereinbar);

3. überhaupt nur die Einrichtung von christlichen Simultan-, nicht

   aber von religionsneutralen Gemeinschaftsschulen vorsieht.

Davon aber abgesehen, steht die Einführung der Gemeinschaftsschule in offensichtlichem Widerspruch zu Artikel 23 des Reichs-
konkordates, der die Beibehaltung und sogar die Neueinrichtung katholischer Bekenntnisschulen gewährleistet.

                                        (Unterschrift)

Abb. 187 Gegen die zwangsweise Einführung der ‚Deutschen Volksschule‘ als Gemeinschaftsschule wandten sich die Bischöfe im April 1939. Das vorformulierte Protestschreiben
wurde durch die Pfarrer von der Kanzel verlesen und namens der Kirchengemeinden unterzeichnet.

Die vergebliche Entfernung des Schulkreuzes ist übrigens auch von Heinrich Böll
in seiner Erzählung: ‚Wanderer, kommst du nach Spa...‘ beschrieben worden,
die in dem brennenden Bendorf bei Koblenz 1945 spielt:

*„... auch das stimmte: über der Tür hatte einmal ein Kreuz gehangen, als die
Schule noch Thomas-Schule hieß, und damals hatten sie das Kreuz weggemacht,
aber da blieb ein frischer dunkelgelber Fleck an der Wand, kreuzförmig, hart und*

Abb. 188 Die Einbindung der Kinder in nationalsozialistische Organisationen begann schon vor dem 10. Lebensjahr mit dem Angebot von ‚Spielschar'-Aktivitäten. Kinderspielschar im Jahre 1936 auf dem Schulhof der Volksschule Wintersdorf, Kreis Trier-Saarburg.

Abb. 189 Mit 10 Jahren wurden die Jungen ins ‚Jungvolk' aufgenommen, der ersten Stufe der Hitlerjugend (HJ). Jungenklasse der 30er Jahre im Prümer Land. Der größte Teil trägt die Uniform des Jungvolks.

218

Abb. 190 Mädchen wurden mit 10 Jahren in die ‚Jungmädel'-Gruppen aufgenommen, die erste Stufe des Bund Deutscher Mädel (BDM). Flöten- und Gitarrengruppe der Jungmädel, 1935.

Abb. 191 Zur Wehrertüchtigung und inneren Vorbereitung auf einen neuen Krieg wurden an manchen Volksschulen Schulmanöver durchgeführt. Schüler der Schule Firmenich, Kreis Euskirchen, 1936.

Auf der Großkundgebung des NSLB. in Trier sprachen Gauleiter S i m o n und Reichshauptstellenleiter S t r e i c h e r, Bayreuth (auf dem Bilde links), zu 3000 Erziehern der Westmark

Abb. 192 Auch die Lehrer konnten sich der Eingliederung in eine nationalsozialistisch geprägte Berufsorganisation kaum entziehen: Tagung des NSLB (Nationalsozialistischer Lehrer-Bund), Gau Moselland, in Trier am 3. Juli 1937.

klar, der fast noch deutlicher zu sehen war als das alte, schwache, kleine Kreuz selbst, das sie abgehängt hatten; sauber und schön blieb das Kreuzzeichen auf der verschossenen Tünche der Wand. "[41]

Mag der Kampf des Nationalsozialismus gegen die Kirche mit aller Härte geführt worden sein, so sollte man nicht vergessen, daß während dieser Zeit nicht nur Symbolträger wie die Kreuze, sondern auch Menschen aus den Klassen entfernt wurden. Ich meine damit politisch unliebsame Lehrer und Lehrerinnen und vor allem jüdische Mitschüler und Mitschülerinnen. Wurden ganze jüdische Familien zu Anfang des ,Dritten Reiches' noch zur Emigration gezwungen, so hat man später im Rahmen der ,Endlösung der Judenfrage' die Mitschüler und Mitschülerinnen zum Teil während des Unterrichts durch die Gestapo abholen lassen und in die Vernichtungslager verschleppt.[42]

Am 1. September 1939 begann Hitler mit dem Angriff der deutschen Wehrmacht auf Polen den zweiten Weltkrieg. Nach den Kriegserklärungen Frankreichs und Englands an Deutschland befürchtete man Kampfhandlungen auch in den westlichen Teilen des Reiches. Dies führte in den Volksschulen der Eifel zu ähnlichen Konsequenzen wie bereits im ersten Weltkrieg: Zunächst gab es wieder einmal — erfreulicherweise — schulfrei. Weniger erfreulich war dann die Belegung der Schulsäle mit Truppen, die diesmal wegen des ,Sitzkrieges' teilweise bis zum 10. Mai 1940, dem Beginn des ,Westfeldzuges', dauerte.

Wegen der zu erwartenden Kampfhandlungen wurden große Teile der Grenzbevölkerung aus der Eifel in die jeweiligen Evakuierungsräume verlegt; daß dies auch Konsequenzen auf den Schulunterricht hatte, versteht sich von selbst. Herr F. aus Wasserliesch, Kreis Trier-Saarburg, berichtet:

„1939 wurden wir in die sog. Altmark evakuiert. Da unser Hauptlehrer dort seine Familie hatte, erteilte er auch dort weiter Unterricht. Wir bekamen aber auch fremde

Abb. 193 Mit Beginn des zweiten Weltkrieges wurden auch Volksschulen in der Eifel mit Einquartierung belegt, die teilweise bis zum Beginn des Westfeldzuges im Mai 1940 anhielt. Schüler der Volksschule Katzwinkel, Kreis Daun, mit Soldaten der Einquartierung, 1939.

Abb. 194 Unter der Parole ‚Kampf dem Verderb' gingen die Schulkinder nach der Ernte zum Ährenlesen über die Felder. Schule Boxberg, Kreis Daun, 1935.

Lehrer. Dies war für uns Schüler recht schwierig, da wir mit dem Lehrstoff teils weiter vor, teils aber auch weiter zurück waren. "[43)]

Erst 1940 normalisierte sich mit der Rückkehr aus der Evakuierung der Schulalltag für diese Schüler wieder.

Wie im ersten Weltkrieg wiederholten sich auch jetzt die Materialsammlungen: Altmaterial, Kräuter, Tee und Sammlungen des ‚Volksschädlings Nr. 1‘, des Kartoffelkäfers. Aus Wintersdorf, Kreis Trier-Saarburg, wird berichtet: *„Das Absuchen der Felder nach dem gefürchteten Käfer wurde für die Schulkinder bis in die Kriegsjahre hinein zu einer Dauerpflicht.* "[44)] Im Gegensatz zu den oft improvisierten Sammlungen während des ersten Weltkrieges, waren diese während des Nationalsozialismus straff organisiert und wurden nebenbei auch zur Erziehung der Schüler genutzt. Nochmals Herr F. aus Wasserliesch:

„Wir mußten Teekräuter sammeln, wir haben natürlich versucht, zu mogeln, indem wir in die Sammeltüte Gras füllten und dieses mit einer Schicht Tee bedeckten. Für den Erlös bekam unser Lehrer Bons, mit denen wir eine schöne Schülerbibliothek zusammenstellen konnten. Unser Lehrer war kein ‚Nazi‘, daher hatten wir viele der erlaubten Klassiker in unserer Bibliothek. "[45)]

Nach der Niederlage Frankreichs wurden fast überall die Straßen für die heimkehrenden Truppen geschmückt. Auch in Auw, Kreis Bitburg-Prüm, haben die *„Schulkinder gearbeitet, um unser häßliches Schulhaus zu schmücken.*[46)]

In der folgenden Zeit gab es jedoch immer weniger Siege zu feiern, daher auch immer weniger Anlässe, schulfrei zu erteilen. Das Kriegsgeschehen wirkte sich nun langsam aber sicher immer mehr auf den Schulalltag aus. Da diese Zeit bereits ausgiebig auch in ihren Auswirkungen auf die Schule dargestellt wurde, kann hier ein kurzer Abriß genügen.

Der Unterricht wurde durch zunehmenden Lehrermangel sowie die sich immer mehr verstärkenden Luftangriffe (häufiger Fliegeralarm) beeinträchtigt. Man konnte von Glück sagen, wenn es ‚nur‘ Fliegeralarm gab; in vielen Fällen wurde das Schulgebäude in den letzten Kriegsjahren durch Bomben beschädigt oder gar gänzlich zerstört. Für Euskirchen heißt es 1944: *„Als sich im September wegen der Ardennenoffensive die Bombenangriffe gezielt auf Euskirchen richteten, mußte die Westschule ihren Unterricht mit dem 6. 10. 1944 beenden.* "[47)] Die Ardennenoffensive begann allerdings erst am 16. 12. 1944.

Exemplarisch für alle Zerstörungen durch Kampfhandlungen und Luftangriffe mag hier die Schul- und Ortschronik aus Wintersdorf, Kreis Trier-Saarburg, stehen, die ein recht detailliertes Bild der Zerstörungen gibt:

„Am Samstag vor Weihnachten war die Schule bis auf einige zertrümmerte Fensterscheiben und einige durchgedrungene Granatsplitter unversehrt. . . . In der Nacht zum 4. auf 5. Januar wurde der Schulstall getroffen. In dieser Zeit hatte eine Granate das Obergeschoß der Wohnung getroffen . . . und ein Bett in der Wohnung der Lehrerin zerstört. Am 14. Februar wurde das Schulhaus schwer getroffen. Der Neu-

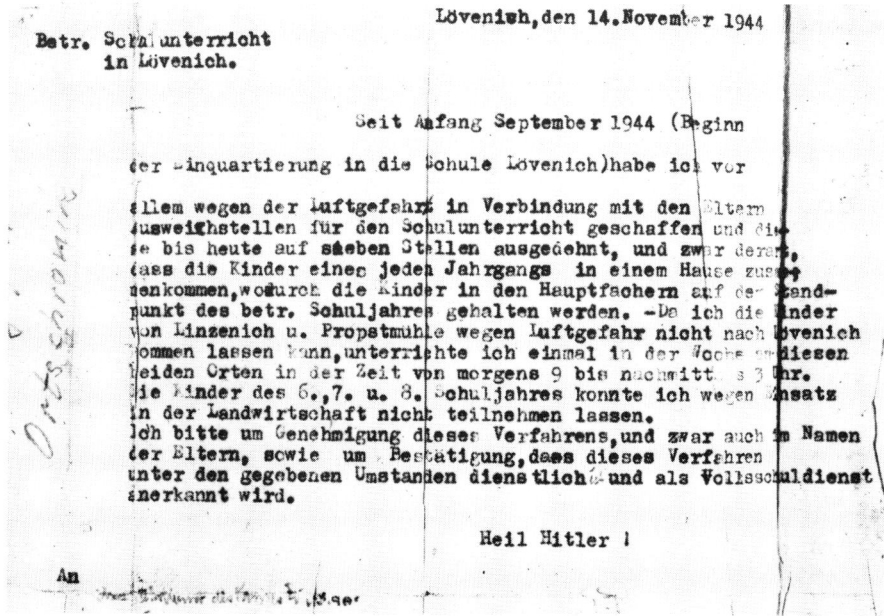

Abb. 195   Im Herbst 1944 wurde im Westen durch das Näherrücken der Front ein regelmäßiger Schulunterricht unmöglich. In Lövenich, Kreis Euskirchen, versuchte man, in Privathäusern einen Notunterricht weiterzuführen.

Abb. 196   Nach dem Ende des zweiten Weltkrieges waren zahllose Schulen in der Eifel zerstört oder so stark beschädigt, daß zunächst kein Unterricht möglich schien. Durch Granateinschläge stark beschädigte Volksschule von Bleialf, Kreis Bitburg-Prüm.

Mitteilungsblatt des NSLB.
Gauwaltung Moselland

Nr. 12   Dezember   Jahrgang 1942

Es gaben ihr Leben für Führer ✠ und Volk unsere Kameraden:

im Januar 1942 im Alter von 32 Jahren
Leutnant
Otto Backes
Lehrer in Siesbach, Kreis Birkenfeld

im Februar 1942 im Alter von 32 Jahren
Leutnant und Batteriechef
August Birkenbach
Gewerbeoberlehrer in Idar-Oberstein

im Juli 1942 im Alter von 29 Jahren
Leutnant und Kompanieführer
Albert Decker
Lehrer in Katzwinkel, Kreis Daun

im September 1942 im Alter von 29 Jahren
Gefreiter
Hans Erdmann
Studienassessor in Trier

im August 1942 im Alter von 38 Jahren
Gefreiter
Georg Feige
Rektor in Kirn an der Nahe

im April 1942 im Alter von 40 Jahren
Gefreiter
Hermann Gaul
Lehrer in Melsbach, Kreis Neuwied

im Juli 1942 im Alter von 31 Jahren
SS-Rottenführer
Friedrich Giloj
Lehrer in Kirn an der Nahe

im Oktober 1941 im Alter von 35 Jahren
Feldwebel und ROA.
Karl Gropp
Lehrer in Berschweiler, Kreis Birkenfeld

im Januar 1942 im Alter von 31 Jahren
Leutnant und Kompanieführer
Ernst vom Hagen
Studienrat in Münstermaifeld

im Oktober 1941 im Alter von 32 Jahren
Gefreiter
Christian Heibel
Lehrer in Sabertshausen, Kreis Simmern

im August 1942 im Alter von 32 Jahren
Obergefreiter
Walter Hickel
Lehrer in Eupel, Kreis Altenkirchen

im Juli 1942 im Alter von 42 Jahren
Leutnant und Führer einer Aufklärerschwadron
Gustav Hörster
Hauptlehrer in Stromberg/Hunsrück

im August 1941 im Alter von 34 Jahren
Feldwebel und ROA.
Dr. Paul Imhoff
Studienrat in Trier

im März 1942 im Alter von 40 Jahren
Gefreiter
Wilhelm Koster
Lehrer in Strotzbüsch, Kreis Daun

im Januar 1942 im Alter von 28 Jahren
Gefreiter
Georg Loew
Lehramtsanwärter in Schlad, Kreis Wittlich

im August 1942 im Alter von 31 Jahren
Leutnant
Dr. Peter Lutze
Studienrat in Trier

im März 1942 im Alter von 34 Jahren
Gefreiter
Bernhard Mohr
Gewerbeoberlehrer in Ahrweiler

im März 1942 im Alter von 39 Jahren
Gefreiter
Nikolaus Ritter
Lehrer in Schönberg, Kreis Bernkastl

im November 1941 im Alter von 31 Jahren
Leutnant
Kurt Steinmetz
Lehrer in Idar-Oberstein

im April 1942 im Alter von 31 Jahren
Unteroffizier
Friedrich Stoll
Lehrer in Birkheim, Kreis St. Goar

im März 1942 im Alter von 44 Jahren
Hauptmann und Bataillonskommandeur
Dr. Hugo Storkebaum
Studienrat in Simmern

im Oktober 1941 im Alter von 36 Jahren
Leutnant
Emanuel Stumm
Lehrer in Andernach

im Oktober 1941 im Alter von 26 Jahren
Gefreiter
Franz Theisen
Lehrer in Buchholz, Kreis Neuwied

im Mai 1942 im Alter von 47 Jahren
Hauptmann
Alfred Thomas
Studienrat in Trier

im Sommer 1940 im Alter von 25 Jahren
Soldat
Ruprecht Weßling
Lehrer in Berndorf, Kreis Daun

im Sommer 1942 im Alter von 38 Jahren
Unteroffizier
Hans Weinmann
Studienrat in Traben-Trarbach

im Juni 1942 im Alter von 28 Jahren
Gefreiter
Karl Wennig
Lehrer in Brachbach, Kreis Altenkirchen

Wir Toten sind nicht tot: ich gehe mit, unsichtbar bin ich nur, unhörbar mein Tritt. (Gorch Fock)

Abb. 197   Todesanzeigen gefallener Lehrer aus dem Gau Moselland im Jahre 1942.

bau mit den beiden Schulsälen wurde bis auf das Treppenhaus und das Dach zerstört. Das Dach blieb ganz, erhielt aber einen Granattreffer. Von der Wohnung des Lehrers blieben nur zwei Zimmer ganz, das Treppenhaus wurde in Trümmer geschossen."[48]

Aber auch da, wo die Schule relativ unbeschädigt blieb, konnte sie oft nicht mehr genutzt werden. Da die alliierten Truppen nach der Invasion in der Normandie bereits im September 1944 an der damaligen Reichsgrenze standen, wurde die Bevölkerung der Grenzgebiete, um diese vor den Kampfhandlungen zu schützen, erneut, wenigstens offiziell, evakuiert. Viele sind dieser Evakuierung jedoch nicht oder nur widerwillig gefolgt.

Die Schulsäle wurden mit Truppen und, da der ab 1938 erbaute Westwall verstärkt werden mußte, mit Schanzarbeitern belegt. Zu diesen, von der NSDAP organisierten und oft von profunder militärischer Unkenntnis zeugenden Schanzarbeiten, wurden auch die letzten noch verbliebenen Lehrer eingezogen. *„Die Oberklasse des Lehrers wurde außerdem bereits im Sommer geschlossen, weil dieser zu Schanzarbeiten abkommandiert worden war."*[49]

Aus der Region Prüm heißt es: *„1944 wurden 800 Ostarbeiter* (Russische Kriegsgefangene und Zwangsverpflichtete) *in Schwirzheim einquartiert, viele in der*

Gouvernement Militaire - Allemagne

AVIS

Tous les ouvrages de littérature nazie, les manuels scolaires ou universitaires, les publications diverses relatives au national-socialisme, les stocks des librairies et des maisons d'édition, les bibliotheques et les ouvrages disperses, les illustrés et les periodiques divers, les disques de machines parlantes etc. seront Livres aux bureaux des Bürgermeister locaux. Cette operation est limitée au 10 septembre dernier delal. Toute infraction a cet ordre conduira le coupable devant un Tribunal du Gouvernement Militaire dont les pouvoirs s'étendent jusqu'a 10 années de prison et 100000 marks d'amende.

Par ordre du Gouvernement Militaire

Militärregierung-Deutschland

Bekanntmachung

Sämtliche nationalsozialistische Literatur, Schulbücher und Universitätshandbücher, nationalsozialistische Veröffentlichungen, Läger bei den Buchhandlungen und Verlegern, Bibliotheken, Werke, die sich bei den Einwohnern befinden, sowie Zeitschriften, sprechende Grammophonplatten etc., die den Nationalsozialismus betreffen, sind in den Büros der örtlichen Bürgermeister abzuliefern. Letzter Termin 10. September 1945.

Jede Uebertretung dieses Gesetzes führt den Schuldigen vor ein Gericht der Militärregierung, welches ihn bis zu 10 Jahren Gefängnis und bis zu 100000 Mk. Geldstrafe verurteilen kann.

Auf Befehl der Militärregierung

Abb. 198 Bekanntmachung der französischen Militärregierung vom Sommer 1945 zur Ablieferung aller Medien nationalsozialistischer Prägung. Darunter fielen sämtliche Schulbücher.

Schule. Am 26. August schloß der Unterricht. Im September wurden nach und nach die Orte an der Westgrenze geräumt; an Unterricht war bis Kriegsende nicht mehr zu denken."[50]

Neubeginn 1945

Nach dem zweiten Weltkrieg kam das Schulleben in der Eifel nur langsam wieder in Gang. Zerstörte Schulen, Orte, Städte und Verkehrsverbindungen, erheblicher Lehrermangel, ja Mangel überhaupt an allen Dingen, etwa Schuhmangel bei den Schülern, waren die Ursachen. In diesem Zusammenhang sei auch an die Schulspeisungen erinnert.[51] Über die Wiederanfänge berichtet nochmals Herr F. aus Wasserliesch:

„Wir waren nach Schöndorf/Hochwald evakuiert. Dort hatten wir keinen Schulunterricht. Als wir im April 1945 nach Wasserliesch zurückkehrten, hatten viele von uns bereits einen Lehrvertrag. Die, die noch keinen Lehrvertrag hatten, mußten noch ein halbes Jahr in Wasserliesch in die Schule gehen. Wir hatten nur stundenweise Unterricht. Das war im Herbst/Winter 1945 auch nicht anders möglich, da im Schulgebäude alle Fensterscheiben zu Bruch gegangen waren."[52]

In anderen Orten der Eifel konnte wenigstens eine Klasse wieder hergerichtet werden: „Aus Stolberg kam eine Kiste Fensterglas an, und so konnte die Oberklasse verglast werden. Ein geliehener Zimmerofen spendete genügend Wärme. 53 Kinder des 5.–8. Jahrg. — einschließlich der Entlaßschüler von Ostern 1945 — hatten am 16.10.45 seit dem 11.9.44 zum erstenmal Unterricht."[53]

Eine Klasse mehr war wieder für den Unterricht nutzbar, und so ging es mit der Volksschule in der Eifel langsam wieder bergauf.

Abb. 199   Ein Zeitdokument: Die Abschlußklasse 1948 aus Bad Neuenahr, Kreis Ahrweiler, ließ sich mit ihrer Schulköchin fotografieren.

Abtretung, Umerziehung, Autonomie
Eine politische Schulgeschichte des deutschsprachigen Belgien

Carlo Lejeune

Die Schule ist ihrem Wesen nach ein politisches Instrument. Diese Maxime schwebte zweifelsohne auch den Herrschenden vor, als sie im 19. Jahrhundert konsequent ein Schulnetz in den westeuropäischen Staaten aufbauten. Sie verfolgten dabei drei Ziele: Durch die Alphabetisierung konnte die Volksbildung angehoben, durch die Disziplinierung eine vorgeformte Rekrutierungsreserve für die Armee herangezogen und durch die politischen Erziehungsmöglichkeiten konnten die Jugendlichen zu nationalbewußten Patrioten erzogen werden. Somit diente die Schule als Ferment der aufstrebenden Nationalstaaten. Als Teil der nationalen Kultur konnte sie sich dieser Dienstbarmachung auch nicht entziehen; denn die auf die Kultur angewiesene Macht neigt dazu, die Kultur in ihren Dienst zu nehmen oder auch zu zwingen. Aber auch die Kultur neigt wegen ihres auf soziale Mitteilung gerichteten Elementes dazu, sich mit dem zu verbinden, der ihr diese Mitteilung am besten verschaffen kann, das heißt, sie tendiert zu einer Verbindung mit der Macht.[1]

Diese unscheinbare politische Rolle des Instruments ‚Schule' wird insbesondere dann verstärkt und verdeutlicht, wenn, wie im Falle des sogenannten Eupen-Malmedy, eine Volksgruppe durch eine Annexion in einen sprachlich anderen Kulturstaat aufgenommen und somit zur kulturellen Minderheit wird. Dies hat dann zur Folge, daß insbesondere in den Schulen das Kommunikationsmedium ‚Sprache' zum Testfall der politischen Möglichkeiten zwischen kultureller Mehrheit und Minderheit wird, wobei das Problem des Sprachgebrauchs immer wieder neu, je nach Sachlage, aufgeworfen wird. Im deutschsprachigen Belgien entfachte sich der Widerstreit im Sprachlichen stets aufs neue unter der Einwirkung der vielfältigen politischen Entwicklungen; so ist auch verständlich, daß die Frage der Zweisprachigkeit im deutschen Sprachgebiet immer auch als eine vornehmlich politische Frage verstanden worden ist,[2] und somit auch dieser Artikel die Schulgeschichte anhand der politischen Entwicklung nachzeichnen will.

Alles neu macht das neue Vaterland

Das von Belgien neuerworbene Gebiet von Eupen-Malmedy wurde nach Inkrafttreten des Versailler Vertrages 1920 vorläufig durch einen vom König nominierten Oberkommissar verwaltet. Dieser, Generalleutnant Baron Baltia, sollte zum Vollstrecker der Integrationsbestrebungen des neuen Vaterlandes werden, da er durch seine fast uneingeschränkten Vollmachten die äußere Assimilation (loyale Erfüllung staatsbürgerlicher Pflichten und Übernahme einer neuen Sprache) ebenso wie die innere Assimilation (innerliche Anerkennung und Wertschätzung des neuen Systems) anstrebte.

Mit der Eingliederung der Kreise in Belgien rückte somit naturgemäß das Schulwesen als eines der Hauptinstrumente der Assimilierung durch die kultur- und sprachpolitischen Möglichkeiten in den Vordergrund. Erstes Ziel des Übergang-Regimes unter Baltia war die Reorganisation der Lehrerschaft und die Säuberung von belgienfeindlichen Elementen. Viele aus dem Inneren des Reichs stammende Lehrer dachten bewußt in deutsch-nationalen Kategorien. Zwar regelte die Konvention von Aachen vom 8. 6. 1920 den Übergang reichsdeutscher Beamter in die belgische Verwaltung, doch hatte *„Belgien für die Lehrer... besondere Vorbehalte erklärt".* [3] 12 reichsdeutsche Lehrer erklärten sich bereit, im belgischen Schuldienst zu bleiben, die übrigen wurden im September 1920 aus dem Dienst entlassen. [4] Dies erschien Baltia um so dringender, als *„gerade das Schuljahr, während dessen die deutschen Lehrkräfte (1920) beibehalten wurden, in der Einrichtung des belgischen Lehrsystems sehr hemmend gewirkt hat und die Lehrer nachweislich, ihren Verpflichtungen entgegen, eine eifrige Propaganda betrieben haben, um das belgische System verhaßt zu machen und die Schüler zum Verlassen der Anstalt zu bewegen".* [5]

Die Reorganisation der Lehrerkollegien war somit eine dringende Notwendigkeit für die Übergangsregierung Baltias, die von Anfang an eine Erziehung der Schuljugend zu *„loyalen belgischen Staatsbürgern"* erstrebte. Das für die Übergangzeit dem Hohen Kommissar vorbehaltene Recht der Lehrerernennung und -verabschiedung leistete dabei gute Dienste. Schon 1922 konnte der Jahresbericht des Gouverneurs feststellen, daß sich der Geist an den höheren Schulen Eupen-Malmedys langsam gewandelt habe; schon die Gegenwart weniger belgischer Lehrer an einer Schule bedeute *„un obstacle préemptoire à toute velléité de retour à l'ancien esprit germanique".* [6] Auf lange Sicht haben aber das Malmedyer Gouvernement wie die Regierung in Brüssel den Grundsatz befolgt, bevorzugt einheimische Lehrer zu verwenden. Im gleichen Maße, wie an belgischen Anstalten ausgebildete junge Eupener und Malmedyer zur Verfügung standen, nahm der Anteil der deutschen, altbelgischen und luxemburgischen Lehrkräfte an neubelgischen Schulen ab. [7] Doch gerade diese Rekrutierung der Junglehrer stellte den Schwachpunkt des Systems dar, da es im Bereich des Gouvernements selbst keine Lehrerbildungsanstalten gab. Die staatlichen Lehrerseminare in Verviers (für Lehrer) und in Arlon (für Lehrerinnen) richteten für ihre deutschsprachigen Studenten besondere *„sections allemandes"* ein, deren Ausbildungsgang auf den Unterricht deutschsprachiger Volksschulen zugeschnitten war. Aber auch in diesen deutschen Abteilungen nahm das Französische einen großen Raum als bevorzugte Unterrichtssprache der Oberstufe ein.

Die kirchlichen Lehrerseminare Altbelgiens in Theux, Bastogne, Carlsbourg und Blegny, die der katholischen Bevölkerung Eupen-Malmedys von kirchlicher Seite empfohlen wurden, unterrichteten ausschließlich in französischer Sprache.[8]

Eine zweite Schwierigkeit war die Umstellung auf das belgische Unterrichtsprogramm. In der ehemals preußischen Wallonie um Malmedy verlief der Übergang störungsfreier als im deutschsprachigen Teil Neubelgiens. Hier wurde 1920 Französisch Unterrichtssprache; Deutsch blieb in den Volksschulen als Unterrichtsfach bestehen. Die Übernahme von Lehr- und Lernmaterial aus der benachbarten Wallonie vollzog sich ohne nennenswerte Schwierigkeiten. Im deutschsprachigen Unterricht mußte eine völlige didaktische Neuschöpfung vorgenommen werden. Das Erlernen der französischen Sprache wurde schon früh angeregt. Der offizielle Lehrplan setzte die Einführung des Französischunterrichts bereits im ersten Volksschuljahr an.[9]

Die Probleme bei der Durchsetzung dieser Ziele werden aber anhand einer Studie über die Übernahme des Realgymnasiums Eupen durch die belgischen Behörden deutlich.[10] Während Baltia die Umwandlung des Progymnasiums in ein belgisches Athenäum anstrebte, um so die schnelle Assimilation durch eine Französisierung herbeizuführen (diese wurde mit den Vorteilen für spätere Eupener Studenten an belgischen Universitäten gerechtfertigt), widersetzte sich sowohl die Schuldirektion als auch der Gemeinderat diesen Plänen: sie wollten entweder eine freie, deutsche, private und vom Verein für das Deutschtum im Ausland (VDA) finanzierte Schule oder eine kombinierte deutsch-belgische Anstalt ins Leben rufen. Nach einer Übergangszeit übernahm schließlich das Bistum die Lehranstalt, weil es einerseits die Lehrkräfte und Finanzen zur Verfügung stellen konnte und andererseits somit Baltia und Unterrichtsminister Destrée von einer weiteren Beschäftigung mit diesem heiklen Problem entband. Wahrscheinlich gab es aber auch eine Absprache zwischen den zivilen und den kirchlichen Behörden, die darauf hinauslief, kein Unterrichtsmonopol — weder zugunsten des Staates noch zugunsten der Kirche — zu schaffen, sondern eine proportionierte Verteilung zwischen den verschiedenen Schulnetzen in den höheren Bildungsanstalten vorzunehmen.[11]

Das delikateste Problem stellte aber der Sprachgebrauch im öffentlichen Leben dar. Zwar veröffentlichte Baltia am 11. Januar 1920 ein Grundsatzprogramm, in dem er die Beibehaltung der deutschen Sprache und Sitten gleichberechtigt neben der französischen zugestand, die grundsätzliche Gleichberechtigung des Deutschen und Französischen im Schulunterricht wurde aber nur teilweise verwirklicht. Die Haltung des Gouvernements in dieser Frage blieb in jeder Hinsicht ein Kompromiß zwischen dem Ideal völliger Gleichstellung der Sprachen und den praktischen Interessen von Eltern und Schülern, den durch die Zusammensetzung der Lehrerschaft eingeschränkten Möglichkeiten des deutschen Unterrichtes und schließlich dem Ziel der politischen Assimilation, die eine gründliche Kenntnis des Französischen auch im deutschsprachigen Eupen-Malmedy zur Voraussetzung hatte. Sie hielt dabei die Mitte zwischen den Forderungen deutscher Kreise, die schon in einer gemäßigten Einführung französischen Unterrichtes einen Versuch zur vollständigen Beseitigung des Deutschen sahen, und der Kritik nationalistischer altbelgischer Gruppen, die selbst in der teilweisen Anerkennung des Deutschen als Unterrichtssprache der Gymnasien Eupen-Malmedys eine Quelle antibelgischer Beeinflussung der neuen Staatsbürger erblickten.

Weit gefährlicher als der deutsche Unterricht in den belgischen Schulen Eupen-Malmedys erschien dem Hohen Kommissar jedenfalls der damals häufige Besuch der reichsdeutschen Schulen, den er den schulpflichtigen Kindern ab 1922 verbot. Weit großzügiger legte das belgische Unterrichtsministerium dagegen die Gültigkeit deutscher Universitätsdiplome aus, die bis Ende 1930 ohne Bedingungen anerkannt wurden.[12] Diese Großzügigkeit darf wohl als Bestreben der Regierung gewertet werden, die Intelligenz des neuerworbenen Gebietes an sich zu binden.

Kultur als politischer Exponent — die Polarisierung

Hatte Baltia quasi diktatorische Vollmachten besessen, wodurch die Eupen-Malmedyer fast vollständig von der politischen Partizipation am Staate ausgeschlossen waren, so ermöglichte die endgültige verwaltungsmäßige Eingliederung des Gebietes in den belgischen Staatsverband 1925 auch erste politische Artikulationsmöglichkeiten. Seit diesem Jahr war jedoch eine fortschreitende Polarisierung der Vielzahl der gesellschaftlichen Gruppen in zwei Meinungen zu beobachten, und zwar angesichts der Frage nach dem endgültigen politischen Status Eupen-Malmedys. Es ging dabei um die Entscheidung, ob man die Bestimmungen des Versailler Vertrages nach der zweifelhaften ‚Volksbefragung' annehmen und sich somit im belgischen Staat einrichten wollte, oder ob man diesen Entscheid als Unrecht betrachten und somit für eine Revision des Vertrages kämpfen wollte.

Diese Polarisierung wurde 1925 durch die Parlamentswahlen eingeleitet; die Eupen-Malmedyer wählten dabei, ihrer politischen Tradition entsprechend, zu 66,4% die Katholische Partei, die zwar einem neubelgischen Kandidaten einen dritten Listenplatz zugestanden, sich aber in der Frage nach einer eventuellen Revision des Versailler Vertrages und einer neuen Abstimmung, im Gegensatz zu den revisionistischen Sozialisten (25,2%), bedeckt gehalten hatte. Wegen des komplizierten belgischen Wahlsystems stellte sich bei einer Nachzählung heraus, daß der neubelgische Kandidat trotz des Wahlerfolges nicht gewählt war. Diese ‚nachträgliche' Aberkennung wurde in der Bevölkerung als herbe Enttäuschung und Betrug empfunden. Die Polarisierung wurde aber auch durch die auf altbelgischer Seite getätigten Gründungen von Organisationen als Gegengewicht und Konkurrenz zu bereits bestehenden neubelgischen vorangetrieben, vertieft durch die 1926 begonnene und sich über die Jahre hinziehende Diskussion über eine eventuelle Rückgabe der Kreise (durch Verkauf) an Deutschland und schließlich vollendet sowohl durch die Gründung des pro-belgischen Grenz-Echos als auch durch Organisierung der Gruppen der Rückgabebefürworter und -gegner in neue politische Parteien.[13]

Diese Entwicklung konnte natürlich nicht ohne Folgen für das Unterrichtswesen in beiden Kreisen sein. Die Einflußnahme auf die höheren Lehranstalten, in Trä-

Abb. 200 Die 1872 erbaute Volksschule von Hünningen entsprach dem in der heutigen belgischen Eifel weitverbreiteten preußischen Schultyp.

Abb. 92 Ab Mitte der 20er Jahre entstanden durch die belgischen Schulbehörden eine Reihe von repräsentativen Neubauten. Schule Büllingen von 1927 mit links daneben stehender imposanter Lehrerwohnung.

gerschaft von Staat und Kirche, und die Volksschulen, in Trägerschaft der Gemeinden, ließen für die verschiedenen Interessengruppen verschiedene Möglichkeiten zur Einflußnahme zu.

Seit 1926 fielen die Bestimmungen des Gouvernements, die dem Französischen einen verhältnismäßig großen Raum innerhalb des Unterrichtes zugewiesen hatten, fort. Ein Erlaß des Kultusministers Huysmans, eines Flamen, vom 28. 4. 1926 sicherte nach einer entsprechenden Interpellation der beiden katholischen Abgeordneten von Verviers allen Schülern deutscher Sprache die genaue Beachtung der schulgesetzlichen Vorschriften über die Muttersprache zu und verbot besonders, schon in den unteren Volksschulklassen mit dem Unterricht einer Fremdsprache zu beginnen. Die Gemeinden schränkten daraufhin den Französischunterricht an ihren Schulen auf das gesetzliche Mindestmaß ein.[14]

Dieser in der Verfassung verankerte große Einfluß auf den kulturpolitisch wichtigen Bereich ‚Schule‘ wurde selbstverständlich von deutscher Seite nicht untätig hingenommen. Insbesondere Gustav Stresemann versuchte durch seine Revisionspolitik gerade die Kreise Eupen-Malmedy wiederzugewinnen, um so den gesamten Versailler Vertrag aus den Angeln heben zu können. Deshalb mußten der deutsche Staat und das deutsche Volk die Bevölkerung, dem deutschen Volkstumsnationalismus der Nachkriegszeit entsprechend, auch in ihrem ‚Deutschtum‘ bestärken und unterstützen. Schon früh stellten die deutschen Stellen fest, *„daß die belgische Verwaltung den Schwerpunkt ihrer kulturellen und nationalen Beeinflussung sehr geschickt in die Schulen legt; sie spart auf diesem Gebiet kein Geld, sondern man darf ruhig anerkennen, daß sie es mit vollen Händen ausgibt. Tatsache ist ferner, daß in der Öffentlichkeit von den immer zahlreicher entstehenden Schulhausneubauten kein Geräusch gemacht wird.“* Diese seien aber trotz allem eine *„wirkungsvolle nationalpolitische Propaganda“*.[15]

Dieser Wettlauf um Einflußnahme auf die heranwachsende Jugend im Schulbereich vollzog sich unter vielfältigen Formen. Ein vielsagendes Beispiel stellt dabei die 1926 vorgenommene Gründung der Städtischen Knabenschule St. Vith dar. In einem Bericht von 1931 heißt es dazu: *„Zu dem Wunsch, der Jugend Gelegenheit zu höherer Ausbildung zu geben, trat, da unter belgischer Verwaltung der Elementarunterricht manches zu wünschen übrig ließ, besonders in der deutschen Muttersprache (manche Lehrer beherrschten diese gar nicht, oder nur sehr unvollkommen!!) die zwingende Notwendigkeit, den schulpflichtigen Kindern die Möglichkeit zu einer gründlichen Ausbildung in den Grundfächern, insbesondere Deutsch, zu geben.“*[16] Aus dieser Motivation heraus übernahm die Stadt St. Vith das Patronat und investierte erhebliche Summen in den Aufbau der Schule, die ihren Betrieb ohne staatliche Genehmigung aufnahm. Von einem entsprechenden Antrag sah man bewußt ab, weil einige reichsdeutsche Lehrer an der Schule beschäftigt waren und somit eine Genehmigung mit Sicherheit verweigert worden wäre. Materiell wurde die Schule in dieser Anfangsphase von der Deutschen Stiftung und dem VDA insbesondere mit Bücher- und Geldspenden unterstützt. Kurz nach den Wahlen von 1929, bei denen die von der Katholischen Union getrennte und für eine neue, geheime Volksabstimmung eintretende Christliche

Volkspartei 52,1% und die ebenfalls revisionistischen Sozialisten 23,3%, also insgesamt 75,4% der Stimmen erhalten hatten, erschienen Inspektoren des Unterrichtsministeriums erstmals in der Schule und bemängelten, *„daß 2 Lehrer nicht belgischer Nationalität seien, daß einige das Lehrbefähigungszeugnis nicht hätten und daß die Schule den gesetzlichen Anforderungen in keiner Weise entspreche, da sie nicht von der Aufsichtsbehörde genehmigt sei".* [7] In der folgenden Übergangsphase fand ein regelrechtes Gerangel um die Trägerschaft der weiterzuführenden Knabenschule statt. Zunächst verwaltete die von Privatleuten gegründete *„G.o.E. Mittelschule St. Vith"* mit Unterstützung der Stadt die Anstalt. Sowohl die Verhandlungen mit dem Staat als auch mit den Christlichen Schulbrüdern der Ordensprovinz Lüttich scheiterten in den folgenden Jahren. Letztendlich übernahm das Bistum im Herbst 1931 den Schulbetrieb, obwohl noch ein Jahr zuvor *„Stadt und Gesellschaft es ablehnten, die Schule dem Bischof in die Hand zu geben, da sie eine Verwelschung der Jugend befürchten".* [18] Der stark revisionistisch eingestellte Stadtrat (allein die Christliche Volkspartei erreichte 1929 über 66% der Stimmen im Kanton St. Vith) setzte aber durch, daß *„die Unterrichtssprache auch Deutsch sein sollte".* [19]

Gerade weil man in St. Vith dem Bistum eine politische Tendenz zutraute, war für den neuen Direktor der Bischöflichen Schule politische Enthaltsamkeit oberstes Gebot, und er wachte auch darüber, daß die Lehrer sich an diese Abstinenz hielten. Politische Aktionen waren ihnen in der Öffentlichkeit untersagt. Diese Vorschrift wurde auch in den Patronatsvertrag von 1936 aufgenommen, und sie war bereits im ersten Entwurf enthalten, den Direktor Cordonnier aus Eupen der Stadt und dem Bistum in den Vorverhandlungen von 1930 vorgeschlagen hatte. Diese Klausel scheint einem Stillhalteabkommen für beide Seiten gleichzukommen; das Bistum verbot prodeutsches Engagement, während die Stadt probelgische Bekenntnisse und Aktionen unterband. Eine solche Abstinenz der Schule war die einzig mögliche vernünftige Haltung in einem so emotionsgeladenen Kontext. [20] Diese Neutralität wurde auch von volkstumspolitisch arbeitenden Kreisen geschätzt. Für sie ist diese *„Schule für das Deutschtum von größter Bedeutung. Wenn sie* (die Schule) *naturgemäß auch nach dem belgischen Lehrplan unterrichten muß, so liegt doch ihr Hauptwert darin, daß sie in politischer Beziehung streng neutral ist."* [21]

Schule im Kampf der Ideologien

Noch im Sommer 1932 war in der belgischen Kammer ein neues Unterrichtsgesetz verabschiedet worden. Es hob den bisherigen Grundsatz der Muttersprache zugunsten der Landessprache, also des territorialen Prinzips, auf. Bei der Beratung dieses Gesetzes stellte der Unterrichtsminister in der Kammer ausdrücklich fest, daß es in Belgien zwar ein flämisches und ein französisches Sprachgebiet gebe, jedoch *„aucune région d'expression allemande; il n'y a que des communes d'expression allemande".* [22] Immerhin schrieb das Gesetz für solche Gemeinden grundsätzlich Deutsch als Unterrichtssprache vor. Während die Schulen geschlossener Sprachgebiete nicht mehr zu fremdsprachigem Unterricht verpflichtet waren, sondern ihn nur auf freiwilliger Basis vom 5. Schuljahr ab zu erteilen brauchten, enthielt Art. 23 eine Generalvollmacht für die Regierung, für die deutschsprachigen Gemeinden Abweichungen von dieser Regel zu bestimmen. Der Unterrichtsminister machte von dieser Ermächtigung keinen Gebrauch, sondern beschränkte sich auf eine unverbindliche Empfehlung an die Gemeinden Eupen-Malmedys, den Unterricht der französischen Sprache bereits im 3. Schuljahr mit drei Stunden wöchentlich beginnen zu lassen. Das belgische Gemeinderecht erlaubte es den deutschsprachigen Kommunen durchaus, die Lehrpläne ihrer Volksschulen im Rahmen der gesetzlichen Vorschriften auch gegen die Empfehlungen des Ministers selbst zu bestimmen, was viele Gemeinden taten.[23]

Die Ausführung dieser Bestimmungen führte 1936/37 zu einem erwähnenswerten Streit in Eupen, der zwischen dem Rechtsanwalt van Werveke, dem früheren Generalsekretär Baltias, und den Direktoren der Mittel- und Höheren Schulen sowie dem Dechant entbrannte. Van Werveke beklagte in seiner Schrift: „ *La Belgique et Eupen-Malmedy. Où en sommes-nous?"*, daß dieses Gesetz den Gemeinden in ihrer Schulpolitik allzu großen Spielraum lasse. So würde unter dem Einfluß der germanophilen Überzeugungen des heimattreuen Eupener Schulschöffen an den Eupener Schulen nicht nur der Französischunterricht, sondern die patriotische Erziehung der Schüler im belgischen Sinne überhaupt sehr vernachlässigt. Einige Eupener Schulen schienen überhaupt noch rein deutsche Anstalten zu sein, *„nur wie durch Zufall nach Belgien versetzt".* [24] Die Gegenseite, die ebenfalls probelgisch eingestellten Direktoren und der Dechant, verteidigten das unbedingte Recht der Muttersprache in einem einsprachigen Gebiet, wie es Eupen ja sei. Man könne die jungen Eupener durchaus auch in deutscher Sprache im Geiste des belgischen Patriotismus erziehen.[25]

Bereits diese Beispiele zeigen, wie verbissen um die bildungspolitische Einflußnahme im neubelgischen Gebiet gekämpft wurde. Die Machtergreifung der Nationalsozialisten brachte dabei zwar außenpolitisch eine Beruhigung und Annäherung Belgiens an Deutschland, wobei in der Außenpolitik die Frage Eupen-Malmedy bewußt ausgeklammert wurde, aber in der Deutschtumspolitik, die durch fast 40 deutsche private oder halbamtliche Organisationen in Belgien betrieben wurde, fand ab 1934/35 eine langsame und stete Ideologisierung und Verschärfung der kulturpolitischen und politischen Arbeit statt. Diese Radikalisierung führte in der Bevölkerung zu einer Kommunikationsverweigerung, die die Gräben zwischen den unversöhnlich erscheinenden Lagern von sogenannten Pro-Belgiern und Pro-Deutschen immer mehr vertiefte. Der radikalisierte Kampf drehte sich dabei weniger um ideologische Ansprüche als vielmehr um den überhöhten volkstumspolitischen Nationalismus. Weil dieser aber von seiner Natur her ausgesprochen anfällig für die Ideologie des Nationalsozialismus war und die Nationalsozialisten sich diesen in Deutschland auch sehr schnell dienstbar machten, ließen sich auch die volksnationalen Heimattreuen, die ab 1936 in der ‚Heimattreuen Front' organisiert waren, von dieser Nazi-Ideologie vereinnahmen. Sie wurden somit in diesem Kampf der beidseitig forcierten Radikalisierung Opfer und dadurch Täter zugleich.

Auch in den 30er Jahren versuchten die reichsdeutschen Stellen weiterhin ihren Einfluß auf die Schulbevölkerung geltend zu machen. Neben Buch-, Sach- und Geldspenden des VDA für entweder *„treudeutsch"* oder zumindest neutral eingestellte Lehrer und Anstalten zahlten der Deutsche und Preußische Städtetag sowie die Deutsche Stiftung jährlich das Schulgeld der *„über 100 Schüler aus Eupen, die mittlere und höhere Schulen und Fachschulen in Aachen"* besuchten.[26] Ganz besondere Aufmerksamkeit fand aber die Landwirtschaftliche Schule St. Vith, die vor der Abtretung des Gebietes der Landwirtschaftskammer der Rheinprovinz gehört hatte. Während die Eupener Schule in Besitz des Staates übergegangen war, hatte ein privates Konsortium die St. Vither Schule übernommen. Sie war verständlicherweise nur im Winterhalbjahr geöffnet und zählte rund 70 Schüler pro Semester. In einem Lagebericht heißt es: *„Da die Landwirtschaftsschule in St. Vith die Schüler im deutschen Sinne beeinflussen soll, war es nicht immer leicht, die geeigneten Lehrkräfte zu finden. Die Schüler zahlen nur ein geringfügiges Schulgeld, und die Kosten des Schulbetriebes werden zu etwa 4/5 aus Beihilfen von deutscher Seite bestritten. Da die belgischen Behörden bei der Nachprüfung nicht feststellen dürfen, daß die zur Finanzierung erforderlichen Mittel von deutscher Seite stammen, bedarf auch hier die Tarnung der Geldquelle einer besonderen Sorgfalt."*[27]

Dieses schulpolitische Engagement dehnte sich sowohl von deutscher Seite wie auch von belgischer Seite mit Nachdruck auf die sogenannte zukünftige Intelligenz, die Studenten aus. Von deutscher Seite wurden seit 1927 Stipendien an alle im Reich studierenden Eupen-Malmedyer verteilt. Auch auf belgischer Seite wurden hier und da politisch motivierte Stipendien an in Belgien studierende Eupen-Malmedyer verliehen. Ein deutsches Engagement an belgischen Hochschulen scheiterte finanziell am chronischen Devisenmangel des Reiches. An seine Stelle trat die politische Betreuung der Studenten durch die Deutsche Studentenschaft, bzw. später die Reichsstudentenführung, die die Eupen-Malmedyer durch Bücher- und Sachspenden unterstützten. Ist das belgische Engagement durch den Wunsch zur Erziehung politisch loyaler Staatsbürger zu erklären, so wird die deutsche Motivation in einem Schreiben des Jahres 1934 deutlich, in dem der Student H. Wirtz neben Glückwünschen zu seinem bestandenen Examen auch folgende Erklärung findet: *„Möge Ihr Können der Heimat, der Sie zugehören, dienen und Sie durch Ihre Stellung, die Sie dann einnehmen werden, in besonderem Maße berufen sein, Führer des deutschen Volkstums zu werden."*[28]

Vor dem Hintergrund dieser Entwicklung ist verständlich, daß die Klassenzimmer der Volks-, Mittel- und Höheren Schulen der belgischen Eifel zum Spiegelbild der inneren Zerrissenheit wurden, in der die Bevölkerung in den 30er Jahren leben mußte. Die Bildung in zwei gegensätzliche Meinungsblöcke blieb naturgemäß nicht ohne Einwirkungen auf den täglichen Schulablauf. Denn trotz des schlechten Klimas gab es eine lebhafte und engagierte Anteilnahme der Schüler an der Politik, die ja so eng mit der schicksalhaften Entwicklung ihrer Heimat verbunden war. Meistens vertraten die Schüler den Standpunkt ihres Elternhauses. Und nicht selten kam es in verschiedenen Schulen zu handfesten Auseinandersetzungen, die oft durch kulturpolitische Maßnahmen der rivalisierenden Seiten, wie beispielsweise durch die sogenannten Kinderlandverschickungen auf deutscher und belgischer Seite, hervorgerufen wurden und auch die Klassen in zwei Lager spalteten.[29)]

Dieser Spannung, die 1939 ihren Höhepunkt fand, setzten der Einmarsch der deutschen Truppen am 10. Mai 1940 und die Wiedereingliederung Eupen-Malmedys ins Deutsche Reich am 18. Mai ein Ende.

Heimholung ins Reich — Schule unterm Hakenkreuz

Als Wegbereiter der deutschen Kultur und Lebensart erhielten die Schulen Eupen-Malmedys eine außerordentlich wichtige Aufgabe. Hier sollte eine neue deutsche Jugend frei von fremdkulturellen westlichen Einflüssen herangezogen werden, die zu einem vollen Einsatz für Reich und Führer bereit war; radikal sollte dabei die Umstellung von der *„liberalistisch-kleinbürgerlichen belgischen"* zur *„nationalsozialistischen-großdeutschen"* Erziehung sein. Nun sollte der weite deutsche Lebens- und Schicksalsraum des angestammten Volkstums Gegenstand politisch-weltanschaulicher Erziehungspolitik sein, verbunden mit der Einführung eines soldatisch-sportlichen Lebens in allen Schulen. Um den Unterschied zum belgischen Schulwesen und den dahinter stehenden *„Kulturzerfall"* möglichst drastisch erscheinen zu lassen und der Bevölkerung die Notwendigkeit einer *„Säuberungsaktion"*, eine Rückgängigmachung der *„Verwelschung"*, plastisch vor Augen

Abb. 202 Die ideologische Umerziehung der ‚heimgekehrten Eupen-Malmedyer ins Reich‘ erfolgte bevorzugt in den Schulen und unter Einbeziehung der Schulkinder in öffentliche Kundgebungen. Gedenkfeier zum 10. Mai 1940 in St. Vith mit Darbietungen der Jungvolkorganisationen von HJ und BDM.

Abb. 203 Schulentlassung der 14Jährigen in Hünningen während der Jahre der deutschen Besatzung. Feste wie diese wurden bevorzugt zu nationalsozialistischen und damit ‚vaterlandstreuen' Demonstrationen umfunktioniert.

zu führen, wurden die belgischen Schulen in großer Übertreibung negativ verzeichnet; mit voller Wucht sollten die auf die simple Formel *„Aufstieg-Zerfall"* gebrachten Kulturgegensätze aufeinanderprallen, um augenfällig die haushohe Überlegenheit der deutschen Kultur und ihrer Verkörperung in der deutschen Rasse zu dokumentieren! Diese rassistisch motivierte Taktik war auch der Leitfaden der nationalsozialistischen Kulturpolitik der Besatzer und wurde in noch stärkerem Maße in Belgien angewandt.

Diesen neuen Geist bekamen als erste die Lehrer zu spüren. Bereits beim deutschen Einmarsch oder kurz danach verließen rund 250 Volksschullehrer, fast zwei Drittel aller in Eupen-Malmedy tätigen Lehrer, dieses Gebiet nach Belgien. Aus dem rein deutschsprachigen Gebiet von Eupen-Malmedy, das heißt, dem Kreis Eupen, St. Vith und den deutschsprachigen Gemeinden des Kreises Malmedy, flohen 42% aller dort tätigen Volksschullehrer. Die Fluchtorte dieser Lehrer lagen im ganzen besetzten Belgien, jedoch mit einer gewissen Konzentration in der Grenzgegend, während die aus dem Kanton St. Vith wegziehenden Lehrer mehrheitlich ins teilweise deutschsprachige Areler Gebiet entlang der luxemburgischen Grenze gingen, von wo man nach 1920 auch deutschsprechende Lehrer für das neu zu Belgien gekommene Eupen-Malmedy geholt hatte.

Andere Lehrer blieben zwar in Eupen-Malmedy, weigerten sich jedoch, einen Eid auf den Führer zu leisten, und wurden deshalb von der deutschen Schulverwaltung nicht übernommen. In Zusammenarbeit mit der Heimattreuen Front wurde überprüft, welche Lehrer wegen ihrer politischen Gesinnung übernommen werden konnten. In Neubelgien war dies der größere Teil der vorhandenen Volksschullehrer.

Die fehlenden Lehrer wurden durch nach Eupen-Malmedy berufene Lehrer aus dem Altreich ersetzt. Auch verringerte man den Bedarf an Lehrern durch Erhöhung der Klassenstärken von bisher 25—30 auf 45—50 Schüler. Wegen der besonderen weltanschaulichen Aufgabe, die alle Schulen zu erfüllen hatten, war eine gründliche und obligatorische Schulung der übernommenen wie der neu eingestellten Lehrer von größter Bedeutung, auch wenn die Schulbehörde von Koblenz recht viel Verständnis für die besondere Situation des Gebietes zeigte, indem sie keine fanatischen Anhänger des Nationalsozialismus als Schulleiter dorthin versetzte, um die Bevölkerung nicht vor den Kopf zu stoßen. Doch insbesondere die ebenfalls konsequent durchgeführten Entkonfessionalisierungsmaßnahmen führten trotz aller Vorsicht zu einer erheblichen Stimmungsverschlechterung.

Die vom Bistum Lüttich betreuten Schulen von Eupen und St. Vith sowie das Athenäum von Malmedy wurden als deutsche Knaben-Oberschulen weitergeführt; diese drei Vollanstalten schlossen an die vier Jahre dauernde Grundschule an und führten zum Abitur. Obwohl die drei Schulen eine gewisse „Aufblähung des höheren Schulwesens" für das kleine Gebiet, gemessen am ‚Altreich', darstellten, wurden sie aus „staats- und volkspolitischen Gründen" beibehalten. Die Studenten aus Eupen-Malmedy konnten übrigens nach einer Verordnung der Reichsstudentenführung ausschließlich in Köln studieren.[30]

So steht auch das Schulleben, das die Eupen-Malmedyer in jenen 4 Jahren der „Heimkehr ins Reich" erlebten, stellvertretend für die gemachte Erfahrung der Bevölkerung mit den neuen Machthabern. Hatte man diese beim Einmarsch noch mehrheitlich jubelnd begrüßt, hatten der Aufbau der deutschen Verwaltung und die Einführung deutscher Gesetze sich äußerst schnell vollzogen, bestand ein mindestens anfangs bei der Bevölkerung vorhandener positiver Wille zur Mitarbeit, so schwanden mit Fortgang des Krieges auch die Illusionen. An ihre Stelle trat die Ernüchterung, die durch die Erfahrung der nationalsozialistischen Wirklichkeit eintrat, unter anderem auch, weil dieser totalitäre Staat nicht die Identifikationspunkte bieten konnte, die man immer von ihm erwartet hatte.

Das deutsche Schulsystem im annektierten neubelgischen Gebiet fand im September 1944 sein Ende, als die Region von den Amerikanern besetzt und im Zuge der Ardennenoffensive größtenteils verwüstet wurde.

Das schwere Erbe der Vergangenheit

Nach dem Krieg schlug nun das Pendel zur anderen Seite aus. Eine unkritische, undifferenzierte Entweder-Oder-Haltung machte sich breit. Jenes emotional bedingte, einfache Schwarz-Weiß-Denkschema, das alles auf den Gegensatz prodeutsch-probelgisch reduzierte, verbaute lange Zeit jede sachbezogene Diskussion und Lösungsmöglichkeit der bestehenden Probleme.

Im Februar 1946 wurden in Eupen und Malmedy je ein Kriegsgericht eingesetzt; diese sollten die „politische Säuberung" des nun wieder belgischen Gebietes durchführen. Insgesamt wurden bei den beiden Kriegsgerichten über 15 600 Dossiers eröffnet, das heißt, gegen rund 25% der Gesamtbevölkerung wurden Untersuchungen über ihre politische Tätigkeit in der deutschen Zeit eingeleitet, wobei etwa die Hälfte der arbeitsfähigen Männer und praktisch jede Familie betroffen wurden. Der belgische Landesdurchschnitt lag bei rund 4,1%! Es wurden zwar nur 10% der so Erfaßten gerichtlich verfolgt, dies entsprach 2,5% der Gesamtbevölkerung. In Belgien wurden hingegen auf Landesebene 16,5% der Voruntersuchungen verfolgt und bestraft, was 0,68% der belgischen Bevölkerung entsprach.[31]

Diese Säuberungsmaßnahmen wurden selbstverständlich auch auf das Unterrichtswesen ausgedehnt, da sowohl Verwaltung als auch Lehrer Staatsbeamte sind. Als Zwischenglied zwischen Zentralregierung und den nun als Ostkantone bezeichneten Gemeinden wurde ein Beigeordnetes Bezirkskommissariat eingesetzt, das weitgehende politische, soziale und wirtschaftliche Befugnisse besaß. Durch das Gesetz vom 15. Mai 1945 wurden die Autonomie der einst annektierten Gemeinden stark eingegrenzt und maßgebliche Rechte außer Kraft gesetzt. Diese wurden auf den König, sprich die Regierung, übertragen. Es handelte sich dabei um das Ernennungsrecht von Lehrern und Beamten, um alle Disziplinar- und Verwaltungsmaßnahmen, um die eventuelle Zurverfügbarkeitsstellung der Beamten und um eine Verlängerung der Schulpflicht. Dieser Ausnahmezustand wurde erst durch das Gesetz vom 1. Juni 1949 wieder außer Kraft gesetzt.[32]

Ein Mangel an Lehrkräften, die fähig waren, in deutscher Sprache zu unterrichten, war die Folge. 1945 waren nämlich alle Lehrer entlassen worden, die 1940−1944 ihre Stelle behalten hatten. Sie wurden durch ortsfremde, meist aus der Provinz Luxemburg stammende Lehrer ersetzt, deren Kenntnis der französischen Sprache im allgemeinen besser als die der deutschen war.

Überhaupt war nach Kriegsende die französische Sprache die Sprache der *„Belgientreuen"*. Das Deutsche drohte aus der Schule zu verschwinden. Eine weitgehende sprachliche Assimilation wurde angestrebt, weil für viele Patrioten nationalsozialistisch und deutsch synonym waren. Lediglich in den Volksschulen wurde der Unterricht noch bedingt in deutscher Sprache erteilt. In manchen Volksschulen aber wurden verschiedene Fächer bereits französisch unterrichtet. Schulleiter und Lehrer konnten hier oftmals nach eigenem Gutdünken bestimmen. In den Mittelschulen wurde der Unterricht fast ausschließlich in französischer Sprache erteilt, ausgenommen in den ersten 2 Jahren, die als Anpassungs- und Übergangsjahre betrachtet wurden. Die Abwertung der deutschen Sprache und Kultur, sowie der Wunsch, die Jugendlichen so schnell wie möglich für eine Integration in das französischsprachige Wirtschafts- und Sozialmilieu vorzubereiten, lagen dieser Haltung zugrunde. Das Resultat dieser Politik liest sich an der Studienhäufigkeit der Studierenden über 14 Jahren ab: sie war die niedrigste des Landes.[33]

Abb. 204 Klassenraum der 60er Jahre, belgische Ostkantone. An der Stecktafel befindet sich das Bild des belgischen Königspaares.

Schule als Weg zu einem neuen Bewußtsein

1948 wurde in Belgien das *„Forschungszentrum zur nationalen Lösung der gesell-schaftlichen, politischen und rechtlichen Probleme in den wallonischen und flämi-schen Landesteilen"* eingesetzt, das unter Leitung von Pierre Harmel stand, und somit besser als *„Harmel-Zentrum"* bekannt ist. In diesem staatlich eingerichte-ten Studienzentrum sollten alle Forderungen auf lokaler und regionaler Ebene gesammelt, dem Parlament vorgelegt und Lösungsvorschläge ausgearbeitet wer-den.

Innerhalb dieser Studiengruppe vertrat der deutschsprachige, christlich-soziale Abgeordnete Kofferschläger die Interessen der Deutschsprachigen, die ihre Mei-nung auch durch schriftliche Eingaben an den Abgeordneten kundtaten. Aus einem von einigen Pfarrern kollegial verfaßten Schreiben sind folgende Haupt-ideen hervorzuheben: *„Wir möchten an dieser Stelle einem Einspruch begegnen, wonach es der Wunsch und Wille der betreffenden Bevölkerung sein soll, die deut-sche Sprache zugunsten der französischen aufzugeben."* Und weiter: *„Vom päd-agogischen Standpunkt aus gesehen, glauben wir die Ansicht vertreten zu müssen, daß der Gesamtunterricht in der Muttersprache erteilt werden muß."* Anderseits aber, so räumten sie ein, *„soll unsere Bevölkerung beim Verlassen der Volksschule eine solche Kenntnis der französischen Sprache besitzen, daß sie sich in einem fran-zösischen Milieu leicht zurechtfinden kann. Aber dieses ist zu erreichen ohne solche weitgehende Verletzungen des Rechtes auf Muttersprache, wie wir sie in unserem*

Abb. 205   Im Rahmen der Neuordnung des belgischen Schulwesens wurden in den 70er Jahren etliche kleine Schulstandorte aufgegeben.

deutschsprachigen Gebiet leider vielerorts bedauern müssen." In ihren Folgerungen, die sich auf den Sprachgebrauch in den Volksschulen beziehen, schreiben sie: "*Man soll Lehrpersonen haben, die die deutsche Sprache theoretisch und praktisch vollkommen beherrschen und sie auch lieben. Diese Forderung bedingt auch jene andere, daß an den Lehrerbildungsanstalten wieder deutschsprachige Abteilungen, wie sie vor dem Krieg bestanden, errichtet werden. Außerdem muß der Sprachgebrauch gesetzlich genau festgelegt werden und darf nicht der Willkür der einzelnen Personen überlassen bleiben.*"[34] Kofferschläger stellte bezüglich der Mittelschulen und der höheren Unterrichtsanstalten in seinem Bericht fest: "*Die Erhaltung einer deutschen Kulturgemeinschaft in Belgien wird äußerst schwierig, weil gegenwärtig der Unterricht sowohl in den staatlichen wie in den freien Unterrichtsanstalten des mittleren und höheren Unterrichtes in französischer Sprache erteilt wird. Es gibt kein Kolleg, keine Mittelschule, kein Athenäum, wo das Deutsche die erste und Hauptunterrichtssprache ist.*"[35]

In den Diskussionen plädierte Kofferschläger für ein zweisprachiges Regime im deutschen Sprachgebiet, wo der deutschen Sprache allerdings ein gewisser Vorrang eingeräumt werden soll. Der Bericht des Harmel-Zentrums regte an, daß "*der Unterricht in der Grundschule auf der Muttersprache basieren soll, während in der Mittelschule das Französische Umgangssprache wird und das Deutsche dann als zweite Sprache auf dem Lehrplan erscheint. Im Interesse der Schüler sollte der Lehrkörper vorzugsweise zweisprachig französisch-deutsch sein.*"[36]

241

Der lange Weg zur kulturellen Autonomie

Durch die Sprachgesetze von 1963, die unter anderem den Sprachgebrauch in der Verwaltung und im Unterricht regeln, und durch die koordinierten Sprachgesetze von 1966 wurden die Sprachgrenzen in Belgien definitiv festgelegt und die Existenz eines deutschen Sprachgebietes anerkannt. Deutsch erklärte man neben dem Französischen und Niederländischen zur Landessprache. 1970 wurde sodann auch für die deutsche Kulturgemeinschaft das Prinzip der Kulturautonomie verankert und 1973 der *„Rat der deutschen Kulturgemeinschaft"* eingesetzt. Somit waren alle Garantien für die volle Gleichberechtigung der deutschen Sprache und der deutschen Kulturgemeinschaft gegeben. Doch da diese politischen Zugeständnisse eher eine Folge der immer stärker werdenden Regionalisierungs- und Föderalisierungsbestrebungen der Flamen und Wallonen waren, sind auch die Befugnisse des Kulturrates weiter und parallel ausgedehnt worden. Nach der Einsetzung der *„Exekutive des Rates der deutschsprachigen Gemeinschaft"* 1984 wurde 1988/89 im Rahmen der Regionalisierung Belgiens auch die Kompetenz für das Unterrichtswesen von der Zentralregierung auf die drei Gemeinschaften übertragen und somit ein vorläufiger Schlußstrich unter diese lange Entwicklung gezogen, die recht treffend auch die wechselvolle Geschichte des heutigen deutschsprachigen Gebiets Belgiens widerspiegelt.

Notstand, Reform, Neubeginn
Das Ende der alten Volksschule in der Eifel
Matthias Görgen

In der Mitte der 60er Jahre setzte eine stürmische Entwicklung im Schulwesen ein, die man zu den einschneidensten Maßnahmen und Änderungen des Jahrhunderts rechnen muß. Den dünn besiedelten Eifelraum traf diese Entwicklung besonders hart. Bereits anhand der Zahlen der Schulen vor und nach der Reform geht hervor, wie durch neue Gesetze, Verordnungen und Organisationsverfügungen tiefgreifende Änderungen fast in jeden Ort hineinreichten.

	vor der Reform			heute				
Kreis Daun[1]	kath.	ev.	zus.	Gemeinschaftssch.				
ungegliedert				Grundschulen:			14	
(1.–8.)	82	2	84	Hauptschulen:			3	
wenig gegliedert	42	—	42	Grund- u.				
gegliedert	2	—	2	Hauptsch.:			4	
zusammen:			132	zusammen:			21	
Kreis Euskirchen[1]	kath.	ev.	zus.		kath.	ev.	Gemein-sch.	zus.
ungegliedert[2]	50	5	55	Grund-				
wenig gegl.[2]	48	1	49	schulen:	27	1	15	43
gegliedert[2]	1	—	1	Haupt-				
übrige[3]	64	3	67	schulen	—	—	16	16
zusammen:			172	zusammen:				59

[1] bezogen auf die heutigen Grenzen nach dem Stand von 1960
[2] bezogen auf den Altkreis Schleiden, der heute zum Kreis Euskirchen gehört, nach dem Stand von 1956
[3] bezogen auf den Altkreis Euskirchen nach dem Stand von 1966

Wie konnte es zu diesen Umwälzungen, die das Ende der bisherigen Volksschule bedeuteten, kommen?

‚Bildungskatastrophe‘ und Reformwünsche

Bereits Ende der 50er Jahre wurde im allgemeinen Wirtschaftsaufschwung Kritik besonders seitens der Industrie und Wirtschaft am Volksschulwesen geübt. Man warf ihm vor, den vielfältigen Anforderungen der modernen Gesellschaft nicht mehr gewachsen zu sein. Die Volksschule vermittele nur ‚volkstümliches‘ Wissen und orientiere sich zu wenig an den Kenntnissen der Wissenschaften. Inhalt und Struktur der bisherigen Volksschule müßten grundlegend erneuert werden, um der moderneren Arbeitswelt, in die man die Schulabgänger schicken wolle, gerecht zu werden. Dazu benötige man auch neben neuen wissenschaftlich orientierten Lehrplänen qualifizierte Fachlehrer, die den Schülern, je nach Begabung und Neigung, gegliederten Unterricht erteilten.

Die Unterrichtsfächer sollten neue Namen erhalten. Rechnen, Raumlehre, Naturlehre, Naturkunde und Heimatkunde klangen altmodisch, verstaubt und überhaupt nicht mehr zeitgemäß. Die Fächer mußten umbenannt werden in Mathematik — beser noch neue Mathematik —, Geometrie, Physik, Chemie und Sachunterricht. Statt Zuzählen und Abziehen verwandte man Addieren und Subtrahieren. Man sprach nicht mehr von Sprachlehre, Hauptwort, Mehrzahl oder Satzgegenstand, sondern benutzte Grammatik, Nomen, Plural und Subjekt. Im Fach Mathematik wurde die Mengenlehre zu Schlagwort und Inhalt.

Vollständig ungeeignet erschienen da vor allem die wenig oder gar ungegliederten Volksschulen auf dem Lande, wo ein Lehrer in allen Fächern Unterricht erteilen mußte. Von einem differenzierten und fachlich qualifizierten Angebot konnte hier nicht die Rede sein. Belächelt wurde der konfessionelle Einfluß, der sich oft durch viele Fächer zog. Nach Meinung auch der Bildungspolitiker entsprachen diese Schulen nicht den Anforderungen, um Schüler auf das moderne Berufsleben vorzubereiten. Sowohl Länder wie Kommunen unternahmen gewaltige Anstrengungen im Eifelraum zum Abbau des wirtschaftlichen und sozialen Gefälles gegenüber den Ballungszentren. Eine Schulreform wurde von ihnen als sehr dringlich angesehen, wobei besonders der Auf- und Ausbau des ländlichen Schulwesens den jungen Menschen auf dem Lande die komplizierte Arbeitswelt zugänglich machen sollte. Als 1964 Georg Pichts Buch ‚Die deutsche Bildungskatastrophe‘[1] zum Schlagwort wurde, war man der Ansicht, daß ganz besonders der Eifelraum betroffen sei, sprach vom Bildungsnotstand auf dem Lande und forderte das Recht auf gleiche Bildungschancen für alle Schüler.

Die Eifeler Schulrealität am Anfang der 60er Jahre

Wie sah nun die Situation auf dem Lande wirklich aus?

Besonders in den einklassigen Systemen stand oder fiel die Schule mit der Person des Lehrers. Dies war nicht allein eine Frage der fachlichen Qualifikation. Durch die im Landesgesetz verankerte Residenzpflicht war der Lehrer gehalten, die am Schulort bereitgestellte Dienstwohnung in Anspruch zu nehmen. Er war an den Ort gebunden, wo man erwartete, daß er sich auch für die Belange der Gemeinschaft engagierte, sei es beim Martinszug, als Organist oder als Schriftführer im Verein. Oft wurde in der Kirche hinter den Kinderbänken ein Platz für den Lehrer reserviert, um ihn auch hier für Ruhe und Ordnung sorgen zu lassen.

Abb. 206 Auch in den 50er Jahren waren die Lehrer wesentliche Faktoren im kulturellen Leben eines Dorfes. Martinszug 1949 in Satzvey, Kreis Euskirchen. Viele Schüler trugen die im Unterricht gebastelten Fackeln.

So mancher Lehrer setzte sich für die vielfältigen kleinen und großen Aufgaben voll und ganz ein, blieb viele Jahre und sorgte dadurch für eine Kontinuität in Schule und Erziehung. Oft ergriff er die Initiative und engagierte sich mit aller Kraft bei der Renovierung oder dem Neubau der Schule. Viele ehemalige Schüler erinnern sich dankbar an jene Zeit und verweisen mit Stolz darauf, ein Berufsziel mit Volksschulabschluß erreicht zu haben, das heute nur mit dem Abschluß der Mittleren Reife bzw. des Abiturs zu erreichen wäre.

Aber so mancher Lehrer fühlte sich in der Enge der dörflichen Gemeinschaft nicht wohl, wo jeder jeden kannte, und wollte lieber in der Stadt oder zumindest in ihrer unmittelbaren Nähe leben. Sie kehrten dem kleinen Dorf und der Zwergschule, sobald wie möglich, den Rücken. Da akuter Lehrermangel herrschte, wurde dem Versetzungsantrag rasch stattgegeben. Die frei gewordene Lehrerstelle wurde dann, weil erfahrene Lehrer fehlten, vor allem mit Junglehrern besetzt, die gerade ihr Studium absolviert hatten. So kam es zu dem Zustand, daß, wie die Schulchronik von Katzwinkel, Kreis Daun, vermerkt, ein Lehrer dem anderen die Klinke in die Hand gab.[2]

Hier sei das Beispiel der einklassigen Schule in Utzerath, Kreis Daun, angeführt, wo es in der Zeit von 1957 bis 1967 zehnmal einen Lehrerwechsel gab. Folgende Übersicht, die aus der Schulchronik erstellt wurde, zeigt eindrucksvoll das schwere Los einer solchen Schule:[3]

bis Oktober 1957	Peter Kerber
Oktober 1957 bis Ostern 1958	Vertretung durch Willi Steffens (Volksschule Schönbach)

Ostern 1958 bis Ostern 1959	Edith Heck (Junglehrerin)
Ostern 1959 bis Ostern 1960	Hans-Josef Becker (Junglehrer)
Ostern 1960 bis Ostern 1962	Horst Prinz (Junglehrer)
bis Mai 1962	Vertretung durch Willi Steffens
Mai 1962 bis Juni 1964	Peter Lorscheider (Junglehrer)
Juli 1964 bis November 1964	Norbert Müller (Junglehrer)
Dezember 1964 bis November 1966	Heinrich Müller (Junglehrer)
Dezember 1966 bis Juli 1967	Dieter Hoffmann (Junglehrer)
August 1967 bis Juli 1971 (Auflösung)	Matthias Görgen (Junglehrer)

Der schlechte Zustand dieses Schulgebäudes, einschließlich der Lehrerwohnung, war nicht dazu angetan, die Schulstelle attraktiver zu gestalten. In den Toilettenanlagen mußte während der Wintermonate das Wasser abgestellt werden. Ab dem Jahre 1966 war der Lehrer von der Residenzpflicht befreit, da die Lehrerwohnung nicht mehr bewohnbar war.

An solchen Schulen, wie hier geschildert, tat sich ein Teufelskreis auf. Wegen der schlechten äußeren Verhältnisse versuchten die neuen Lehrer, so schnell wie möglich versetzt zu werden und setzten sich nicht immer mit der erforderlichen Kraft ein, um Abhilfe zu schaffen. So verschlimmerten sich die Zustände mehr und mehr. Infolge des häufigen Lehrerwechsels war es nicht verwunderlich, daß das Leistungsniveau der Schüler rapide absank.

Für den schlechten Zustand der Schulgebäude konnte man jedoch nicht nur den Schulträger, das war in der Regel die Ortsgemeinde, verantwortlich machen. Trotz der schlechten Finanzlage zeigten sich viele Gemeinden guten Willens und plan-

Abb. 207 Ausflug der Volksschule Mannebach, Kreis Daun, im Schuljahr 1963/64 zum Niederwalddenkmal.

246

Abb. 208 Klassenraum der neuerbauten Volksschule Oberelz, Kreis Daun, im Jahre 1964, vor der Einweihung.

ten den Neubau einer Schule. Immer wieder sorgten Änderungen in der Konzeption, die durch die beabsichtigte Schulreform hervorgerufen wurden, dafür, daß die Renovierung oder der Neubau einer Schule hinausgeschoben wurde, bis schließlich für alle kleinen Schulen die Bauvorhaben endgültig gestoppt wurden.

So schrieb im Februar 1964 der Lehrer von Strotzbüsch, Kreis Daun, resigniert in seine Chronik:[4] *„Nach Jahren langem ‚Bauens‘ ist es nun doch soweit, daß die Schule nicht gebaut wird. Es ist verständlich, daß nun die erforderlichen Geldmittel für den Bau von Mittelpunktschulen verwendet werden. Da müssen die einklassigen Schulen zurückstehen."* Zwar wurde den Strotzbüschern keine neue Schule gewährt, jedoch errichtete man nach energischem Einsatz des Pastors und des Bürgermeisters eine neue Lehrerwohnung und neue Toilettenanlagen.

Die Schulchronik von Schuld, Kreis Ahrweiler, schildert ähnliche Verunsicherungen beim dortigen Schulträger:

„Die Eltern der Schulkinder in Schuld machen sich ernste Sorgen. Sie betrachten seit einiger Zeit sorgenvoll die Entwicklung der Schulbildung für die Schüler der Oberstufe und haben schon über den Elternbeirat Schritte unternommen, den augenblicklichen Mißstand zu beseitigen. Über 60 Schüler für einen Klassenraum und einen Lehrer sind zu viel. Aus diesem Grunde hat Lehrer Pfahl, der die Oberstufe unterrichtet, die Klasse teilen müssen. Dadurch genießen die betroffenen Schüler nur die Hälfte des ihnen zugedachten Unterrichts. Die Einführung des 9. Schuljahres hat dieses Dilemma gebracht. Damit wird nichts gegen die weitere Schulbildung gesagt. Nur faßt der Raum nicht mehr die zusätzliche Klasse, und eine intensivere Schulung ... ist von einem einzigen Lehrer nicht zu bewältigen ... Eine Bitte an die Bezirksregierung, die Genehmigung zum Bau eines dritten Schul-

saales zu geben, wurde abgelehnt, mit dem Hinweis auf baldige Einführung der Hauptschule in Adenau. "[5])

Erste Zwergschulauflösungen in Rheinland-Pfalz 1964–1965

Die Reform des Schulwesens setzte in der rheinland-pfälzischen Südeifel etwas früher ein als in den zu Nordrhein-Westfalen gehörenden nördlichen Kreisen. Das Land Rheinland-Pfalz vollzog die Entwicklung in mehreren Stufen in einem Zeitraum von etwa 10 Jahren. Außerdem nahm der Kreis Daun in der Entwicklung eine gewisse Vorreiterstellung ein.

Die Voraussetzungen wurden zunächst geschaffen durch eine Änderung der rheinland-pfälzischen Landesverfassung vom 1.7.1964, wonach die Bestimmung, daß ein geordneter Schulbetrieb auch bei einklassigen Schulen gewährleistet ist, gestrichen wurde. Darüber hinaus wurde zum gleichen Datum das Volksschulgesetz so geändert, daß Schulen mit weniger als vier Klassen nicht mehr als das 1. bis 6. Schuljahr umfassen sollten, die Zahl der Kinder für einen geordneten Schulbetrieb erst ausreichte, wenn für die Klassen 1 bis 6 mindestens 28 Schüler vorhanden waren und die Oberstufe der wenig gegliederten Schulen ab Klasse 7 in einer günstig gelegenen Schule zusammengefaßt werden sollte. Im Klartext bedeutete dies die Entstehung von Mittelpunktschulen, die das 7. und 8. und später das 9. Schuljahr umfassen sollten. Außerdem erfüllten viele einklassige Schulen nicht mehr die Voraussetzungen für einen geordneten Schulbetrieb. Sie standen vor ihrem Ende. Nachdem bereits 1961 die Volksschule Heyroth, Kreis Daun, aufgelöst worden war, ereilten in den Jahren 1964 und 1965 eine ganze Reihe kleiner Schulen in der Südeifel dasselbe Schicksal, beispielsweise die in Oberscheidweiler und Schladt, Kreis Bernkastel-Wittlich, Müsch, Kreis Ahrweiler, Laudesfeld, Kreis Bitburg-Prüm, Basberg, Bolsdorf und Pützborn, alle Kreis Daun.

Im Regierungsbezirk Trier wurden 1964 fünf Versuchsklassen zur Zusammenführung des 7. und 8. Schuljahres eingerichtet, von denen allein im Kreis Daun vier waren: Gillenfeld, Lissendorf, Oberbettingen und Jünkerath. So wurden zum Beispiel in Gillenfeld die 7. und 8. Schuljahre aus Ellscheid — Saxler, Gillenfeld und Winkel zusammengefaßt, in Jünkerath die 7. und 8. Schuljahre aus Esch, Feusdorf und den beiden Schulen aus Jünkerath. In der Volksschule Daun startete im selben Jahr ein Pilotprojekt, das Englisch auf freiwilliger Basis anbot. Dies war für die Schüler ein sehr attraktives Angebot. Die Eltern von Kindern aus benachbarten Schulen drängten auf eine baldige Eingliederung ihrer Kinder in die Volksschule Daun, da an ihrer Schule kein Englischunterricht erteilt wurde.

Der Kreis Daun galt unter der Leitung von Schulrat Vonier in der Entwicklung der Schulreform in Rheinland-Pfalz als vorbildlich und beispielhaft. Mehrere Lehrgänge des Kultusministeriums, die sich mit der Volksschuloberstufenreform befaßten, fanden in Daun statt. Die Teilnehmer konnten sich an Ort und Stelle über die bisherige Versuchsarbeit in Jünkerath, Gillenfeld, Gerolstein und Daun informieren.[6])

248

Abb. 209 1961 wurden in Dahlem, Kreis Euskirchen, zusammen mit der Volksschule eine
große Turnhalle und ein Hallenschwimmbad erbaut, eine der modernsten Anlagen ihrer Art
in der Eifel.

Die bundesweite Schulreform 1966 und ihre Umsetzung

Bald wurde das bisherige Konzept, Mittelpunktschulen für die Klassen 7 und 8 zu
schaffen, nicht mehr aufrechterhalten. Bereits am 28. 10. 1964 hatten die Minister-
präsidenten der deutschen Bundesländer ein Abkommen zur Vereinheitlichung
auf dem Gebiet des Schulwesens beschlossen, dem zu Beginn des folgenden Jahres die Länder zustimmten.[7] Auf folgende gemeinsame wesentliche Punkte legte
man sich fest:

1. Die Schulpflicht endet nach 9 Schuljahren.
2. Das Schuljahr beginnt am 1. August.
3. Die für alle Schüler gemeinsame Unterstufe trägt die Bezeichnung ‚Grundschule‘.
4. Das 5. und 6. Schuljahr kann als Beobachtungsstufe eingerichtet werden.
5. Die Hauptschule schließt als aufbauende Schule an die Grundschule an und
   umfaßt die Schuljahre 5 bis 9 bzw. 7 bis 9. Ein 10. Schuljahr ist zulässig.
6. Ab der 5. Klasse wird eine Fremdsprache, in der Regel Englisch, gelehrt.

Nun war der Rahmen gegeben, wie das Schulwesen endgültig reformiert werden
sollte. Das Ende der Volksschule in der bisherigen Form wurde eingeläutet.

Der Kultusminister von Nordrhein-Westfalen erließ am 23. Februar 1966 neue
Richtlinien zur Errichtung von Mittelpunktschulen.[8] Danach gliederte sich die
Volksschule in die die Jahrgänge 1 bis 4 umfassende Grundschule und die aus
den Jahrgängen 5 bis 9 bestehende Hauptschule. Es war möglich, das 5. und 6.

Schuljahr als Förder- und Beobachtungsstufe entweder an die Grundschule oder an die Hauptschule anzuschließen. Eine zweizügige Oberstufe war anzustreben, das heißt, pro Jahrgang mindestens 2 Klassen. Grundschulen sollten in der Regel als Jahrgangsklasse (mindestens 4 Klassen) entstehen. Zum 1. 12. 1966 wurde wie in den übrigen Ländern das 9. Schuljahr eingeführt. Zwei Möglichkeiten zur Errichtung von Mittelpunktschulen waren nach den Richtlinien möglich:

1. Wenig gegliederte Schulen werden zu einer Mittelpunktschule zusammengefaßt.
2. Die Jahrgänge 1—4 oder auch 1—6 verbleiben an Stammschulen und die übrigen werden in eine bestehende Schule eingegliedert.

In Rheinland-Pfalz legte man sich zu diesem Zeitpunkt schon darauf fest, daß das 5. und 6. Schuljahr als Orientierungsstufe an die weiterführenden Schulen eingegliedert werden sollte. Die Bezirksregierungen Koblenz und Trier erließen im Jahre 1966 eine Reihe von Organsationsverfügungen, die zu weiteren Konzentrationen führten.

Die Standorte für die neuen Hauptschulen wurden überall festgelegt. Dort faßte man die Oberstufen der umliegenden Schulen nach und nach zusammen. Nach einer Organisationsverfügung der Bezirksregierung Trier vom 26. 4. 1966 gehörte zum Beispiel ab 2. 5. 1966 das 1. bis 9. Schuljahr von Gerolstein, Rockeskyll und Müllenborn mit den Klassenstufen 5 bis 9, Hinterhausen, Lissingen, Michelbach, Büscheich und Gees mit den Klassenstufen 7 bis 9 zur Mittelpunktschule Gerol-

Abb. 210 Kurz vor der Auflösung der alten Volksschulen wurde 1964 in Zweifall, Kreis Aachen, ein hochmoderner Schulneubau fertiggestellt.

stein.[9] Die spätere Hauptschule sollte fast alle Orte der gesamten Verbandsgemeinde umfassen.

Seit dem Schuljahr 1967 brachte täglich ein Schulbus die Kinder aus Schuld, Insul, Dümpelfeld und Lückenbach nach Adenau, Kreis Ahrweiler. Die Kinder des 9. Schuljahres aus Schuld und Dümpelfeld und die ganze Oberstufe aus Insul besuchten von nun an den Unterricht an der Schule in Adenau, *„schon im Vorgriff auf die geplante Hauptschule"*, die erst in einigen Jahren dort entstehen sollte.[10]

Eine Reihe von Schulverbänden wurde gegründet, die im wesentlichen den späteren Hauptschulbereich umfassen sollten. Als Beispiel sei die Bildung des Schulverbandes Mettendorf, Kreis Bitburg-Prüm, angeführt:[11]

„Organisationsverfügung:

1. Zur Planung, Errichtung und Unterhaltung einer Verbandsschule in Mettendorf wird im Benehmen mit den Gemeinden Burg, Fischbach, Freilingen, Lahr, Mettendorf, Niedergeckler, Niederraden, Niehl, Nusbaum, Obergeckler, Oberraden, Outscheid und Sinspelt ein Schulverband gegründet. In der Verbandsschule sollen die volksschulpflichtigen Kinder der Klassenstufen 1 bis 9 der katholischen Bekenntnisschulen von Mettendorf und Niehl sowie die Klassenstufen 5 bis 9 der katholischen Bekenntnisschulen von Lahr, Nusbaum, Obergeckler, Outscheid und Sinspelt in einem Schulsystem zusammengefaßt werden, sobald das neue Schulgebäude bezugsfertig sein wird.

2. Der Schulverband trägt die Bezeichnung Schulverband Mettendorf. Schulsitzgemeinde ist Mettendorf . . .

3. Die beteiligten Gemeinden bilden einen Schulverband als Körperschaft des öffentlichen Rechts. Sie sind zur gemeinsamen Verwaltung des Schulverbandes, zur Planung und zum Bau der Verbandsschule mit den erforderlichen Schulräumen und sonstigen Unterrichtseinrichtungen, zur Unterhaltung der Verbandsschule sowie zur Bereitstellung des sonstigen Sachbedarfs verpflichtet . . ."

Nicht alle Gemeinden fanden gleich eine endgültige Zuordnung zu den späteren Hauptschulen, sei es, daß die noch zu errichtende Hauptschule ihren Einzugsbereich noch nicht festgelegt hatte, oder, daß sich durch die Verwaltungsreform Änderungen ergaben. So kam es, daß zum Beispiel die Oberstufe der ehemaligen Volksschule Hinterweiler zunächst in Hohenfels mit den Orten Betteldorf und Hohenfels zusammengelegt wurde, während das 9. Schuljahr die Volksschule Dockweiler besuchte. Erst 1971 wurde Hinterweiler der Hauptschule Daun zugeordnet.

Für die nordrhein-westfälischen Eifelkreise Monschau, Düren, Schleiden und Euskirchen kam die große Zusammenfassung nach dem Gesetz zur Änderung der Verfassung und des Gesetzes zur Änderung des Schulwesens am 5. 3. 1968. Am 5. Mai 1968 verkündete Ministerpräsident Kühn das Landesgesetz über die öffentlichen Grund-, Haupt- und Sonderschulen. Beide Gesetze bestätigten, daß eine Hauptschule mindestens zweizügig (zehnklassig) und eine Grundschule mindestens einzügig (vierklassig) geführt werden sollte. Aufgrund der Siedlungsstruktur war in Ausnahmefällen auch eine einzügige Hauptschule und eine zweiklassige Grundschule möglich.

Mit Wirkung zum 1.8.1968 wurden unter anderem die Genehmigungen zur Errichtung folgender Hauptschulen von Amts wegen erteilt: In der Stadt Düren für die Ost-, Nord- und Josefschule, im Kreis Düren für die Schulstandorte Birkesdorf, Dürwiß, Gürzenich, Langerwehe, Lendersdorf und Kreuzau, im Kreis Aachen-Land für die Schulen von Gressenich, Stolberg (3) und Eschweiler (3), im Kreis Monschau für Konzen, Simmerath und Roetgen und im Kreis Schleiden für Blankenheim, Dahlem, Hellenthal, Kall und Schleiden.[12]

Zum selben Datum wurden beispielsweise im Kreis Schleiden folgende Grundschulen errichtet: Die kath. Grundschulen Gemünd, Kall, Reifferscheid, Blankenheim, Dollendorf, Ripsdorf, Hergarten, Dahlem, Sötenich, Krekel, Tondorf, Zingsheim, Weyer und Schleiden sowie die Gemeinschaftsgrundschulen Hellenthal, Sistig und Bouderath-Frohngau.[13] Bei der Errichtung der Grundschulen sollte die Nähe zum Wohnort gewahrt werden.

Anfang der 70er Jahre wurden auch die Grundschulen in Rheinland-Pfalz zu ihrer heutigen Größe zusammengefaßt. So wurde beispielsweise ab August 1969 der Einzugsbereich der Grundschule Kyllburg, Kreis Bitburg-Prüm, erweitert um die Orte Wilsecker, Etteldorf, St. Thomas, Usch, Steinborn und Seinsfeld. Zugleich erfolgte die organisatorische Trennung von Grund- und Hauptschule. Zum 1. August 1970 wurde das Einzugsgebiet um die Gemeinde Zendscheid erweitert, zum 1. August 1971 um Malberg. Die Grundschule umfaßte nun 321 Kinder in neun Klassen.[14] Die Grundschule Mehren, Kreis Daun, setzte sich 1973 sogar aus sieben ehemals selbständigen Volksschulen zusammen: Darscheid-Hörscheid, Demerath, Mehren, Schalkenmehren, Schönbach, Steiningen-Steineberg und Utzerath.

Die neuen Schulen in der öffentlichen Diskussion

Der Auszug der Schulkinder aus den kleineren Orten erfolgte natürlich nicht ohne Probleme. Auch zeigten sich verschiedentlich Widerstände. Der Schulweg der Kinder mußte zunehmend auf Bustransporte verlegt werden, was bereits viele Schwierigkeiten mit sich brachte. Während man bei der Einweihung früherer kleiner Schulneubauten mit Stolz darauf verwies, daß die Schule in verkehrsarmen Zonen errichtet wurde, standen nun die Schüler ohne Aufsicht des Lehrers an den Haltestellen, fuhren oft weite Wege mit dem Bus zur Schule in einen entfernten Ort und waren so der Gefährdung des Straßenverkehrs ausgesetzt. Die Busfahrer hatten oft ihr liebe Not, mit dem ‚lärmenden Volk‘ fertig zu werden. Faustrecht und manchmal auch Rowdytum waren nicht selten die Folge.

Mit Sorge betrachteten viele Bürger die Auflösung ihrer Schule am Ort. Mit dem Verlust der Schule befürchteten sie eine kulturelle Verarmung der Gemeinde. Besonders hart traf es kleine Orte, wenn mit hohem persönlichen Engagement und unter großen finanziellen Opfern seitens der Gemeinde eine schöne Schule

Abb. 211 Nach Jahren drangvoller Enge konnten Ende der 60er Jahre an vielen Haupt-schulstandorten die neuerrichteten Gebäude bezogen werden. Umzug der Schüler von der alten zur neuen Hauptschule Jünkerath, Kreis Daun, im Jahre 1968.

gebaut wurde, die aber bereits nach kurzer Zeit wieder verschwand. Ein Beispiel für viele in der Eifel ist der Ort Mülheim bei Blankenheim, Kreis Euskirchen:[15)]

„Eine neue Schule war immer wieder, besonders in den 30er Jahren gefordert wor-den. Unter Lehrer Peter Baales fand der Umzug aus dem alten in das neue Schulge-bäude statt. Nun besaß Mülheim eine der schönsten und modernsten Schulen im Kreis Schleiden, allerdings nur für wenige Jahre. Nur ein einziger Jahrgang wurde daraus entlassen (1966), dann gingen die ‚älteren‘ Schüler mit denen der Nachbar-orte zur 9. Klasse nach Blankenheim. Es folgten 1966/67 die beiden Kurzschul-jahre und am 27. 6. 1968 war der letzte Schultag in Mülheim, nach mehreren Jahr-hunderten Schulbetrieb im Ort (nachweislich seit 1715).“

Eine extreme Situation erlebten gar die Dörfer Lückerath und Schützendorf, Kreis Euskirchen, deren neuerbaute gemeinsame Volksschule noch nicht einge-weiht war, als sie schon von der Auflösung betroffen wurde.[16)]

An Informationsabenden, die die Kreisschulämter anboten, wurde den betroffe-nen Eltern die Neuorganisation des Schulwesens dargelegt. Zumeist wurden sie von der Notwendigkeit der Zusammenfassung überzeugt, obwohl viele Bedenken geäußert wurden, wie die Probleme des Transportes, das Fehlen der Schule und des Lehrers am Ort oder der Verlust der vertrauten Umwelt des Kindes. Ebenfalls befürchteten sie, daß ihr Kind in der Anonymität einer riesigen Schule sich nicht zurechtfinden würde.

In einigen wenigen Fällen mußte jedoch auch mit erheblichen Widerständen gerechnet werden, wie zum Beispiel in Neroth, Kreis Daun, wo man auf keinen Fall die Schule verlieren oder gar die Kinder der Oberstufe zu dem erheblich kleineren Ort Niederstadtfeld, zu dem man auch sonst nicht orientiert war, schicken wollte.

Auch seitens der Kirchen, vor allem der katholischen Kirche, brachte man erhebliche Vorbehalte gegen die Neuerungen vor. Man befürchtete, daß aus den aufgelösten Bekenntnisschulen, die in unserem Raum überwiegend katholisch waren, später reine Simultanschulen errichtet würden. Nach dem Schulordnungsgesetz in Nordrhein-Westfalen waren Hauptschulen von Amts wegen Gemeinschaftsschulen, während an den Grundschulen die Eltern durch Abstimmung die Schulart bestimmen konnten. Viele heiße Diskussionen wurden um die Bekenntnisschule geführt, so beispielsweise in Schleiden, wo die Mehrheit der katholischen Elternschaft sich für eine katholische Bekenntnisschule aussprach, wogegen die in der Minderheit stehende evangelische Elternschaft eine Simultanschule wünschte. Die Abstimmung erbrachte schließlich 65% Ja-Stimmen für eine katholische Bekenntnisschule.

Auch die Reduzierung der Religionsstunden wurde sehr beklagt. Sorgenvoll schrieb daher Pfarrer Müller 1968 in die Pfarrchronik von Vlatten, Kreis Düren: *„Die Kinder des 5.−9. Schuljahres, die vorerst der Hauptschule Heimbach angeschlossen wurden, verlieren laut Verfügung der Regierung die Hälfte des Unterrichts. "*[17]

Ähnlich sah die Situation in Rheinland-Pfalz aus.

In Gerolstein rückte ein Fall in das Licht der Öffentlichkeit, der durch die Illustrierte ‚Der Stern' und das Fernsehen 1967 in der ganzen Bundesrepublik verbreitet wurde.[18] Eine evangelische Familie wollte ihre Söhne, die die zweiklassige evangelische Volksschule besuchten, unbedingt — und sei es per Gerichtsbescheid — zur vollausgebauten katholischen Volksschule Gerolstein schicken. Sie befürchtete am wenig gegliederten System der evangelischen Volksschule eine Benachteiligung ihrer Kinder. Nach verlorenem Prozeß erreichten die Eltern dennoch eine Eingliederung ihrer Söhne in die katholische Volksschule, indem sie deren Austritt aus der evangelischen Kirche veranlaßten. Bereits 2 Jahre später wäre dieser Aufwand überflüssig gewesen. Nach dem neuen Grund- und Hauptschulgesetz von 1968 mußten in einem geheimen Abstimmungsverfahren mindestens zwei Drittel der Eltern, wobei beide Elternteile anwesend sein mußten, aber nur mit einer Stimme vertreten waren, für ja stimmen, um eine Bekenntnisschule bilden zu können. Andernfalls wurde die Hauptschule als eine christliche Gemeinschaftsschule eingerichtet. Die Schulchronik Daun berichtet über solch ein Verfahren:[19]

254

„Am 27. 4. 69 fand die Abstimmung über das Antragsverfahren zur Bestimmung der Schulart der Hauptschule Daun statt... Von 428 Antragsberechtigten gaben nur 237 ihre Stimme ab (55,37%). Von den 235 gültigen Stimmen entfielen auf: Christliche Gemeinschaftsschule 108 Stimmen, katholische Bekenntnisschule 127 Stimmen, evangelische Bekenntnisschule 0 Stimmen. Damit stand fest, daß die Hauptschule Daun in ihrem jetzigen Bereich als ‚Christliche Gemeinschaftsschule' eingerichtet wird.“

Im Kreis Daun wurden alle Hauptschulen als Christliche Gemeinschaftsschulen errichtet.

Auch in Polch, Kreis Mayen-Koblenz, fand am 20. April 1969 unter den Erziehungsberechtigten der Schüler eine Abstimmung über die Schulart statt. Sie hatten die Wahl zwischen katholischer Bekenntnisschule und christlicher Gemeinschaftsschule. Obwohl sich die Mehrheit der abgegebenen Anträge für eine katholische Bekenntnisschule aussprach, wurde auch hier der vorgeschriebene Anteil von zwei Dritteln der Erziehungsberechtigten nicht erreicht. [20]

Probleme der ersten Jahre: Raumnot und Lehrermangel

Die aufnehmenden Mittelpunktschulen waren, bedingt durch die Auflösung der Nachbarschulen, den rasch wachsenden Schülerzahlen besonders in der ersten Zeit nicht gewachsen. Verschärft wurde die Situation noch durch die Einführung des 9. Schuljahres im Jahre 1966. Diese Klassen mußten zusätzlich untergebracht

Abb. 212 Beispiel für eine nach der Schulreform neuerrichtete Hauptschule: Hauptschule Nachtsheim, Kreis Mayen-Koblenz, bezogen 1968.

werden. So kam es zwischenzeitlich zu einer erheblichen Raumnot, die der Rektor der Hauptschule Jünkerath, Kreis Daun, so umriß:[21]

„Obwohl räumliche Enge uns drückt (In Schule I und II und im Feuerwehrhaus als Notbehelf wird unterrichtet!), kommen im September 1967 die Kinder der Klassenstufen 5—9 aus Wiesbaum und Mirbach hierher zur Schule."

In Daun versuchte man durch die Errichtung von 3 Montagebauten mit je 2 Klassenräumen der Platzenge Herr zu werden. Später bediente man sich außerdem bis zur Fertigstellung der neuen Hauptschule der alten Volksschulgebäude in Mehren und Darscheid als Außenstandorte. Auch in Kall, Kreis Euskirchen, wuchs bei Errichtung der Hauptschule die Zahl der Schüler auf 525 an. *„Die hohe Zahl der Kinder führt zu Raumnot, und aus der bisherigen Pausenhalle müssen drei Klassen hergerichtet werden, auch ein Umkleideraum muß zum Klassenraum umgebaut werden."*[22]

Seit Beginn der 60er Jahre bereits hatte ein akuter Lehrermangel geherrscht, der durch die Einführung der beiden Kurzschuljahre noch größer geworden war. Die Kultusminister versuchten ihm zu begegnen, indem sie im Schnellverfahren Vertragslehrer ausbildeten. Dennoch kam es vor, daß Stellen an Zwergschulen nicht mehr besetzt werden konnten, und die Schulen, wie im Fall Utzerath, Kreis Daun, vorzeitig aufgelöst wurden oder aber von Kollegen einer benachbarten Schule, wie im Fall Immerath, Kreis Daun, vertreten werden mußten.

Mit dem Neu- oder Ausbau der späteren Hauptschulen wurde die Raumnot behoben und unter der Einwirkung des sogenannten Pillenknicks, der eine gewaltige Senkung der Schülerzahl zur Folge hatte, der Lehrermangel schließlich in einen Lehrerüberschuß umgewandelt.

Für die neuen Grundschulen wurde nicht in jedem Fall ein neues Schulgebäude erbaut. Sie zogen häufig in die frei werdenden großen Volksschulen ein, die so zumindest noch ihrem ursprünglichen Zweck entsprechend verwendet wurden.

Das Schicksal der alten Volksschulgebäude

Was geschah aber mit den übrigen verlassenen Schulgebäuden, in denen zum Teil noch viele Gegenstände und auch Dokumente lagen?

Zunächst blieben die Gebäude im Besitz des ehemaligen Schulträgers, also der jeweiligen Ortsgemeinde. Bald darauf wurde ein Teil der alten Schulbauten abgerissen, weil es sich entweder nicht mehr lohnte, sie zu renovieren oder weil sie anderen Bauvorhaben, wie in Pelm, Kreis Daun, im Wege standen. In Polch, Kreis Mayen-Koblenz, sind die alten Schulgebäude ebenfalls aus dem Ortsbild verschwunden. *„Das Gebäude an der Bahnhofstraße wurde im März 1969 abgerissen. Das Schulhaus an der Gartenstraße mußte 1974 einem Feuerwehrhaus weichen."*[23]

Andere ehemalige Volksschulen wurden zu Kindergärten umfunktioniert und haben so noch eine angemessene Zweckbestimmung erfahren. Wieder andere wurden durch Um- oder Erweiterungsbau in Gemeindehäuser, Bürgerhäuser und Jugendheime umgewandelt. Die Basberger Schule, Kreis Daun, ist heute eine Kunstgalerie, ebenso wie die Schulen in Kronenburg, Kreis Euskirchen, die öfter für Kunstausstellungen zur Verfügung steht. Manche Gemeinden haben aus ihrer Schule ein Mehrzweckgebäude errichtet. So entstand zum Beispiel in Darscheid, Kreis Daun, aus der Schule ein Kindergarten; gleichzeitig wurde die Sparkasse untergebracht; außerdem gibt es weitere Räumlichkeiten, die der Gemeinde und den Vereinen zur Verfügung stehen. Viele Schulen wurden verkauft und gingen in Privatbesitz über, sei es als Wohnungen oder zu gewerblichen Zwecken genutzt.

Trotz umfangreicher Umänderungen ist den meisten ehemaligen Schulen noch der Charakter ihrer alten Funktion deutlich anzusehen. Sie können ihre Herkunft und ihren Ursprung nicht verleugnen. Als stumme Zeugen erinnern sie an vergangene Tage, wo viele Generationen Tag für Tag Freud und Leid ihres Schülerdaseins erfahren haben.

Eine pädagogische Bilanz nach 20 Jahren

Die Reform des Volksschulwesens liegt inzwischen gut 20 Jahre zurück. Inzwischen ist klar geworden, daß man von den im Eifer der 60er Jahre eingeführten inhaltlichen Neuerungen einiges zurücknehmen und relativieren mußte.

Abb. 213 Erste Erfahrungen als Fahrschüler: Kinder aus Kyllburgweiler, Kreis Bitburg-Prüm, im Jahre 1966 am Schulbus.

So wurde ziemlich rasch erkannt, daß man mit der Verwissenschaftlichung in Mathematik zu weit gegangen war. Der Bereich Mengenlehre wurde in wesentlichen Teilen wieder aus dem Grundschulunterricht verdrängt. Vor allem im Sachkundeunterricht darf der Aspekt der Heimatkunde wieder stärker berücksichtigt werden. Man hat eingesehen, daß besonders das Grundschulkind kleine überschaubare Bereiche braucht und achtet nun wieder darauf, daß entgegen dem ursprünglich geforderten Fachlehrerprinzip der Grundschüler möglichst viele Fächer aus einer Hand, das heißt, vom Klassenlehrer erhält. Die Kultusministerien setzen sich seit einiger Zeit wieder stärker für die Erhaltung der kleinen Grundschulen ein. Die Fachleute dort haben sich darauf besonnen, daß Schule nicht nur Vermitteln von Wissen bedeuten darf, sondern auch einen Erziehungsauftrag hat und das Kind bei der Entfaltung der Persönlichkeit unterstützen muß. Gerade die Grundschule, die noch die Nähe zum Wohnort gewahrt hat, bietet heute gute Voraussetzungen, dem Kind nicht nur Lern-, sondern auch Lebensstätte zu sein. Sie zählt nach einer jüngsten Umfrage zu der beliebtesten Schule.[24]

Die Hauptschule mußte die anfangs in sie gesteckten Erwartungen, die das Schulgesetz in sie hineingelegt hatte, etwas zurückstecken. Gleichrangig neben Realschule und Gymnasium ist sie zwar auch als weiterführende Schule konzipiert, wird aber in der Zielsetzung immer mehr von der Realschule vereinnahmt. Besonders im städtischen Bereich, wo alle Schularten vertreten sind, zeigt sich, daß die Eltern ihre Kinder nach der Grundschulzeit zunehmend zur Realschule und zum Gymnasium schicken und nicht mehr zur Hauptschule. Obwohl die Hauptschule viele neue Akzente gesetzt hat, wie beispielsweise in Arbeitslehre oder durch das 10. Schuljahr, setzt sich dieser Trend auch im ländlichen Bezirk fort.

Insgesamt gesehen muß man jedoch eingestehen, daß die Schulreform, die das Ende der Volksschulen zur Folge hatte, unumgänglich und letztlich auch richtig war. Allein der starke Rückgang der Schülerzahlen hätte dazu geführt, daß fast ausnahmslos alle kleinen Schulen hätten aufgelöst werden müssen. Allein im Kreis Daun hat sich die Zahl der Schüler im Grund- und Hauptschulbereich von 1974 bis heute um mehr als die Hälfte von etwa 8000 auf unter 4000 reduziert. Auch von der Ausstattung her, sei es Physik-, Chemie-, Musik-, Computerraum oder Sprachlabor, könnte die Volksschule alter Art die Hauptschule nicht ersetzen, ganz zu schweigen von einem differenzierten Kursangebot, das nur optimal in einem mehrzügigen System möglich ist.

Zwar läßt sich das Rad der Zeit nicht mehr zurückdrehen, und die alte Volksschule gehört endgültig der Vergangenheit an. Dennoch muß mit Stolz festgehalten werden, daß sie in Bildung und Erziehung Hervorragendes geleistet hat und vielen Generationen beim Schritt ins Leben das erforderliche Rüstzeug mitgegeben hat.

Leihgeber

Folgende Archive, Institutionen und Privatpersonen haben durch die Überlassung von Objekten, Dokumenten und Fotos die Realisierung der Ausstellung ermöglicht.

Annekethe Barthel, Nettersheim-Pesch
Angelika Becker, Hürtgenwald-Gey
Markus Berberich, Konz
Erwin Berg, Nitz
Bergweiler, Eifel-Heimatmuseum
Bermel, Römisch-Germanisches Museum
Bernkastel-Kues, Stadtverwaltung
Bitburg, Kreisheimatmuseum
Blankenheim, Kreismuseum
Werner Blindert, Prüm
Bernd Blumenthal, Trier
Bodo Bölkow, Dahlem-Schmidtheim
Bonn, Amt für Rheinische Landeskunde
Liselotte Castendyck, Traben-Trarbach
Willy Dahm, Hellenthal-Hollerath
Daun, Kreisverwaltung
Katharina Dederichs, Nettersheim-Pesch
Hubert Diewald, Neichen
Engelbert Donnay, Nideggen-Schmidt
Eduard Dreßen, Kall-Sötenich
Düsseldorf, Hauptstaatsarchiv
Euskirchen, Historische Kreisbibliothek
Euskirchen, Kreisarchiv
Euskirchen, Stadtarchiv
Franz Josef Faas, Prüm
Cilly Falkenstein, Schleiden
Franz Josef Ferber, Daun
Wilma Ferber, Daun
Feusdorf, Verein Brauchtumspflege e.V.
Margarete Franke, Hürtgenwald
Gertrud Gilles, Nettersheim
Karl Guthausen, Schleiden
Walter Hanf, Hellenthal-Hollerath
Margot Harig, Wasserliesch
Josef Heinen, Blankenheim-Reetz
Hellenthal, Gemeindearchiv
Nikolaus Hermann, Mannebach
Josef Hermes, Kall-Keldenich
Beatriz Hilgers, Kenn
Liesel Hochgürtel, Kall

Hans Hoffmann, Bernkastel-Kues
Heinz Hoffmann, Stadtkyll
Rita Hupp-Schneider, Schleiden
Immerath, Schulmuseum
Kall, Gemeindearchiv
Kall, Bildstelle des Kreises Euskirchen
Hans Kebeck, Schleiden-Harperscheid
Kempenich, Heimatfreunde e.V.
Peter Jakob Klein, Euskirchen
Hermann Klinkhammer, Hellenthal
Elmar Klubert, Roetgen
Grete Knaus, Blankenheim
Hans-Hubert Knips, Schleiden-Bronsfeld
Koblenz, Landeshauptarchiv
Köln, Archiv des Erzbistums
Anton Könen, Mechernich
Konz, Volkskunde- und Freilichtmuseum Roscheider Hof
Alois Krings, Hellenthal-Losheim
Nikolaus Krüger, Mechernich-Satzvey
Kyllburg, Verbandsgemeindearchiv
Josef Lambertz, Nettersheim-Engelgau
Willi Lambertz, Nettersheim-Engelgau
Langerwehe, Gemeindearchiv
Langerwehe, Töpfereimuseum
Hans Gerd Lauscher, Monschau-Kalterherberg
Norbert Leduc, Morbach
Franziska Lehnen, Katzwinkel
Rudolf Leisen, Ramersbach
Carlo Lejeune, Hünningen/B
Edith Lorse, Glaadt
Veronika Mauren, Deudesfeld
Mayen, Eifeler Landschaftsmuseum
Mechernich-Bleibuir, Musikverein e.V.
Mechernich-Kallmuth, Katholische Pfarrgemeinde
Mechernich-Kommern, Rheinisches Freilichtmuseum
Mechernich-Kommern, Stadtarchiv
Mechernich-Satzvey, Hauptschule
Volker Meis, Blankenheim-Reetz
Otto Mertens, Euskirchen
Erich Mertes, Neuwied
Johanna Merzenich, Nettersheim-Zingsheim
Katharina Meyer, Nettersheim-Pesch
Willy Meyer, Stadtkyll
Georg Michaelis, Bad Bevensen
Bernd Michels, Blankenheim-Hüngersdorf
Monschau, Geschichtsverein Monschauer Land e.V.
Mülheim-Kärlich, Schulmuseum der Hauptschule

Paula Müller, Utzerath
Nachtsheim, Hauptschule
Nettersheim, Gemeindearchiv
Oberscheidweiler, Grundschule Strohn-Niederscheidweiler
Heinrich Pieroth, Mayen
Luise Pöpelt, Stadtkyll
Joachim Schröder, Pronsfeld
Prüm, Museum
Pulheim-Brauweiler, Rheinisches Amt für Denkmalpflege
Josef Pützer, Hellenthal-Giescheid
Annemie Reetz, Simmerath-Rurberg
Maria Reetz, Blankenheim-Ripsdorf
Heinz Reidenbach, Bad Münstereifel-Mahlberg
Klaus Ring, Blankenheim-Waldorf
Katharina Ritter, Wittlich
Klaus Ritter, Prüm
Fritz Röder, Adenau
Rott, Heimatverein e.V.
Manfred Schaefer, Wachtberg-Adendorf
Edmund Schermann, Eckfeld
Peter Schlemmer, Blankenheim-Nonnenbach
Philipp Schlösser, Gelenberg
Markus Schmitz, Blankenheim
Hubert Serve, Stadtkyll
H.-Jürgen Siebertz, Simmerath-Lammersdorf
Manfred Stein, Bernkastel-Kues
Wolfgang Thannhäuser, Mechernich-Bleibuir
Alois Tkocz, Euskirchen
Traben-Trarbach, Mittelmoselmuseum
Trier, Stadtarchiv
Trier, Stadtbibliothek
Trier, Städtisches Museum Simeonstift
Gisela Vinage, Schleiden-Gemünd
Wachtberg, Gemeindearchiv
Peter Weber, Mayen
Peter Weber jr., Euskirchen
Pejo Weiß, Monschau
Harald Weißkopf, Blankenheim-Mülheim
Otto Wergen, Hellenthal-Blumenthal
Johanna Witsch, Bad Neuenahr-Ahrweiler
Zülpich, Hauptschule
Zülpich, Stadtarchiv
Zülpich, Städtisches Heimatmuseum

Abb. 214   Erster Schultag, Westschule Euskirchen, 1938.

Katalog

Diese Ausstellung hat sich zum Ziel gesetzt, die Entwicklung der Eifeler Volksschule über eineinhalb Jahrhunderte zu beleuchten: Von der Aufnahme der Region in den preußischen Staat 1815 bis zur Mitte der 60er Jahre unseres Jahrhunderts, als durch die Schulreform die Volksschule alter Prägung verschwand.

Auch vor den staatlichen Maßnahmen zur Organisation des Schulwesens, die 1825 durch die Einführung der Schulpflicht einen ersten Erfolg verbuchen konnten, hatte es in der Eifel bereits Schulen gegeben. Allerdings hingen sie in starkem Maße von privaten Initiativen ab und kamen nur wenigen Kindern zugute. Die wenigen Dorfschulen des 17. und 18. Jahrhunderts unterstanden der Obhut der Kirche. Oft gaben Frühmesser, das waren Geistliche ohne ‚Planstelle‘ an einer Pfarrei, neben dem Gottesdienst auch Schulunterricht. Da der Schulbesuch noch nicht Pflicht war und zum Unterhalt des Lehrers Schulgeld bezahlt werden mußte, schickten die meisten Eltern ihre Kinder nur kurz oder gar nicht zum Unterricht. Auch in den 20 Jahren der französischen Herrschaft von 1794 bis 1814 konnten im schulischen Leben keine grundlegenden Änderungen der Verhältnisse erreicht werden.

In Preußen war die allgemeine Schulpflicht schon 1794 eingeführt worden, setzte sich jedoch wegen der Wirren der napoleonischen Herrschaft nicht recht durch. Erst am 14. Mai 1825 wurde durch eine Kabinettsorder ein neuer Anlauf zur Einführung der Schulpflicht für alle Untertanen genommen, jetzt auch für die 1815 neu zum Königreich Preußen gekommenen Rheinlande.

Welch langer und steiniger Weg gerade in der verkehrsmäßig abgelegenen und wirtschaftlich benachteiligten Eifel zu gehen war, bis ein befriedigender Bildungsstand im Volksschulwesen erreicht werden konnte, wird in dieser Ausstellung unter verschiedenen Fragestellungen beleuchtet. Dabei ist das schulische Leben immer im Zusammenhang mit seinem dörflichen Umfeld gezeichnet, eng verflochten mit wirtschaftlichen, gesellschaftlichen und kulturellen Bedingungen. So werden 150 Jahre Eifeler Volksschulleben zu einer bunten Palette der Alltagsgeschichte einer ländlichen Region.

1. Das Schulgebäude

Bis zum Beginn des 19. Jahrhunderts war es in der Eifel um das Schulwesen und damit auch die Schulgebäude schlecht bestellt. Wurde Unterricht erteilt, so fand er häufig in Wohnhäusern oder gar in Scheunen statt. Da notwendiges Inventar oft gänzlich fehlte, war an einen geregelten Lehrbetrieb kaum zu denken.

Diese Zustände änderten sich erst, nachdem das Rheinland preußisch geworden war und 1825 die Schulpflicht eingeführt wurde. Per Verordnung sahen sich die Gemeinden zum Bau von Volksschulen gezwungen. Jedem Kind billigte man 5 Quadratfuß Raum zu; in jüngerer Zeit wurden daraus 2 Quadratmeter. Das Schulhaus sollte auf einem stillen Platz gebaut werden und Raum für eine Lehrerwohnung bieten. Ein Garten für den Lehrer gehörte ebenfalls zum Schulgrund-

Abb. 215   Volksschule Langerwehe, Kreis Düren, 1911.

stück. Zur finanziellen Entlastung der Gemeinden waren die Lehrerstellen mit einem landwirtschaftlichen Nebenerwerb verbunden, der auf das Gehalt angerechnet wurde. So befanden sich bei der Schule auch Stall und Scheune für Tiere und Futter.

Der einfachste Schulhaustyp für kleinere Dörfer bestand aus einem einklassigen Schulraum mit eingebauter Lehrerwohnung. Alle Schüler des Dorfes wurden ohne Jahrgangsaufteilung zusammen unterrichtet. Dabei kamen häufig Klassenstärken zusammen, die heute kaum noch vorstellbar sind.

Polch, Kreis Mayen-Koblenz, 1829: 300 Schüler
Leimersdorf, Kreis Ahrweiler, 1851: 150 Schüler
Kall, Kreis Euskirchen, 1875: 110 Schüler
Schleiden, Kreis Euskirchen, 1900: 93 Schüler

Die Ausstattung der ländlichen Schulhäuser war bis in unser Jahrhundert hinein recht einfach. Zur typischen Einrichtung gehörte ein gußeiserner Ofen mit langem Ofenrohr an zentraler Stelle in der Klasse. Die hölzernen Schulbänke gab es zwei-, drei-, vier- oder gar fünfsitzig. Das Lehrerpult, Katheder genannt, stand zumeist auf einem Holzpodest etwas erhöht. Tafel, einige Anschauungskarten und die Geige des Lehrers komplettierten das kärgliche Inventar. Nicht alle Klassenräume besaßen einen Schrank für die Lehrmittel und ein Waschbecken.

Aus Kostengründen und auch, um die Schulgebäude der dörflichen Architektur anzupassen, verwendeten die Gemeinden ortsübliche Baumaterialien wie Grauwacke, Sandstein und Schiefer. Auch Fachwerkkonstruktionen kamen vor, in Einzelfällen sogar noch bis in die 20er Jahre.

Nachdem 1885 die Schulpflicht noch einmal gesetzlich bestätigt und 1888 das Schulgeld abgeschafft worden war, setzte besonders in den Städten der Eifel eine rege Schulbautätigkeit ein. Dem Hang der wilhelminischen Zeit nach pompöser Ausstattung folgend wurden daraus Repräsentationsbauten. Die ländliche Schulhausarchitektur zeigte romantisierende Tendenzen. Zur Schule gehörte nun auch überall ein Turn- und Spielplatz.

In den 20er Jahren achtete man der Not der Zeit entsprechend bei Bau und Ausstattung neuer Schulen auf größte Sparsamkeit. An viele vorhandene Schulen wurden jedoch Lehrküchen angebaut.

Nach den Zerstörungen und Beschädigungen, die Fliegerbomben, Artilleriebeschuß und Kampfhandlungen des zweiten Weltkrieges hinterlassen hatten, gab es in den 50er und beginnenden 60er Jahren zahlreiche Schulneubauten. Große Fensterfronten und Flachbauweise kennzeichneten den Baustil. Nun standen den Schülern auch Sportanlagen, Turn- und Pausenhallen zur Verfügung.

1.1   Rekonstruktion einer Eifeler Dorfschulklasse in den 20er Jahren. (Abb. 216)

        Leihgaben:
        Franz Josef Ferber, Daun.
        Hans Kebeck, Schleiden-Harperscheid.
        Eifel-Heimatmuseum, Bergweiler.
        Kreisheimatmuseum Bitburg.
        Kreismuseum Blankenheim.
        Kreisverwaltung Daun.
        Volkskunde- und Freilichtmuseum Roscheider Hof, Konz.
        Museum Prüm.

1.2   Finger-Rechenmaschine zur anschaulichen Erlernung des Zahlenrechnens von 1 bis 20, von hinten durch den Lehrer zu bedienen. (Abb. 217)

        Leihgabe:
        Eduard Dreßen, Kall-Sötenich.

1.3   Inventarlisten aus verschiedenen Jahrzehnten spiegeln anschaulich die Verbesserung und Vervollständigung der Einrichtung in den dörflichen Schulen. Volksschule Kommern, Kreis Euskirchen, 1839; Volksschule Mahlberg, Kreis Euskirchen, 1910; Volksschule Strohn, Kreis Daun, 1949. (Abb. 170)

        Originale:
        Heinz Reidenbach, Bad Münstereifel-Mahlberg.
        Stadtarchiv Mechernich.
        Grundschule Oberscheidweiler.

1.4   Bauarbeiten am Rohbau der neuen Volksschule von Ramscheid, Kreis Euskirchen, im Jahre 1929. (Abb. 27)

        Repro:
        Kreisbildstelle Euskirchen, Kall.

Abb. 216 Rekonstruierte Klassenzimmerecke, 20er Jahre.

1.5   Rekonstruktion der Unterrichtssituation zu Beginn des 19. Jahrhunderts. Die Schüler sitzen auf dem Boden einer Dorfscheune, es gibt weder Bücher noch Tafel.

Arrangement:
Sabine Passauer, Mechernich-Katzvey.

1.6   Öffentliche Ausschreibung von Arbeiten am Schulhausneubau in Feusdorf, Kreis Daun, vom Dezember 1874. (Abb. 21)

Original:
Brauchtumspflege Feusdorf.

1.7   Zeitungsanzeige zur Vergabe des Steinbrechens und der Anlieferung des Baumaterials für den Schulhausneubau in Rott, Kreis Aachen, aus dem „Stadt- und Landbote", Monschau, 27. August 1884. (Abb. 20)

Original:
Archiv Geschichtsverein Monschau.

1.8   Grundrißplan der Volksschule von Polch, Kreis Mayen-Koblenz, 1891. An den älteren, zwei Klassenräume umfassenden linken Teil sollte eine dritte Klasse angebaut werden. (Abb. 14)

Original:
Landeshauptarchiv Koblenz, Best. 655, 33, Akte 708.

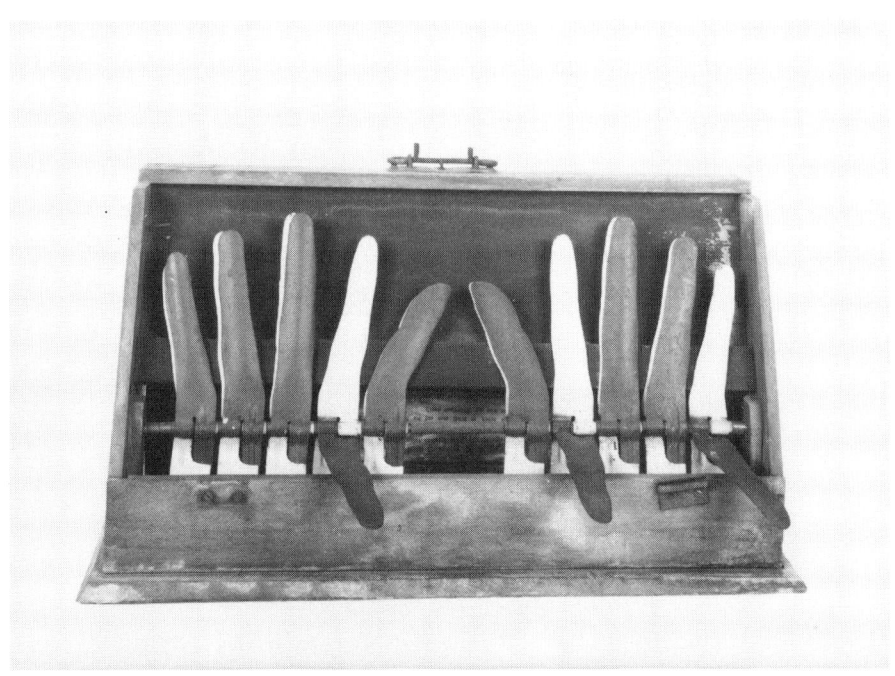

Abb. 217 Finger-Rechenmaschine zum Erlernen des Zahlenrechnens von 1 bis 20.

1.9 150 Jahre Schularchitektur im ländlichen Raum spiegeln sich in den Fotos Eifeler Schulgebäude anschaulich wider. Von unten links nach oben rechts:
Erste Schule von Kall, Kreis Euskirchen, in der Wohnstube eines Fachwerkhauses, Anfang 19. Jahrhundert. (Abb. 18)
Volksschule von Zweifall, Kreis Aachen, erbaut 1836 . (Abb. 22)
Volksschule des Stadtteils Traben in Traben-Trarbach, Kreis Bernkastel-Wittlich, im wilhelminischen Stil. (Abb. 24)
Volksschule in Holzheim, Kreis Euskirchen, errichtet 1903. (Abb. 26)
Volksschule Sötenich, Kreis Euskirchen, aus dem Jahre 1926. (Abb. 29)
Remigiusschule Pronsfeld, Kreis Bitburg-Prüm, Neubau von 1957. (Abb.34)

Fotos:
Liesel Hochgürtel, Kall.
Joachim Schröder, Pronsfeld.
Kreisarchiv Euskirchen, Best. SLE II, Nr. 914, 916.
Mittelmoselmuseum Traben-Trarbach.

Repro:
Kreisbildstelle Euskirchen, Kall.

1.10 Der Schulofen hatte oft einen zentralen Platz im Klassenraum. Schule Mülheim bei Blankenheim, Kreis Euskirchen, 1935. (Abb. 15)

Foto:
Harald Weißkopf, Blankenheim-Mülheim.

1.11 Schulofen aus einer Landwirtschaftsschule des Kreises Schleiden mit Kohlenschaufel und gußeisernem Aschenbecken.

268

Leihgaben:
Hans Kebeck, Schleiden-Harperscheid.
Eifel-Heimatmuseum, Bergweiler.
Museum Prüm.
Städtisches Museum Zülpich.

1.12 Auf dem Schulgelände befanden sich meist Stallung und Scheune, damit der Lehrer einen landwirtschaftlichen Nebenerwerb betreiben konnte. Nebengebäude der alten Volksschule von Kempenich, Kreis Ahrweiler. (Abb. 17)

Foto:
Heimatfreunde Kempenich.

1.13 Der mit einer Mauer oder einem Zaun eingefriedete Schulhof war Spiel- und Sportplatz in einem. Volksschule Langerwehe, Kreis Düren, um 1911. (Abb. 215)

Foto:
Töpfereimuseum Langerwehe.

1.14 Turnhallen entstanden im ländlichen Bereich meist in den 50er und 60er Jahren. Moderne Turnhalle der Volksschule Dahlem, Kreis Euskirchen, erbaut 1961. (Abb. 209)

Foto:
Kreisbildstelle Euskirchen, Kall.

1.15 Verfügung des Euskirchener Landrates von 1876 zur Anschaffung von Schulglocken an allen Volksschulen des Kreises. (Abb. 95)

Original:
Stadtarchiv Mechernich.

1.16 Schulglocke aus Kallmuth, Kreis Euskirchen, aus dem Jahre 1681. Sie wurde von der Gemeinde vermutlich aus der nicht mehr bestehenden Burgkapelle am Ort erworben und zur Schulglocke umfunktioniert.

Leihgabe:
Katholische Pfarrgemeinde Mechernich-Kallmuth.

2. Der Lehrer

Zu Beginn des 19. Jahrhunderts war die Situation von Lehrern in der Eifel sowohl finanziell als auch ihre allgemeine Wertschätzung betreffend nicht beneidenswert. Die meisten Eltern konnten auf ihre Kinder bei der landwirtschaftlichen Arbeit nicht verzichten und hielten Schulunterricht weitgehend für überflüssig. Ungesunde Wohnungen und überfüllte Klassenräume griffen die Gesundheit an.

Zwar besserte sich die Situation ab Mitte des Jahrhunderts allmählich, dennoch hatten die Lehrer es häufig schwer genug, in den Dörfern Fuß zu fassen und die Anerkennung der Bevölkerung zu gewinnen.

Besonders Lehrerinnen, die nach 1880 erstmals an dörfliche Schulen kamen, führten ein isoliertes Leben. Sie konnten daher nicht in dem Maße wie ihre männlichen Kollegen Initiatoren des kulturellen Lebens werden. Bis in die 20er Jahre unseres Jahrhunderts war es ihnen sogar untersagt zu heiraten. Die harten Lebensumstände und äußeren Zwänge prägten ihr Erscheinungsbild, so daß auf Fotos häufig ein verhärmter Lehrerinnentypus zu finden ist. Sie zeigten sich im hochgeschlossenen Kleid, hart und streng über ihre Klasse regierend.

Fotos sagen überhaupt viel aus über das Selbstverständnis und die Erwartungen, die die unterschiedlichen Zeitepochen in ihre Lehrerinnen und Lehrer setzten. Da findet sich in der Kaiserzeit als männliches Pendant zur altjüngferlichen Lehrerin der patriarchalisch thronende Lehrer, häufig mit wilhelminischem Bart. In der Weimarer Zeit sieht man Lehrer wie Lehrerin modisch adrett gekleidet, oft erstmals ein wenig verschmitzt lächelnd. Die 30er Jahre zeigen bei den Lehrern vielfach den kurzen SA-Haarschnitt, und in den 50er Jahren dominiert die Generation der Junglehrerinnen und Junglehrer, die sich, noch recht unsicher, um einen partnerschaftlichen Kontakt zu ihren Schülern bemühten.

Um 1800 beschränkte sich der Lehrerberuf auf das Vermitteln von Lesen und Schreiben. Eine besondere Vorbildung war nicht nötig. So setzte sich der Lehrerstand aus einer zusammengewürfelten Gruppe von Frühmessern (Geistlichen ohne Pfarrgemeinde), Küstern, Bauern, Handwerkern und Tagelöhnern zusammen, die kaum über die elementarsten Grundkenntnisse verfügten.

Eine Wertschätzung des Lehrers bahnte sich erst allmählich an, nachdem die preußische Regierung 1825 einen dreijährigen Ausbildungskurs für alle Volksschullehrer angeordnet hatte. Die Vorbildung für den Besuch der Seminare erwarben die Kandidaten sich bei Lehrern und Geistlichen, später auch in organisierten privaten Präparandien (Vorbereitungsschulen). Die ersten Seminarstandorte für die Eifel waren Trier (ab 1810), Brühl, Burtscheid (ab 1814) und Neuwied für die evangelischen Schulen (ab 1818). Dem Lehrermangel der 70er Jahre begegnete man durch weitere Seminargründungen, so in Wittlich, Münstermaifeld und Cornelimünster 1876, in Prüm 1885. Anfang unseres Jahrhunderts folgten dann noch Düren 1905, Jülich 1907 und Euskirchen 1909. 1876 wurde in Saarburg das erste staatliche Lehrerinnenseminar der Rheinprovinz gegründet, 1879 folgte Trier und 1903 Koblenz.

Die Lehrerausbildung erfuhr in den folgenden Jahrzehnten wiederholt Veränderungen. Die Weimarer Verfassung sah eine reichseinheitliche Lehrerausbildung vor. Als Eingangsvoraussetzung war das Abitur gefordert. Die alten Seminare wurden daraufhin 1926 geschlossen. Unter dem Nationalsozialismus wurden Hochschulen für Lehrerbildung gegründet, die Lehrer im Sinne der NS-Ideologie ausbildeten. In den Notzeiten nach dem Ende des zweiten Weltkrieges bereitete man Lehrer in Kurzlehrgängen vor. Danach folgte in den 50er Jahren die Gründung der Pädagogischen Akademien.

Nach abgeschlossener Ausbildung bekamen die Lehrer-/innen häufig nicht, wie gewünscht, eine Stelle in der Großstadt, sondern in einem kleinen Eifeldorf. Dort unterstanden sie der Schulaufsicht des Lokalschulinspektors in Gestalt des örtlichen Pastors. Er besuchte ab und an den Unterricht und war auch bei den

Abschlußprüfungen der Schüler zugegen. Für den Lehrer war es daher ratsam, ein gutes Verhältnis zum Geistlichen aufzubauen, was nicht immer einfach war. Daneben kontrollierte der Kreisschulinspektor bei seinen jährlichen Revisionen den Unterricht des Lehrers, seine Stunden- und Stoffverteilungspläne. Auf Konferenzen der Lehrer der näheren Umgebung wurden die Resultate der Unterrichtsprüfungen besprochen.

Wie schon vor 1800, waren auch bis in die zweite Hälfte des 19. Jahrhunderts die meisten Lehrer in der Eifel gezwungen, einem Nebenerwerb nachzugehen, um finanziell über die Runden zu kommen. Die Gemeinden, die als Träger der Schulen für die Lehrergehälter zu sorgen hatten, boten häufig nur einen kärglichen Grundlohn. Hinzu mußten die Lehrer das Schulgeld eintreiben, das aus wirtschaftlicher Not und Uneinsichtigkeit der ländlichen Bevölkerung nur spärlich floß, da viele Kinder einfach nicht zur Schule geschickt wurden. Beliebte Nebenberufe der Lehrer waren Küster- und Organisten-, Post- und Schreibdienste. Erst nach 1888, als der preußische Staat das Schulgeld abschaffte und gleichzeitig die Besoldung der Lehrer übernahm, besserte sich die finanzielle Situation allmählich.

Auch die Wohnungsfrage stellte zahllose Lehrer im ländlichen Raum vor Probleme. Da die Gemeinden nur selten Lehrerwohnungen bauten, mußten die Lehrer sich selbst Quartiere suchen, die sie von ihrem geringen Gehalt kaum bezahlen konnten. Unverheiratete Lehrer wurden oft reihum von den Eltern ihrer Schüler beköstigt. 1848 sahen Bestimmungen den Bau von Lehrerwohnungen mit minde-

Abb. 218 Mädchenklasse aus Kempenich, Kreis Ahrweiler, 1904, mit Lehrerin Nürenberg.

Abb. 219 Volksschulklasse aus Weibern, Kreis Ahrweiler, 1921, mit Lehrerin Elisabeth Gansweidt.

stens drei Zimmern in den Schulen vor, außerdem die Bereitstellung von Nebengebäuden, damit die Lehrer ihre kleine Landwirtschaft betreiben konnten. Aber erst ab den 20er Jahren baute man auch in den kleineren Gemeinden zeitgemäße Wohnungen für die Lehrer und ihre Familien.

Lehrer, die sich mit Einfühlungsvermögen und Idealismus für das dörfliche Leben interessierten, konnten die Bevölkerung mit der Zeit für sich gewinnen. An Aufgaben mangelte es nicht. So übernahmen sie Kirchen- und Männerchöre, gründeten Theater- und Musikvereine und veranstalteten mit ihren Schülern Aufführungen für das ganze Dorf. Häufig vermittelten sie technische Neuerungen und Entwicklungen in der Landwirtschaft. Solche Lehrer waren im Dorf zusammen mit dem Pastor die Respektspersonen. Lehrerinnen standen bei weitem nicht so viele Möglichkeiten der Mitwirkung im dörflichen Leben offen. Sie betätigten sich im caritativen Bereich oder in der kirchlichen Laienarbeit mit Frauen und Kindern.

2.1 Lehrerinnen und Lehrer sind in ihrer äußeren Erscheinung ein Spiegelbild ihrer jeweiligen Zeit und der Erwartungen, die Staat und Gesellschaft an sie stellten. Die ausgewählten Fotos zeigen: oben von links nach rechts:
Lehrerin Nürenberg aus Kempenich, Kreis Ahrweiler, 1904. (Abb. 218)
Lehrerin Katharina Otten aus Fritzdorf, Rhein-Sieg-Kreis, 1912.
Lehrerin Elisabeth Gansweidt aus Weibern, Kreis Ahrweiler, 1921. (Abb. 219)
Lehrerin Schug aus Mannebach, Kreis Daun, 1963. (Abb. 207)
unten von links nach rechts:
Lehrer Friedrich Wilhelm Becker aus Hellenthal, Kreis Euskirchen, 1885. (Abb. 220)
Lehrer Schoeneberg aus Rinnen, Kreis Euskirchen, 1890. (Abb. 221)
Lehrer Burger aus Ersdorf, Rhein-Sieg-Kreis, 1920. (Abb. 223)
Lehrer Gotzen aus Krekel, Kreis Euskirchen, 1937. (Abb. 222)
Lehrer Weißenfels aus Hürtgen, Kreis Düren, 1955. (Abb. 81)

Abb. 220 Mädchen der evangelischen Volksschule von Hellenthal, Kreis Euskirchen, 1885/86, mit Lehrer Friedrich Wilhelm Becker.

Fotos:
Franz Josef Ferber, Daun.
Margarete Franke, Hürtgenwald.
Manfred Schaefer, Wachtberg-Adendorf.
Bildarchiv Gemeinde Kall.
Heimatfreunde Kempenich.
Bildarchiv Gemeinde Wachtberg.

Repro:
Kreisbildstelle Euskirchen, Kall.

2.2   Rekonstruktion des Erscheinungsbildes von Lehrerin und Lehrer um die Jahrhundertwende.

Leihgaben:
Markus Berberich, Konz.
Liselotte Castendyck, Traben-Trarbach.
Franz Josef Ferber, Daun.
Kreismuseum Blankenheim.
Volkskunde- und Freilichtmuseum Roscheider Hof, Konz.
Museum Prüm.
Mittelmoselmuseum, Traben-Trarbach.

2.3   Die Teilnehmer des Lehrer-Seminarkursus in Prüm 1904 – 07. (Abb. 42)

Foto:
Museum Prüm.

2.4   Musiksaal des Lehrer-Seminars Prüm mit Blick auf die Hausorgel, frühe 20er Jahre. (Abb. 43)

Foto:
Museum Prüm.

Abb. 221   Volksschule Rinnen, Kreis Euskirchen, 1890, mit Lehrer Schoeneberg.

2.5   Das jüngste in der Eifel gegründete Lehrer-Seminar öffnete im Jahre 1909 in Euskirchen. (Abb. 41)

Foto:
Otto Mertens, Euskirchen.

Abb. 222   Volksschulklasse aus Krekel, Kreis Euskirchen, 1937, mit Lehrer Gotzen.

Abb. 223 Volksschulklasse aus Ersdorf, Rhein-Sieg-Kreis, 1920, mit Lehrer Burger.

2.6   Festschrift zur Schlußfeier des Prümer Lehrerseminars aus Anlaß der Schließung im Jahre 1926.

Leihgabe:
Museum Prüm.

2.7   Programm des Prümer Lehrerseminars zur Geburtstagsfeier des Kaisers am 26. Januar 1907. (Abb. 224)

Leihgabe:
Museum Prüm.

2.8   Bescheinigung des Trierer Lehrerinnen-Seminars für die Volksschullehrerin Anna Fries aus Trier von 1907. (Abb. 44)

Leihgabe:
Volkskunde- und Freilichtmuseum Roscheider Hof, Konz.

2.9   Die Aufsicht der Pfarrer als Lokalschulinspektoren über die Lehrer zeigt sich in zahlreichen Klassenfotos mit Lehrer und Pastor gemeinsam. Hier ein Beispiel aus Sistig, Kreis Euskirchen, 1900. (Abb. 49)

Foto:
Bildarchiv Gemeinde Kall.

2.10 Gedrucktes Gedicht eines ehemaligen Schülers zur Hochzeit des Lehrers Theodor Schlösser aus Keldenich, Kreis Euskirchen, 1862. (Abb. 56)

Original:
Josef Hermes, Kall-Keldenich.

2.11 Zeitungsanzeige zu einem Festessen anläßlich der Pensionierung des Lehrers Hupperts aus Kall, Kreis Euskirchen, 1882. Die ‚Gäste' mußten allerdings selbst zahlen.

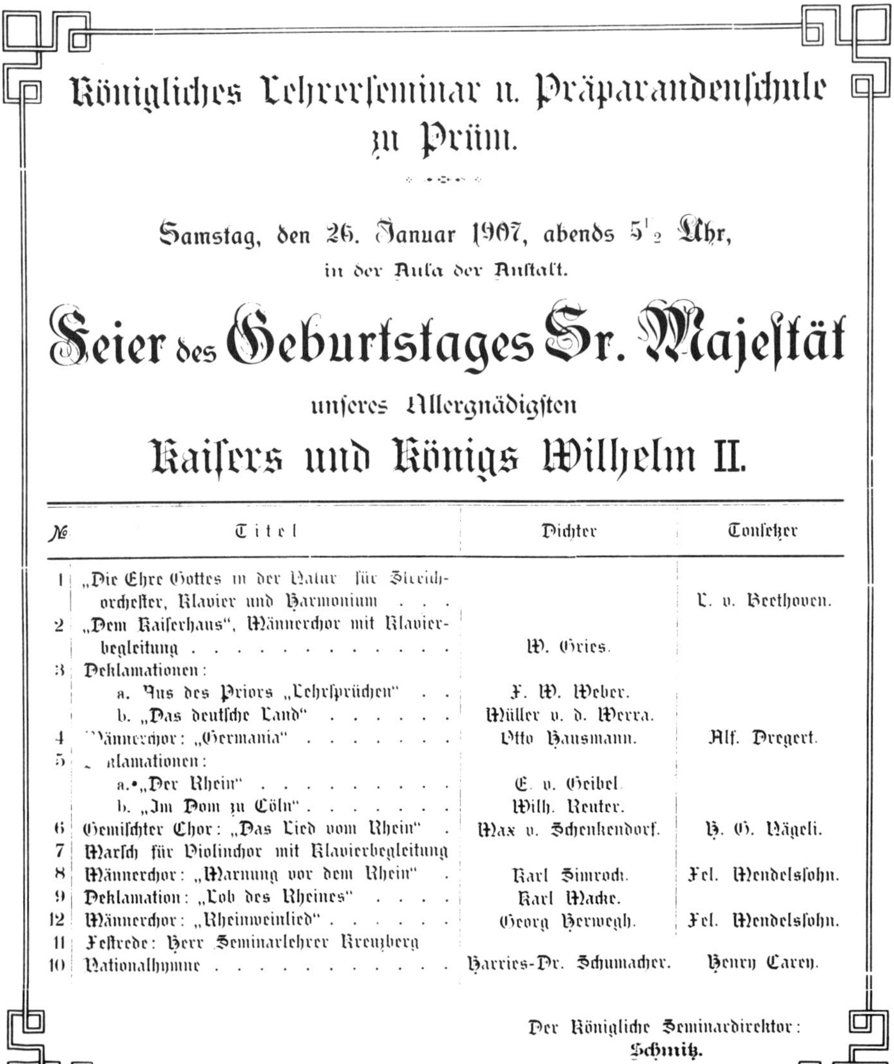

Königliches Lehrerseminar u. Präparandenschule
zu Prüm.

Samstag, den 26. Januar 1907, abends 5½ Uhr,
in der Aula der Anstalt.

Feier des Geburtstages Sr. Majestät
unseres Allergnädigsten
Kaisers und Königs Wilhelm II.

№	Titel	Dichter	Tonsetzer
1	„Die Ehre Gottes in der Natur" für Streichorchester, Klavier und Harmonium . . .		L. v. Beethoven.
2	„Dem Kaiserhaus", Männerchor mit Klavierbegleitung	W. Gries.	
3	Deklamationen:		
	a. Aus des Priors „Lehrsprüchen" . .	F. W. Weber.	
	b. „Das deutsche Land"	Müller v. d. Werra.	
4	Männerchor: „Germania"	Otto Hausmann.	Alf. Dregert.
5	Deklamationen:		
	a. „Der Rhein"	E. v. Geibel.	
	b. „Im Dom zu Cöln"	Wilh. Reuter.	
6	Gemischter Chor: „Das Lied vom Rhein" .	Max v. Schenkendorf.	H. G. Nägeli.
7	Marsch für Violinchor mit Klavierbegleitung		
8	Männerchor: „Warnung vor dem Rhein" .	Karl Simrock.	Fel. Mendelssohn.
9	Deklamation: „Lob des Rheines"	Karl Macke.	
12	Männerchor: „Rheinweinlied"	Georg Herwegh.	Fel. Mendelssohn.
11	Festrede: Herr Seminarlehrer Kreuzberg		
10	Nationalhymne	Harries-Dr. Schumacher.	Henry Carey.

Der Königliche Seminardirektor:
Schmitz.

Abb. 224 Programm des Lehrerseminars Prüm zum Kaisergeburtstag 1907.

„Unterhaltungsblatt und Anzeiger für den Kreis Schleiden und Umgegend", 1882. (Abb. 57)

Original:
Kreisarchiv Euskirchen, Zeitungsbestand.

2.12 Festlied „Unseres Lehrers Lebenslauf", dem in den Ruhestand verabschiedeten Lehrer Josef Gentz aus Keldenich, Kreis Euskirchen, im Jahre 1924 von seinen Kollegen aus dem Kreis Schleiden gewidmet.

Original:
Josef Hermes, Kall-Keldenich.

2.13 Das 1900 vom Kölner Lehrerverband zusammengestellte „Liederbüchlein für deutsche Lehrer" enthält eine Auswahl von Liedern zu geselligen Anlässen von Lehrertreffen. (Abb. 61)

Leihgabe:
Museum Prüm.

2.14 25jähriges Dienstjubiläum des Lehrers Weller in Bad Neuenahr, Kreis Ahrweiler, im Jahre 1865. Es dürfte sich hier um eines der ältesten Fotos aus der Eifel handeln. (Abb. 58)

Repro:
Kreisbildstelle Euskirchen, Kall.

2.15 25jähriges Dienstjubiläum eines Lehrers aus dem ehemaligen Kreis Prüm im Jahre 1938. Bemerkenswert ist der altarähnliche Aufbau des umfunktionierten Lehrerpultes. (Abb. 59)

Foto:
Klaus Ritter, Prüm.

2.16 Urkunde zur Verleihung des silbernen Treudienst-Ehrenzeichens für den Lehrer Johann Gillo aus Stroheich, Kreis Daun. (Abb. 60)

Leihgabe:
Volkskunde- und Freilichtmuseum Roscheider Hof, Konz.

2.17 Gesetz über die Pensionierung von Lehrern an Volksschulen von 1885.

Leihgabe:
Kreisheimatmuseum Bitburg.

2.18 Gesetz über die Regelung der Einkommen der Volksschullehrer von 1897.

Leihgabe:
Kreisheimatmuseum Bitburg.

2.19 Zwei wichtige, im Rheinland erschienene Zeitschriften zur Lehrerfortbildung: „Der Schulfreund", ab 1845 in Trier von dem Eifelpfarrer J.H. Schmitz herausgegeben. Daneben die in Köln und Neuß bei Schwann verlegte „Katholische Zeitschrift für Erziehung und Unterricht", seit 1852 erschienen.

Leihgaben:
Kreismuseum Blankenheim.

2.20 Zwei Publikationen zur Fortbildung der Lehrer im Kampf gegen den Alkoholismus von 1902 und 1913.

Leihgaben:
Volkskunde- und Freilichtmuseum Roscheider Hof, Konz.

2.21 Der Lehrer als moralische Autorität im Dorf: Auch die Familienmitglieder hatten in Kleidung und Haltung ein Vorbild zu sein. Familie des Lehrers Josef Gentz aus Keldenich, Kreis Euskirchen, um 1910. (Abb. 52)

Foto:
Bildarchiv Gemeinde Kall.

2.22 Neben dem Organistendienst in der Kirche betätigten sich viele Lehrer als Dirigenten von Chören und Orchestern. Musikvereinigung Erp, Erftkreis, unter Hauptlehrer Peter Graf, um 1900. (Abb. 53)

Repro:
Kreisbildstelle Euskirchen, Kall.

2.23 Uneingeschränkte Autoritäten in der dörflichen Gemeinschaft: Lehrer und Pfarrer. Pastor Zilligen mit den Lehrern Blens und Moitzheim in Scheven, Kreis Euskirchen, um 1925. (Abb. 50)

Foto:
Bildarchiv Gemeinde Kall.

2.24 Der Lehrer als Vorreiter für Neuerungen im Dorf: Lehrer Hermann Josef Manderscheid und seine Frau mit ihrem Motorrad aus Bongard, Kreis Daun, in den 20er Jahren. (Abb. 55)

Foto:
Kreisverwaltung Daun.

2.25 Lehrerin Anna Martin aus Kenn, Kreis Trier-Saarburg, mit Mitgliedern der von ihr gegründeten Jungfrauenkongregation, Anfang 30er Jahre. (Abb. 54)

Foto:
Beatriz Hilgers, Kenn.

2.26 Bienenzucht als beliebte Nebenbeschäftigung von Lehrern: Die Lehrer Mohr und Brandenburg aus Bleibuir, Kreis Euskirchen, mit einem weiteren Imker am Bienenstand, frühe 20er Jahre. (Abb. 51)

Foto:
Musikverein Bleibuir, Mechernich-Bleibuir.

2.27 Bienenkorb aus Roggenstroh, sogenannter Stülper, Wabenrähmchen und ein 1889 in Luxemburg erschienenes Handbuch für luxemburgische Volksschullehrer.

Leihgaben:
Hans Kebeck, Schleiden-Harperscheid.
Markus Schmitz, Blankenheim.
Museum Prüm.

2.28 Einklassige Volksschule von Aremberg, Kreis Ahrweiler, erbaut 1912. Das Fachwerk-Ober- und Dachgeschoß beherbergte die Lehrerwohnung. (Abb. 46)

Foto:
Peter Weber, Mayen.

2.29 Innenaufnahmen von Lehrerwohnungen sind in der Eifel sehr selten. Der Dargestellte ist ebenso unbekannt wie der Aufnahmeort. Frühe 20er Jahre. (Abb. 47)

Repro:
Kreisbildstelle Euskirchen, Kall.

2.30 Rekonstruktion der Einrichtung einer typischen Lehrerwohnung um die Jahrhundertwende.

Leihgaben:
Liselotte Castendyck, Traben-Trarbach.

Abb. 225   Schiefertafel, im Holzrahmen datiert 1810.

Franz Josef Ferber, Daun.
Eifel-Heimatmuseum, Bergweiler.
Kreismuseum Blankenheim.

3. Die Schüler

Auf die bäuerlichen Arbeiten und das karge Einkommen der Eifelbewohner war im vergangenen Jahrhundert auch die Kleidung der Schüler zugeschnitten. Sie bestand aus selbstgefertigten, strapazierfähigen Stoffen, die nicht so schnell verschlissen waren. Tirtich (Gemisch aus Wolle und Leinen) und Leinenstoffe webte die Bäuerin selbst und nähte daraus Kleidungsstücke, die meist nacheinander von mehreren Kindern aufgetragen wurden.

Nach der Mitte des 19. Jahrhunderts verdrängten maschinell hergestellte Wollstoffe allmählich die selbstgewebten. Im Kind sah man jedoch noch immer einen kleinen Erwachsenen. So ähnelten die Jungen in ihren Anzügen mit Kragen und Binder dem Lehrer, während die Mädchen in hochgeschlossenen, dunklen Kleidern an Gouvernanten denken lassen. Oberste Pflicht des Lehrers war es, seine Schüler zu kaisertreuen, pflichtbewußten Untertanen zu erziehen. An der Haltung der Kinder lassen sich diese Erziehungsziele deutlich ablesen.

Nach der Jahrhundertwende kamen bei den Jungen die Matrosenanzüge groß in Mode. Der Trend zur praktischen Kleidung bei den Frauen, die mit dem ersten Weltkrieg in vielen Bereichen ‚ihren Mann stehen‘ mußten, setzte sich bei der Mädchenkleidung fort. In ihren kniekurzen, gemusterten Kleidern erschienen die Mädchen der 20er Jahre recht kess.

In den 30er Jahren kamen die Schüler im braven Selbstgestrickten zur Schule, obwohl man jetzt auch schon die Kleidung von der Stange kannte. Es gab zwar kein direktes Modediktat, doch ‚Natürlichkeit‘ und ‚Sportlichkeit‘ waren Zielvorstellungen des nationalsozialistischen Staates für das deutsche Volk.

Am Ende des zweiten Weltkrieges herrschte in vielen Bereichen, so auch bei der Kleidung, ein großer Mangel. Man behalf sich mit umgenähter Armeekleidung und setzte Kleidungsstücke aus alten Stoffen zusammen.

Nach den eher ‚braven‘ 50er Jahren mit Baumwollkleidern und Schürzen für die Mädchen sowie Stoff- und Lederhosen mit Strickpullovern für die Jungen eroberten Anfang der 60er Jahre die Mädchen die Hose, die bislang den Jungen vorbehalten war, als Kleidungsstück für sich. Gleichzeitig lockerte sich die festgefügte Rollenverteilung zwischen Jungen und Mädchen.

3.1 Schulkind 1936 in typischer Kleidung: Baumwollkleid, Schürze, gestrickte Wollstrümpfe und benagelte hohe Schuhe.

Foto:
Paula Müller, Utzerath.

3.2 Rekonstruktion der typischen Eifeler Kinderkleidung des 19. Jahrhunderts. Das Foto wurde in den 30er Jahren für eine Lichtbildserie über die Eifel zum Unterrichtsgebrauch aufgenommen. (Abb. 63)

Foto:
Heinrich Pieroth, Mayen.

3.3 Typische Mädchen- und Jungenkleidung um 1880 – 1900. Das linke Foto wurde 1894/95 in Ramscheid, Kreis Euskirchen aufgenommen, das rechte stammt aus Gey, Kreis Düren, und datiert in das Jahr 1883. (Abb. 65)

Fotos:
Walter Hanf, Hellenthal-Hollerath.
Angelika Becker, Hürtgenwald-Gey.

3.4 Matrosenanzüge prägten das Erscheinungsbild der Jungen bis in die 30er Jahre, während sich für die Mädchen schon während des ersten Weltkrieges kniekurze, bunt gemusterte Baumwollkleider durchzusetzen begannen. Foto links: Jungen aus Feusdorf und Esch, Kreis Daun, bei ihrer Kommunion 1932; rechts Mädchen der Volksschule Scheven, Kreis Euskirchen, im Jahre 1917. (Abb. 73)

Fotos:
Brauchtumspflege Feusdorf.
Bildarchiv Gemeinde Kall.

3.5 Die Alltagskleidung der Schüler in den 30er und 40er Jahren ist bestimmt durch gestrickte Pullover, Jacken und Mützen. Schulkinder aus Mannebach, Kreis Daun, 1936. (Abb. 76)

Foto:
Nikolaus Hermann, Mannebach.

Abb. 226   Schiefertafel mit Rechenmaschine, um 1890.

3.6   Ab den 60er Jahren wurden Anoraks und Strumpfhosen für die Mädchen modern. Schulneulinge aus Hecken, Kreis Euskirchen, im Jahre 1964. (Abb. 82)

Foto:
Gemeindearchiv Hellenthal.

3.7   Die Schiefertafel war vom Beginn des 19. Jahrhunderts bis in die 60er Jahre unseres Jahrhunderts unentbehrliche Schreibgrundlage. Hier drei Tafeln von 1810 (datiert), (Abb. 225), um 1890 (Abb. 226) und um 1920.

Leihgaben:
Franz Josef Ferber, Daun.
Klaus Ring, Blankenheim-Waldorf.
Rheinisches Freilichtmuseum, Mechernich-Kommern.

3.8   Sammlung von Schönschreib- und Aufsatzheften aus den Jahren 1876, 1884, 1910, 1931, 1948 und 1961.

Leihgaben:
Markus Berberich, Konz.
Liselotte Castendyck, Traben-Trarbach.
Klaus Ring, Blankenheim-Waldorf.
Volkskunde- und Freilichtmuseum Roscheider Hof, Konz.
Rheinisches Freilichtmuseum, Mechernich-Kommern.

3.9   Griffeldosen aus der Zeit um 1880 (Abb. 64), um 1920 und aus den 50er Jahren. Schwammdöschen aus den 50er Jahren. Griffel, Farbgriffel und Bleistifte.

Leihgaben:
Franz Josef Ferber, Daun.
Kreismuseum Blankenheim.
Museum Prüm.

3.10 Benagelte Kinderschuhe (Abb. 75) und abknöpfbarer Matrosenkragen mit Manschetten, um 1920.

Leihgaben:
Markus Berberich, Konz.
Rudolf Leisen, Ramersbach.

3.11 Schulranzen der 20er, 40er und der frühen 60er Jahre.

Leihgaben:
Eifel-Heimatmuseum, Bergweiler.
Kreismuseum Blankenheim.
Volkskunde- und Freilichtmuseum Roscheider Hof, Konz.

3.12 Einfache Spielsachen konnten ohne Probleme zur Spielpause in die Schule mitgebracht werden: Dilldopp; Murmeln aus Ton; Ball, aus Lumpen genäht; Tierknochen für das ‚Knöchelchenspiel‘, das sehr viel Geschicklichkeit verlangte. (Abb. 227)

Leihgaben:
Rita Hupp-Schneider, Schleiden.
Volkskunde- und Freilichtmuseum Roscheider Hof, Konz.
Museum Prüm.

Abb. 227   Beliebtes Spielzeug der Schulkinder für die Spielpause in der Schule.

4. Der Schulalltag

Zahlreiche Jahrespläne belegen, daß der Unterricht in der Volksschule stark auf heimatkundliche Inhalte ausgerichtet war. Bei Ausflügen, wie sie etwa seit der Jahrhundertwende üblich wurden, machte der Lehrer seine Schüler mit der Natur und anhand von Funden mit der Vorzeit ihrer Region vertraut. Ebenso wurden aktuelle Ereignisse, die die Region betrafen, in den Unterricht aufgenommen. Die pädagogische Reformbewegung der 20er Jahre förderte den heimatkundlichen Unterricht noch. Viele Lehrer regte die Bewegung dazu an, sich auch über den Schulunterricht hinaus mit ihrer Heimat zu befassen.

Auf den Betrachter mag die alte Dorfschule recht romantisch wirken; für viele Schüler, die aus den umliegenden Flecken dorthin mußten, stellte bereits der Schulweg ein Problem dar. Fußwege bis zu einer Stunde waren keine Seltenheit. Durch starke Regenfälle aufgeweichte Böden oder durch Schneeverwehungen unpassierbar gewordene Straßen überforderten häufig die Kinder. Hinzu kam, daß sie im Winter durch mangelhafte Ernährung geschwächt waren.

Bevor der Unterricht begann, nahmen alle Kinder am Gottesdienst teil, bei dem der Lehrer für Ruhe und Ordnung zu sorgen hatte. Je nach Jahreszeit begann die Messe um 7.00 Uhr oder 7.30 Uhr. Obwohl die Kirchen keine Heizungen hatten, war der Besuch auch bei bitterster Kälte obligatorisch. Anschließend ging die Klasse geschlossen zum Unterricht.

Bis nach dem ersten Weltkrieg hatten die Schüler morgens und nachmittags Unterricht. Eine Schulstunde dauerte auch tatsächlich 60 Minuten. Nach zwei Stunden gab es eine Pause, die sogenannte Spielviertelstunde. Zwischen zwölf und ein Uhr gingen die Kinder zum Essen nach Hause.

Die religiöse Erziehung der Kinder nahm im Unterricht einen breiten Raum ein. Der Lehrer erteilte wöchentlich mehrere Stunden Unterricht in biblischer Geschichte, und der Pastor gab Katechismusunterricht. Zum Fächerkanon gehörten außerdem Rechnen, Lesen und Schreiben. Die fortschreitende Industrialisierung machte Kenntnisse im Bereich Natur und Technik notwendig. Ab 1872 war daher der Realienunterricht Pflicht. Er setzte sich aus den Fächern Geschichte, Geographie und Naturkunde zusammen.

Nachmittags wurden die Mädchen auf ihre Rolle als Hausfrau vorbereitet, zunächst im Handarbeitsunterricht und nach der Jahrhundertwende auch im Kochen. Währenddessen erhielten die Jungen Kenntnisse in der Obstbaumpflege. Seit der zweiten Hälfte des 19. Jahrhunderts förderte die peußische Regierung das Turnen für Jungen in den Schulen. Das geschah nicht aus gesundheitlichen, sondern aus militärischen Gründen. Erst ab den 20er Jahren wurde Sport aus pädagogischen Erwägungen Teil des Unterrichts, auch für die Mädchen.

Entsprechend einer Erhebung in Preußen Anfang des 19. Jahrhunderts lag die Analphabetenquote bei 75 % der Bevölkerung. Die Hauptursache bestand im unregelmäßigen Schulbesuch. Zwar war 1825 die Schulpflicht eingeführt worden und für Zuwiderhandlungen wurden Strafen angedroht, doch ermöglichten die Behörden Befreiung vom Unterricht. Im Sommer besuchte daher ein großer Teil der Schüler die Hüteschule: Kinder, die zur Viehhut (oder für andere bäuerliche Arbeiten) benötigt wurden, hatten nur wenige Stunden Halbtagsunterricht. Besonders Mädchen blieben dem Unterricht fern, weil Eltern den Nutzen des Unterrichts für Mädchen überhaupt nicht einsahen.

In weiten Gebieten der Eifel bestanden sogar überwiegend Winterschulen. Zwischen Ostern und Allerheiligen fiel der Unterricht gänzlich aus, und die Kinder halfen in der Landwirtschaft mit. Der Lehrer mußte dann im Sommer zusehen, wie er seinen Lebensunterhalt verdiente. Die Hüteschule existierte in Resten noch bis in die 20er Jahre.

Besonders in regenreichen Sommern war die Viehhut für die Gesundheit der Kinder schädlich. Daher waren Krankheiten ein weiterer Grund für ihr häufiges Fehlen im Unterricht. Hinzu kamen unhygienische Lebensumstände, die mitverantwortlich waren für die Ausbreitung von Typhus, Tuberkulose, Scharlach, Cholera. Durch regelmäßige Untersuchungen der Schulkinder und eine entsprechende gesundheitliche Aufklärung versuchte die Regierung dieser Epidemien Herr zu werden.

4.1 Der heimatkundliche Bezug war im Unterricht wie in den Klassenräumen deutlich sichtbar. Präparate von heimischen Tieren, Fossiliensammlungen und naturkundliche Themenkästen, hier aus der Volksschule Kyllburg, Kreis Bitburg-Prüm, schmückten vielerorts die Schulzimmer.

Leihgaben:
Kreismuseum Blankenheim.
Volkskunde- und Freilichtmuseum Roscheider Hof, Konz.

4.2 Bücher für den heimatkundlichen Unterricht gab es im Eifelraum seit den 20er Jahren. Als Beispiele werden hier gezeigt: „Heimatbuch des Kreises Schleiden" von 1928, die Einzelheftserie „Eifelgut", 1931 − 1933, „Mein Heimatbuch. Land und Leute im Regierungsbezirk Aachen" von 1952 und die Einzelheftserie „Land zwischen Mosel und Maaren", 1953 − 1955 erschienen.

Leihgaben:
Historische Kreisbibliothek Euskirchen.

4.3 Heimatkundlicher Anschauungsunterricht führte die Volksschüler von Kehr, Kreis Euskirchen, in den 50er Jahren zu den ‚Höckerlinien' des nahen Westwalls. (Abb. 148)

Foto:
Alois Krings, Hellenthal-Losheim.

4.4 Das Erscheinen der Zeppelin-Luftschiffe in den End-20ern und beginnenden 30er Jahren über der Eifel führte zu spontanen Wanderungen der Schulen auf hochgelegene Aussichtspunkte und zur Behandlung der technischen Konstruktion im Unterricht. Evangelische Volksschule Gemünd, 1933. (Abb. 228)

Repro:
Kreisbildstelle Euskirchen, Kall.

Abb. 228 Der Zeppelin als Unterrichtsgegenstand. Evangelische Volksschule Gemünd, Kreis Euskirchen, 1933.

4.5 In Gebieten mit überwiegender Einzelgehöftstruktur oder sehr kleinen Siedlungen, wie im Prümer Land, waren die Schulwege der Kinder oft sehr weit. Einzugsbereich der Volksschule Waxweiler, Kreis Bitburg-Prüm. (Abb. 229)

Grafik:
Franz Josef Faas, Prüm.

4.6 Im Winter waren die Schulwege noch beschwerlicher. Besonders bei Schneeverwehungen wurden ‚Spurschlitten‘ eingesetzt, um das Passieren der Straßen möglich zu machen. Männer des Dorfes Nitz, Kreis Mayen-Koblenz, bei der Räumarbeit. (Abb. 98)

Foto:
Erwin Berg, Nitz.

4.7 Der Schultag begann bis in die 30er Jahre allmorgendlich mit einer Messe in der Kirche am Ort. Kath. Kapelle St. Dionysius in Waldorf, Kreis Euskirchen, 50er Jahre.

Foto:
Klaus Ring, Blankenheim-Waldorf.

4.8 Die Lehrer hatten eine transportable Kniebank, die im Gang zwischen den Kinderbänken eingerückt wurde. So konnten sie auf Disziplin achten.

Leihgaben:
Klaus Ring, Blankenheim-Waldorf.
Eifel-Heimatmuseum, Bergweiler.

4.9 In einem Teil der Schulordnung von Keldenich, Kreis Euskirchen, wurde Mitte des 19. Jahrhunderts auch das Verhalten während der Messe in der Kirche genauestens geregelt.

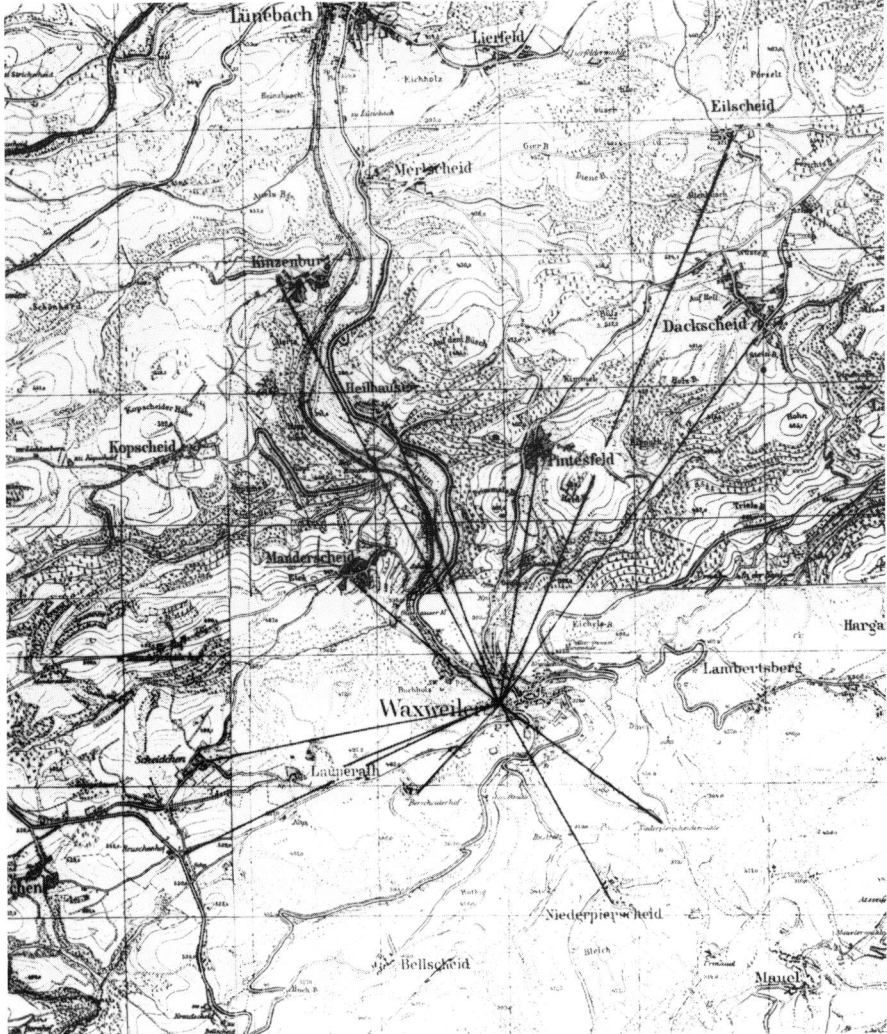

Abb. 229 Einzugsbereich der Volksschule Waxweiler, Kreis Bitburg-Prüm.

Original:
Josef Hermes, Kall-Keldenich.

4.10 In der Spielpause am Vormittag waren bei den Mädchen Reigenspiele eine beliebte Beschäftigung. Mädchen auf dem Schulhof in Deudesfeld, Kreis Daun, 30er Jahre. (Abb. 101)

Foto:
Veronika Mauren, Deudesfeld.

4.11 Seit den 20er Jahren wurden in zahlreichen Volksschulen Schulküchen installiert, in denen die Mädchen eine Hauswirtschaftsausbildung erhalten sollten. Oft scheiterte dieser Unterricht jedoch an den mangelnden Fachkenntnissen der Lehrerinnen. (Abb. 106)

286

Foto:
Margot Harig, Wasserliesch.

4.12 Schulküchenherd der 30er Jahre. (Abb. 230)

Leihgabe:
Volkskunde- und Freilichtmuseum Roscheider Hof, Konz.

4.13 Schon seit der ersten Hälfte des 19. Jahrhunderts wurden die Mädchen in den Schulen in Handarbeiten unterrichtet. Liste der im Jahre 1839 in der Volksschule Kommern, Kreis Euskirchen, hergestellten Näharbeiten. (Abb. 88)

Original:
Stadtarchiv Mechernich.

4.14 Auch im bäuerlichen Haushalt waren Mädchen schon zeitig an der Herstellung der Kleidungsstücke beteiligt: Kind beim Garnhaspeln im Prümer Land, 30er Jahre. (Abb. 103)

Foto:
Museum Prüm.

4.15 Beispiele für Handarbeiten im Unterricht: Stickmustertücher, Topflappen, Unterhemd und Flicktücher, an denen das saubere Einnähen von Flicken und das kunstvolle Stopfen von Löchern geübt werden mußten. (Abb. 104)

Leihgaben:
Liselotte Castendyck, Traben-Trarbach.
Franz Josef Ferber, Daun.
Kreismuseum Blankenheim.
Volkskunde- und Freilichtmuseum Roscheider Hof, Konz.

Abb. 230 Schul-Küchenherd, 30er Jahre.

4.16 Hölzerner Kasten zum Aufbewahren von Näh- und Strickzeug für den Handarbeits-unterricht, 30er Jahre.

Leihgabe:
Mittelmoselmuseum, Traben-Trarbach.

4.17 Singer-Nähmaschine, 20er Jahre, aus einer Volksschule im Raum Schleiden. (Abb. 231)

Leihgabe:
Hans Kebeck, Schleiden-Harperscheid.

4.18 Sportunterricht für Mädchen gehörte bis zur nationalsozialistischen Zeit zu den Sel-tenheiten. Wettlaufen von Schülerinnen in normaler Kleidung auf einer Dorfstraße, frühe 30er Jahre. (Abb. 84)

Foto:
Margot Harig, Wasserliesch.

4.19 Schulsportveranstaltung in Waxweiler, Kreis Bitburg-Prüm, im Jahre 1933. (Abb. 85)

Foto:
Franz Josef Faas, Prüm.

4.20 Jungen einer Volksschulklasse aus Satzvey, Kreis Euskirchen, beim Geräteturnen auf dem Schulhof, 1937. (Abb. 86)

Foto:
Nikolaus Krüger, Mechernich-Satzvey.

4.21 Jungen der Volksschule Stadtkyll, Kreis Daun, 1934 beim Tauziehen auf dem Schul-hof. (Abb. 87)

Foto:
Willy Meyer, Stadtkyll.

4.22 Die Anlage eines Schulgartens und die Technik der Obstveredelung gehörten seit dem 19. Jahrhundert zur Ausbildung für Jungen im ländlichen Raum. Anleitung zur Obstbaumzucht von 1829 und Lehrerhandbuch über Anlage und Betrieb eines ländli-chen Schulgartens von 1885. (Abb. 89–90)

Leihgaben:
Kreisheimatmuseum Bitburg.
Kreismuseum Blankenheim.

4.23 Schüler der Volksschule Kallmuth, Kreis Euskirchen, in den 50er Jahren in ihrem Schulgarten. (Abb. 91)

Foto:
Karl Guthausen, Schleiden.

4.24 Kinder-Gartengerät, 30er Jahre.

Leihgabe:
Liselotte Castendyck, Traben-Trarbach.

4.25 Die am häufigsten zu verrichtende Arbeit von Schulkindern im landwirtschaftlichen Betrieb war das Viehhüten, vor allem das Hüten ‚am Strick‘ an Weg- und Feldrän-dern. Schülerinnen aus Pesch, Kreis Euskirchen, im Jahre 1932. (Abb. 97)

Foto:
Katharina Meyer, Nettersheim-Pesch.

Abb. 231   Schul-Nähmaschine, 20er Jahre, aus einer Volksschule des Schleidener Raumes.

4.26   Die Teilnahme von Jungen und Mädchen am Unterricht schwankte im vergangenen Jahrhundert innerhalb der Jahreszeiten deutlich: Im Sommerhalbjahr gingen wesentlich weniger Kinder zur Schule als im Winter; Mädchen wurden von den Eltern eher zu Hause gehalten als Jungen. Euskirchen, 1827.

Grafik:
Rosemarie Breuer, Langerwehe.

4.27   Ein Lehrer aus dem Prümer Land beklagte sich bei der Schulbehörde 1866 heftig über den mangelnden Schulbesuch in seinem Ort. Die ungelenk gestelzte Art des Schreibens hat wohl schon damals eher Heiterkeit hervorgerufen, denn es gelangte auf Umwegen aus Prüm an den preußischen Königshof in Berlin, wo es zur Belustigung an der Tafel vorgelesen wurde.

Original:
Werner Blindert, Prüm.

4.28 Schulversäumnisliste der Volksschule Nemmenich, Kreis Euskirchen, im Monat Juni 1840. Bemerkenswert sind die Gründe „nötig zur Wirtschaft" und „unentbehrlich zur Beaufsichtigung der Kleinen während der Mutter Abwesenheit". (Abb. 100)

Leihgabe:
Stadtarchiv Zülpich.

4.29 Plakat mit Verhaltensvorschriften zur Eindämmung der Tuberkulose aus der Volksschule Tondorf, Kreis Euskirchen, um 1900. (Abb. 99)

Original:
Gemeindearchiv Nettersheim.

4.30 Verfügung des Kreisschulinspektors vom Dezember 1903 zur Schließung der Schule Wollersheim, Kreis Düren, wegen einer Masern-Epidemie.

Original:
Hauptstaatsarchiv Düsseldorf, Best. Regierung Aachen, Akte 9603.

5. Schulleben im Jahreslauf

Der Ablauf des Schuljahres wurde bestimmt durch den Jahreskreis und die kirchlichen und dörflichen Feste. Sie gliederten die Schulzeit genau wie den Ablauf des Arbeitslebens im ländlichen Raum in Werktage und Feiertage. Die Jahreszeiten mit ihren typischen Festen fanden ihren Niederschlag im Lehrstoff aller Klassen und vieler Fächer.

Nach den Osterfeiertagen begann das neue Schuljahr. Vorher, am Karfreitag und Karsamstag, ging die Schuljugend mit Klappern durchs Dorf, um das wegen der Grabesruhe Christi fehlende Glockengeläut zu ersetzen. Für das Klappern um 12.00 Uhr wurden die Jungen, seltener auch die Mädchen, bereits früher in die Mittagspause entlassen.

Für die 10Jährigen folgte am Sonntag nach Ostern, dem Weißen Sonntag, die Erstkommunion. Im Kommunionunterricht hatte der Pastor die Kinder auf diesen Tag vorbereitet. Zur feierlichen Messe geleiteten die vorjährigen Kommunionkinder die Mädchen und Jungen in feierlicher Prozession von der Schule zur Kirche. Zur Feier im engsten Familienkreis waren auch Pastor und Lehrer willkommene Gäste und wurden an diesem Festtag von einer Familie in die andere ‚durchgereicht'.

Die Sommermonate standen ganz im Zeichen der Erntearbeiten. Für das Feiern von Festen gab es kaum Zeit. Erst im Herbst, wenn es im bäuerlichen Haushalt wieder etwas ruhiger wurde, begann auch in der Schule wieder ein abwechslungsreicherer Ablauf.

Vom Niederrhein ausgehend breitete sich der Martinszug ab Mitte der 20er Jahre in die Eifel aus. Die Lehrer organisierten diese Lichterumzüge. In den Klassen

wurden Fackeln gebastelt, Martinslieder eingeübt und die Verteilung der Weck-
männer/Martinswecken an die Kinder geregelt.

Seit dem Ende der 20er Jahre lassen sich in manchen Schulen auch Nikolaus- und
Weihnachtsfeiern nachweisen, oft in Form von Theaterstücken und Krippenspie-
len, die von den Kindern vor den Eltern aufgeführt wurden. In der NS-Zeit ideo-
logisch überformt, gewannen diese Aufführungen in den 50er und 60er Jahren
wieder an Verbreitung.

Nach dem Ende des weihnachtlichen Festkreises mit Mariä Lichtmeß (2. Februar)
begann die Fastnacht am Fetten Donnerstag (Weiberfastnacht). Lange wehrte sich
die preußische Schulaufsicht erfolgreich gegen die Einbeziehung dieses Brauch-
tums in den Unterricht. Erst gegen Ende der Weimarer Zeit lassen sich organisierte Fastnachtsveranstaltungen auch in den Schulen feststellen.

Die Fastenzeit von Aschermittwoch bis Ostern wurde auch im Unterricht deutlich
spürbar. Lesebuchtexte beschäftigten sich mit ernsten Themen, und es wurden
keine fröhlichen Lieder gesungen. In manchen Gegenden der West- und Südeifel
gab es Fastenfeuer, nach deren Abbrennen die Schulkinder im Dorf Nahrungsmittel sammelten. Daraus bereitete ihnen die jüngst verheiratete Frau anschließend
Pfannkuchen. Das Osterfest mit dem Ende der Fastenzeit bedeutete gleichzeitig
auch das Ende des Schuljahres.

In den Anfangsjahrzehnten des 19. Jahrhunderts wurden die Schüler während der
Schuldauer überhaupt nicht in ihren Leistungen benotet. Bis um die Jahrhundertwende wurden die dann üblichen Zensuren zum Schuljahresende lediglich aus
dem Stammrollenbuch vorgelesen. Erst ab etwa 1900 lassen sich in der Eifel Jahreszeugnisse in entsprechenden Zeugnisheften nachweisen. Sie enthalten fünf
Abstufungen: sehr gut, gut, genügend, mangelhaft, ungenügend. Erst in der NS-
Zeit wurde das ‚befriedigend‘ zwischen ‚gut‘ und ‚genügend‘ eingeschoben; aus
‚genügend‘ wurde ‚ausreichend‘. Halbjahreszeugnisse wurden ab dem Schuljahr
1940/41 eingeführt.

Mit dem stärkeren Gewicht der Benotungen zum Schuljahresende gerieten auch
die Versetzungen in eine neue Jahrgangsstufe stärker ins Bewußtsein von Schülern und Eltern. Da jedoch mehrere Jahrgänge, wenn nicht alle acht, in einem
Klassenraum untergebracht waren, fielen ‚Sitzenbleiber‘ nicht so sehr auf, zumal
die Plätze in der Klasse ohnehin nicht generell jahrgangsweise getauscht wurden.
So konnten schwache Schüler den Lehrstoff der vergangenen Klasse noch einmal
mitverfolgen. Erst in den letzten Jahrzehnten wurde das Leistungsdenken so stark
in die Schulen getragen, daß das Wiederholen eines Schuljahres zu Isolation und
gesellschaftlicher Abwertung der Kinder und teilweise ihrer Eltern im Dorf führen
konnte.

Bis weit in unser Jahrhundert gab es keine landesweite Festlegung der Ferienzeiten. Dies besorgte der jeweilige Schulvorstand der Gemeinden nach den örtlichen
Gegebenheiten. Lediglich die Gesamtzahl der Ferientage im Jahr war behördlich

vorgeschrieben. Da die Kinder fest in den Ablauf des landwirtschaftlichen Ernte-
jahres eingebunden waren, lagen die Ferien immer gehäuft im Sommer und
Herbst: Zur Heuernte, zur Getreideernte, zur Kartoffel- und Rübenernte, zur
Weinlese. Viele Kinder waren froh, wenn sie nach den harten Wochen auf den
Höfen wieder zur Schule gehen konnten.

5.1 Schulkinder beim Kartagsklappern 1940 in Neichen, Kreis Daun. (Abb. 119)

Foto:
Hubert Diewald, Neichen.

5.2 Drei unterschiedliche Arten von Kartagsklappern: Klöpper, Ratsche und Drehklap-
per.

Leihgaben:
Kreismuseum Blankenheim

5.3 Kommunionkinder aus Feusdorf und Esch, Kreis Daun, mit Pastor Adam Faber vor
dem Pfarrhaus in Esch, 1932.

Foto:
Brauchtumspflege Feusdorf.

5.4 Kommunionkinderfotos aus der Eifel. Links: Sohn mit Eltern vor dem Wohnhaus in
Hörschhausen, Kreis Daun, 1917. Rechts: Mädchen mit zwei älteren Geschwistern in
Utzerath, Kreis Daun, um 1895. (Abb. 120)

Fotos:
Franziska Lehnen, Katzwinkel.
Paula Müller, Utzerath.

5.5 Die bei der Kommunionfeier getragenen Kränzchen der Mädchen wurden hinter Glas
aufbewahrt. Hier ein sehr frühes Beispiel aus dem Bitburger Land von 1885.

Leihgabe:
Kreisheimatmuseum Bitburg.

5.6 Typische Patengeschenke zur Erstkommunion waren Rosenkranz, Gebetbuch und für
Jungen die Taschenuhr.

Leihgaben:
Klaus Ring, Blankenheim-Waldorf.
Kreismuseum Blankenheim.
Mittelmoselmuseum, Traben-Trarbach.

5.7 Fronleichnamsprozession im Jahre 1900 in Pesch, Kreis Euskirchen. Die Schulkinder
nahmen mit ihrem Lehrer geschlossen an diesem Fest teil. (Abb. 232)

Foto:
Gemeindearchiv Nettersheim

5.8 Lehrer Josef Schumacher mit seiner Schulklasse und selbstgebastelten Fackeln 1928
in Marmagen, Kreis Euskirchen. (Abb. 123)

Foto:
Cilly Falkenstein, Schleiden.

5.9   Nikolausfeier mit szenischer Aufführung im Jahre 1925 in der Volksschule Gelen-
       berg, Kreis Daun. (Abb. 124)

Foto:
Kreisverwaltung Daun.

Abb. 232   Fronleichnamsprozession im Jahre 1900 in Pesch, Kreis Euskirchen.

Abb. 233 ‚Christkindum-
gang‘, um 1962, in Kempe-
nich, Kreis Ahrweiler.

5.10 In einigen Orten des Maifeldes und an der Untermosel findet bis heute der Brauch des ‚Christkindumganges‘ statt. Ein älteres Schulmädchen wird als weißverschleierte Gestalt durch die Häuser geführt. Hier ein Foto aus Kempenich, Kreis Ahrweiler, um 1962. (Abb. 233)

Foto:
Amt für Rheinische Landeskunde, Bonn.

5.11 Umzug der Schulkinder von Reetz, Kreis Euskirchen, mit ihrer Lehrerin an Weiber-fastnacht, 50er Jahre. (Abb. 115)

Foto:
Volker Meis, Blankenheim-Reetz.

5.12 Schulkinder beim Aufrichten des zuvor im Dorf gesammelten Feuerholzes zum ‚Burg-brennen‘, dem Westeifeler Fastenfeuer. (Abb. 117)

Foto:
Museum Prüm.

5.13 Pfannkuchenverzehr der Schulkinder nach dem mit dem ‚Burgbrennen‘ verbundenen Heischegang. (Abb. 118)

Foto:
Museum Prüm.

5.14 Zeugnishefte aus verschiedenen Jahrzehnten: um 1900, Mürlenbach, Kreis Bitburg-Prüm; End-30er Jahre, Schleiden, Kreis Euskirchen; End-50er Jahre, Blens, Kreis Düren. (Abb. 126)

Leihgabe:
Museum Prüm.
Originale:
Hans-Hubert Knips, Schleiden-Bronsfeld.
Gisela Vinage, Schleiden-Gemünd.

5.15 Seit der Schulreform von 1872 mußten an allen Schulen ,Fortschritts-Tagebücher' geführt werden, in denen wochenweise der durchgenommene Lehrstoff eingetragen wurde.

Leihgaben:
Volkskunde- und Freilichtmuseum Roscheider Hof, Konz.
Schulmuseum Hauptschule Mülheim-Kärlich.
Stadtarchiv Zülpich.

5.16 Die großen Sommerferien werden in den Schulchroniken noch teilweise bis in die 50er Jahre als ,Heuferien' bezeichnet. Schulkinder bei der Mithilfe beim Heumachen in Engelgau, Kreis Euskirchen, um 1940.

Foto:
Willi Lambertz, Nettersheim-Engelgau.

Abb. 234 Kinderhotte für die Weinbergsarbeit.

5.17 An Mosel und Ahr richteten sich die großen Ferien nach der Erntezeit des Weins. Kinder bei der Weinlese 1943 in Bernkastel-Kues. (Abb. 109)

Foto:
Manfred Stein, Bernkastel-Kues.

5.18 Kinderhotte zum Hinauftragen des Mistes in die Weinberge. (Abb. 234)

Leihgabe:
Volkskunde- und Freilichtmuseum Roscheider Hof, Konz.

5.19 Kartoffelernte unter Beteiligung von Kindern im Jahre 1910 in Kenn, Kreis Trier-Saarburg. (Abb. 102)

Foto: Beatriz Hilgers, Kenn.

6. Besonderheiten des Schullebens

Im Jahre 1876 wurde die Einschulung der 6Jährigen in ganz Preußen einheitlich auf den Schuljahresbeginn zu Ostern festgelegt. Der erste Schultag stellte schon damals ein besonderes Ereignis im Schülerleben dar. Die Schultüte, heute unentbehrliches Requisit der Einschulung, wurde allerdings erst nach dem zweiten Weltkrieg in der Eifel allgemein üblich.

Bei der engen Verknüpfung von Schulleben und dörflichem Geschehen verwundert es nicht, daß besondere Ereignisse gemeinsam gestaltet und gefeiert wurden. Die Palette reichte von Kirchen- und Schuleinweihungen über Kaiser- und Bischofsbesuche bis zu Primizen, Goldhochzeiten, Jubiläen und Beerdigungen verdienter Persönlichkeiten. Mit Liedern, Gedichtvorträgen oder Theateraufführungen trug die Schuljugend zu einer würdigen Gestaltung des Rahmenprogramms bei.

Zu den Besonderheiten im innerschulischen Bereich gehörten vor allem Ausflüge zu naturkundlich oder kulturgeschichtlich interessanten Zielen der näheren Heimat. Ab den 20er Jahren wurden, zum Teil mit finanzieller Hilfe der Gemeinden, sogar Mehrtagesfahrten mit der Bahn und der Übernachtung in Jugendherbergen organisiert. Sie bildeten den Höhepunkt der Schulzeit und fanden meist kurz vor der Entlassung statt.

Die übliche Schulzeit betrug schon seit dem frühen 19. Jahrhundert acht Jahre. Da viele Eltern die Arbeitskraft ihrer heranwachsenden Kinder aber nicht entbehren konnten, wurden immer wieder vorzeitige Entlassungen beantragt und auch vom Schulvorstand genehmigt. Bis zum ersten Weltkrieg führte der Lehrer vor der Entlassung eine Entlassungsprüfung durch, die der Ortspfarrer als Lokalschulinspektor zu beaufsichtigen hatte. Die Ergebnisse wurden in einem Entlassungszeugnis festgehalten.

6.1 Die Kinder des ersten Schuljahres aus Langerwehe, Kreis Düren, im Jahre 1912. (Abb. 127)

Foto:
Töpfereimuseum Langerwehe.

Abb. 235   Erster Schultag 1927 in Utzerath, Kreis Daun.

6.2   Junge aus Utzerath, Kreis Daun, im Jahre 1927 auf seinem ersten Schulweg. Seine
noch nicht schulpflichtige Schwester begleitet ihn. (Abb. 235)

Foto:
Paula Müller, Utzerath.

6.3   Die Erstklässlerinnen der Volksschule Stadtkyll, Kreis Daun, im Jahre 1936 mit ihren
Müttern. (Abb. 128)

Foto:
Hubert Serve, Stadtkyll.

6.4   Einschulung 1951 in der Volksschule Rott, Kreis Aachen. (Abb. 129)

Foto:
Heimatverein Rott.

6.5   Ausflug der Volksschule Reetz, Kreis Euskirchen, zur Ahrquelle nach Blankenheim
im Jahre 1913. (Abb. 144)

Foto:
Josef Heinen, Blankenheim-Reetz.

6.6   Ausflug der Mädchenschule von Eisenschmitt, Kreis Bernkastel-Wittlich, Anfang der
20er Jahre mit dem Postbus. (Abb. 236)

Abb. 236 Ausflug der Mädchen der Volksschule Eisenschmitt, Kreis Bernkastel-Wittlich, Anfang der 20er Jahre.

Repro:
Kreisbildstelle Euskirchen, Kall.

6.7 Gemeinsamer Ausflug der Volksschulen von Miescheid und Ramscheid, Kreis Euskirchen, per Pferdefuhrwerk nach Elsenborn in den Jahren 1908 oder 1909.

Foto:
Willy Dahm, Hellenthal-Hollerath.

6.8 Wanderung des 3. und 4. Schuljahres der Volksschule Ripsdorf, Kreis Euskirchen, im Jahre 1933 zur Erlöserkirche nach Mirbach. (Abb. 238)

Foto:
Maria Reetz, Blankenheim-Ripsdorf.

6.9 Kinder der Volksschule Ramscheid, Kreis Euskirchen, im Jahre 1928 beim Schlittenfahren mit Lehrer Allelein. (Abb. 237)

Foto:
Willy Dahm, Hellenthal-Hollerath.

6.10 Mehrtages-Klassenfahrt der Volksschule Wintersdorf, Kreis Trier-Saarburg, im Jahre 1963 zum Niederwalddenkmal bei Rüdesheim. (Abb. 146)

Foto:
Bodo Bölkow, Dahlem-Schmidtheim.

6.11 Spontane Wanderung der Volksschule Nonnenbach, Kreis Euskirchen, zu einem in der Nähe der Kiesgrube Schmidtheim notgelandeten Flugzeug. (Abb. 147)

298

Foto:
Peter Schlemmer, Blankenheim-Nonnenbach.

6.12 Ein besonderes Ereignis war die Teilnahme der Schulkinder von Waxweiler an der Eröffnung der neuen Bahnstrecke Prüm-Waxweiler im Jahre 1907. Fähnchenschwenkend standen sie beim Eintreffen des ersten Zuges am Bahnhof.

Foto:
Museum Prüm.

6.13 Proviant-Umhängedose aus lackiertem Blech, um 1900. Solche Butterbrotbehälter wurden vor allem von städtischen Kindern gern auf Ausflüge mitgenommen.

Leihgabe:
Römisch-Germanisches Museum, Bermel.

6.14 Auch die 50-Jahrfeier der eigenen Schule wurde gebührend gefeiert. Westschule Euskirchen, 1935.

Foto:
Otto Mertens, Euskirchen.

6.15 Trauerfeier für die verstorbene Lehrerin Eva Weber vor der Volksschule von Schmidt, Kreis Düren, im Jahre 1931. (Abb. 143)

Foto:
Engelbert Donnay, Nideggen-Schmidt.

6.16 Kindtauffeier in Kenn, Kreis Trier-Saarburg, im Jahre 1940. Die Schulkinder des Dorfes begleiten Pate und Patin mit dem Täufling zur Kirche. (Abb. 239)

Abb. 237 Kinder der Volksschule Ramscheid, Kreis Euskirchen, im Jahre 1928 beim Schlittenfahren mit Lehrer Allelein.

Abb. 238 Wanderung des 3. und 4. Schuljahres der Volksschule Ripsdorf, Kreis Euskirchen, 1933 nach Mirbach.

Foto:
Beatriz Hilgers, Kenn.

6.17 Firm- und Visitationsreise von Weihbischof Dr. Bernhard Stein im Juli 1953. Die Bevölkerung von Uess, Kreis Daun, empfängt ihren Oberhirten vor dem Dorfeingang. (Abb. 121)

Foto:
Franz Josef Ferber, Daun.

6.18 Ein Schulkind begrüßt den Kölner Kardinal Josef Frings 1952 anläßlich einer Firmreise in Satzvey, Kreis Euskirchen, mit einem Gedicht. (Abb. 122)

Foto:
Hauptschule Mechernich-Satzvey.

6.19 Saalaufführung eines Märchenspiels durch alle 31 Schüler der Volksschule Hecken,
Kreis Euskirchen, im Jahre 1961. (Abb. 136)

Foto:
Gemeindearchiv Hellenthal.

6.20 Aufführung eines Weihnachtsspiels durch die Schulkinder der Volksschule Waxweiler,
Kreis Bitburg-Prüm, im Jahre 1932. (Abb. 134)

Foto:
Franz Josef Faas, Prüm.

6.21 Aufführung des Märchenspiels „Schneewittchen" in den 60er Jahren in der Volksschule von Bleibuir, Kreis Euskirchen. (Abb. 135)

Foto:
Wolfgang Thannhäuser, Mechernich-Bleibuir.

6.22 Mandolinen- und Gitarren-Schulorchester von Stadtkyll, Kreis Daun, 1933. Auch die
Schulentlassenen konnten weiterhin dabei bleiben. (Abb. 132)

Foto:
Luise Pöpelt, Stadtkyll.

Abb. 239 Kindtauffeier in Kenn, Kreis Trier-Saarburg, im Jahre 1940.

6.23 Musikgruppe der Volksschule Hecken, Kreis Euskirchen, mit Orff'schen Instrumenten im Jahre 1962. (Abb. 133)

Foto:
Gemeindearchiv Hellenthal.

6.24 Entlassungszeugnis der Volksschule Gondelsheim, Kreis Bitburg-Prüm, aus dem Jahre 1898.

Leihgabe:
Museum Prüm.

6.25 Öffentliche Bekanntmachung der Schulentlaßprüfungen für den Raum Mechernich, Kreis Euskirchen. „Glück auf. Anzeiger für Mechernich und Umgegend", 1884. (Abb. 149)

Original:
Anton Könen, Mechernich.

6.26 Text aus einem Zeugnisheft aus Euskirchen von 1924. (Abb. 240)

Repro:
Kreisbildstelle Euskirchen, Kall.

6.27 Gruppenfoto der schulentlassenen Mädchen der Volksschule Langerwehe, Kreis Düren, im Jahre 1940. (Abb. 151)

Foto:
Töpfereimuseum Langerwehe.

6.28 Gemeinsames Einpflanzen eines Obstbaumes zur Schulentlassung 1937 in Stadtkyll, Kreis Daun. (Abb. 152)

Foto:
Heinz Hoffmann, Stadtkyll.

Zur Beherzigung der Entlassenen.

Wenn du der Schule entlassen bist, so gedenke oft noch gerne der guten Lehren, welche du dort empfangen hast und richte dein Leben danach ein. Ehre und liebe deine Eltern. Betrübe sie nie und schäme dich ihrer nicht, wenn sie arm sind. Armut schändet nicht, aber Arbeit adelt. In ihrem Alter sorge für sie und vergiß nicht, was sie Gutes an dir getan haben. Begegne auch ferner deinem Lehrer mit gebührender Achtung. Deinem Vorgesetzen folge willig in allen gerechten Dingen. Sei verträglich im Verkehr mit anderen, bescheiden gegen alte Personen. Hüte dich vor bösem Umgange. Böse Kameraden verderben deine Seele. Fliehe die Sünde wie eine giftige Schlange. Unterlasse keinen Tag das Gebet; es ist die beste Waffe gegen die Feinde deines Heiles. So ziehe denn hinaus ins Leben. „Reise glücklich, Gott sei auf deinem Wege ıb sein Engel begleite dich". Tobias 5, 21.

Abb. 240 Text aus einem Zeugnisheft, Euskirchen 1924.

7. Lehrmittel

Zu Beginn des 19. Jahrhunderts standen dem Lehrer nur wenige Lehrmittel zur Verfügung. Oft waren es nur Kalender und Gebetbücher, also Materialien, die nicht speziell für den Unterricht hergestellt waren. Durch buchstabenweises Abschreiben übten die Kinder dann, jedes für sich, die Schreibfertigkeit. Um sich für seine Lehrbemühungen in den oft überfüllten Schulräumen Gehör zu verschaffen, griff der Lehrer manches Mal zum Rohrstock als Züchtigungsmittel.

In den 40er Jahren erarbeiteten die Lehrervereine Fibeln und Lesebücher, die auch für die Kinderhand gedacht waren. Darüber hinaus besaßen die Kinder allenfalls noch eine Bibel oder einen Katechismus. Die Obrigkeit war bemüht, die Bücherzahl begrenzt zu halten, da sie befürchtete, die Bevölkerung könnte zu sehr ‚aufgeklärt‘ werden.

1872 erließ die preußische Regierung endlich Bestimmungen über die Einrichtung von Volksschulen und ihre Ausstattung mit unentbehrlichen Lehrmitteln. Mit Geige, Karten, Wandbildern und Rechenmaschinen wurden nun Lehrmittel angeschafft, die ein anschauliches Unterrichten ermöglichten und gleichzeitig die Aufmerksamkeit einer ganzen Klasse auf sich ziehen konnten. Zu den Fächern Lesen, Schreiben und Rechnen kamen nun die sogenannten Realien, also Erd- und Heimatkunde, Geschichte und das Fach Musik. Nach wie vor setzten die Lehrer die Unterrichtsdisziplin und die weiterhin gültige Paukmethode mit körperlichen Bestrafungen ihrer Schüler durch. Das bedeutete für die Jungen Ohrfeigen und Stockhiebe auf das Hinterteil und für die Mädchen Hiebe auf die Handflächen oder den Rücken.

Zwar war es auch in den 20er Jahren unseres Jahrhunderts für die Gemeinden schwierig, Gelder für Unterrichtsmaterialien bereitzustellen, doch konnten immer mehr Schulen über neue Medien verfügen. Turn- und Sportgeräte zur körperlichen Ertüchtigung wurden angeschafft. Außerdem versorgten finanzstärkere Gemeinden ihre Schulen mit Lichtbildgeräten, Filmprojekten und Radios. Nach der Machtübernahme durch die NSDAP wurden die Geräte in den Schulen gezielt für die propagandistischen Zwecke der Partei genutzt. Die Übertragungen von Hitlers Reden gehörten ab 1933 zu den Unterrichtsinhalten.

7.1 Lehrmittel um 1830: „Die Geschichten und Lehren der heiligen Schrift", „Praktisches Schulbuch der gemeinen Rechenkunst und Geometrie" und „Naturgeschichte für Kinder". Mit solch wenigen Büchern ausgestattet, mußte der Volksschullehrer den Unterricht für alle Jahrgangsstufen gestalten.
Leihgaben:
Kreismuseum Blankenheim.

7.2 Nach der Schulreform von 1872 und der damit verbundenen Erweiterung des Fächerkanons nahmen auch die Bücher für Schüler und Lehrer erheblich an Zahl zu. Überblick über einige Schulbücher der Jahrzehnte 1880 — 1910. (Abb. 241)
Leihgaben:
Hans Kebeck, Schleiden-Harperscheid.

Fritz Röder, Adenau.
Kreisheimatmuseum Bitburg.
Kreismuseum Blankenheim.
Museum Prüm.

7.3 Um 1880 tauchten die ersten Wandkarten für den Anschauungsunterricht in den Schulen der Eifel auf. Sie sind als Farbdrucke für die verschiedensten Fächer bis in die 60er Jahre in Gebrauch gewesen. ‚Mittelalterliches Klosterleben' als Anschauung für den Vaterländischen Geschichtsunterricht, um 1890.

Leihgabe:
Museum Prüm.

7.4 In den 30er Jahren war das Angebot an Lehrmitteln fast unüberschaubar geworden. Umfangreiche Lehrmittelkataloge wurden an die Schulen verschickt. „Schulwart. Lehrmittelführer für das gesamte Schulwesen" der Buchhandlung und Lehrmittelanstalt Georg Fischer in Wittlich für 1928.

Leihgabe:
Grundschule Oberscheidweiler.

7.5 Neben Bücher traten ab den 20er Jahren zunehmend andere Medien. Das Angebot an Karten erweiterte sich ständig. Hinzu kamen Modellkästen für die naturkundlichen Fächer und der Globus für den Erdkundeunterricht (Abb. 242), Filmprojektor und das Radio zum Empfang der ersten, ab 1927 ausgestrahlten Schulfunksendungen.

Leihgaben:
Schulmuseum Immerath.
Volkskunde- und Freilichtmuseum Roscheider Hof, Konz.
Museum Prüm.

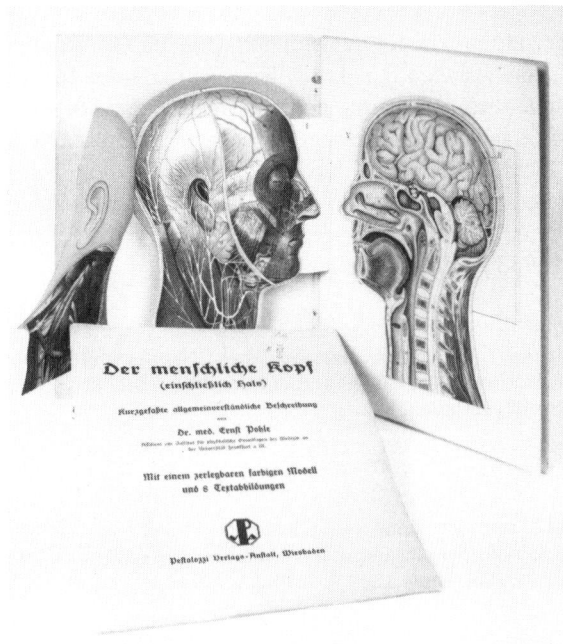

Abb. 241 Lehrbuch zur Biologie mit aufklappbarem Kopfmodell, um 1910.

Abb. 242 Modell-Wandkasten zum Unterricht in Naturlehre, 30er Jahre.

7.6 Wichtigstes Zuchtmittel war der Stock des Lehrers in unterschiedlichsten Ausführungen. Der große Stecken wurde in Schmidtheim, Kreis Euskirchen, benutzt; das Bambusstöckchen in der Volksschule von Bergweiler, Kreis Bernkastel-Wittlich.

Leihgaben:
Hans Kebeck, Schleiden-Harperscheid.
Eifel-Heimatmuseum, Bergweiler.

7.7 Körperliche Züchtigungen von Schülern mußten in ein ‚Strafverzeichnis‘ mit der Angabe von Gründen eingetragen werden. Strafen für die Jungen der Volksschule Strohn, Kreis Daun, im Schuljahr 1916/17.

Leihgabe:
Grundschule Oberscheidweiler.

7.8 Fleißkärtchen gab es in den verschiedensten Größen und Formen. Das Jesuskind-Motiv erhielt für besonderen Fleiß im Katechismusunterricht ein Mädchen der Volksschule Nettersheim, Kreis Euskirchen, im Jahre 1930 vom Ortspfarrer (Abb. 167). Eine andere Art der Belohnung war das Beschenken der Kinder mit süßen Rosinenwecken.

Leihgabe:
Gertrud Gilles, Nettersheim.

7.9 Bis in die 50er Jahre hinein war die Klassendisziplin äußerst streng. ‚Hände gefaltet auf den Tisch legen‘ war, wie man auf dieser Aufnahme aus Kuchenheim, Kreis Euskirchen, sieht, ein von den Schülern eingeübtes Verhaltensmuster. (Abb. 169)

Foto:
Otto Mertens, Euskirchen.

8. Schule und Zeitgeschehen

In der Kaiserzeit war die Erziehung der Schüler zu pflichtbewußten und obrigkeitstreuen Dienern des Staates vorrangiges Ziel der Schule. Feiern wie ‚Kaisers Geburtstag' waren ebenso wie nationale Gedenktage gute Möglichkeiten, solches Gedankengut bei den Schülern zu fördern. Die Regierung legte durch Verfügung den Ablauf der einzelnen Gedenktage genau fest. Bestandteile waren Gottesdienst, Feiern im geschmückten Schulsaal, patriotische Lieder und Gedichte, vaterländische Vorträge und ähnliche Programmpunkte.

Der Ausbruch des ersten Weltkrieges 1914 war für die Schüler zunächst ein freudiges Ereignis, zumal der Unterricht für einen Monat ausfiel. Auch danach kam es an den Schulen wiederholt zu Unterrichtsausfällen, da zahlreiche Lehrer zum Militär eingezogen wurden und freigewordene Stellen nur teilweise mit Lehrerinnen besetzt werden konnten.

Mit der Fortdauer des Stellungskrieges kam es allmählich zur Verknappung von Lebensmitteln und Rohstoffen. Die Schulen verbrachten viel Zeit mit der Sammlung von Ähren, Laub für die Armeepferde und Wildfrüchten. Das Kriegsgeschehen sollte durch die Darstellung heroischer Taten verklärt und die deutschen Siege durch die Lehrer in den Schulen gewürdigt werden. Gezielte Wehrertüchtigungsspiele für die heranwachsenden Jungen trugen zur gewünschten Siegeszuversicht der Schüler bei.

Nach dem Waffenstillstand mußten im November 1918 alle linksrheinischen Gebiete von deutschen Truppen geräumt werden. Amerikanische, französische, englische und belgische Truppen besetzten die Eifel. Zahlreiche Schulen wurden als Truppenquartiere beschlagnahmt, wodurch ein Unterricht kaum möglich war. Nach dem Abzug der Besatzungstruppen waren viele Klassenräume renovierungsbedürftig.

Mit der Abdankung des Kaisers und der Niederlage Deutschlands 1918 verschwand auch das Kaiserbild aus den Schulen, ebenso die Feiern zu ‚Kaisers Geburtstag'. In der Weimarer Republik wurde ab 1919 der Verfassungstag am 11. August festlich begangen. Da er jedoch meist in die Sommerferien fiel, konnte er als Feiertag für die Schulen keine große Bedeutung erlangen.

Die Anfangsjahre der Weimarer Zeit waren auch im ländlichen Raum der Eifel durch politische Unruhen und mangelhafte Versorgung gekennzeichnet. Vermutlich aufgrund der schwierigen wirtschaftlichen und gesellschaftlichen Verhältnisse gab es keine einschneidenden Veränderungen im Bereich des Schulwesens.

Allerdings war die Schülerzahl vielerorts wegen der erhöhten Kindersterblichkeit während des ersten Weltkrieges und der niedrigen Zahl von Neugeborenen zurückgegangen. Da nun weniger Schüler auf mehr Lehrer kamen, konnte der Unterricht intensiver gestaltet werden, und der vor dem Krieg übliche Ganztagsunterricht fiel fort.

Insgesamt hat die Schule der Weimarer Zeit es nicht vermocht, wirklich demokratische Grundüberzeugungen in den Schülern wachsen zu lassen. Dies ist sicher zum Teil auch ein Versäumnis der Lehrer, von denen viele ihre kaisertreue nationale Einstellung nicht ablegen konnten. Der weithin als Unrecht empfundene Versailler Vertrag, die daraus abzuleitende Besatzung und der wirtschaftliche Niedergang des Reiches ließen viele Erwachsene damals zu Anhängern des Nationalsozialismus werden.

Die Machtübernahme Hitlers 1933 brachte auch für die Schulen tiefgreifende Veränderungen mit sich. Vielfacher Druck wurde auf die Lehrer ausgeübt, ihre Schüler im Sinne der nationalsozialistischen Ideologie zu erziehen. Alle Lehrer wurden zwangsweise im NS-Lehrerbund organisiert. Kritiker des Regimes wurden bespitzelt, versetzt oder entlassen. Allerdings gab es auch genügend Pädagogen, die mit den Zielen der NS-Regierung konform gingen.

Das Regime förderte Gemeinschaftsleben und Brauchtum, das unabhängig vom kirchlichen Jahresfestkreis bestand und überformte es mit nationalsozialistischen Vorstellungen. Die Zahl der Feiertage und Schulfeste nahm im Vergleich zur Weimarer Zeit stark zu. Die Schule als Institution wurde dabei jedoch zurückgedrängt; stattdessen traten NS-Organisationen wie das ‚Jungvolk‘ in Erscheinung.

Die Umwandlung der bisher üblichen Bekenntnisschulen in Gemeinschaftsschulen im Jahre 1939 beendete den Einfluß der Kirchen im schulischen Bereich. Damit verbunden war eine endgültige Verbannung des Faches Religion aus der Schule. Trotz einiger Proteste von Eltern und Lehrern verschwanden die Schulkreuze aus den Klassenzimmern. Ihren Platz nahmen die schon lange obligatorischen ‚Führerbilder‘ ein.

Als mit dem Angriff auf Polen 1939 der zweite Weltkrieg begann, hatte das für die Schulen ähnliche Auswirkungen wie zur Zeit des ersten Weltkrieges. Zunächst gab es schulfrei. Straff organisierte Materialsammlungen und Belegungen der Schulen mit Truppen ließen weiteren Unterricht ausfallen, ebenso durch das Einziehen vieler Lehrer an die Front. Fliegeralarme und Beschädigungen an den Gebäuden durch Bomben oder Beschuß führten in weiten Teilen der Eifel zur Einstellung des Schulbetriebes im Spätherbst 1944 oder Winter 1944/45. Schüler und verbliebene Lehrer mußten als ‚letztes Aufgebot‘ zu Schanzarbeiten an den Westwall ausrücken.

Der Neubeginn nach dem Ende des zweiten Weltkrieges gestaltete sich für die Schulen äußerst schwierig. Häufig waren die Gebäude stark beschädigt oder zerstört, und für die Reparaturen fehlten die nötigsten Materialien. Viele Lehrer hatten im zweiten Weltkrieg ihr Leben gelassen. Alle ehemaligen Parteimitglieder mußten sich einer Entnazifizierung unterziehen oder bekamen sogar Lehrverbot. Da die Schulbücher der NS-Zeit abgeliefert werden mußten, fehlte es auch an Materialien für den Unterricht. Die Militärbehörden der Besatzung griffen auf Bücher aus der Weimarer Zeit oder aus dem neutralen deutschsprachigen Ausland zurück.

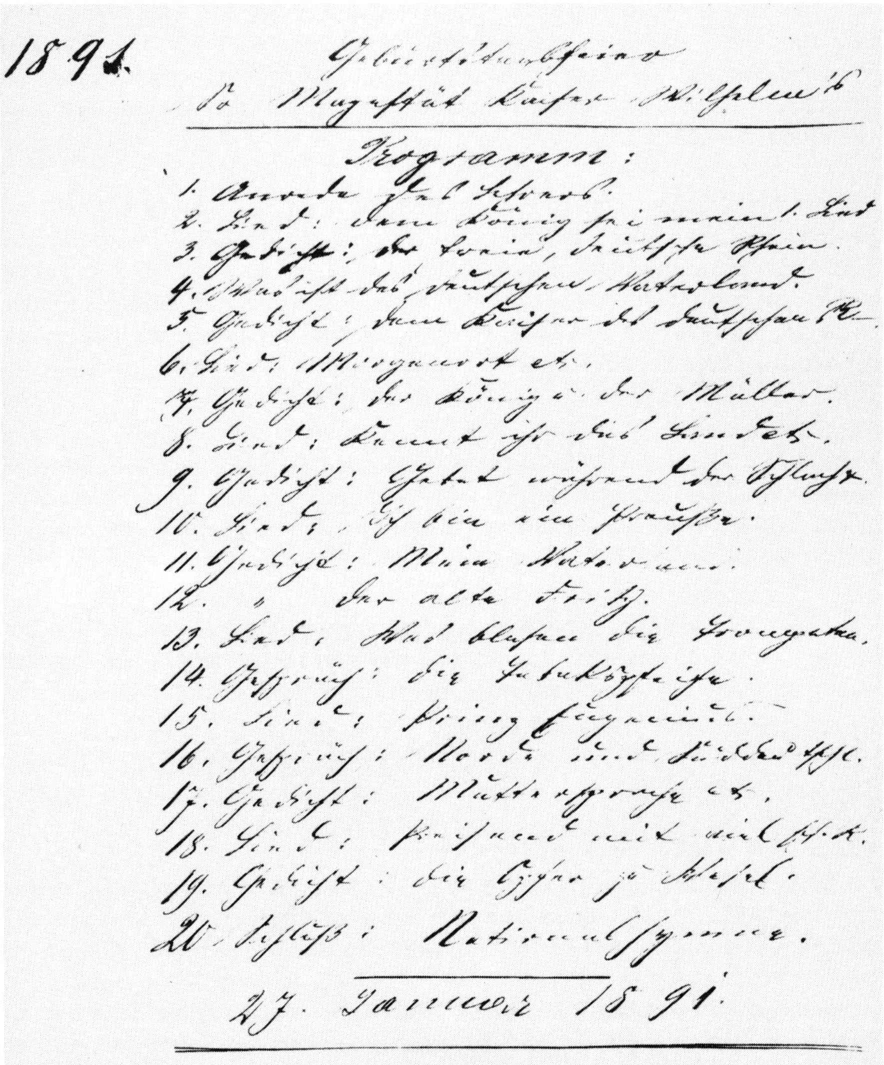

1891.

Geburtstagsfeier
So Majestät Kaiser Wilhelm's

Programm:

1. ...
2. Lied: Heil dir im Siegerkranz ...
3. Gedicht: ...
4. ...
5. Gedicht: ...
6. Lied: Margarethe etc.
7. Gedicht: ...
8. Lied: ...
9. Gedicht: ...
10. Lied: ...
11. Gedicht: ...
12. " ...
13. Lied: ...
14. ...
15. Lied: ...
16. ...
17. Gedicht: ...
18. Lied: ...
19. Gedicht: ...
20. Schluss: Nationalhymne.

27. Januar 18 91.

Abb. 243 Programm zur schulischen Kaisergeburtstagsfeier 1891 in Heimbach, Kreis Düren.

8.1 Ein Bild des deutschen Kaisers hing in jedem Klassenzimmer. Hier Kaiser Wilhelm II. (1888 − 1918).

Leihgabe:
Kreisheimatmuseum Bitburg.

8.2 Einladung zu einer schulischen Geburtstagsfeier für Kaiser Wilhlem II. im Jahre 1913 in Daun. Anzeige aus der „Eifel-Zeitung", Daun, 21. Januar 1913. (Abb. 111)

Original:
Kreisverwaltung Daun.

8.3 Programm der Geburtstagsfeier des Kaisers im Jahre 1891 in der Volksschule Heimbach, Kreis Düren. (Abb. 243)

Original:
Josef Hermes, Kall-Keldenich.

8.4 In keinem Liederbuch der Zeit fehlte die Hymne „Ich bin ein Preuße". Sie wurde zu allen politisch begründeten Schulfeiern gesungen. (Abb. 137)

Original:
Katharina Dederichs, Nettersheim-Pesch.

8.5 Typische Geschenke an die Schulkinder zu ‚Kaisers Geburtstag': ‚Kaiserweck', dünnes Bier und Andenkenbildchen mit nationalen Motiven.

Leihgaben:
Kreismuseum Blankenheim.

8.6 Umzug der Bernkasteler Schüler im Jahre 1911 mit ihren ‚Kaiserbrezeln', einer regionalen Sonderform des ‚Kaiserweck'. (Abb. 112)

Foto:
Bildarchiv Stadtverwaltung Bernkastel-Kues.

8.7 Festumzug zum ‚Sedantag' unter Beteiligung der Schuljugend in Kommern, Kreis Euskirchen, um 1910. (Abb. 114)

Foto:
Norbert Leduc, Morbach.

8.8 Die Schulkinder, die am Straßenrand Aufstellung nahmen, um Kaiser Wilhelm II. im November 1911 in Münstereifel, Kreis Euskirchen, zu begrüßen, wurden mit eigens angefertigten schwarz-weiß-roten Fähnchen mit dem Bild des Kaiserpaares ausgestattet. (Abb. 138)

Leihgabe:
Katharina Dederichs, Nettersheim-Pesch.

8.9 Besuch Kaiser Wilhelms II. am 20. November 1911 in Münstereifel, Kreis Euskirchen. Links haben die Jungen, rechts die Mädchen mit ihren Kaiserfähnchen Aufstellung genommen. (Abb. 139)

Foto:
Katharina Dederichs, Nettersheim-Pesch.

8.10 Sonderausgabe des „Bitburger Kreisblatt" vom 1. August 1914 mit der Bekanntmachung der Mobilmachung. (Abb. 171)

Original:
Kreisheimatmuseum Bitburg.

8.11 Die ‚Wehrertüchtigung' setzte schon im frühen Schulalter ein. Jungen aus Hellenthal, Kreis Euskirchen, beim ‚Soldatspielen', um 1915/16. (Abb. 173)

Foto:
Hermann Klinkhammer, Hellenthal.

8.12 Einschränkung des Stundenplans durch den Kriegsdienst der Lehrer am Beispiel der Westschule Euskirchen, Frühjahr 1917.

Grafik:
Rosemarie Breuer, Langerwehe.

8.13 Schüler und Lehrer aus Kall, Kreis Euskirchen, beim Laubsammeln für die Armee im Jahre 1917. (Abb. 176)

Foto:
Bildarchiv Gemeinde Kall.

8.14 Von den abgeernteten Feldern wurden durch die Schulkinder Ähren aufgelesen, um nichts verkommen zu lassen. Schulklasse aus Weibern, Kreis Ahrweiler, im Jahre 1916. (Abb. 177)

Foto:
Heimatfreunde Kempenich.

8.15 Je größer die Versorgungsengpässe auf allen Gebieten wurden, umso umfangreicher wurden die Schulkinder zu Sammelaktionen eingesetzt. Zusammenstellung der im Bereich der Volksschule Dahlem, Kreis Euskirchen, durchgeführten Sammlungen im November 1917.

Grafik:
Rosemarie Breuer, Langerwehe.

8.16 Beginn der Besatzungszeit nach dem Ende des ersten Weltkrieges: Einzug der I. Division der 3. amerikanischen Armee am 1. Dezember 1918 in Trier. (Abb. 178)

Foto:
Stadtarchiv Trier.

8.17 Die Not des von politischen Unruhen und wirtschaftlichem Chaos bestimmten Jahr 1923 spiegelt sich in Tauschanzeigen: entbehrliche ‚Luxus'güter gegen Kartoffeln. „Unterhaltungsblatt und Anzeiger für den Kreis Schleiden und Umgegend", 1923.

Original:
Kreisarchiv Euskirchen, Zeitungsbestand.

8.18 Mit Hilfe des Auslands wurden noch bis in die End-20er Jahre gelegentliche Schulspeisungen durchgeführt. Foto aus Prüm, 1927. (Abb. 244)

Repro:
Kreisbildstelle Euskirchen, Kall.

8.19 Aus Anlaß der endgültigen Räumung des Rheinlandes von der französischen Besatzung wurde in Monschau, Kreis Aachen, eine Befreiungsfeier mit anschließendem Festzug veranstaltet, an dem die Schulkinder mit weiß-roten Stadtfähnchen und schwarz-weiß-roten Preußenfähnchen teilnahmen. (Abb. 140)

Foto:
Pejo Weiß, Monschau.

8.20 Zur Schulentlassung erhielten die 14Jährigen je ein Exemplar der Weimarer Verfassung von 1919 geschenkt. (Abb. 181)

Leihgabe:
Volkskunde- und Freilichtmuseum Roscheider Hof, Konz.

8.21 Der Übergang von der Weimarer Zeit in den ‚Führerstaat' dokumentiert sich in diesem Klassenfoto aus Rescheid, Kreis Euskirchen, von 1934: Abschied vom verstorbenen Reichspräsidenten Paul von Hindenburg. Das ‚Führerbild' hängt schon. (Abb. 182)

Abb. 244   Schulspeisung 1927 in Prüm.

Foto:
Josef Pützer, Hellenthal-Giescheid.

8.22   In kleinen, einklassigen Schulen reichte zur Übertragung von Reden der nationalso-
        zialistischen Führer und Propagandasendungen schon ein etwas größerer Volksemp-
        fänger. Schule Waldorf, Kreis Euskirchen, im Jahre 1939. (Abb. 183)

        Foto:
        Annemie Reetz, Simmerath-Rurberg.
        Leihgabe:
        Kreismuseum Blankenheim.

8.23   Die nationalsozialistische Weltanschauung sollte vor allem über die Schulen an die
        Jugend herangetragen werden. Schulbücher und Jugendschriften stellten ein wichtiges
        Transportmittel der Ideologie dar.

        Leihgaben:
        Hans Kebeck, Schleiden-Harperscheid.
        Johanna Merzenich, Nettersheim-Zingsheim.
        Schulmuseum Hauptschule Mülheim-Kärlich.
        Museum Prüm.

8.24   Die Einbindung der Kinder in nationalsozialistische Organisationen begann schon vor
        dem 10. Lebensjahr mit dem Angebot von ‚Spielschar'-Aktivitäten. Kinderspielschar
        auf dem Schulhof der Volksschule Wintersdorf, Kreis Trier-Saarburg, 1936. (Abb.
        188)

        Foto:
        Bodo Bölkow, Dahlem-Schmidtheim.

8.25   Mit 10 Jahren wurden die Jungen ins ‚Jungvolk', die Mädchen in ‚Jungmädel'-Grup-
        pen aufgenommen, die erste Stufe des ‚Bund Deutscher Mädel' (BDM). Flöten- und
        Gitarrengruppe der ‚Jungmädel', 1935. (Abb. 190)

Abb. 245 Aufmarsch der Hitlerjugend 1937 am Moselufer in Bernkastel-Kues.

Foto:
Margot Harig, Wasserliesch.

8.26 Nach der Schulentlassung erfolgte die Aufnahme der Mädchen in den BDM, der Jungen in die ‚Hitlerjugend' (HJ). Hitlerjungen bei einem Aufmarsch am Moselufer in Bernkastel-Kues, 1937. (Abb. 245)

Foto:
Hans Hoffmann, Bernkastel-Kues.

8.27 Ein profanes Gegenstück zum kirchlichen Erntedankfest bildeten ab 1934 von der NS-Bauernschaft organisierte Erntezüge, an denen sich auch die Schulen beteiligten. Erntewagen aus Ersdorf, Rhein-Sieg-Kreis, 1934. (Abb. 246)

Foto:
Manfred Schaefer, Wachtberg-Adendorf.

8.28 Gedenkfeier zum 10. Mai 1940, dem Tag der Wiedereingliederung der Kreise Eupen und Malmedy ins deutsche Reich, in St. Vith mit Darbietungen der Jungvolkorganisation von HJ und BDM. (Abb. 202)

Repro:
Kreisbildstelle Euskirchen, Kall.

8.29 Mit Rundschreiben vom 11. August 1937 untersagte das Schulamt des Kreises Euskirchen die Erteilung des Religionsunterrichtes durch die Ortsgeistlichen in den Volksschulen. (Abb. 185)

Original:
Hauptschule Zülpich.

8.30 Vorformuliertes Protestschreiben der deutschen Bischöfe gegen die Einführung der ‚Deutschen Volksschule' vom April 1939. Es sollte durch die Pfarrer von der Kanzel verlesen und namens der Gemeinden unterzeichnet werden. (Abb. 187)

312

Original:
Archiv des Erzbistums Köln.

8.31 Vor der nationalsozialistischen Machtergreifung: Das Kreuz hing in allen Klassenräumen im Blickfeld der Schüler. (Abb. 184)

Foto:
Margot Harig, Wasserliesch.

8.32 Nach 1937: Das Schulkreuz mußte entfernt werden, damit das Bild Adolf Hitlers an seine Stelle rücken konnte. (Abb. 186)

Foto:
Norbert Leduc, Morbach.

8.33 Gautagung des Nationalsozialistischen Lehrer-Bundes (NSLB), Gau Moselland, am 3. Juli 1937 in Trier. „Nationalblatt", Trier, 1937. (Abb. 192)

Foto:
Stadtbibliothek Trier, Zeitungsbestand.

8.34 Das Organ der Lehrer-Organisation NSLB: „Mitteilungsblatt des NSLB, Gauverwaltung Moselland" vom März 1942 mit einer Besprechung der neu erschienenen „Westmarkfibel" für das erste Schuljahr.

Leihgabe:
Museum Prüm.

8.35 Schüler der Volksschule Katzwinkel, Kreis Daun, mit Soldaten der deutschen Wehrmacht als Einquartierung, 1939. (Abb. 193)

Abb. 246   Erntezug 1934 in Ersdorf, Rhein-Sieg-Kreis.

Foto:
Franz Josef Ferber, Daun.

8.36 Der Zwang zur Einsparung machte auch vor Bleistiften für die Schule nicht halt. Anzeige der Firma Faber Castell zum Verzicht auf farbige Lackierung der Holzteile. (Abb. 247)

Original:
Volkskunde- und Freilichtmuseum Roscheider Hof, Konz.

8.37 Zusammenstellung der Ergebnisse der Kräuter- und Materialsammlungen der Volksschule Oberöfflingen, Kreis Bernkastel-Wittlich, 1943.

Grafik:
Rosemarie Breuer, Langerwehe.

8.38 Im Herbst 1944 wurde im Westen durch das Näherrücken der Front ein regelmäßiger Schulunterricht unmöglich. In Lövenich, Kreis Euskirchen, versuchte man, in Privathäusern einen Notunterricht weiterzuführen. (Abb. 195)

Original:
Hauptschule Zülpich.

8.39 Die letzte Kriegseinschulung: Erstklässlerinnen im Sommer 1944 in Euskirchen. (Abb. 130)

Foto:
Peter Jakob Klein, Euskirchen.

Seien Sie nicht ungehalten, wenn Sie Zeichenstifte in der bekannten castell-grünen Politur nicht mehr kaufen können. Heute erfüllt auch ein nichtpolierter CASTELL-Stift seinen Zweck. Farbe und Lack finden für kriegswichtige Dinge Verwendung.

A.W. FABER-CASTELL

Abb. 247 Anzeige der Firma Faber-Castell zum Verzicht auf Farbpolitur, um 1940.

Abb. 248 Schulspeisung in Broich, Kreis Euskirchen, nach dem zweiten Weltkrieg.

8.40 Durch Granateinschläge stark beschädigte Volksschule von Bleialf, Kreis Bitburg-Prüm. (Abb. 196)

Foto:
Georg Michaelis, Bad Bevensen.

8.41 Todesanzeigen gefallener Lehrer aus dem Gau Moselland. Titelseite des „Mitteilungsblatt des NSLB, Gauverwaltung Moselland" vom Dezember 1942. (Abb. 197)

Original:
Museum Prüm.

8.42 Erklärung einer Euskirchener Lehrerin vom 25. September 1945 gegenüber der britischen Militärbehörde, daß ihr Unterricht frei von nationalsozialistischen oder militaristischen Inhalten vonstatten gehen wird.

Leihgabe:
Kreisarchiv Euskirchen, Best. EU II, Akte 1072.

8.43 Bekanntmachung der französischen Militärregierung vom Sommer 1945 zur Ablieferung aller Medien nationalsozialistischer Prägung. Darunter fielen sämtliche Schulbücher. (Abb. 198)

Original:
Verbandsgemeindearchiv Kyllburg, Akte 125/02.

8.44 Zwangsweise Pensionierung eines in der NSDAP aktiv gewesenen Volksschullehrers aus Weisweiler, Kreis Aachen, vom 4. Juni 1946.

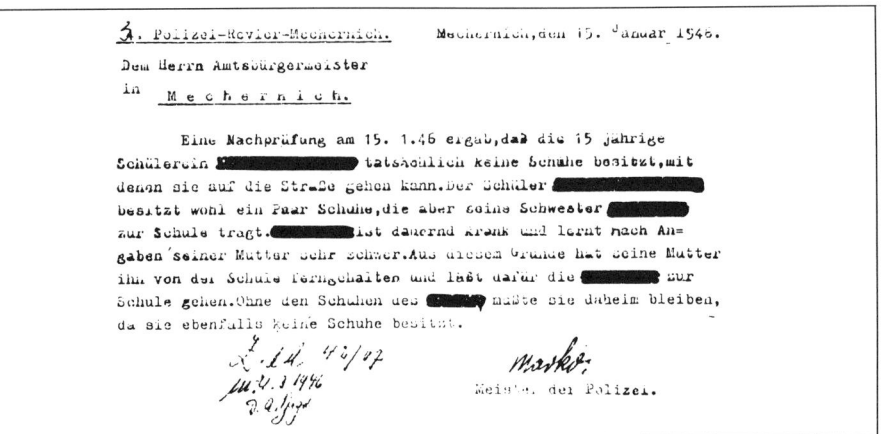

Abb. 249 Zwei Geschwister können nicht zur Schule kommen, da sie keine Schuhe besitzen. Volksschule Roggendorf, Kreis Euskirchen, 1946.

Original:
Gemeindearchiv Langerwehe, Akte 200-02 P.

8.45 Handschriftliche Unterrichtsvorbereitungen eines Lehrers aus dem Maifeld von 1946.

Leihgabe:
Schulmuseum Hauptschule Mülheim-Kärlich.

8.46 Die Schulbücher der ersten Nachkriegsjahre waren entweder aus dem neutralen deutschsprachigen Ausland übernommen oder Nachdrucke von Ausgaben vor 1933. Erst ab 1949 erschienen wieder Schulbücher nach geltenden Richtlinien der Kultusminister der neuen Bundesländer.

Leihgaben:
Klaus Ring, Blankenheim-Waldorf.

8.47 Bericht der Polizeistation Mechernich, Kreis Euskirchen, an den Amtsbürgermeister vom 15. Januar 1946, daß zwei Schüler deshalb nicht zur Schule kommen können, weil sie keine Schuhe besitzen. (Abb. 249)

Original:
Stadtarchiv Mechernich, Best. Mechernich, Akte 21–31.

8.48 Schulspeisung in der Volksschule von Broich, Kreis Euskirchen. (Abb. 248)

Foto:
Kreismuseum Blankenheim.

8.49 Einkochtopf, Schöpfkelle und Schemel zur Ausgabe der Schulspeisung.

Leihgaben:
Volkskunde- und Freilichtmuseum Roscheider Hof, Konz.

8.50 Speiseplan für die Schulspeisung in Nordrhein-Westfalen, Monat Februar 1948.

Original:
Stadtarchiv Euskirchen, Best. EU IV, Akte 1426.

9. Das Ende der Volksschule

Veränderte Lebensverhältnisse machten in den 60er Jahren eine Neustrukturierung der Schulen erforderlich. In größeren Systemen sollte beispielsweise durch das Fachlehrersystem wissenschaftlicher gearbeitet werden, um die Schüler besser auf das Berufsleben vorzubereiten. Nach der Reform des Schulwesens 1964 — 1966 gliederte sich die Schule in die für alle Schüler gemeinsame Grundschule (1. — 4. Klasse) und die Hauptschule (5. — 9. Klasse).

Das war das Ende der wenig oder gar nicht gegliederten Volksschulen auf dem Lande, in denen Lehrer alle Fächer unterrichteten. Die Schulgebäude gingen in Privatbesitz über, dienten gewerblichen Zwecken oder wurden in Gemeinde- oder Bürgerhäuser umfunktioniert. Einschneidender für die Dörfer war die Änderung der Unterrichtsinhalte. Heimatkundliche Aspekte und Brauchtumspflege, bisher zentrale Themen des Unterrichts, wurden zurückgedrängt. Damit ging die Beteiligung der Schüler und Lehrer an Festen und Feiern im Dorf zurück. Auch war der Lehrer, der häufig Kulturträger gewesen war, nicht mehr länger durch Residenzpflicht an den Schulort gebunden.

Äußerlich zeigte sich der Wandel durch den Bau von Schulzentren mit oft konfektionierten Gebäuden aus vorgefertigten Elementen. Für die Schüler bedeutete der Umzug in Mittelpunktschulen zunächst einen weiteren Schulweg, der Schulbusse erforderlich machte. Durch ihre Ausstattung mit Physik-, Chemie-, Musikraum und Sprachlabor und ein differenziertes Kursangebot in der Hauptschule konnten die Mittelpunktschulen ihren Schülern allerdings mehr bieten als die herkömmliche Volksschule. Ihre Ära ging nach 150 Jahren zunächst sang- und klanglos zu Ende.

9.1 Die alte Volksschule von Katzwinkel, Kreis Daun, die 1965 aufgelöst wurde. (Abb. 83)
Foto:
Franz Josef Ferber, Daun.

9.2 Die nach der Schulreform neu errichtete Hauptschule in Nachtsheim, Kreis Mayen-Koblenz, bezogen 1968. (Abb. 212)
Foto:
Hauptschule Nachtsheim.

9.3 Umzug der Schüler von der alten zur neuen Hauptschule Jünkerath, Kreis Daun, im Jahre 1968. Nach Jahren drangvoller Enge endlich ein neues Schulgebäude! (Abb. 211)
Foto:
Edith Lorse, Glaadt.

9.4 Erste Erfahrungen als Fahrschüler: Kinder aus Kyllburgweiler, Kreis Bitburg-Prüm, im Jahre 1966 am Schulbus. (Abb. 213)
Repro:
Kreisbildstelle Euskirchen, Kall.

Autorenverzeichnis

Annekethe Barthel
Nöthener Str. 6
5376 Nettersheim-Pesch

Elisabeth Benning
Stadtarchiv Euskirchen
Kölner Str. 75
5350 Euskirchen

Markus Berberich M.A.
Freilichtmuseum Roscheider Hof
Postfach
5503 Konz

Bernd Blumenthal
Freilichtmuseum Hessenpark
Laubweg
6392 Neu-Anspach

Margitta Breuel
Kreismuseum Blankenheim
Ahrstraße 57
5378 Blankenheim

Franz Josef Faas
Museum Prüm
Hahnstraße 17
5540 Prüm

Franz Josef Ferber
Kreisverwaltung Daun
Postfach
5568 Daun

Matthias Görgen
Grundschule Oberscheidweiler
Reitersweg
5569 Mehren

Rita Hupp-Schneider
Gemeinde Nettersheim
Postfach
5376 Nettersheim-Zingsheim

Hubert Jenniges
Belgischer Rundfunk
Haagdoornenlaan 13
B-1950 Kraainem

Carlo Lejeune M.A.
Hünningen 80
B-4760 Büllingen

Klaus Ring
Kreismuseum Blankenheim
Ahrstraße 57
5378 Blankenheim

Anmerkungen

**Mönche, Frühmesser, Wanderlehrer —
Die Entwicklung des Eifeler Schulwesens bis 1825**

Hubert Jenniges

1) Schiffers, H., 1927, S. 124.
2) Rausch, J., S. 546 f.
3) Schiffers, H., 1927, S. 124.
4) Faas, F.J., 1986, S. 24.
5) Bürgerverein Müsch (Hrsg.), 1976, S. 150.
6) Aschenbroich, M., S. 149.
7) Martinschule Euskirchen (Hrsg.), 1984, S. 12.
8) Courts, G., 1976, S. 52.
9) Roggendorf, H., 1929, S. 107 f.
10) Becker, J., 1893, S. 64 f.
11) Kaufmann, K.L., 1926, S. 86.
12) Giermann, E., 1975, S. 188.
13) Heinen, G., 1896, S. 257 ff.
14) Hecking, A., 1875, S. 104 ff.
15) Leduc, N., 1981, S. 182.
16) Faas, F.J., 1986, S. 24.
17) Jenniges, H., 1989, S. 24 f.
18) Thömmes, M., 1987, S. 41.
19) Bölkow, B., 1988, S. 401 f.
20) Pfarrarchiv Manderfeld/B, Akten Krewinkel.
21) Guthausen, K./Schmitz, J./Zimmers, P., 1967, S. 76.
22) Becker, K.E., 1977, S. 130.
23) Ortmanns, A., 1904, S. 219 ff.
24) zit. n. Kaufmann, K.L., 1961, S. 76 f.
25) Zimmermann, W., 1963, S. 13.
26) Schiffer, H.P., 1975, S. 107.

Giebel, Gauben, Klassenzimmer — Epochen Eifeler Schulhausarchitektur

Elisabeth Benning

1) Gerten, E./Heinz, E., 1982, S. 106.
2) Gemeinde Lommersum (Hrsg.), 1959, S. 211.
3) Henkel, K., 1986, S. 270.
4) Stadtarchiv Euskirchen, Best. EU I, Nr. 693.
5) Hähnel, J., 1983, S. 124 f.
6) Hürten, T., 1969, S. 180.

7) Zimmermann, W., 1963, S. 17 ff.
8) Schäfer, J., 1984, S. 12 ff.
9) Herzog, H./Nußbaum, N. (Bearb.), 1988, S. 168.
10) in ganzer Höhe vorspringendes Bauteil.
11) Bungartz, H., 1983, S. 139.
12) Koch, H. (Hrsg.), 1968, S. 319 ff.
13) Bestimmungen betreffend Bau und Einrichtung ländlicher Volksschulhäuser in Preußen nach dem Ministerialerlaß vom 15. 11. 1895 (Stadtarchiv Euskirchen).
14) Bestimmungen betreffend Bau und Einrichtung ländlicher Volksschulhäuser in Preußen nach dem Ministerialerlaß vom 15. 11. 1985 (Stadtarchiv Euskirchen).
15) Eckart, W., 1988, S. 54 ff.
16) Guthausen, K., 1976, S. 29.
17) Krings, K., 1981, S. 62.
18) zit. n. Brandenburg, F.-J. (Hrsg.), 1983, S. 21 f.
19) Regierung Köln, Abt. für Kirchen- und Schulwesen, Köln, 14. 3. 1922 (Stadtarchiv Euskirchen, Best. EU III, Nr. 305).
20) Verfügung des Ministers für öffentliche Arbeiten, Berlin, 18. 9. 1918 (Stadtarchiv Euskirchen, Best. EU III, Nr. 305).
21) Krings, A. (Hrsg.), 1986, S. 104, 106.
22) Bölkow, B., 1988, S. 410.
23) Büchel, J., 1975, S. 185.
24) Glauben, P., 1982, S. 76.
25) Glauben, P., 1982, S. 76.
26) Hilger, H., 1983, S. 104 f.
27) Das neue Schulhaus. Ergebnisse der Tagung in Fredeburg, 17.—21. 6. 1949. Druckschrift (Stadtarchiv Euskirchen, Best. EU IV, Nr. 1743).
28) Akte „Bau der Südschule Euskirchen" (Stadtarchiv Euskirchen, Best. EU IV, Nr. 1743).

Hungerleider, Bildungsträger, Respektspersonen — Stationen der Entwicklung des Lehrerstandes

Franz Josef Faas

1) Schröder, I., 1984, S. 44.
2) Orts- und Schulchronik Waxweiler (Privatbesitz, Prüm).
3) Schaaf, E., 1977, S. 95.
4) Christoffel, E., 1975, S. 159 ff.
5) Kaufmann, K.L., 1926, S. 88 ff.
6) Sauer, M., 1987, S. 76.
7) Schaaf, E., 1977, S. 97.
8) Sauer, M. 1987, S. 170 ff.
9) Sauer, M., 1987, S. 138 f.
10) Festschrift Prüm, 1926, S. 31.
11) Schaaf, E., 1977, S. 98.
12) Christoffel, E., 1977, S. 163.
13) Neukircher, A., 1987, S. 208.
14) Jodocus (= Meyer, J.), 1984, S. 157 ff.
15) Becker, K.E., 1977, S. 127.
16) Kaufmann, K.L., 1926, S. 90 f.
17) Hähnel, J./Link, R./Militzer-Schwenger, L./Zippelius, A., 1979, S. 205.
18) Bölkow, B., 1988, S. 407.
19) Christoffel, E., 1975, S. 154.
20) Kaufmann, K.L., 1961, S. 210.
21) Faas, F.J., 1973, S. 57.
22) Kaufmann, K.L., 1961, S. 211 f.

23) Becker, K.E., 1977, S. 128.
24) Büchel, J., 1975, S. 184. — Orts- und Schulchronik Waxweiler (Privatbesitz, Prüm).
25) Christoffel, E., 1975, S. 154.
26) Paasch, L., 1970, S. 27.
27) Rosenthal, G., 1987, S. 160.
28) Christoffel, E., 1975, S. 263.
29) Für den Kreis Neuerburg existierte eine eigene Kreisschulinspektion. Angaben über die Verteilung in den 81 Schulen des Kreises Daun fehlen.
30) Faas, F.J., 1986, S. 105.
31) Faas, F.J., 1986, S. 196.
32) Christoffel, E., 1977, S. 85.
33) Christoffel, E., 1977, S. 202 f.
34) Hilger, H., 1983, S. 104.
35) Schiffer, H.P., 1984, S. 101 f.
36) Bauer, H., 1978, S. 75 f.
37) Brandenburg, F.-J. (Hrsg.), 1983, S. 23.
38) Milz, F., 1962, S. 190.
39) Milz, F., 1962, S. 191.
40) Bauer, H., 1978, S. 72.
41) Unterhaltungsblatt und Anzeiger für den Kreis Schleiden, 30. 10. 1904 (Kreisarchiv Euskirchen, Zeitungsarchiv).
42) Christoffel, E., 1975, S. 220.
43) Christoffel, E., 1977, S. 25.

Joppe, Schürze, Nagelschuhe —
Das Erscheinungsbild des Volksschülers in der Eifel

Margitta Breuel

1) Wrede, A., 1924, S. 57.
2) Wrede, A., 1924, S. 58.
3) Janssen, J., 1929, S. 70.
4) Wrede, A., 1960, S. 108.
5) Wrede, A., 1960, S. 108.
6) Reuter, J., 1976, S. 199.
7) Steinröx, H., 1977, S. 118.
8) Schachtner, S., 1988, S. 35.
9) Manheller, W./Mertes, E., 1987, S. 145 f.
10) Mönckemeyer, K., 1988, S. 131.
11) Bahnschulte, G., 1989, S. 46 ff.
12) Weiß, P.J., 1980, S. 217.
13) Weber, P., 1984, S. 169.
14) Weber, P., 1984, S. 179 f.
15) Spohn, J., 1985, S. 117.
16) Dreiser, G., 1984, S. 74.
17) Steinröx, H., 1977, S. 110.
18) Spohn, J., 1985, S. 121.
19) Spohn, J., 1985, S. 122.
20) Gespräch mit Anni Trapp, Blankenheim, Mai 1989.
21) Brandenburg, F.-J. (Hrsg.), 1983, S. 21.
22) Brandenburg, F.-J. (Hrsg.), 1983, S. 21.
23) Gespräch mit Hans-Hubert Knips, Bronsfeld, April 1989.
24) Gespräch mit Hans-Hubert Knips, Bronsfeld, April 1989.
25) Spohn, J., 1985, S. 132.
26) Michaelis, G., 1978, S. 5.

Fächer, Pausen, Stundenpläne —
Vom Schulalltag in der alten Eifeler Volksschule

Franz Josef Ferber

1) Christoffel, E., 1975, S. 131.
2) Christoffel, E., 1975, S. 144.
3) Christoffel, E., 1975, S. 148 f.
4) Jung, H., 1974, S. 146 ff.
5) Christoffel, E., 1975, S. 251.
6) Christoffel, E., 1975, S. 234.
7) Balcke, G., 1984, S. 93 ff.
8) Hähnel, J./Link, R./Militzer-Schwenger, L./Zippelius, A., 1979, S. 206 ff.
9) Arntz, H.D., 1973, S. 75 f.
10) Koch, H. (Hrsg.), 1968, S. 319.
11) Künster, K., 1967, S. 289.
12) Kolvenbach, W., 1962, S. 35 f.
13) Kolvenbach, W., 1962, S. 40.
14) Ring, K. (Bearb.), 1988, S. 174 f.
15) Martinschule Euskirchen (Hrsg.), 1984, S. 17.
16) Bahnschulte, G., 1989, S. 46 ff.
17) Becker, G., 1979, S. 77.
18) Christoffel, E., 1975, S. 179 f.
19) Henkel, K., 1986, S. 271, 273.
20) Jodocus (= Meyer, J.), 1984, S. 108 f.
21) Christoffel, E., 1975, S. 244.
22) Christoffel, E., 1975, S. 251.
23) Blindert, W., 1980, S. 16.
24) Haskamp, G., 1967, S. 173.
25) Christoffel, E., 1975, S. 149.
26) Kaufmann, K.L., 1961, S. 212 f.
27) Chronik der Volksschule Zingsheim (Gemeindearchiv Nettersheim).
28) Ring, K. (Bearb.), 1989, S. 89.
29) Hilgers, G., 1986, S. 73.
30) Groß, A., 1984, S. 131.
31) Chronik der Volksschule Nettersheim (Gemeindearchiv Nettersheim).
32) Chronik der Volksschule Bleibuir (Privatbesitz, Bleibuir).
33) Chronik der Volksschule Bleibuir (Privatbesitz, Bleibuir).
34) „4. 3. 25. Auf Antrag des Schulrates stellte die Gemeinde Lebertran zur Verfügung, der von den Lehrpersonen an die skrofulösen Kinder verabreicht wird." — Chronik der Volksschule Nettersheim (Gemeindearchiv Nettersheim). — Skrofulose ist eine tuberkulöse Reaktion mit Schwellungen der Lymphknoten.
35) Kolvenbach, W., 1962, S. 39.
36) Martinschule Euskirchen (Hrsg.), 1984, S. 15.
37) Doepgen, P., 1929, S. 23.
38) Steinröx, H., 1988, S. 48.
39) Barthel, A., 1988, S. 226 f.

Lehrpläne, Zeugnisse, Ferienzeiten — Der Jahresrhythmus im Schuljahr

Rita Hupp-Schneider

1) Amtsblatt der Königlichen Regierung zu Aachen, No. 107: Haltung der Sommerschule, K.c.N. 1022, Köln, 26. 3. 1817, S. 122 (Kreisarchiv Euskirchen, Sammlung der Amtsblätter).

2) Kaufmann, K.L., 1926, S. 30.

3) Weber-Kellermann, I., 1987, S. 103.

4) Scheibe, W. (Hrsg.), 1974, Bd. 2, S. 149.

5) Für den gesamten Regierungsbezirk Aachen werden folgende Prozentsätze von Kindern ohne Schulbesuch errechnet: 1816: 71%; 1819: 54%; 1828: 37%; 1834: 27%. Dabei wird der fünfte Teil der Bevölkerung als schulpflichtig angenommen. — Apel, H.J./ Klöcker, M., 1986, S. 66.

6) Zimmermann, W., 1963, S. 285. — Daß die tatsächliche Durchführung erheblichen wirtschaftlichen Schwierigkeiten begegnete, beweisen Verordnungen, die auf die landwirtschaftlichen Verhältnisse abgestellt waren: „Wenigstens müssen, wenn auch den erwachsenen Kindern, deren Alter und Kräfte sie zur Unterstützung ihrer Eltern, bei Feld- und Gartenarbeiten tüchtig machen, in dieser Zeit eine längere Abwesenheit aus der Schule zu gestatten und ihnen etwa durch Sonntags- oder Abendunterricht nachzuhelfen ist, doch die jüngeren und schwächeren Kinder einen ununterbrochenen Unterricht genießen, um bei Zeiten eine hinreichende Masse von Vorkenntnissen zu sammeln, die es bei fortschreitendem Alter um so eher möglich machen, ihnen eine größere Unterbrechung zu gestatten." — Amtsblatt der Königlichen Regierung zu Aachen, No. 107: Haltung der Sommerschule, K.c.N. 1022, Köln, 26. 3. 1817, S. 122. (Kreisarchiv Euskirchen, Sammlung der Amtsblätter).

7) Scheibe, W. (Hrsg.), 1974, Bd. 2, S. 149, S. 7.

8) Unterhaltungsblatt und Anzeiger für den Kreis Schleiden, 1848. (Kreisarchiv Euskirchen, Zeitungsarchiv). Vgl. hierzu auch: Schmitz, J.H. (Hrsg.), 1845.

9) Apel, H.J./Klöcker, M. (1986), S. 93.

10) Scheibe, W. (Hrsg.), 1974, Bd. 2, S. 156.

11) Schulakten, Gemeindearchiv Nettersheim.

12) Schulakten, Gemeindearchiv Nettersheim.

13) Scheibe, W. (Hrsg.), 1974, Bd. 2, S. 32.

14) vgl. dazu Ring, K. (Bearb.), 1988, S. 129. — Kreisschulinspektor Vandenesch, ebenfalls ein Geistlicher, konnte zum damaligen Zeitpunkt nur aufgrund einer kirchlichen Suspendierung im Amt bleiben.

15) Aufzeichnungen zu Lehrerkonferenzen von 1897, wie beispielsweise „In unseren einfachen Schulverhältnissen bleibt keine Zeit zu besonderem Anschauungsunterricht" sprechen eine deutliche Sprache. — Chronik der Volksschule Bleibuir (Privatbesitz, Bleibuir).

16) Königliche Regierung, Abteilung für Kirche und Schulwesen, Aachen, 28. 7. 1875 (Schulakten, Gemeindearchiv Nettersheim). — Im Nachmittagsunterricht wurden ansonsten die leichten Fächer wie Schönschreiben, Turnen oder Handarbeit erteilt.

17) Scheibe, W. (Hrsg.), 1974, Bd. 2, S. 36.

18) Scheibe, W. (Hrsg.), 1974, Bd. 2, S. 37.

19) Scheibe, W. (Hrsg.), 1974, Bd. 2, S. 38.

20) Überlegungen des Lehrers Giesen zum Tondorfer Lehrplan von 1877. Die Ausdrucksweise „größte Haufen" oder „niedergestellter Mann" gibt dessen Einschätzung der Landbevölkerung wider. — Schulakten, Gemeindearchiv Nettersheim.

21) Allgemeine Verfügung über Einrichtung, Aufgabe und Ziel der Preußischen Volksschule, 1872, Nr. 32: Geschichte. — Zit. n. Scheibe, W. (Hrsg.), 1974, Bd. 2, S. 41.

22) Verordnung zu den weiblichen Handarbeiten. — Königliche Regierung, Abteilung für Kirchen und Schulwesen, Aachen, 14. 6. 1889 (Schulakten, Gemeindearchiv Nettersheim).

23) „...Im Klassenzimmer sind Übungen auszuscheiden, durch die Staub aufgewirbelt wird. Übungen im Stehen und Liegen auf den Bänken sind zu vermeiden." — Verfügungen über den Unterricht ohne Geräte, Kreisschulinspektor Schleiden, 2. 7. 1910 (Schulakten, Gemeindearchiv Nettersheim).

24) ‚Gedanken zum Unterricht' des Generalgouverneurs der Rheinprovinz aus dem Jahr 1814. — Zit. n. Zimmermann, W., 1963, S. 37.

25) Diese Lesemethode, die offensichtlich noch immer in den Schulen anzutreffen war, wird in folgender Erzählung wirklichkeitsnah geschildert: „Das Lesenlernen war damals noch eine ungemein schwierige Kunst, deren Erlernung in der Schule nach der alten Methode jahrelang in Anspruch nahm und manchem, bei unregelmäßigem Schulbesuch war es fast die Regel, nie zu einiger Sicherheit gebracht wurde. Die Übung geschah in der Weise: es wurden Tabellen an Gerüsten, die an den Tischen befestigt waren, aufgestellt; je zwei oder drei Schüler hatten mit einem ‚Untergehülfen' als Lehrer, der einen Stock als Zeiger in der Hand hielt, eine zusammen. Zuerst eine Tabelle mit den Buchstaben; dann kamen Syllabiertabellen, a-b: ab, b-a usw.; endlich Tabellen mit Wörtern: a-p: ap, f-e-l: fel, Apfel. Hatte sich einer in ein, zwei Jahren, es konnten aber auch drei oder vier oder mehr werden, durch die Tabellen durchgearbeitet, dann kam er in den Katechismus, zuerst in den kleinen, hierauf den großen, um endlich die Frucht der Lesekunst zu genießen: Das Auswendiglernen . . ." — Paulsen, F.: Aus meinem Leben. Jugenderinnerungen, zit. n. Weber-Kellermann, I., 1987, S. 99.

26) ‚Ergebnisse der diesjährigen Hauptkonferenz der Lehrer des Kreises Schleiden vom 20. September 1897'. — Chronik der Volksschule Bleibuir (Privatbesitz, Bleibuir).

27) Anordnung des Königlichen Kreis-Schulinspektors Dr. Schaffrath, Schleiden, 7. 12. 1907: „Vom nächsten Schuljahr an sind nachstehende Gedichte . . . zu behandeln und auswendig zu lernen: 1. Gelübte, 2. Mein Vaterland (Das Land, wo meine Wiege stand), 3. Mein Vaterland (Treue Liebe bis zum Grab), 4. Lied der Deutschen (Deutschland, Deutschland), 5. Die Nationalhymne (Heil dir im Siegerkranz), 6. Preußenlied (Ich bin ein Preuße), 7. Die Wacht am Rhein (Es braust ein Ruf . . ." Es folgen noch weitere 22 Lieder und Gedichte, für alle drei Stufen des Unterrichts aufgelistet. — Daß das Memorieren in den ersten Jahren unseres Jahrhunderts gängige Praxis war, bestätigen die Aussagen von Zeitzeugen, wie beispielsweise: „Alles wurde auswendig gelernt; beim Katechismusunterricht lernten wir Fragen und Antworten auswendig." — Gespräch mit Karl Galuschka, geboren 1896, als Lehrer in Schlesien und in Hellenthal, Kreis Euskirchen, tätig gewesen, vom Februar 1989.

28) Scheibe, W., (Hrsg.), 1974, Bd. 2, S. 126.

29) „1893 . . . Die königliche Regierung ordnete mit Rücksicht auf die abnormen landwirtschaftlichen Verhältnisse in diesem Jahr 14 volle Ferientage für die Erntezeit an (Herbstferien sollen deshalb 21 Tage dauern). Die Ernteferien begannen am 24. Juli und dauerten bis Samstag, den 5. August." — Ring, K. (Bearb.), 1988, S. 37.

30) Empfehlung des Gemeinderates von Mülheim, Kreis Euskirchen, aus dem Jahre 1904, an den Schulvorstand. — Weißkopf, H. (Hrsg.), 1987, S. 142.

31) Bis zum Dreikaiserjahr 1888 war der 22. März, der Geburtstag Wilhelms I., und danach der 27. Januar, der Geburtstag Wilhelms II., feierlicher Gedenktag.

32) Ernst, H., 1970, S. 134.

33) Büchel, J., 1975, S. 185.

34) Büchel, J., 1975, S. 183.

35) Eintrag zum Jahr 1924. — Chronik der Volksschule Zingsheim (Gemeindearchiv Nettersheim).

36) Bresgen, P., 1986, S. 274.

37) „Die Rundverfügung vom 16. Juni 1855 (I 144 107) wird, soweit sie den Unterrichtsausfall in den Fastnachtstagen betrifft, hiermit aufgehoben, so daß also von nun ab grundsätzlich an allen Schulen an den Fastnachtstagen Unterricht stattzufinden hat. Es bleibt jedoch Ihrem Ermessen überlassen, auf besonders begründeten Antrag in einzelnen städtischen Gemeinden oder ländlichen Vororten an einem oder an beiden Fastnachtstagen den Nachmittagsunterricht ausfallen zu lassen. Der Ausfall ist dann auf die Osterferien anzurechnen. Der Bürgermeister und die Schulvorstände sind zu benachrichtigen." — Königliche Regierung, Abteilung für Kirchen und Schulwesen, Aachen, 30. 11. 1894 (Schulakten, Gemeindearchiv Nettersheim).

38) In Frohngau, Kreis Euskirchen, pflegt man den Brauch fast unverändert wie vor 150 Jahren.

39) Lonien, Th., 1976, S. 177 ff.
40) Ring, K. (Bearb.), 1988, S. 37.
41) Eifler Volkswacht. Unterhaltungsblatt und Anzeiger für den Kreis Schleiden, 23. 11. 1928, in: Chronik der Volksschule Nettersheim (Gemeindearchiv Nettersheim).
42) Der Brauch der Martinsgans hat keine direkte Beziehung zum Leben und Wirken des heiligen Martin. Daß das Geschnatter von Gänsen den heiligen Mann verraten haben soll, als er sich der Wahl zum Bischof entziehen wollte, ist eine Legende und soll seine Bescheidenheit unterstreichen.
43) „4. 12. 31 fand eine eindrucksvolle Nikolausfeier in der Schule statt. St. Nikolaus und Knecht Ruprecht erschienen höchstpersönlich etwa zwei Stunden lang bei den Kindern. Am Schluß teilte St. Nikolaus (Herr Heinz Z.) seine Gaben aus." — Chronik der Volksschule Zingsheim (Gemeindearchiv Nettersheim).
44) Königliche Regierung, Abteilung für Kirchen und Schulwesen, Aachen, 6. 12. 1889, No. 4251 (Schulakten, Gemeindearchiv Nettersheim).

Feste, Feiern, Freudentage — Die besonderen Ereignisse eines Schülerlebens

Annekethe Barthel

1) Schreiben des Kreisschulinspektors Vandenesch, betr. die Einrichtung der Schulchronik, Schleiden, 17. 2. 1885. Vandenesch bezieht sich hier auf eine Verfügung vom 19. Dezember 1873 (Schulakten, Gemeindearchiv Nettersheim).
2) Erst ab 1873 durfte ein schulpflichtiges Kind nach Gewerbeordnungen nicht mehr in der Fabrik arbeiten. Bis dahin waren Regelungen getroffen, die Arbeit und Schule zu kombinieren suchten, was aber allein auf Kosten der Kinder ging.
3) Verfügung des Schleidener Königl. Landrats von Harff vom 15. 4. 1876 über die einmalige Aufnahme und zweimalige Entlassung der Kinder (Schulakten, Gemeindearchiv Nettersheim).
4) Chronik der Volksschule Blankenheimerdorf (Hauptschule Blankenheim).
5) Chronik der Volksschule Bleibuir (Privatbesitz, Bleibuir).
6) Martinschule Euskirchen (Hrsg.), 1984, S. 40.
7) Martinschule Euskirchen (Hrsg.), 1984, S. 40.
8) Schulakten, Gemeindearchiv Blankenheim. — Milz, F., 1962, S. 191.
9) Spranger, E., 1949, S. 51.
10) Kaufmann, K.L., 1926, S. 87.
11) Kaufmann, K.L., 1927, S. 115.
12) Sandknop, K., o.S.
13) Ernst, H., 1970, S. 139.
14) Hanf, W., 1982, S. 194.
15) Ring, K. (Bearb.), 1988, S. 14 f.
16) ‚Allgemeine Dienstinstruction für Landschullehrer' von 1822, zit. n. Scheibe, W. (Hrsg.), 1974, Bd. 3, S. 11.
17) ‚Allgemeine Verfügungen über Einrichtung, Aufgabe und Ziel der preußischen Volksschule' von 1872, zit. n. Scheibe, W. (Hrsg.), 1974, Bd. 3, S. 23.
18) Chronik der Volksschule Bleibuir (Privatbesitz, Bleibuir).
19) Hecker, H., 1951, o.S.
20) Kölnische Rundschau, Lokalausgabe Schleiden, 20. 2. 1989. (Kreisarchiv Euskirchen, Zeitungsarchiv).
21) Vgl. Zeitungsbericht der Eifeler Volkszeitung in der Schulchronik von Hecken, Kreis Euskirchen, über die Aufführung eines weihnachtlichen Märchenspiels durch alle 31 Kinder der Schule im Jahre 1961. — Ring, K. (Bearb.), 1989, S. 131.
22) ‚Reichsrichtlinien' von 1939, zit. n. Scheibe, W., (Hrsg.), 1974, Bd. 3, S. 84.
23) ‚Preußischer Unterrichtsentwurf' von 1819, zit. n. Scheibe, W. (Hrsg.), 1974, Bd. 3, S. 8.
24) Spranger, E., 1949, S. 48.

25) Verfügung der Königlichen Regierung, Abteilung des Innern, Aachen, 25. 6. 1888 betr. Gedächtnisfeier für den verstorbenen Kaiser Wilhelm I. (Schulakten, Gemeindearchiv Nettersheim). — Bahnschulte, G., 1989, S. 49 f.
26) Chronik der Volksschule Bleibuir (Privatbesitz, Bleibuir).
27) Ring, K. (Bearb.), 1988, S. 11.
28) Martinschule Euskirchen (Hrsg.), 1984, S. 25.
29) Anonym, 1975, S. 17.
30) Ernst, H., 1970, S. 137. — Chronik der Volksschule Bleibuir (Privatbesitz, Bleibuir).
31) Ernst, H., 1970, S. 137.
32) Verfügung der Königlichen Regierung, Abteilung des Innern, Aachen, 26. 5. 1879, betr. die Goldhochzeit des Kaiserpaares (Schulakten, Gemeindearchiv Nettersheim). — Bahnschulte, G., 1989, S. 49 f.
33) Verfügung der Königlichen Regierung, Abteilung des Innern, Aachen, 22. 6. 1866 (Schulakten, Gemeindearchiv Nettersheim). — Bahnschulte, G., 1989, S. 49 f.
34) Renn, H., 1989, S. 139.
35) Chronik der Volksschule Blankenheimerdorf (Hauptschule Blankenheim).
36) Groß, A., 1984, S. 131.
37) V.D.A. = Verein für das Deutschtum im Ausland.
38) Chronik der Volksschule Lövenich (Hauptschule Zülpich).
39) Ring, K. (Bearb.), 1988, S. 61.
40) Hecker, H., 1951, o.S.
41) Gemeindeverwaltung Schuld (Hrsg.), 1975, S. 64.
42) Ring, K. (Bearb.), 1988, S. 45.
43) Ernst, H., 1970, S. 137 f.
44) Hecker, H., 1951, o.S.
45) Sandknop, K., o.S.
46) Groß, A., 1984, S. 133.
47) Henn, H./Reetz, A., 1984, S. 167.
48) Zimmermann, W., 1963, S. 284.
49) Verfügung vom 15. 4. 1876. — Chronik der Volksschule Blankenheimerdorf (Hauptschule Blankenheim).
50) Verfügung des Königlichen Kreisschulinspektors, Schleiden, 18. 3. 1876 betr. die Entlassung der Kinder innerhalb des Semesters (Schulakten, Gemeindearchiv Nettersheim).
51) Hähnel, J./Link, R./Militzer-Schwenger, L./Zippelius, A., 1979, S. 212.
52) Scheibe, W. (Hrsg.), 1974, Bd. 3, S. 11.
53) Verfügung der Königlichen Regierung, Abteilung des Innern, Aachen, 18. 7. 1877, betr. die Entlassung aus der Schule (Schulakten, Gemeindearchiv Nettersheim). — Eine frühere Circular-Verfügung von 1869 wurde hiermit aufgehoben. Häufigen frühzeitigen Entlassungen sollte mit verschärften Bestimmungen Einhalt geboten werden.
54) Ring, K. (Bearb.), 1988, S. 48 f.
55) Spranger, E., 1949, S. 59.
56) Schreiben des Schulrates des Kreises Schleiden, 22. 1. 1946, an die Konferenzleiter betr. den Lebenslauf der zur Entlassung kommenden Schüler (Schulakten, Gemeindearchiv Nettersheim).
57) Sandknop, K., o.S.
58) Chronik der Volksschule Bleibuir (Privatbesitz, Bleibuir).
59) Ring, K. (Bearb.), 1989, S. 71, 75.

Fibel, Tafel, Rechenbuch — Unterrichtsmethoden und Lernmittel

Bernd Blumenthal

1) Vgl. Herbart, J.F., 1964/65.
2) Besonders Schnitzen und Körbe flechten waren Arbeiten, die sich gut mit dem Unterrichten verbinden ließen. — Becker, G., 1979, S. 68.

3) Zimmermann, K., 1931, S. 167.
4) Christoffel, E., 1975, S. 184.
5) Christoffel, E., 1975, S. 184.
6) Kaufmann, K.L., 1926, S. 89, nennt für die Eifel Burtscheid, Düren, Eupen, Gemünd, Monschau und St. Vith.
7) Apel, H.J./Klöcker, M., 1986, S. 119.
8) Schon ein flüchtiger Blick auf die Standesamtsakten des 19. Jahrhunderts zeigt, daß in der Eifel bis etwa 1850 viele Menschen ihre eigene Heiratsurkunde nicht selbst unterschreiben konnten und stattdessen ein Kreuz oder das jeweilige Hauszeichen malten.
9) Christoffel, E., 1976, S. 246.
10) Zit. n. Scheibe, W. (Hrsg.), 1974, Bd. 2, S. 28 f.
11) In diesem Zusammenhang ist zu bedenken, daß aus der Not heraus noch 1880 zwei Drittel der Volksschulen einklassig waren und zum Teil über hundert Schüler hatten. 1902 waren es noch zwei Fünftel aller Schulen. — Christoffel, E., 1975, S. 314.
12) Scheibe, W. (Hrsg.), 1974, Bd. 2, S. 28 f.
13) Reuter, J., 1976, S. 203.
14) Reuter, J., 1976, S. 204.
15) Leduc, N., 1981, S. 186.
16) Christoffel, E., 1975, S. 320.
17) So der Titel des Kataloges zu einer Ausstellung, die sich eingehend mit dem Thema der Schulwandbilder befaßte: Müller, W./Joerißen, P. (Red.), 1984.
18) Die Auseinandersetzungen über die Lesebücher sind vor dem Hintergrund des ab 1872 zwischen Preußen und der katholischen Kirche ausgetragenen ‚Kulturkampfes‘ zu sehen.
19) Christoffel, E., 1975, S. 319.
20) Bresgen, P., 1986, S. 275.
21) St.-Sebastianus-Schützenbruderschaft Kuchenheim (Hrsg.), 1968, S. 147.
22) Arntz, H.D., 1983, S. 86.
23) Ludes, E./Tautges, N./Holper, K./Henkes, K.-H./Blindert, W., 1979, S. 7.
24) Ludes, E./Tautges, N./Holper, K./Henkes, K.-H./Blindert, W., 1979, S. 7.
25) Faas, F.J., 1986, S. 218.
26) Glauben, P., 1982, S. 76.
27) Martinschule Euskirchen (Hrsg.), 1984, S. 43.
28) Odenbach, J., 1952, S. 201.

Fahnen, Reden, Liebesgaben — Schule und Zeitgeschehen 1914 — 1945

Markus Berberich

1) Becker, K.E., 1977, S. 69.
2) Dorfgemeinschaft Uedelhoven (Hrsg.), 1986, S. 56.
3) Büchel, J., 1975, S. 184.
4) Monzel, A., 1974, S. 184.
5) Kapitelüberschrift im Ausstellungskatalog: Historisches Museum Frankfurt (Hrsg.), S. 125.
6) Martinschule Euskirchen (Hrsg.), 1984, S. 20.
7) Büchel, J., 1975, S. 184.
8) Thömmes, M., 1987, S. 43.
9) Groß, A., 1984, S. 135.
10) Martinschule Euskirchen (Hrsg.), 1984, S. 15.
11) Blens, F.L., 1922, S. 47.
12) Guthausen, K./Schmitz, J./Zimmers, P., 1967, S. 79.
13) Haskamp, G., 1967, S. 152.
14) Martinschule Euskirchen (Hrsg.), 1984, S. 20.

15) Henkel, K., 1986, S. 275.
16) Schleicher, W., 1977, S. 102.
17) Büchel, J., 1975, S. 184.
18) Vgl. zu diesem Thema das auch in der Eifel in vielen Reproduktionen verbreitete Gemälde von J.F. Millet ‚Die Ährenleserinnen'.
19) Martinschule Euskirchen (Hrsg.), 1984, S. 20 f.
20) „Zwei brandenburgische Regimenter kamen nach Oberzier ins Quartier, die Schule war mit 150 Mann belegt." — Haskamp, G., 1967, S. 152.
21) Guthausen, K./Schmitz, J./Zimmers, P., 1967, S. 79.
22) Büchel, J., 1975, S. 184.
23) Orts- und Schulchronik Waxweiler (Privatbesitz, Prüm).
24) Schiffer, H.P., 1975, S. 109.
25) Martinschule Euskirchen (Hrsg.), 1984, S. 24.
26) Martinschule Euskirchen (Hrsg.), 1984, S. 24.
27) Bölkow, B., 1988, S. 275.
28) Büchel, J., 1975, S. 185.
29) Guthausen, K., 1976, S. 35.
30) Becker, K.E., 1977, S. 132.
31) Bölkow, B., 1988, S. 80.
32) Heyen, F.J., 1985, S. 328.
33) Koch, H. (Hrsg.), 1968, S. 325.
34) Guthausen, K./Schmitz, J./Zimmers, P., 1967, S. 80. — Krings, A. (Hrsg.), 1986, S. 107. — Guthausen, K., 1976, S. 34.
35) Haskamp, G., 1967, S. 194.
36) Faas, F.J., 1986, S. 17.
37) Martinschule Euskirchen (Hrsg.), 1984, S. 30.
38) Guthausen, K./Schmitz, J./Zimmers, P., 1967, S. 80.
39) Martinschule Euskirchen (Hrsg.), 1984, S. 30.
40) Für ins Detail gehende Informationen sei verwiesen auf: Heyen, F.J., 1985, S. 247 ff., der eine Beschreibung der Reaktionen der Bevölkerung auf die Entfernung der Kreuze aus nationalsozialistischer Sicht wiedergibt.
41) Böll, H., 1967, S. 41 f.
42) Gespräch mit Herrn F. aus Wasserliesch, März 1989.
43) Gespräch mit Herrn F. aus Wasserliesch, März 1989.
44) Bölkow, B., 1988, S. 275.
45) Gespräch mit Herrn F. aus Wasserliesch, März 1989.
46) Nosbüsch, J., 1978, S. 55.
47) Martinschule Euskirchen (Hrsg.), 1984, S. 30.
48) Bölkow, B., 1988, S. 298.
49) Bölkow, B., 1988, S. 415.
50) Faas, F.J., 1986, S. 233.
51) Zu diesem Themenkreis vgl. die Beiträge des Ausstellungskataloges Arbeitskreis Eifeler Museen (Hrsg.): Notjahre der Eifel 1944—49, Meckenheim 1983.
52) Gespräch mit Herrn F. aus Wasserliesch, März 1989.
53) Schäfer, Th., 1979, S. 277.

Abtretung, Umerziehung, Autonomie — Eine politische Schulgeschichte des deutschsprachigen Belgien

Carlo Lejeune

1) Abelein, M., 1968, S. 228.
2) Kartheuser, B., 1979, S. 101.
3) Pabst, K., 1964, S. 391.

4) Kartheuser, B./Jenniges, H./Dries, J., 1981, S. 22.
5) Baltia, 20. 1. 1922, Stadtarchiv Eupen/B, Nr. 550. 02, zit. n. Melchior, F., 1989.
6) Hauptstaatsarchiv Düsseldorf, Best. Hs 0 24, 3e Rapport 1922, S. 27.
7) Pabst, K., 1964, S. 301.
8) Pabst, K., 1964, S. 305.
9) Kartheuser, B./Jenniges, H./Dries, J., 1981, S. 22 f.
10) Melchior, F., 1989.
11) Kartheuser, B./Jenniges, H./Dries, J., 1981, S. 23.
12) Pabst, K., 1964, S. 306.
13) Lejeune, C., 1987, S. 23.
14) Pabst, K., 1964, S. 347 f.
15) Hauptstaatsarchiv Düsseldorf, Best. Reg. Aachen, Präs., Nr. 1651, 18. 6. 1927.
16) Zentrales Staatsarchiv Potsdam/DDR, Best. Dt. Stiftung, Nr. 61 Sti 1, 7. 8. 1931.
17) Zentrales Staatsarchiv Potsdam/DDR, Best. Dt. Stiftung, Nr. 61 Sti 1, 7. 8. 1931.
18) Zentrales Staatsarchiv Potsdam/DDR, Best. Dt. Stiftung, Nr. 61 Sti 1, 7. 8. 1931.
19) Zentrales Staatsarchiv Potsdam/DDR, Best. Dt. Stiftung, Nr. 61 Sti 1, 7. 8. 1931.
20) Kartheuser, B./Jenniges, H./Dries, J., 1981, S. 59.
21) Bundesarchiv Koblenz, Best. NL 174, Bd. 19, 16. 3. 1936, S. 2.
22) Annales parlementaires belges, Chambre, 1931/32, S. 2176.
23) Pabst, K., 1964, S. 348 f.
24) Van Werveke, P., 1937, S. 37.
25) Keufgens, H./Ahn, E./Schoonbroodt, V., 1937.
26) Bundesarchiv Koblenz, Best. NL 174, Bd. 26.
27) Archiv des Landschaftsverbandes Rheinland Brauweiler, Nr. 4740, 2. 4. 1940.
28) Bundesarchiv Koblenz, Best. NL 174, Bd. 34, 29. 3. 1934.
29) Kartheuser, B./Jenniges, H./Dries, J., 1981, S. 69 ff.
30) Schärer, M., 1978, S. 217 ff.
31) Schärer, M., 1978, S. 262 ff.
32) Hoen, H., 1975, S. 41.
33) Cordemans, M., 1981, S. 92 f.
34) Zit. n. Cordemans, M., 1981, S. 94 f.
35) Zit. n. Cordemans, M., 1981, S. 94 f.
36) Jenniges, H./Thomas, P., 1972, S. 111 f.

Notstand, Reform, Neubeginn — Das Ende der alten Volksschule in der Eifel

Matthias Görgen

1) Picht, G., 1964.
2) Chronik der Volksschule Katzwinkel (Grund- und Hauptschule Kelberg).
3) Chronik der Volksschule Utzerath (Grundschule Mehren).
4) Chronik der Volksschule Strotzbüsch (Grundschule Oberscheidweiler).
5) Gemeindeverwaltung Schuld (Hrsg.), 1975, S. 62 f.
6) Trierischer Volksfreund, Lokalausgabe Daun, 29. 6. 1967.
7) Neufassung des Abkommens zwischen den Ländern zur Vereinheitlichung des Schulwesens.
8) Amtliches Schulblatt, 1967, S. 146 f.
9) Amtliches Schulblatt, 1966, S. 101 f.
10) Gemeindeverwaltung Schuld (Hrsg.), 1975, S. 63.
11) Amtliches Schulblatt, 1966, S. 60.
12) Amtliches Schulblatt, 1967, S. 106 f, 159.
13) Amtliches Schulblatt, 1967, S. 139, 158 f, 191 f.
14) Becker, K.E., 1977, S. 63.
15) Weißkopf, H. (Hrsg.), 1987, S. 143.

16) Kölner Stadt-Anzeiger, Lokalausgabe Schleiden, 29. 1. 1966.
17) Schäfer, Th., 1979, S. 278 f.
18) Illustrierte Stern, Artikel „Unsere Kinder sind die Dummen", Juli 1967.
19) Chronik der Volksschule Daun (Hauptschule Daun).
20) Henkel, K., 1986, S. 278.
21) Kreckler, W. (Red.), 1988, o.S.
22) Schiffer, H.P., 1975, S. 112 f.
23) Henkel, K., 1986, S. 278.
24) Trierischer Volksfreund, Februar 1989.

Literaturverzeichnis

Abelein, M. (1968): Die Kulturpolitik des Deutschen Reiches und der Bundesrepublik Deutschland. — Köln/Opladen.

Amtliches Schulblatt (1966): Amtliches Schulblatt der Regierung Trier, Jg. 1966.

Amtliches Schulblatt (1967): Amtliches Schulblatt der Regierung Aachen, Jg. 55.

Amtliches Schulblatt (1968): Amtliches Schulblatt der Regierung Aachen, Jg. 56.

Anonym (1908): Aufzeichnungen eines Lehrers aus dem Kreise Schleiden, der 1811 geboren und um 1870 gestorben ist, in: Eifelvereinsblatt, Jg. 9, S. 76; 96—97; 116—120.

Anonym (1928): Das Volksschulwesen in Nothberg und Wenau vor 100 Jahren, in: Heimatblätter der Dürener Zeitung, Jg. 8, S. 30.

Anonym (1975): Erinnerungen. Als Kaiser Wilhelm II. nach Prüm kam, in: Prümer Land. Beilage zum Mitteilungsblatt der Verbandsgemeinde Prüm, Jg. 5, S. 17—18.

Anonym (1978): Als Winterlehrer für acht Taler das Halbjahr in Laudesfeld, in: Prümer Land. Beilage zum Mitteilungsblatt der Verbandsgemeinde Prüm, Jg. 8, S. 12; 14.

Anonym (1978a): Schultaschengesetz, in: Prümer Land. Beilage zum Mitteilungsblatt der Verbandsgemeinde Prüm, Jg. 8, S. 27.

Anonym (1979): „Lehrer"-Prüfung vor rund 250 Jahren in einem Eifeldorf, in: Prümer Land. Beilage zum Mitteilungsblatt der Verbandsgemeinde Prüm, Jg. 9, S. 96—97.

Apel, H.J./Klöcker, M. (1986): Schulwirklichkeit in Rheinpreußen. Analysen und neue Dokumente zur Modernisierung des Bildungswesens in der ersten Hälfte des 19. Jahrhunderts. — Köln/Wien.

Arbeitsgruppe Pädagogisches Museum (Hrsg.) (1981): Hilfe Schule! Ein Bilder-Lese-Buch über Schule und Alltag Berliner Arbeiterkinder von der Armenschule zur Gesamtschule, 1827 bis heute. — Berlin.

Arntz, H.D. (1973): Die Entwicklung des Euskirchener Schulwesens unter Berücksichtigung der Industrialisierung. — Euskirchen.

Arntz, H.D. (1983): Judaica. Juden in der Voreifel. — Euskirchen.

Aschenbroich, M.: Geschichte des Schloßes und der Stadt Nideggen. — Düren.

Bahnschulte, G. (1989): Schulen und Schulferien zur preußischen Zeit, in: Das Monschauer Land, Jahrbuch, S. 46—51.

Balcke, G. (1984): Der Schulsport in Kuchenheim, in: Koenig, G.G. (Bearb.): Cuchenheim 1084—1984. Eine Heimatgeschichte, Bd. III: Beiträge zur Wirtschaftsgeschichte (= Veröffentlichungen des Vereins der Geschichts- und Heimatfreunde des Kreises Euskirchen, A-Reihe, Heft 14.3), Euskirchen, S. 93—95.

Barthel, A. (1988): Krekele, Prebele und Schibelrang. Eine Kinderspielumfrage in der Gemeinde Nettersheim, in: Die Eifel, Jg. 100, S. 226—227.

Bauer, H. (1978): Erinnerungen an die Dorfschule, in: Heimatjahrbuch für den Kreis Ahrweiler, S. 71—77.

Becker, G. (1979): 750 Jahre Meisburg. Meisbrecht, Meisenberg, Meisberg. Aus der Geschichte eines Eifeldorfes. — Daun.

Becker, J. (1893): Geschichte der Pfarreien des Dekanates Blankenheim (= Dumont, K. Th. (Hrsg.): Geschichte der Pfarreien der Erzdiöcese Köln, Bd. IV). — Köln.

Becker, K.E. (1977): Das Kyllburger Land. Geschichte, Landschaft, Kunstdenkmale. — Kyllburg.

Blens, F.L. (1922): Scheven. Beschreibendes und Geschichtliches. — Euskirchen.

Blindert, W. (1980): Brief eines Lehrers an die Schulbehörde, in: Prümer Land. Beilage zum Mitteilungsblatt der Verbandsgemeinde Prüm, Jg. 10, S. 16.

Bodden, J. (1931): Die Schulen der Pfarre Wenau im 18. Jahrhundert, in: Heimatblätter der Dürener Zeitung, Jg. 8, S. 41—42.

Bölkow, B. (1988): Chronik der Gemeinde Ralingen, Bd. 1: Die Ortsteile Wintersdorf und Kersch. — Trier.

Böll, H. (1967): Wanderer, kommst du nach Spa... Erzählungen. — München.

Brandenberg, E. (1955): Die Schulentwicklung im Kreise Monschau, in: Prümmer, H. (Hrsg.): Das Monschauer Land, historisch und geographisch gesehen, Monschau, S. 317—321.

Brandenburg, F.-J. (Hrsg.) (1983): Nideggen, so wie es war. Geschichte und Geschichten aus der Zeit nach der Jahrhundertwende. — Nideggen-Schmidt.

Bresgen, P. (1986): Kerpen. Geschichte und Geschichten eines Eifeldorfes. — Hillesheim.

Büchel, J. (1975): Die ehemalige katholische Volksschule, in: Stadt Schleiden (Hrsg.): Schleiden. Vergangenheit und Gegenwart, Schleiden, S. 182—187.

Bürgerverein Müsch (Hrsg.) (1976): 1000 Jahre Müsch an der Ahr. — Müsch.

Bungartz, H. (1983): Dollendorf/Eifel. Landschaft und Geschichte. — Hillesheim.

Christoffel, E. (1975): Die Geschichte der Volksschule im Raum des heutigen Regierungsbezirks Trier von den Anfängen bis zur Gegenwart. Bd. 1: Von den Anfängen bis 1932. — Trier.

Christoffel, E. (1976): Die Volksschulverhältnisse im Trierer Land innerhalb der preußischen Schulpolitik nach der Revolution 1848, in: Jahrbuch Kreis Trier-Saarburg, S. 240—255.

Christoffel, E. (1977): Die Geschichte der Volksschule im Raum des heutigen Regierungsbezirks Trier von den Anfängen bis zur Gegenwart. Bd. 2: Von 1933 bis zur Gegenwart (1975). — Trier.

Cordemans, M. (1981): Der Sprachengebrauch im Gerichtswesen und im Unterricht im amtlichen deutschen Sprachgebiet Belgiens. Lizenzarbeit. — Brüssel.

Courts, G. (1976): Monschau, so wie es war. — Düsseldorf.

Doepgen, P. (1929): Volkstum in der Eifel, in: Eifelvereinsblatt, S. 23—25.

Dorfgemeinschaft Uedelhoven (Hrsg.) (1986): 850 Jahre Uedelhoven. Chronik eines Eifeldorfes 1136—1986. — Uedelhoven.

Dreiser, G. (1984): Bitburger Eiszeit vor 70 Jahren, in: Heimatkalender Kreis Bitburg-Prüm, S. 72—75.

Eckart, W. (1988): Geschichte der Medizin. — Weinheim.

Ernst, H. (1970): Orts- und Weltgeschichte im Spiegel der Bergheimer Schulchronik, in: Heimatjahrbuch des Kreises Schleiden, S. 134—143.

Faas, F.J. (1973): Die Volksschule um die Jahrhundertmitte, in: Prümer Land. Beilage zum Mitteilungsblatt der Verbandsgemeinde Prüm, Jg. 3, S. 57.

Faas, F.J. (1979): Erinnerungen an das Schulleben um 1840, in: Prümer Land. Beilage zum Mitteilungsblatt der Verbandsgemeinde Prüm, Jg. 9. S. 97.

Faas, F.J. (1979a): Frühmesser als Volksschullehrer, in: Prümer Land. Beilage zum Mitteilungsblatt der Verbandsgemeinde Prüm, Jg. 9, S. 98.

Faas, F.J. (1986): Prüm und das Prümer Land 1700—1945. — Prüm.

Faas, F.J. (1989): Der Schulstreik und seine Folgen, in: Heimatkalender Kreis Bitburg-Prüm, S. 79—81.

Ferber, F.J. (1986): Aus der Jugendzeit, in: Musikverein Katzwinkel (Hrsg.): 20 Jahre Musikverein Katzwinkel e.V. 1966—1986. Musikfest vom 25. bis 27. Juli 1986, Daun, S. 26—34.

Ferber, F.J. (1986a): Aus der Schulchronik, in: Musikverein Katzwinkel (Hrsg.): 20 Jahre Musikverein Katzwinkel e.V. 1966—1986. Musikfest vom 25. bis 27. Juli 1986, Daun, S. 17—22.

Festschrift Prüm (1926): Festschrift zur Schlußfeier des Prümer Lehrer-Seminars. — Prüm.

Gemeinde Lommersum (Hrsg.) (1959): Das Lommersumer Heimatbuch (= Veröffentlichungen des Vereins der Geschichts- und Heimatfreunde des Kreises Euskirchen, B-Reihe, Heft 1). — Euskirchen.

Gemeindeverwaltung Schuld (Hrsg.) (1975): 1000 Jahre Schuld an der Ahr. — Schuld.

Gerten, E./Heinz, E. (1982): Keile-Kail-Oberkail. Geschichte, Kultur, Landschaft. — Oberkail.

Gierden, H. (1954): Schulwesen im alten Mechernich, in: Die Eifel, S. 119—120.

Giermann, E. (1975): Die ehemalige evangelische Volksschule, in: Stadt Schleiden (Hrsg.): Schleiden. Vergangenheit und Gegenwart, Schleiden, S. 188—191.

Gilessen, M. (1965): Ferienzeit — schöne Zeit, in: Die Eifel, S. 304—305.

Glauben, P. (1982): 125 Jahre Verbandsgemeinde Mayen-Land. — Mayen.

Groß, A. (1984): Chronik der Schule Lammersdorf, in: Das Monschauer Land, Jahrbuch, S. 128—137.

Guthausen, K./Schmitz, J./Zimmers, P. (1967): Meine Heimat Dahlem/Eifel. — Dahlem.

Guthausen, K. (1976): Kallmuth. Dorf am Pflugberg. — Kallmuth.

Hähnel, J./Link, R./Militzer-Schwenger, L./Zippelius, A. (1979): Kommern. Eine Dokumentation aus Anlaß der 750 Jahrfeier (= Führer und Schriften des Rheinischen Freilichtmuseums und Landesmuseums für Volkskunde in Kommern, Nr. 16). — Köln.

Hähnel, J. (1983): Rheinisches Freilichtmuseum Kommern. Museumsführer (= Führer und Schriften des Rheinischen Freilichtmuseums und Landesmuseums für Volkskunde in Kommern, Nr. 24). — Köln.

Hanf, W. (1982): Hellenthal in alten Bildern. — Meinerzhagen.

Haskamp, G. (1967): Chronik der Gemeinde Oberzier, Kreis Düren. — Mönchengladbach.

Hay, W. (1927): Vergilbte Blätter. Im Eifeldorf vor 100 Jahren. — Trier.

Hebler, K. (1930): Ein Eifellehrer als Auswanderer nach Amerika, in: Eifelvereinsblatt, S. 120—121.

Hecker, H. (1951): Vier Jahre Erzieher in einem Eifeldorf. Tätigkeitsbericht des Lehrers Heinz Hecker in Ahrhütte, 25. 8. 1951. — unveröff. Manuskript.

Hecking, A. (1875): Geschichte der Stadt und ehemaligen Herrschaft St. Vith. — St. Vith.

Heinen, G. (1896): Pfarrgeschichte Eupens mit besonderer Berücksichtigung der Ortsgeschichte. — Eupen.

Henkel, K. (1986): Polch im 19. und 20. Jahrhundert, in: Heyen, F.J. (Hrsg.): Polch im Maifeld. Geschichte und Gegenwart, Koblenz, S. 173—348.

Henn, H./Reetz, A. (1984): Blankenheim. Die Orte der Gemeinde in alten Bildern, Bd. 2. — Meinerzhagen.

Herbart, J.F. (1964/65): Pädagogische Schriften, hrsg. v. Asmus, W., 3 Bde. — Düsseldorf.

Herzog, H./Nußbaum, N. (Bearb.) (1988): Stadt Zülpich (= Landschaftsverband Rheinland/Rheinisches Amt für Denkmalpflege (Hrsg.): Denkmaltopographie Bundesrepublik Deutschland. Denkmäler im Rheinland, Band 9.5). — Köln.

Heyen, F.J. (1985): Nationalsozialismus im Alltag. Quellen zur Geschichte des Nationalsozialismus, vornehmlich im Raum Mainz-Koblenz-Trier. — Koblenz.

Hilger, H. (1983): Der Wiederaufbau des Volksschulwesens im Dürener Land 1945—1947, in: Arbeitskreis Eifeler Museen (Hrsg.): Notjahre der Eifel 1944—49, Meckenheim, S. 104—122.

Hilgers, G. (1986): Aus Kerpens Schulgeschichte, in: Ortsgemeinde Kerpen (Hrsg.): 850 Jahre Kerpen 1136—1986, Kerpen, S. 69—78.

Historisches Museum Frankfurt (Hrsg.): Ein Krieg wird ausgestellt. Die Weltkriegssammlung des Historischen Museums (1914—1918). Themen einer Ausstellung. Inventarkatalog. — Frankfurt.

Hoen, H. (1975): Les cantons de l'est 1945—1975, hrsg. Ministère de l'Intérieur, Commissariat d'arrondissement. — vervielf. Manuskript.

Hürten, T. (1969): Chronik Münstereifels in Daten von 760 bis 1816 (= Veröffentlichungen des Vereins der Geschichts- und Heimatfreunde des Kreises Euskirchen, B-Reihe, Heft 3). — Siegburg.

Jansen-Winkeln, K. (1966): Dorfschulen sind noch nicht eingeweiht und doch schon überholt, in: Kölner Stadt-Anzeiger, Lokalausgabe Schleiden, 28. 1. 1966.

Janssen, J. (1929): 100 Jahre Kreis Schleiden 1829—1929. Geschichte seiner Kultur und Wirtschaft. — Schleiden.

Jenniges, H./Thomas, P. (1972): 50 Jahre Geschichte der Ostkantone (= vervielf. Manuskript der Rundfunksendung im BHF vom 30. 9.—28. 10. 1972). — Eupen.

Jenniges, H. (1989): Wie die Manderfelder im 18. Jahrhundert ihren Schulmeister und Küster bezahlten, in: Zwischen Venn und Schneifel, Jg. 25, Nr. 2, S. 24—25.

Jodocus (= Meyer, J.) (1984): Aus früher Jugendzeit. Heimatkundliche Erinnerungen an Duppach, in: Heimatjahrbuch Kreis Daun, S. 157—159.

Jung, H. (1974): „Schau nicht nachts in fremde Fenster". Regeln des Anstandes aus einem 150 Jahre alten Bauernknigge, in: Jahrbuch des Kreises Düren, S. 146—148.

Kaefer, K.-B. (1962): Ein Schultag im Jahre 1834, in: Heimatkalender für den Eifelgrenzkreis Schleiden, S. 124—126.

Kartheuser, B. (1979): Die Problematik der Zweisprachigkeit an den Schulen im deutschen Sprachgebiet Belgiens, in: Deutsch als Muttersprache in Belgien (= Deutsche Sprache in Europa und Übersee, Bd. 5). — Wiesbaden.

Kartheuser, B./Jenniges, H./Dries, J. (1981): Eine Schule in ihrer Zeit. Die Geschichte der Bischöflichen Schule St. Vith. — St. Vith.

Kaufmann, H. (1981): Unser Schulweg, in: Heimatkalender Kreis Bitburg-Prüm, S. 158—159.

Kaufmann, K.L. (1926): Aus Geschichte und Kultur der Eifel. — Köln.

Kaufmann, K.L. (1927): Aus Geschichte und Kultur der Eifel. — Köln, 2. Aufl.

Kaufmann, K.L. (1961): Der Kreis Malmedy. — Bonn.

Keufgens, H./Ahn, E./Schoonbroodt, V. (1937): Eupen-Malmedy, ein Problem! Wie weit wir sind! — Eupen.

Kippel, E. (1964): Erziehung Eifeler Kinder um die Jahrhundertwende, in: Die Eifel, Jg. 57, S. 91.

Knein, H. (1981): Aus Imgenbroichs Schulchronik, in: Das Monschauer Land, Jahrbuch, S. 81—85.

Koch, H. (Hrsg.) (1968): Zweifall. Wald- und Grenzdorf im Vichttal. — Zweifall.

Kolvenbach, W. (1962): Geschichte der Juden in Münstereifel. Hausarbeit zur Ersten Staatsprüfung für das Lehramt. — unveröff. Manuskript.

Kreckler, W. (Red.) (1988): 20 Jahre Grund- und Hauptschule Jünkerath 1968—1988. — Jünkerath.

Krings, A. (Hrsg.) (1986): 1486—1986. Losheim zwischen gestern und heute. — St. Vith.

Krings, K. (1981): Von der Schulstube zum Bildungszentrum, in: Stadt Daun (Hrsg.): 1250 Jahre Daun 731—1981, Daun, S. 61—68.

Künster, K. (1967): Der Landkreis Düren (= Die deutschen Landkreise. Handbuch für Verwaltung, Wirtschaft und Kultur. Die Landkreise in Nordrhein-Westfalen, Reihe A: Nordrhein, Bd. 7). — Bonn.

Leduc, N. (1981): Kommern. Ein ortskundliches Lexikon, Bd. 2: L—Z (= Führer und Schriften des Rheinischen Freilichtmuseums und Landesmuseums für Volkskunde in Kommern, Nr. 15). — Köln.

Lejeune, C. (1987): Die Kulturpolitik Belgiens und Deutschlands in Eupen-Malmedy (1929—1936). Magisterarbeit. — Köln.

Leyendecker, L. (1980): Erinnerungen an Lehrer Kesternich, in: Das Monschauer Land, Jahrbuch, S. 81—85.

Lonien, Th. (1976): Die Klapperjungen — gewissenhaft, pünktlich, ordnungsbewußt oberste Regel, in: Heimatkalender Kreis Bitburg-Prüm, S. 177—179.

Ludes, E./Tautges, N./Holper, K./Henkes, K.-H./Blindert, W. (1979): Was ältere Leute aus ihrer Schulzeit erzählen, in: Prümer Land. Beilage zum Mitteilungsblatt der Verbandsgemeinde Prüm, Jg. 9, S. 7—8.

Manheller, W./Mertes, E. (1987): Nitz. Chronik eines geteilten Dorfes. — Daun.

Mark, K. (1956): Als der Dorflehrer das erste Fahrrad brachte…, in: Die Eifel, Jg. 51, S. 117—118.

Martinschule Euskirchen (Hrsg.) (1984): Festschrift zur 100-Jahrfeier 1884—1984 Martinschule (Westschule), Kath. Grundschule der Stadt Euskirchen. — Euskirchen.

Mathony, M. (1976): Das Prümer Lehrerseminar 1885 bis 1926, in: Prümer Land. Beilage zum Mitteilungsblatt der Verbandsgemeinde Prüm, Jg. 6, S. 37—38.

Melchior, F. (1989): Vom deutschen Realgymnasium zum belgischen Collège Patronné. Eine Eupener Schule in der Zeit des Übergangs (1918—1925). Lizenzarbeit. — Louvain-la-Neuve.

Michaelis, G. (1968): Aus der Vergangenheit der Volksschule, in: Jahrbuch des Kreises Prüm. S. 42—44.

Michaelis, G. (1975): Der Schulstreik von Schlausenbach, in: Jahrbuch des Kreises Daun, S. 201—202.

Michaelis, G. (1978): Schulen nach dem letzten Kriege, in: Prümer Land. Beilage zum Mitteilungsblatt der Verbandsgemeinde Prüm, Jg. 8, S. 5.

Milz, F. (1962): Erinnerungen an eine alte Dorfschule, in: Die Eifel, Jg. 57, S. 190—191.

Mönckemeyer, K. (1988): Entwicklung von Hygiene- und Sauberkeitsstandards zwischen Reichsgründung und Erstem Weltkrieg, in: Landschaftsverband Rheinland, Rheinisches Museumsamt (Hrsg.): Die große Wäsche (= Schriften des Rheinischen Museumsamtes, Nr. 42/Schriften des Rheinischen Freilichtmuseums, Landesmuseum für Volkskunde, Nr. 34), Köln, S. 131—138.

Monzel, A. (1974): Kriegsbeginn in Prüm vor 60 Jahren, in: Prümer Land. Beilage zum Mitteilungsblatt der Verbandsgemeinde Prüm, Jg. 4, S. 39.

Müller, W./Joerißen, P. (Red.) (1984): Die weite Welt im Klassenzimmer. Schulwandbilder zwischen 1880 und 1980 (= Schriften des Rheinischen Museumsamtes, Nr. 29). — Köln.

Münster, O. (1989): Die Geschichte der Volksschule Pünderich, in: Jahrbuch des Kreises Cochem-Zell, S. 69—74.

Neukircher, A. (1987): Neubeginn in der Schule, in: Landkreis Ahrweiler (Hrsg.): Studienbuch des Landkreises Ahrweiler (= Studien zu Vergangenheit und Gegenwart, Bd. 1), Meckenheim, S. 200—211.

Nosbüsch, J. (1978): Bis zum bitteren Ende. Der Zweite Weltkrieg im Kreis Bittburg-Prüm. — Bitburg.

Odenbach, J. (1952): Euskirchen, die Stadt der Schulen, in: Franke, J. (Hrsg.): Euskirchen 650 Jahre Stadt 1302—1952, Bd. 1, Euskirchen, S. 199—202.

Ortmanns, A. (1904): Der fränkische Königshof Büllingen. — Aachen.

Paasch, L. (1970): Die Einführung des Schulzwangs in der Stadt Eupen (1838—1845). Lizenzarbeit. — Löwen.

Pabst, K. (1964): Eupen-Malmedy in der belgischen Regierungs- und Parteienpolitik 1914—1940, in: Zeitschrift des Aachener Geschichtsvereins, Jg. 76, S. 205—515.

Picht, G. (1964): Die deutsche Bildungskatastrophe. Analyse und Dokumentation. — Otten/Freiburg.

Prothmann, O. (1985): 375 Jahre Schule in Leimersdorf, in: Heimatjahrbuch des Kreises Ahrweiler, S. 90—96.

Rausch, J.: Heimatbuch der Stadt Ahrweiler. — Ahrweiler.

Renn, H. (1989): Geschichte der Eifel bis 1888, in: Eifelverein (Hrsg.): 1888—1988. Die Eifel. Zum 100jährigen Jublläum des Eifelvereins, Düren, S. 15—140.

Reuter, J. (1976): Der Schullehrer von Masthorn, in: Jahrbuch des Kreises Daun, S. 189—204.

Richter, A. (1926): Das Schulwesen im Kreise Düren, in: Heimatblätter der Dürener Zeitung, Jg. 3. S. 105—107; 113—115; 121—123; 129—130.

Rinck, E. (1979): Es war vor 68 Jahren, in: Die Eifel, Jg. 74, S. 20.

Ring, K. (Bearb.) (1988): Das Schultagebuch des Lehrers Joseph Gentz aus Kall-Keldenich, 1879—1939 (= Kulturelle Schriftenreihe des Kreises Euskirchen, Bd. 1: Schulchroniken aus dem Kreis Euskirchen, Nr. 1). — Euskirchen.

Ring, K. (Bearb.) (1989): Schulchronik der Volksschule Hecken, Gemeinde Hellenthal, 1834—1968 (= Kulturelle Schriftenreihe des Kreises Euskirchen, Bd. 2: Schulchroniken aus dem Kreis Euskirchen, Nr. 2). — Euskirchen.

Ritter, K. (1972): Die Volksschule in Prüm, in: Prümer Land. Beilage zum Mitteilungsblatt der Verbandsgemeinde Prüm, Jg. 2, S. 9—10.

Robischon, R./Friedrich, W. (1985): Alte Dorfschulen (= Schriftenreihe des Volkskunde- und Freilichtmuseums Roscheider Hof Konz bei Trier). — Konz.

Roggendorf, H. (1929): Mechernich. Altes und Neues der Heimat- und Pfarrgeschichte. — Köln.

Roles, M. (1982): Lebensbild einer Eifeler Volksschullehrerin, in: Heimatkalender Kreis Bitburg-Prüm, S. 129—131.

Rosenthal, G. (1987): Aremberg in Geschichte und Gegenwart. — Meckenheim.

Sandknop, K.: Entwicklung der Volksschule in der Eifel seit 1848 am Beispiel der katholischen Volksschule Pesch. — unveröff. Manuskript.

Sauer, M. (1987): Volksschullehrerbildung in Preußen. — Köln/Wien.

Schaaf, E. (1977): Zur Geschichte des Lehrerstandes in der Eifel, in: Heimatkalender Kreis Bitburg-Prüm, S. 89—99.

Schachtner, S. (1988): Der Wäschetag. Textilien in ländlichen Haushalten vor der Industrialisierung, in: Landschaftsverband Rheinland, Rheinisches Museumsamt (Hrsg.): Die große Wäsche (= Schriften des Rheinischen Museumsamtes, Nr. 42/Schriften des Rheinischen Freilichtmuseums, Landesmuseum für Volkskunde, Nr. 34), Köln, S. 31—37.

Schäfer, J. (1984): Volksschulbauten des frühen 19. Jahrhunderts im Rheinland, in: Denkmalpflege im Rheinland, Jg. 1, Heft 2, S. 12—16.

Schäfer, Th. (1979): Vlatten. Ein Dorf mit großer Geschichte. — Trier/Mayen.

Schärer, M. (1978): Deutsche Annexionspolitik im Westen. Die Wiedereingliederung Eupen-Malmedys im 2. Weltkrieg (= Europäische Hochschulschriften, Reihe III, Bd. 38). — Bern/Frankfurt/Las Vegas.

Scheibe, W. (Hrsg.) (1974): Zur Geschichte der Volksschule, Bd. 2, Bd. 3 (= Klinkhardts Pädagogische Quellentexte). — Bad Heilbrunn/Regensburg, 2. Aufl.

Schiffer, H.P. (1975): Aus der Geschichte des Schulwesens in Kall, in: Kreis Euskirchen, Jahrbuch, S. 107—114.

Schiffer, H.P. (1984): Der Monarch sorgte sich um die Lehrer, in: Kreis Euskirchen, Jahrbuch, S. 99—102.

Schiffers, H. (1927): Zur Schulgeschichte des Dürener Landes, in: Heimatblätter der Dürener Zeitung, Jg. 4, S. 124—125.

Schleicher, W. (1977): Aus der Schmidter Schulgeschichte, in: Das Monschauer Land, Jahrbuch, S. 100—104.

Schmitz, J.H. (Hrsg.) (1845): Der Schulfreund. Eine Quartalschrift zur Förderung des Elementarschulwesens und der Jugenderziehung, im Vereine mit Schulmännern und Jugendfreunden hrsg., Jg. 1. — Prüm.

Schröder, I. (1984): Menge ahle Lehrer, in: Kreis Euskirchen, Jahrbuch, S. 44.

Schroeder, J. (1976): Aus der Vergangenheit der Volksschule, in: Prümer Land. Beilage zum Mitteilungsblatt der Verbandsgemeinde Prüm, Jg. 6, S. 31—32.

Schroeder, J. (1979): Pronsfeld. Aus der Vergangenheit der Volksschule, in: Prümer Land. Beilage zum Mitteilungsblatt der Verbandsgemeinde Prüm, Jg. 9, S. 41—42.

Schroeder, P. (1968): Von der Primärschule zur Mittelpunktschule, in: Kölner Stadt-Anzeiger, Lokalausgabe Schleiden, 28. 1. 1968.

Spohn, J. (1985): Kleider von damals. — Dortmund.

Spoo, J. (1927): Aus dem Schulwesen des Kantons und Kreises Wittlich im Zeitraum von 1789—1820, in: Der Kreis Wittlich. Altes und Neues von Eifel und Mosel, Düsseldorf, S. 134—135.

Spranger, E. (1949): Zur Geschichte der deutschen Volksschule. — Heidelberg.

Steinröx, H. (1977): Meine Kindheit in Imgenbroich, in: Das Monschauer Land, Jahrbuch, S. 108—121.

Steinröx, H. (1988): Die Schule in Konzen, in: Heimatblätter des Kreises Aachen, Jg. 43, S. 45—48.

St.-Sebastianus-Schützenbruderschaft Kuchenheim (Hrsg.) (1968): 550 Jahre St.-Sebastianus-Schützenbruderschaft Kuchenheim. Festschrift aus Anlaß der Jubelfeier im August 1968. — Kuchenheim.

Teichmann, A. (1962): Das Lehrschwimmbecken in der Schule als Tummelplatz der Schuljugend und Stätte der Erziehung und Ertüchtigung, in: Heimatkalender für den Eifelgrenzkreis Schleiden, S. 82—86.

Thömmes, M. (1987): Geschichte der Schule in Wallenborn, in: Ortsgemeinde Wallenborn (Hrsg.): Geschichten und Bilder aus Wallenborn, o.O., S. 40—48.

Van Werveke, P. (1937): La Belgique et Eupen-Malmedy, Où en sommes-nous?. — Bruxelles.

Weber, P. (1984): Zum Wandel der Kommunionkinderkleidung in der Eifel (1906—1934), in: Rheinisch-westfälische Zeitschrift für Volkskunde, Jg. 29, S. 163—184.

Weber, P. (1985): Kommunionkinderbekleidung in der Eifel seit der Jahrhundertwende bis in die 30er Jahre, in: Die Eifel, Jg. 80, S. 81—82.

Weber-Kellermann, I. (1987): Das Landleben im 19. Jahrhundert. — München.

Weiß, P.J. (1980): Weihnachtszeit Anno dazumal, in: Das Monschauer Land, Jahrbuch, S. 217.

Weißkopf, H. (Hrsg.) (1987): Malerisches Mülheim. — Mülheim.

Wrede, A. (1924): Eifeler Volkskunde. — Bonn/Leipzig, 2. Aufl.

Wrede, A. (1960): Eifeler Volkskunde. — Bonn, 3. Aufl.

Zimmermann, K. (1931): Alte Lesebücher in der Eifel, in: Eifelvereinsblatt, Jg. 32, S. 151—153; 167—169.

Zimmermann, W. (1953): Die Anfänge und der Aufbau des Lehrerbildungs- und Volksschulwesens am Rhein um die Wende des 18. Jahrhunderts (1770—1826). Ein Beitrag zur Geschichte des rheinischen Schulwesens. 1. Teil: Die Anfänge der Lehrerbildung und die Reform des niederen Schulwesens in den rheinischen Territorialstaaten (1770—1794) (1806). — Köln.

Zimmermann, W. (1957): Lehrerbildung und Primärschulen am Rhein zur französischen Zeit (1794—1814). Ein Beitrag zur Geschichte des rheinischen Schulwesens (= Die Anfänge und der Aufbau des Lehrerbildungs- und Volksschulwesens am Rhein, 2. Teil). — Köln.

Zimmermann, W. (1963): Der Aufbau des Lehrerbildungs- und Volksschulwesens unter der preußischen Verwaltung 1814—1840 (1846). Ein Beitrag zur Geschichte des rheinischen Schulwesens (= Die Anfänge und der Aufbau des Lehrerbildungs- und Volksschulwesens am Rhein, 3. Teil). — Köln.

Abbildungsnachweis

Abb. 1 aus: Neu, H.: Das Herzogtum Aremberg. Geschichte eines Territoriums der Eifel, Euskirchen 1938, Abb. 10.

Abb. 2 aus: Arntz, H.-D.: Die Entwicklung des Euskirchener Schulwesens unter Berücksichtigung der Industrialisierung, Euskirchen 1973, nach S. 12.

Abb. 3: Hauptstaatsarchiv Düsseldorf, Best. Manderscheid-Blankenheim, Akte 103, Bl. 22.

Abb. 4 aus: Becker, K.E.: Das Kyllburger Land. Geschichte, Landschaft, Kunstdenkmale, Kyllburg 1977, S. 119.

Abb. 5: Städtisches Museum Simeonstift, Trier.

Abb. 6 aus: Arbeitsgruppe Pädagogisches Museum (Hrsg.): Hilfe Schule. Ein Bilder-Lese-Buch über Schule und Alltag. Von der Armenschule zur Gesamtschule 1827 bis heute, Berlin 1981, S. 31.

Abb. 7 aus: Arbeitsgruppe Pädagogisches Museum (Hrsg.): Hilfe Schule. Ein Bilder-Lese-Buch über Schule und Alltag. Von der Armenschule zur Gesamtschule 1827 bis heute, Berlin 1981, S. 31.

Abb. 8 aus: Arbeitsgruppe Pädagogisches Museum (Hrsg.): Hilfe Schule. Ein Bilder-Lese-Buch über Schule und Alltag. Von der Armenschule zur Gesamtschule 1827 bis heute, Berlin 1981, S. 31.

Abb. 9: Katharina Ritter, Wittlich.

Abb. 10: Rheinisches Freilichtmuseum, Landesmuseum für Volkskunde, Kommern.

Abb. 11: Rheinisches Amt für Denkmalpflege, Brauweiler. Zeichnung: Irmela Lieven.

Abb. 12: Rheinisches Amt für Denkmalpflege, Brauweiler.

Abb. 13: Norbert Leduc, Morbach.

Abb. 14: Landeshauptarchiv Koblenz, Best. 655, 33, Akte 708.

Abb. 15: Harald Weißkopf, Mülheim.

Abb. 16: Franz Josef Faas, Prüm.

Abb. 17: Heimatfreunde Kempenich.

Abb. 18: Liesel Hochgürtel, Kall.

Abb. 19: H.-Jürgen Siebertz, Lammersdorf.

Abb. 20: Archiv Geschichtsverein Monschau.

Abb. 21: Brauchtumspflege Feusdorf.

Abb. 22 aus: Koch, H. (Hrsg.): Zweifall. Wald- und Grenzdorf im Vichttal, Zweifall 1968, S. 321.

Abb. 23 aus: Richartz, H.: Düren, so wie es war, Düsseldorf 1977, S. 35.

Abb. 24: Mittelmoselmuseum Traben-Trarbach.

Abb. 25 aus: Arntz, H.-D.: Die Entwicklung des Euskirchener Schulwesens unter Berücksichtigung der Industrialisierung, Euskirchen 1973, vor S. 89.

Abb. 26: Kreisarchiv Euskirchen, Best. SLE II, Nr. 914.

Abb. 27 aus: Hanf, W.: Hellenthal in alten Bildern, Meinerzhagen 1982, S. 195.

Abb. 28: Kreisarchiv Euskirchen, Best. SLE II, Nr. 914.

Abb. 29: Kreisarchiv Euskirchen, Best. SLE II, Nr. 916.

Abb. 30: Kreisarchiv Euskirchen, Best. SLE II, Nr. 915.

Abb. 31: Bodo Bölkow, Schmidtheim.

Abb. 32: Kreisarchiv Euskirchen, Best. SLE II, Nr. 916.

Abb. 33 aus: Muhr, E.: Neues Bauen in Euskirchen, in: Franke, J. (Hrsg.): 650 Jahre Stadt Euskirchen 1302 – 1952, Bd. 1, Euskirchen 1952, S. 383.

Abb. 34: Joachim Schröder, Pronsfeld.

Abb. 35: Edmund Schermann, Eckfeld.

Abb. 36: Kreisarchiv Euskirchen, Best. SLE II, Nr. 914.

Abb. 37 aus: Kölner Stadt-Anzeiger, Lokalausgabe Euskirchen, 24. Oktober 1963 (Stadtarchiv Euskirchen).

Abb. 38: Franz Josef Faas, Prüm.

Abb. 39: Franz Josef Faas, Prüm.

Abb. 40 aus: Zimmermann, W.: Der Aufbau des Lehrerbildungs- und Volksschulwesens unter der preußischen Verwaltung 1814 – 1840 (1846). Ein Beitrag zur Geschichte des rheinischen Schulwesens (= Die Anfänge und der Aufbau des Lehrerbildungs- und Volksschulwesens am Rhein, 3. Teil), Köln 1963, Abb. 14.

Abb. 41: Fotoarchiv Otto Mertens, Euskirchen.

Abb. 42: Museum Prüm.

Abb. 43: Museum Prüm.

Abb. 44: Volkskunde- und Freilichtmuseum Roscheider Hof. Konz,

Abb. 45: Töpfereimuseum Langerwehe.

Abb. 46: Peter Weber, Mayen (Peter Weber jr., Euskirchen).

Abb. 47 aus: Eifel-Kalender 1926, S. 24.

Abb. 48 aus: Christoffel, E.: Die Geschichte der Volksschule im Raum des heutigen Regierungsbezirks Trier von den Anfängen bis zur Gegenwart, Bd. 1: Von den Anfängen bis 1932, Trier 1975, Abb. 9.

Abb. 49: Bildarchiv Gemeinde Kall.

Abb. 50: Bildarchiv Gemeinde Kall.

Abb. 51: Musikverein Bleibuir.

Abb. 52: Bildarchiv Gemeinde Kall.

Abb. 53 aus: Esser, A.: Die Geschichte des Dorfes Erp, Erp 1969, Abb. 16.

Abb. 54: Beatriz Hilgers, Kenn.

Abb. 55: Kreisverwaltung Daun.

Abb. 56: Josef Hermes, Keldenich.

Abb. 57: Kreisarchiv Euskirchen, Zeitungsbestand.

Abb. 58 aus: Frick, H.: Quellen zur Geschichte von Bad Neuenahr, Bad Neuenahr 1933, Abb. 28.

Abb. 59: Klaus Ritter, Prüm.

Abb. 60: Volkskunde- und Freilichtmuseum Roscheider Hof, Konz.

Abb. 61: Museum Prüm.

Abb. 62: Stadtbibliothek Trier.

Abb. 63: Heinrich Pieroth, Mayen (Eifeler Landschaftsmuseum, Mayen).

Abb. 64: Kreisbildstelle Euskirchen, Kall.

Abb. 65: Angelika Becker, Gey.

Abb. 66 aus: Henn, H./Reetz, A.: Die Orte der Gemeinde Blankenheim in alten Bildern, Teil 2, Meinerzhagen 1984, S. 39.

Abb. 67: Walter Hanf, Hollerath.

Abb. 68 aus: Müller, M.: Gemünd. Bilder erzählen, hrsg. v. Eifelverein, Ortsgruppe Gemünd, Meinerzhagen 1983, S. 50.

Abb. 69: Heimatfreunde Kempenich.

Abb. 70: Franz Josef Faas, Prüm.

Abb. 71: Bildarchiv Gemeinde Wachtberg.

Abb. 72 aus: Henn, H./Reetz, A.: Die Orte der Gemeinde Blankenheim in alten Bildern, Teil 2, Meinerzhagen 1984, S. 219.

Abb. 73: Bildarchiv Gemeinde Kall.

Abb. 74: Brauchtumspflege Feusdorf

Abb. 75: Kreisbildstelle Euskirchen, Kall.

Abb. 76: Nikolaus Hermann, Mannebach.
Abb. 77: Kreisbildstelle Euskirchen, Kall.
Abb. 78: Kreisbildstelle Euskirchen, Kall.
Abb. 79 aus: Grundhöfer, H.: Bernkastel-Kues mit seinen Stadtteilen. Bilder aus vergangenen Tagen, Bd. 2, Horb 1988, S. 137.
Abb. 80: Wilma Ferber, Daun.
Abb. 81: Grete Franke, Hürtgen.
Abb. 82: Schulchronik Hecken, Bd. 2 (Gemeindearchiv Hellenthal).
Abb. 83: Franz Josef Ferber, Daun.
Abb. 84: Margot Harig, Wasserliesch.
Abb. 85: Franz Josef Faas, Prüm.
Abb. 86: Nikolaus Krüger, Satzvey.
Abb. 87: Willy Meyer, Stadtkyll.
Abb. 88: Stadtarchiv Mechernich, Kommern.
Abb. 89: Kreismuseum Blankenheim.
Abb. 90: Kreisheimatmuseum Bitburg.
Abb. 91: Karl Guthausen, Schleiden.
Abb. 92: Karl Guthausen, Schleiden.
Abb. 93: Grete Knaus, Blankenheim.
Abb. 94: Annemie Reetz, Rurberg.
Abb. 95: Stadtarchiv Mechernich, Kommern.
Abb. 96: Walter Hanf, Hollerath.
Abb. 97: Katharina Meyer, Pesch.
Abb. 98: Erwin Berg, Nitz (Erich Mertes, Neuwied).
Abb. 99: Gemeindearchiv Nettersheim.
Abb. 100: Stadtarchiv Zülpich.
Abb. 101: Veronika Mauren, Deudesfeld.
Abb. 102: Beatriz Hilgers, Kenn.
Abb. 103: Nora Pfefferkorn (Museum Prüm).
Abb. 104: Kreisbildstelle Euskirchen, Kall.
Abb. 105: Gemeindearchiv Nettersheim.
Abb. 106: Margot Harig, Wasserliesch.
Abb. 107: Kreismuseum Blankenheim.
Abb. 108: Josef Lambertz, Engelgau.
Abb. 109: Manfred Stein, Bernkastel-Kues.
Abb. 110 aus: Die Eifel, Jg. 74, 1979, S. 20.
Abb. 111: Eifel-Zeitung Daun, 21.1.1913 (Kreisverwaltung Daun).
Abb. 112: Bildarchiv Stadtverwaltung Bernkastel-Kues.
Abb. 113 aus: Vandenesch, H.: Nachtrag zu der im Jahre 1859 hrsg. Sammlung der für das Elementar-Schulwesen des Reg.-Bez. Aachen geltenden Bestimmungen, Aachen 1878, S. 83–84 (Hans Gerd Lauscher, Kalterherberg).
Abb. 114: Norbert Leduc, Morbach.
Abb. 115: Volker Meis, Reetz.
Abb. 116: Nikolaus Krüger, Satzvey.
Abb. 117: Nora Pfefferkorn (Museum Prüm).
Abb. 118: Nora Pfefferkorn (Museum Prüm).
Abb. 119: Hubert Diewald, Neichen.
Abb. 120a: Franziska Lehnen, Katzwinkel.
Abb. 120b: Paula Müller, Utzerath.
Abb. 121: Franz Josef Ferber, Daun.
Abb. 122: Schulchronik Satzvey (Hauptschule Satzvey).
Abb. 123: Cilly Falkenstein, Schleiden.
Abb. 124: Kreisverwaltung Daun.
Abb. 125: Philipp Schlösser, Gelenberg.

Abb. 126: Museum Prüm; Hans-Hubert Knips, Bronsfeld; Gisela Vinage, Gemünd.

Abb. 127: Töpfereimuseum Langerwehe.

Abb. 128: Hubert Serve, Stadtkyll.

Abb. 129: Heimatverein Rott (Elmar Klubert, Roetgen).

Abb. 130: Peter Jakob Klein, Euskirchen.

Abb. 131: Schulchronik Niederscheidweiler (Grundschule Oberscheidweiler).

Abb. 132: Luise Pöpelt, Stadtkyll.

Abb. 133: Schulchronik Hecken, Bd. 2 (Gemeindearchiv Hellenthal).

Abb. 134: Franz Josef Faas, Prüm.

Abb. 135: Schulchronik Bleibuir (Wolfgang Thannhäuser, Bleibuir).

Abb. 136: Schulchronik Hecken, Bd. 2 (Gemeindearchiv Hellenthal).

Abb. 137 aus: Bernards, J.: Liederkranz für die oberen Klasen der Volksschule, Stolberg o.J., 7. Aufl., S. 4 (Katharina Dederichs, Pesch).

Abb. 138: Katharina Dederichs, Pesch (Annekethe Barthel, Pesch).

Abb. 139: Katharina Dederichs, Pesch.

Abb. 140: Pejo Weiß, Monschau.

Abb. 141: Kreisbildstelle Euskirchen, Kall.

Abb. 142: Schulchronik Satzvey (Hauptschule Satzvey).

Abb. 143: Engelbert Donnay, Schmidt.

Abb. 144: Josef Heinen, Reetz.

Abb. 145: Willy Dahm, Hollerath.

Abb. 146: Bodo Bölkow, Schmidtheim.

Abb. 147: Peter Schlemmer, Nonnenbach.

Abb. 148: Alois Krings, Losheim.

Abb. 149: Anton Könen, Mechernich.

Abb. 150: Nikolaus Krüger, Satzvey.

Abb. 151: Töpfereimuseum Langerwehe.

Abb. 152: Heinz Hoffmann, Stadtkyll.

Abb. 153 aus: Arbeitsgruppe Pädagogisches Museum (Hrsg.): Hilfe Schule. Ein Bilder-Lese-Buch über Schule und Alltag. Von der Armenschule zur Gesamtschule 1827 bis heute, Berlin 1981, S. 24.

Abb. 154 aus: Arbeitsgruppe Pädagogisches Museum (Hrsg.): Hilfe Schule. Ein Bilder-Lese-Buch über Schule und Alltag. Von der Armenschule zur Gesamtschule 1827 bis heute, Berlin 1981, S. 32.

Abb. 155: Volkskunde- und Freilichtmuseum Roscheider Hof, Konz (Bernd Blumenthal, Trier).

Abb. 156: Kreismuseum Blankenheim.

Abb. 157: Kreismuseum Blankenheim.

Abb. 158: Kreisbildstelle Euskirchen, Kall.

Abb. 159: Volkskunde- und Freilichtmuseum Roscheider Hof, Konz (Bernd Blumenthal, Trier).

Abb. 160: Volkskunde- und Freilichtmuseum Roscheider Hof, Konz (Bernd Blumenthal, Trier).

Abb. 161: Volkskunde- und Freilichtmuseum Roscheider Hof, Konz (Bernd Blumenthal, Trier).

Abb. 162: Kreismuseum Blankenheim.

Abb. 163: Kreismuseum Blankenheim.

Abb. 164: Bernd Michels, Hüngersdorf.

Abb. 165: Volkskunde- und Freilichtmuseum Roscheider Hof, Konz (Bernd Blumenthal, Trier).

Abb. 166: Kreisarchiv Euskirchen, Zeitungsbestand.

Abb. 167: Gertrud Gilles, Nettersheim.

Abb. 168: Kreisbildstelle Euskirchen, Kall.

Abb. 169: Fotoarchiv Otto Mertens, Euskirchen.

Abb. 170: Grundschule Oberscheidweiler.
Abb. 171: Kreisheimatmuseum Bitburg.
Abb. 172: Markus Berberich, Konz.
Abb. 173: Hermann Klinkhammer, Hellenthal.
Abb. 174: Otto Wergen, Blumenthal.
Abb. 175: Markus Berberich, Konz.
Abb. 176: Bildarchiv Gemeinde Kall.
Abb. 177: Heimatfreunde Kempenich.
Abb. 178: Stadtarchiv Trier.
Abb. 179 aus: Henn, H./Reetz, A.: Blankenheim. Die Orte der Gemeinde Blankenheim in alten Bildern, Teil 2, Meinerzhagen 1984, S. 7.
Abb. 180: Pejo Weiß, Monschau.
Abb. 181: Markus Berberich, Konz.
Abb. 182: Josef Pützer, Giescheid.
Abb. 183: Kreisbildstelle Euskirchen, Kall.
Abb. 184: Margot Harig, Wasserliesch.
Abb. 185: Schulchronik Lövenich (Hauptschule Zülpich).
Abb. 186: Norbert Leduc, Morbach.
Abb. 187: Archiv des Erzbistums Köln (Alois Tkocz, Euskirchen).
Abb. 188: Bodo Bölkow, Schmidtheim.
Abb. 189: Franz Josef Faas, Prüm.
Abb. 190: Margot Harig, Wasserliesch.
Abb. 191: Norbert Leduc, Morbach.
Abb. 192: Stadtbibliothek Trier.
Abb. 193: Franz Josef Ferber, Daun.
Abb. 194: Kreisverwaltung Daun.
Abb. 195: Schulchronik Lövenich (Hauptschule Zülpich).
Abb. 196: Georg Michaelis, Bad Bevensen.
Abb. 197: Museum Prüm.
Abb. 198: Verbandsgemeindearchiv Kyllburg.
Abb. 199: Johanna Witsch, Bad Neuenahr.
Abb. 200: Carlo Lejeune, Hünningen.
Abb. 201: Carlo Lejeune, Hünningen.
Abb. 202 aus: Fagnoul, K.: St. Vith im Schatten des „Endsiegs", Eupen 1980, S. 90.
Abb. 203: Carlo Lejeune, Hünningen.
Abb. 204: Carlo Lejeune, Hünningen.
Abb. 205: Carlo Lejeune, Hünningen.
Abb. 206: Schulchronik Satzvey (Hauptschule Satzvey).
Abb. 207: Nikolaus Hermann, Mannebach.
Abb. 208: Erich Mertes, Neuwied.
Abb. 209: Kreisbildstelle Euskirchen, Kall.
Abb. 210 aus: Koch, H. (Hrsg.): Zweifall. Wald- und Grenzdorf im Vichttal, Zweifall 1968, S. 325.
Abb. 211: Edith Lorse, Glaadt.
Abb. 212: Hauptschule Nachtsheim, Foto-AG.
Abb. 213 aus: Heimatkalender Kreis Bitburg 1967, S. 159.
Abb. 214 Peter Jakob Klein, Euskirchen.
Abb. 215 Töpfereimuseum Langerwehe.
Abb. 216 Kreisbildstelle Euskirchen, Kall.
Abb. 217 Kreisbildstelle Euskirchen, Kall
Abb. 218 Heimatfreunde Kempenich.
Abb. 219 Heimatfreunde Kempenich.
Abb. 220 aus: Hanf, W.: Hellenthal in alten Bildern, Meinerzhagen 1982, S. 53.
Abb. 221 Bildarchiv Gemeinde Kall.

Abb. 222 Kreisbildstelle Euskirchen, Kall.

Abb. 223 Manfred Schaefer, Adendorf.

Abb. 224 Museum Prüm.

Abb. 225 Kreisbildstelle Euskirchen, Kall.

Abb. 226 Kreisbildstelle Euskirchen, Kall.

Abb. 227 Kreisbildstelle Euskirchen, Kall.

Abb. 228 aus: Müller, M.: Gemünd. Bilder erzählen, hrsg. v. Eifelverein, Ortsgruppe Gemünd, Meinerzhagen 1983, S. 107.

Abb. 229 Franz Josef Faas, Prüm.

Abb. 230 Kreisbildstelle Euskirchen, Kall.

Abb. 231 Kreisbildstelle Euskirchen, Kall.

Abb. 232 Gemeindearchiv Nettersheim.

Abb. 233 Kurt Müller-Veltin, Mayen (Amt für Rheinische Landeskunde, Bonn).

Abb. 234 Kreisbildstelle Euskirchen, Kall.

Abb. 235 Paula Müller, Utzerath.

Abb. 236 aus: Hesse, G./Schmitt-Kölzer, W.: Manderscheid, Manderscheid 1986, S. 634.

Abb. 237 Willy Dahm, Hollerath.

Abb. 238 Maria Reetz, Ripsdorf.

Abb. 239 Beatriz Hilgers, Kenn.

Abb. 240 aus: Martinschule Euskirchen (Hrsg.): Festschrift zur 100-Jahrfeier 1884−1984 Martinschule (Westschule), Kath. Grundschule der Stadt Euskirchen, Euskirchen 1984, S. 19.

Abb. 241 Kreisbildstelle Euskirchen, Kall.

Abb. 242 Kreisbildstelle Euskirchen, Kall.

Abb. 243 Josef Hermes, Keldenich.

Abb. 244 aus: Faas, F.J.: Prüm in alten Ansichten, Zaltbommel 1978, Nr. 75.

Abb. 245 Hans Hoffmann, Bernkastel-Kues.

Abb. 246 Manfred Schaefer, Adendorf.

Abb. 247 Volkskunde- und Freilichtmuseum Roscheider Hof, Konz.

Abb. 248 Kreismuseum Blankenheim.

Abb. 249 Stadtarchiv Mechernich.

*Vielfältig sind Kultur, wirtschaftliche,
aber auch landwirtschaftliche Entwicklung in deutschen
Landschaften. Diese aus verschiedener Sicht, und der
Öffentlichkeit zu erschwinglichen Preisen, vorzustellen,
ist der Wunsch des Arbeitskreises Eifeler Museen
und des Verlages.*

*Die Eifel, nach dem 2.Weltkrieg in den geographischen
Mittelpunkt europäischer Wirtschaft gerückt, hat
Nachholbedarf, sich als eigenständige Landschaft, mit nicht
immer konform laufender Entwicklung zu anderen
Landschaften, darzustellen.*

*Dem Arbeitskreis Eifeler Museen und seinen Autoren ist für
die uneigennützige Arbeit zu danken. Dank und
Anerkennung gebührt auch den nachfolgenden Inserenten,
die durch ihre Beiträge — geistiger und materieller Art —
die Möglichkeit geschaffen haben, dieses Buch zu einem
so günstigen Preis an den Leser zu geben. Auch Sie
leisten einen wesentlichen Beitrag, Eifeler Geschichte
publik zu machen.*

*Bücher sind nicht für den Augenblick gemacht. Jetzt und
auch später wird es nicht zuletzt durch den folgenden Teil
interessant sein, welche Firmen bereit und weitschauend
waren, Eifeler Geschichtsbewußtsein zu fördern.*

*Warlich Druck und Verlagsgesellschaft mbH,
5309 Meckenheim*

...ganz in der Nähe

KREISMUSEUM BLANKENHEIM
Regionalmuseum des Kreises Euskirchen
für Naturkunde und Kulturgeschichte
der Nordwesteifel

- Erkenntnisse über Natur und Landschaft gewinnen
- Entdeckungen aus der Alltagsgeschichte machen
- Erlebnisse mit einem ganz anderen Museum haben

Di-Fr, So 10-12.30, 14-17; Sa 14-17

Blankenheim, Ahrstr. 57 Tel. 0 24 49 / 276

Kreisheimatmuseum in Gerolstein, Sarresdorfer Straße

Im ehemaligen Sarresdorfer Pfarrhaus (erbaut 1544/45) wurde das zusammengetragen, was die Eifeler Wohnkultur ausmacht. Die 10 Räume des Museums sind so eingerichtet, als ob sie bewohnt wären und der Hausherr Gäste erwartete.

Besuchen Sie das älteste Museum des Kreises Daun, das

Museum

„VILLA SARABODIS"

und die

Erlöserkirche in Gerolstein

Töpfereimuseum Langerwehe

Geschichte eines Rheinischen Steinzeugzentrums
dargestellt in der romantischen Atmosphäre eines
Pfarrhofes aus dem 18. Jahrhundert.

- **Ausstellungen** und
  Sonderveranstaltungen
- **Keramikwerkstatt**
- **Töpfermarkt**
  am 1. Adventswochenende

Bitte rufen Sie uns an, oder schreiben Sie uns,
wir werden Sie informieren.

Öffnungszeiten:
Dienstag—Freitag 10—12 und 14—17 Uhr
Samstag und Sonntag 10—17 Uhr

5163 Langerwehe · Pastoratsweg 1
Telefon (0 24 23) 44 46

Langerwehe liegt an der B 264 nahe der Autobahn
Aachen—Köln, Abfahrt Eschweiler—Weisweiler

Sein Erfolg
ist der Geschmack

Gerolsteiner
Sprudel

BitburgerPils

Die besondere Bekömmlichkeit und der vollendet feinherbe Geschmack von Bitburger Pils sind das Ergebnis hoher Qualitätsmaßstäbe.

Bitburger Pils - ausschließlich

aus Gerstenmalz und Hopfen in besonders ausgesuchten höchsten Güteklassen,

mit einer speziell für Bitburger Pils gezüchteten Hefe,

mit reinstem Wasser aus eigenen Tiefbrunnen,

in traditionell kalter Gärung und langer Reifung.

Bitte ein Bit

BITBURGER BRAUEREI TH. SIMON, BITBURG/EIFEL

Von der Idee

bis zum fertigen Druckerzeugnis
betreuen wir unsere Kunden
fachgerecht und preisbewußt!

Wir liefern termingerecht
Broschüren, Kataloge,
Prospekte und Zeitschriften.

Unsere Spezialität ist
der Kunstdruck in Farbe.

Informieren Sie sich
über unsere Leistungsfähigkeit!

WARLICH DRUCK

Am Hambuch 5
5309 Meckenheim

Rufen Sie uns einfach an:
Telefon (0 22 25) 40 55